智能媒体时代普通高等院校新媒体全能专攻复合型人才培养数字化规划教材

专家委员会

主 任
张骏德　复旦大学新闻学院教授、博士生导师

副主任
刘海贵　复旦大学新闻学院学位委员会主席
　　　　复旦大学新闻学院教授、博士生导师

委 员（排名不分先后）
胡百精　教育部新闻传播学类专业教学指导委员会副主任委员
　　　　中国人民大学新闻学院执行院长，教授、博士生导师
张涛甫　教育部新闻传播学类专业教学指导委员会副主任委员
　　　　复旦大学新闻学院执行院长，教授、博士生导师
王晓红　教育部新闻传播学类专业教学指导委员会秘书长
　　　　中国传媒大学教务处处长，教授、博士生导师
李本乾　教育部新闻传播学类专业教学指导委员会委员
　　　　上海交通大学媒体与传播学院院长，教授、博士生导师
韦　路　教育部新闻传播学类专业教学指导委员会委员
　　　　浙江大学媒体与国际文化学院院长，教授、博士生导师
严三九　教育部新闻传播学类专业教学指导委员会委员
　　　　上海大学新闻传播学院院长，教授、博士生导师

编审委员会

主 任
严三九　教育部新闻传播学类专业教学指导委员会委员
　　　　上海大学新闻传播学院院长，教授、博士生导师

副主任
陈建云　复旦大学新闻学院副院长，教授、博士生导师
韩立新　教育部新闻传播学类专业教学指导委员会委员
　　　　河北大学新闻与传播学院院长，教授、博士生导师
杨海军　上海大学新闻传播学院副院长，教授、博士生导师

委 员（排名不分先后）
姜智彬　上海外国语大学教务处处长，教授、博士生导师
武志勇　华东师范大学传播学院，教授、博士生导师
王冬冬　同济大学艺术与传媒学院副院长，教授、博士生导师
姜　红　安徽大学新闻与传播学院院长，教授、博士生导师
杜友君　上海体育大学新闻与艺术学院院长，教授、博士生导师
郑　欢　上海师范大学人文与传播学院教授、博士生导师
赵为学　上海大学新闻传播学院副院长，副教授

智能媒体时代普通高等院校新媒体全能专攻复合型人才培养数字化规划教材

主编 严三九　　副主编 赵为学

媒介经营与管理

（第二版）

Media Management

严三九　刘　怡◇编著

华中科技大学出版社
http://www.hustp.com
中国·武汉

内 容 提 要

本书从媒介经营管理的基本概念入手，点面结合，分析媒介经营与管理的基本原理、理论框架，以及职能与原则，系统分析媒介组织、媒介管理者、媒介市场、媒介产品、媒介生产管理、媒介财务管理、媒介战略管理、媒介人力资源管理、主持人管理、媒介集团化管理、媒介品牌管理和媒介资本运营等诸多重要问题。

本书基于前沿资料与数据，围绕媒介的经营与管理活动，从媒介经营、管理和创新等层面来构建全书的理论体系与内容结构，既讲授媒介经营与管理的基本概念和知识，又结合具体的媒介实践，从多个侧面刻绘了近年来我国媒介经营与管理的实践与理论总结的学术图景。

图书在版编目(CIP)数据

媒介经营与管理/严三九,刘怡编著.—2版.—武汉:华中科技大学出版社,2019.12(2025.2重印)
智能媒体时代普通高等院校新媒体全能专攻复合型人才培养数字化规划教材
ISBN 978-7-5680-5888-9

Ⅰ.①媒… Ⅱ.①严… ②刘… Ⅲ.①传播媒介-经营管理-高等学校-教材 Ⅳ.①G206.2

中国版本图书馆 CIP 数据核字(2019)第 289508 号

媒介经营与管理(第二版) 　　　　　　　　　　　　　　　　严三九　刘　怡　编著
Meijie Jingying yu Guanli(Di-er Ban)

策划编辑：周晓方　杨　玲	
责任编辑：刘　烨	
封面设计：原色设计	
责任校对：刘　竣	
责任监印：周治超	
出版发行：华中科技大学出版社(中国•武汉)	电话：(027)81321913
武汉市东湖新技术开发区华工科技园	邮编：430223
录　　排：华中科技大学惠友文印中心	
印　　刷：武汉开心印印刷有限公司	
开　　本：787mm×1092mm　1/16	
印　　张：16.5　插页:2	
字　　数：409 千字	
版　　次：2025 年 2 月第 2 版第 6 次印刷	
定　　价：48.00 元	

本书若有印装质量问题，请向出版社营销中心调换
全国免费服务热线：400-6679-118　竭诚为您服务
版权所有　侵权必究

总序
Introduction

随着信息传播技术的快速发展,智能媒体时代、全媒体时代的到来,媒体深度融合向纵深推进,中国的新闻传播教育也处在大变革、大发展时期。为了大力普及新传播技术背景下的当代新闻传播学知识,为全国普通高等院校新闻传播学类专业的学生提供符合新传播技术发展要求的最新、实用的教材,华中科技大学出版社和上海大学新闻传播学院等单位共同组织编写了一套智能媒体时代的新闻传播学系列教材。

本套教材编撰宗旨:

本着与时俱进、不断革新的精神,大力普及新传播技术背景下的当代新闻传播学理论、知识和技能,并为全国普通高等院校的新闻学、传播学、广播电视学、广告学、网络与新媒体等相关专业提供符合智能媒体时代、全媒体时代要求的实用教材。

本套教材编撰原则:

(1) 与时俱进,不断革新,具有时代特色、中国特色。

(2) 深入浅出,删繁就简,基础理论与实务训练并重。

(3) 继承学术传统,吸收中国新闻改革30多年来的学术成果和典型案例。

本套教材编撰特色:

(1) 吸收当前新闻传播学的最新研究成果。

(2) 以智能媒体、全媒体的新闻传播主要平台为视角。

(3) 以实务为基点阐述新闻传播的主要理论。

(4) 采用大量案例,聚焦新闻传播学类专业新的知识要点。

(5) 注重实际训练,培养学生的基本技能。

本套教材在编撰过程中尽量做到文字通俗易懂但不肤浅,教学案例众多但有特色,紧扣智能媒体、新媒体技术但尊重传统。

本套教材的指导委员会、编审委员会成员来自复旦大学、中国人民大学、中国传媒大学、上海交通大学、浙江大学、华东师范大学、同济大学、安徽大学、上海外国语大学、河北大学、上海师范大学、上海体育大学和上海大学等众多高校的新闻传播学院,因而这套教材是各兄弟院校教师大协作的产物。

参加本套教材编著的老师都长期工作在新闻传播学专业及其相关专业的第一线,多年从事专业课程的教学、科研,具有丰富的教学经验并获得过重大的研究成果。其中,有的是教育部高等学校新闻传播学类专业教学指导委员会委员,有的长期担任中国新闻奖与省部级新闻奖的评委;大多数老师参加过国家级、省部级规划教材的编写;同时他们都参与了大量的新闻工作实践,为本套教材的新颖性和实用价值提供了有力的保证。

本套教材着重强调基本知识理论和案例分析相结合,在内容上既有科学性、系统性,又有很强的可读性、实用性和示范性,同时注重吸收30多年新闻改革的最新成果。每本教材的主编都有多年教学和实践的经验,能够对同类教材及参考书编写的传统结构有所突破,以方便读者更好地掌握课程精髓为目的,以创新为核心,重新构架全书的结构。

在人工智能、大数据、移动互联网、物联网、区块链技术大发展的媒介化社会,新闻传播成为当代社会生活的一个重要方面,媒介素养也成为提高干部素质,乃至提高公民素质的重要方面。本套教材不仅可以作为高等院校本科生、高职高专学生的教材,也可以作为新闻工作者与宣传部门从业人员进修的参考书、广大新闻爱好者的继续教育与自学用书。

我们处在一个革故鼎新、新生事物层出不穷、科技日新月异的信息化时代、数字化时代和智能化时代,客观实践经常跑在思想认识和理论研究的前面。因此,在高校教材建设上,强调面向当代社会实践,面向未来,强调以马克思主义、习近平新时代中国特色社会主义思想等为指导,注重科学性、知识性、前瞻性与实用性,这是我们编写这套教材的共同要求。而其中每一本教材,在框架设计、理论知识阐述、材料运用、行文风格等方面,又各具特色。我们每位执笔人,都把编写教材的过程作为总结经验、研究学问的过程,也是十多个兄弟院校老师共同的学术成果,必将受到新闻传播学院师生、新闻宣传工作者以及新闻爱好者的欢迎,必将在开展新闻传播教育和指导新闻传播实践中发挥更大的作用与社会效益。同时,我们也预计到,我们的思考和编写难免有不周之处,敬请读者不吝指正。随着新闻传播学教学、科研、实践的不断发展,这套教材内容肯定要不断充实与更新。我们殷切地期待读者提出批评与建议,使这套教材臻于完善。

张骏德　严三九

2019年7月26日

目录
Contents

- / 1 　**绪论**
  - / 1 　　第一节　媒介经营管理的基本概念
  - / 6 　　第二节　媒介的生存环境
  - / 12 　　第三节　媒介经营管理的基本要求

- / 19 　**第一章　媒介组织结构**
  - / 19 　　第一节　媒介的组织形式
  - / 26 　　第二节　媒介的组织结构设计

- / 30 　**第二章　媒介管理者和领导者**
  - / 31 　　第一节　媒介的管理者和领导者的内涵与职能
  - / 36 　　第二节　担任媒介领导者的条件

- / 41 　**第三章　媒介市场**
  - / 41 　　第一节　媒介市场概述
  - / 45 　　第二节　媒介目标市场分析
  - / 55 　　第三节　媒介市场环境

- / 66 　**第四章　媒介产品营销**
  - / 66 　　第一节　媒介产品营销概述
  - / 69 　　第二节　媒介产品营销的价值策略
  - / 76 　　第三节　媒介产品营销中的消费者消费成本
  - / 78 　　第四节　媒介产品营销中的便利性策略
  - / 80 　　第五节　媒介和消费者沟通

- / 89 　**第五章　媒介生产管理**
  - / 89 　　第一节　媒介生产流程管理

/ 99　　　　第二节　媒介生产成本管理

第六章　媒介财务管理

/ 108
/ 108　　　　第一节　媒介财务管理的内容和要求
/ 112　　　　第二节　媒介财务管理的实施
/ 117　　　　第三节　媒介财务状况的监测
/ 123　　　　第四节　媒介财务分析

第七章　媒介人力资源管理

/ 126
/ 126　　　　第一节　竞争优势与人力资源
/ 132　　　　第二节　媒介人才的选择任用
/ 137　　　　第三节　媒介人力资源的培训与发展
/ 140　　　　第四节　媒介人力资源的绩效考核
/ 144　　　　第五节　21世纪媒介人力资源管理的发展

第八章　媒介战略管理

/ 148
/ 148　　　　第一节　媒介战略管理的概念、特征与意义
/ 154　　　　第二节　媒介战略管理的过程

第九章　节目主持人管理

/ 172
/ 173　　　　第一节　节目主持人管理的本质和原则
/ 177　　　　第二节　主持人管理的有效举措
/ 181　　　　第三节　主持人管理的创新

第十章　媒介集团化管理

/ 189
/ 190　　　　第一节　媒介集团化管理的思路与策略
/ 195　　　　第二节　媒介集团化管理的设计与运作

第十一章　媒介品牌经营

/ 208
/ 208　　　　第一节　媒介品牌的概念与价值
/ 211　　　　第二节　媒介品牌识别
/ 217　　　　第三节　媒介品牌营销

第十二章　媒介资本运营 / 229

- / 230　第一节　媒介开展资本运营的理论依据和现实需要
- / 233　第二节　当前媒介资本运营的主要形式
- / 236　第三节　实现媒介与资本市场互动双赢

附录　媒介经营与管理案例分析 / 240

参考文献 / 253

后记 / 255

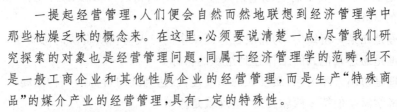

绪论

一提起经营管理,人们便会自然而然地联想到经济管理学中那些枯燥乏味的概念来。在这里,必须要说清楚一点,尽管我们研究探索的对象也是经营管理问题,同属于经济管理学的范畴,但不是一般工商企业和其他性质企业的经营管理,而是生产"特殊商品"的媒介产业的经营管理,具有一定的特殊性。

随着我国经济建设和新闻事业的不断向前发展,在最近几年中,新闻界不断有人提出了媒介管理学的概念和观点,认为新闻学应做重新细分,即将新闻学应用部分中的新闻采访、写作、编辑、摄影、评论等与发行、广告、计划、财会、经营等分离开来,将后者单独列为媒介管理学的范畴。

媒介的经营管理,是以媒介(新闻单位)经营管理工作的性质、特点、规律、作用、方法、任务等作为研究对象的一门学科。它是一门应用性、实践性极强的学科,涉及新闻学、传播学、经济学、管理学、政治学、社会学、心理学和市场营销学等多种学科。与其他性质企业的经营管理相比,它有着极强的政治性、特殊性和实用性。

第一节 媒介经营管理的基本概念

一、管理与企业经营管理

我们说"经营管理",并不意味着"经营"和"管理"是两个独立的概念。管理是经济意义上的,所针对的是企业的经济活动,因此"经营"和"管理"是一体的,"经营"一般被纳入"管理"的范围,其合并称谓即英文中所谓的 Management。

美国传统词典对于 Management 的解释是"The Act, Manner, or Practice of Managing; Handling, Supervision, or Control"(处理、监督或控制的行为、方式或实践)。从本质上来

说,管理是一种行动和过程,也是人类的一种生产劳动。

马克思认为,"一切规模较大的直接社会劳动或共同劳动,都或多或少地需要指挥,以协调个人的活动"。人类的管理活动却是在很早以前就出现了,但管理学作为一门学科的历史只有一两百年。在近几十年中,许多学者提出了管理的定义,较有影响的有以下几种:

(1) 现代管理理论的创始人法国管理学先驱法约尔提出,管理是由计划、组织、指挥、协调及控制等职能为要素组成的活动过程。

(2) 日本学者前川良博人对"管理"一词的定义是以达到组织目的为目标,有计划、有组织地付出努力的有系统的行动。

(3) 管理是通过计划工作、组织工作、领导工作、控制工作的诸过程来协调所有的资源,从而达到既定的目标。其中的资源包括资金(Money)、物质(Material)、人员(Man)三部分,即通常所谓的3M。

(4) 管理是在某一组织中,为完成目标而从事的对人与物质资源的协调活动。

(5) 管理是通过其他人的工作达到组织的目标。

(6) 管理是协调人际关系,激发人的积极性,以达到共同目标的一种活动。

(7) 经济学家赫伯特·西蒙提出"管理就是决策"。

以上各种阐述的角度、侧重各有不同,但都是广义上对管理的理解,其所指的"管理",涉及政治、经济等各个领域。

一般来说,经营是指企业为了自身的生存、发展和实现自己的战略目标所进行的决策,以及为实现这种决策而在各方面所做的努力。换句话说,经营是一种行动,透过人们有意义的行为来完成经济方面的工作,以谋求一定的利益。

企业经营有自己的职能:①预测市场的变化;②协调整个企业内部和外部活动,适应市场的变化;③发现和利用能使自己发展成长的机会。

据此,经营活动主要包括以下几个主要内容:①预测,包括进行市场调查,及对市场需求和供给的现状和变化、技术的进步、资源的变化、竞争的发展、经营方式和经营战略的变化等,做出科学的预测。②决策,即在预测的基础上,对企业的发展方向、目标以及达成目标的重大举措等做出正确的决策。③把企业的发展方向、目标具体化,即把它们变为企业成长发展的各种规划,包括产品方向、产品品种和数量、市场目标、企业规模、基本建设、技术改造、新技术的采用、增加赢利、提高员工收入、员工的招收和培训等计划,以及实现这些计划的步骤等。④为实现企业的发展目标而开展的与市场活动有关的各种工作,如资金的筹集、生产资料的采购、产品的销售、市场的开拓、新产品的研制、生产组织形式和管理机构的改革、发展同其他企业的协作关系等。

对于任何企业来说,进行经营管理的目的,都是在有限的成本下获得尽可能大的利润。因此,在进行经营管理时,企业就要集中所有的人力和物力,最大限度地利用所有可利用的资源(包括有形资源和无形资源),争取获得最大的收益。

因此,将以上对经营管理的定义加以综合,并结合现代企业的特点,便可得到有关企业经营管理的几个关键点:

(1) 企业经营管理是以企业的增收和赢利为目标的。

(2) 企业经营管理的对象是人、物、财。其中,人是最根本、最主要的。

(3) 企业经营管理的核心行为是监督("管")、协调("理")企业的各项事务。

因此,对企业经营管理可以定义为:企业为获得最大利润,而对生产、销售、消费过程中的各环节进行的各方面的活动,包括领导、计划、组织、控制等。

必须补充的一点是,在追求经济效益的同时,企业也不能无视社会效益、社会价值与社会伦理。因为企业是一种社会组织,是社会的一部分,必须服务于社会,有益于社会才能得到社会的支持,立足于社会,从而谋求自身的利益与发展。这就要求企业严格遵守国家法律及市场规则,并且担当起应有的社会责任,兼顾经济效益与社会效益,有时必须为求得一定的社会效益而牺牲一部分经济效益,不能一味追求赢利而置社会责任及消费者权益于不顾。

二、媒介的经营管理

长期以来,国内的媒介实际上处于一种"宣传管理"之下,对于媒介,人们所重视的是意识形态的宣传属性。但随着媒介市场化的发展,媒介的产业属性日益鲜明,而且宣传自身也必须尊重市场规律与传播规律。这就要求人们以看待产业而不仅仅是宣传工具的眼光来重新认识媒介的经营管理。正是在此背景下,需要对媒介经营管理做出全新而准确的定义。

对于媒介经营管理的定义,有广义与狭义之分。广义的媒介经营管理,是指运用媒介产业的人力、物力、财力等资源,通过领导、计划、组织、控制等行为,使产业资源(包括有形资源和无形资源)得到合理配置,发挥最大效用,从而在保证社会效益的前提下谋求最佳的经济效益。狭义的媒介经营管理可以专指出售媒介广告版面时段的有关经济活动和管理运作。

对于媒介经营管理的定义,还有宏观与微观之分。宏观的媒介经营管理是国家、社会对媒介的制度、体制的规定和要求;微观的媒介经营管理则是指具体的媒介单位对自身的行政、生产、营销、财务、人事、技术、安全管理等的规定和要求。

媒介作为大众传播媒介,在社会中具有独特的地位和广泛的影响力。因此,媒介的经营管理也区别于一般的企业管理,其特殊性主要表现为以下几点:

(1)媒介必须把追求社会效益放在首位。

这是媒介经营管理与企业经营管理的最大区别。任何大众传播媒介都是一定意识形态的产物,它们隶属于一定的阶级、政党、集团,其经营管理者也持有各自明确的阶级立场、政治倾向和价值观。媒介是经济实体,但首先是传播实体。在西方国家,媒介是为资本主义制度服务的,它们所持的是资产阶级的立场,反映资产阶级的道德观和价值观;在我国,媒介必须把党和国家的利益以及人民的利益放在首位,成为其喉舌,完成社会主义的宣传任务。

(2)媒介的管理中有一个极其重要的组成部分,即信息资源管理。

在3M的管理范围之外,还有第四个M,即Message。在传播学中,信息被定义为"由一系列有序性符号组成的表达特定信息或意义的符号系统"。对任何媒介来说,信息都是其传播的内容所在,没有了信息,便没有了媒介。媒介之所以具有强大的社会影响力,正是因为它们能把大量有价值的信息传递给社会大众。此外,在人、物、财的管理中,也会涉及各种经营管理信息(Management Information),对它们的管理也是媒介经营管理中的重要内容。

(3)媒介组织的内部机构有着特殊的设置和构架。

简略地说,由于媒介有宣传和经营的双重任务,因此其内部结构也大致按这两条任务贯彻下去,并以技术部门作为播出的基础和保障,另外还有其他相关产业作为经营渠道的补充。以某地级市的电视台机构设置为例:该电视台设有办公室、总编室、新闻中心、社教中心、文体中心、节目广告中心、节目制作中心、技术保障中心、广播电视报编辑部、微波站这十

拓展资料

个部门,其中就囊括了内容制作部门、经营部门、技术部门和其他相关产业。又如浙江广播电视集团总部设有集团办公室(党委办公室)、总编室、人事管理部、计划财务部、科技管理部、产业发展部、广告管理中心、行政管理部、安全保卫部、直属党委、监察审计室和工会等12个职能部门。[①] 上海SMG集团,截至2017年底共有12个职能部门,体现出复杂性和系统性,具体如下:

①办公室——主要负责日常行政工作,包括公文、档案、机要工作;门禁卡管理、安保管理;法制宣传工作,公关接待工作以及承担多媒体信息发布平台工作等。

②总编室——主要负责宣传、艺术管理、协调和监督工作,确保导向正确和安全播出。统筹各媒介平台,及时做好协调服务工作,负责新媒体业务和平台的统筹发展及管理。

③人力资源部——主要负责制定人力资源薪酬管理制度,体系和流程建设,负责人才招聘、储备、培养和职业发展管理;负责绩效管理和制定及优化激励机制。

④计划财务部——主要负责财务管理制度、财务发展规划;负责财务日常结算、预算、分析管理、资金管理、经济运行分析及报告等事宜。

⑤战略投资部——主要负责制定发展战略规划,为集团提供信息与决策支持,评定集团投资项目可行性等。

⑥党群工作组——负责拟定党组织建设,指导直属党组织开展党组织相关工作;负责集团精神文化创建等工作,开展集团共青妇等群众团体工作。

⑦资产管理部——主要负责编制固定资产投资完成情况以及固定资产投资计划,车队管理,负责基建改造、资产登记和公共采购计划等。

⑧监察室——主要负责党风廉政建设、开展反腐倡廉活动和职业道德教育、业务流程防控、资金使用防控及重要部门、关键岗位内部防控建设。

⑨审计室——主要负责内部控制制度完整性和有效性审核、资产管理审计、专项资金提取及使用审计、财务计划执行和决算情况审计等事宜。

⑩法律事务部——负责为文广集团经营、管理决策提供法律上的可行性、合法性论证。协助各部门解决法律相关问题,进行法律宣传教育。

⑪对外事务部——主要负责文广集团的国际合作及相关涉外事务管理,国际交流与公关等。

⑫技术管理部——制定完善相关技术管理规章制度,做好监督落实工作,积极为一线运营部门提供技术支持和咨询,做好服务工作。

三、媒介经营管理的意义

在庞杂的社会系统中,媒介是一个活跃的、开放的并具有发散性影响力的系统。媒介的营运及发展,在很大程度上受到外部环境的影响。社会的

[①] 浙江广播电视集团简介,http://www.cztv.com/zrtg2016/jtjj/,2019-05-02。

政治、经济、科技、文化等方面发生的变动,都可能对媒介产业的发展造成冲击。可以说,媒介是站在时代浪尖的行业。这一方面对媒介经营管理者提出了更高的要求,另一方面也突显了媒介经营管理的重要意义。总体而言,对媒介进行科学的经营管理,能够使媒介内部处于良性运转的状态,并使之适应外部环境,从而取得更高效、长远、可持续的发展。

具体来说,媒介经营管理有以下几方面的意义:

(1) 有利于媒介对资源进行合理的配置和协调,从而协同发展。

正如所有的经营管理活动一样,媒介经营管理的核心也在于协调。通过经营管理,可以协调媒介人、物、财、信息这四方面的资源,使其达到最佳配置,发挥最佳效用。

(2) 有利于媒介实现社会效益与经济效益的协调和"双赢"。

媒介的组织目标有二:一是宣传目标,二是经营目标。媒介是一种社会上层建筑,又处于市场之中,受市场机制的支配和调节,这就需要有能够适应其特征的经营管理,保障媒介的组织目标得以实现。

(3) 有利于媒介提高自身品质,从而应对时代的挑战和激烈的市场竞争。

在如今的知识经济时代,作为信息产业的媒介必须做好充分的应对:一方面提高自身的内容品质和经济实力,打造更为出色的媒介品牌;另一方面要时时注意社会各界尤其是媒介市场的动向,知己知彼。这一切都不能离开高效、科学的经营管理。

有许多实践经验已经证明了媒介经营管理的重要性。在不同的媒介之间,经济效益好、发展势头强劲的往往是那些在微观管理上有成效、有创新的媒介。就单个媒介而言,在不重视产业经营管理或者经营管理比较松懈、脱离时代脚步的情况下,可能会陷入停滞不前的困顿阶段,甚至危及媒介的生存,媒介无法留住优秀人才;而当摸准社会发展及市场变动的脉络时,媒介经营管理科学、高效发展的速度则会快得多。

例如,美国的商业广播为何能在竞争激烈的媒介市场中保住一席之地?正是因为美国商业广播的经营管理者能够摸准自己的媒介特色,找准定位,推出"适位广播"。他们知道,随着媒介的日益多元化,受众呈现出加速分化的趋势,其信息需求愈加多样,因此媒介既要关注广大受众的普遍要求,更要满足日益细分的受众的个性需要。他们为美国商业广播制定了"专业化"和"本地化"的发展方针,不以综合节目吸引广大受众,而是面向特定听众,办出专业特色;以面向中心市场特别是本地听众作为自己的服务宗旨,成为区域化、本地化或社区化的传播机构。在频率设置上,往往是一家电台以一种专业节目类型取胜,如音乐台、谈话节目台、全天候新闻台等。他们求的不仅是"专",而且是"精"。如世界传媒巨头默多克及其新闻集团旗下的星空卫视,正是凭借着敏锐的市场嗅觉和成功的战略决策,成功地朝中国内地市场步步迈进,并取得了令人瞩目的成效。2002年3月28日,以普通话播出的星空卫视在广东有线网落地播出,这是中国政府第一次允许境外电视频道通过国内有线网落地播送。星空卫视之所以用普通话而非粤语播音,其用意正在于以广东为突破口,开拓整个潜力巨大的中国内地市场。"主动、正面地与中国政策对接;以国际化的视野做地地道道的本土化节目。"这是默多克针对巨大的中国市场制定的中国攻略。七个月后,星空传媒在上海设立代表处;2002年12月19日,经过长达一年的谈判,新闻集团与湖南广电集团签署了战略联盟框架协议,商定双方在政策允许的范围内,就某些具体项目进行合作,如共同制作电视节目、联合播出、交换节目、交流主持人以及共同开拓节目市场等。2005年初,其新闻集团与青海卫视达成合作协议,新闻集团不仅将向青海卫视提供众多节目制作内容,还介入青海卫视的广告经营,星空传媒节目终于如愿"覆盖"全国,其成功经验值得国内媒体经营者借鉴和反思。

正因竞争形势严峻,加上经营管理如此重要,如今各媒介都在努力不断地转变管理观念,加强对经营管理的重视。"向管理要质量,向管理要效益",已经成为管理实践中许多媒介的共识和迫切需要;既谙熟市场规律又通晓传播规律的现代媒介经营管理者,也成了媒介行业中炙手可热的人才。

第二节 媒介的生存环境

一、全球化与媒介业的竞争

随着通信科技的发展,麦克·卢汉所预言的"地球村"已经成为现实。21世纪初期中国加入WTO之后,媒介不仅面临国内的竞争环境,而且开始与全球媒介同处在一个竞争空间之中。全球化对中国媒介产业产生了深远的影响,作为媒介的经营管理者,必须在全球化的浪潮中做好充分的准备和保持清醒的认识,才能从容应对,使自己立于不败之地。

1. 更多的国外媒介产品持续进入中国

国外媒介通过资金投入或其他方式在中国制作视听产品,对中国媒介产品形成冲击。近年来,我国新闻传播业呈现的一个明显特征是,尽管政府对传媒业的控制比较严格,但境外传媒还是在以缓慢渗透的方式进入我国大陆传媒市场,比如默多克的新闻集团、时代华纳都曾经尝试深耕中国市场,另一国际传媒巨头维亚康姆进入中国市场已经运营20多年,还有2019年权威时尚产业专业媒体WWD(国际时尚特讯)全面进入中国市场。比起国内的媒介,国外媒介集团拥有更雄厚的资金、更多样化的竞争手段、更丰富的竞争经验、更响亮的媒介品牌号召力,在赢得受众和市场方面,它们具有显著的优势。这就意味着,国内的媒介即使暂时没有进军国外市场的打算,也面临着国际化的竞争,因为国外的竞争对手已经等在了自己的家门口。

境外电视媒体在中国的落地渠道根据其性质可以归为三大类:经济合作、品牌合作和节目交换。具体而言,又可以细分为以下五种。

(1) 兼并收购,即两个或两个以上的传媒企业合并成为一个新的传媒企业,合并完成后,多个法人变成一个法人。

(2) 参股控股,即境外媒体通过持有某一中国大陆传媒公司一定数量的股份而对该公司进行控制。

(3) 品牌合作,即两家传媒集团平等合作,两个公司的品牌同时出现在一个产品上。

(4) 节目交换,即中国和外方媒体为了实现对等落地而进行节目交换。

(5) 外围渗透,即境外媒体通过与中国大陆的非传媒产业合作实行渗透的方式。[1]

---

[1] 王晓虹:《境外电视媒体落地状况及媒介影响》,《青年记者》2019年33期,第71-72页。

国外媒介产品对我国的媒介经济生态环境产生了较大影响,同时也对我国的媒介产业形成了严峻挑战。国外影视产品、影视企业大举进入中国之后,大大促进了中外文化思想的交流与沟通,引起国内媒介文化、传播理念的深刻变化。西方媒介的商业化运作,经济利益至上、取悦受众的经营方针,高投入、高回报的经营方式,也给中国媒介带来了影响,引起媒介从业人员在观念上的巨大变动。此外,以视听作品为载体,西方的生活方式、价值观念也对国内媒介的宣传教育、舆论监督、社会协调、文化传承等基本功能形成冲击和挑战。

2. 中国媒介的工作职能和管理体制将继续发生变化,向国际惯例、国际通行规则靠拢

进入21世纪后的数十年,加入WTO的深远影响不断显现。我国著名学者陈力丹经过分析认为:"世贸组织并不是一个商业机构,而是一个制定国际贸易游戏规则的地方,一个沟通和对话的场所,它的约束机制,就是一些运作原则和十分全面、详尽的框架协定,许多双边和多边的具体协定。"①具体而言,WTO的基本法律原则包括非歧视性贸易原则、公平贸易原则、关税减让原则、透明度原则、取消数量限制原则等。《马拉喀什建立世界贸易组织协定》第16条第4款规定:"每一成员应当保证其法律、规则和行政程序,与所附各协议中的义务相一致。"第5款规定:"不得对本协定的任何规定提出保留。对多边贸易协议任何条款的保留,仅以这些协定之规定为限。有关诸边贸易协议的保留,从属这些协定之规定。"这两款所做的规定,对于WTO成员国具有很强的约束力。这就需要经营管理者以国际化的眼光来管理本国的媒介业,在制定本国媒介业的管理规则时,一定要考虑国际惯例和国际社会的可接受度,而不能将自己的思维和眼光囿于国内的小范围之中。对既有的规定、制度、做法,也要放在WTO的平台上重新审视,当改则改,当废则废。避免轻法律、法规、重政策、纪律的做法,以及"拉关系""打招呼"处理问题的方式。虽然由于意识形态的差异和传媒业的特殊性,中国媒介不可能完全照搬国外的办法,但是即使国际通行规则只是有限适用,也足以对传统的管理方式构成冲击。

二、区域化与媒介业的分众

全球化与区域化看似矛盾,实际上是互相补充的,它们从不同的角度说明了现今社会及媒介业发展的走向。

这里所指的媒介区域化,是相对于传统的媒介区划而言的。我国建国以来按行政区划,设立了中央、省及直辖市、地(市)、县四级媒介管理体制,形成中央级媒体、省级(直辖市)媒体、地区级媒体和县级媒体四级媒体类型,此外还包括一些按行业设立的媒体。这种媒介生态带有比较浓厚的计划经济色彩,并非按照媒介自身发展规律而形成;现在出现的媒介区域化生态环境,是以中心城市为依托,在一个相对独立的经济区域内自发形成的类型齐全且又具有良性竞争的媒介生态环境。

媒介区域化是经济区域化发展的必然结果。近些年来,我国区域经济呈现出旺盛的发展态势,如长江三角洲、珠江三角洲、福建的厦漳泉三角区都形成了比较突出的区域经济发展格局。经济区域内人口集中,市场繁荣,企业协作活跃,广告在经济区域内的集中投放效果明显,区域经济的繁荣催生出巨大的广告市场,因此各路媒介也被吸引而来,纷纷抢滩布

---

① 丁柏铨、胡菡菡:《"入世"后我国新闻传播业生存环境考察》,《现代传播》2003年5期,第12-17页。

点,具有规模的媒介区域也应运而生。最具代表性的是珠江三角洲和长江三角洲,这两个地区在经济上呈现出明显的区域化趋势的同时,媒介也呈现出明显的区域化趋势。可见,媒介的区域化也是经济区域化发展程度的风向标;反过来,媒介的区域化也会推动经济的区域化发展。媒介的区域化会促成规模性的信息消费,从而有效地拉动区域经济。此外,媒介的区域化还有助于推动区域文化的一体化,而文化的一体化将为形成有特色的经济区域提供重要的凝聚力。

媒介区域化也是各地区经济、历史、文化等条件存在差异的产物。观众作为信息产品的消费者,在有条件进行自主收视选择的情况下,必然会选择那些符合他们的价值取向和审美情趣的节目。对于同一部电视或广播作品,不同区域间的受众所产生的反应是极不相同的。比如北方人爱听评书,江南人爱听评弹,两者虽只一字之差,风格却截然不同,折射出南北观众大相径庭的审美取向。对于媒介节目制作机构来说,观众收视区域化的问题显得更加现实和突出。由于中国大部分电视台属于区域传播机构,因此,认真调查和了解当地观众的收视需求和收视口味便成为这些电视机构从业人员必修的功课。

从各省级卫视的发展与竞争中可以看出电视区域化发展的若干端倪。进入21世纪以来省级卫视群雄并起,相继上星并在全国大范围落地,它们该如何获得跨区域的收视业绩?是做有明确特色定位的专业频道,比如娱乐特色频道、旅游频道,还是坚持走区域化的路线,真正认识和发掘区域内独有的历史、地理、旅游、文化、民俗等资源,把一个充满区域特色的、富有区域个性的省级卫视媒体呈现在全国观众面前?这两条路都行得通,但后一条可能更符合区域内以至全国范围的观众对于一个省级卫视媒体的期待。贵州卫视与上海的东方卫视就走出了两条立足于区域文化的发展道路。贵州卫视看到了政府"西部大开发"后对西部投资的增加和舆论的关注,认为这种区域的划分恰好符合企业对市场片区的划分,有利于企业选择媒介进行区域投放,因而瞄准西部市场,确定自身战略:"收缩战线,集中西部,做西部卫视,主要针对西部观众,满足企业西部市场需要",从而成为国内第一个定位于区域的卫视。西部战略推出的当年,贵州卫视的广告收入便实现了25%的年增长。

成立于2003年的上海东方卫视则"剑指东方",以现代的、国际的、青春的、海派的风格立足上海,辐射长三角,进而影响全国。据2005年2月3日《新闻晨报》报道,上海东方卫视在福建省福州市正式落地,至此东方卫视已覆盖全国所有直辖市、省会城市和计划单列市,成为全国覆盖率最高的省级卫视,可收视人口已达5亿。2019年,东方卫视覆盖率突破90%,覆盖人群超过11亿,在海外已覆盖7亿人口,在收视方面实现了全天时段与黄金时段的全面超越。①

三、数字化与媒介业的"换血"

现代媒介是科技进步的产物。科技革命与媒介运行、发展模式有着天然的联系,而科技的进步也必将使媒介的生存环境发生变化。近年来,随着数字化信息技术的发展,数字技术

---

① 安哲:《东方卫视在2019年又有新动作》,http://dy.163.com/v2/article/detail/DU9ATO8O05148MKI.html, 2019-05-02。

正在成为所有媒介的发展取向,正在改变不同形态媒介的边界,造就新意义上的数字媒体。以互联网为主的新媒体对媒介发动了强劲的挑战,并使媒介发生了一系列的改变:

1. 媒介与受众的传播关系有所改变

传统电台上网变成网络电台,传统电视上网变成网络电视、交互电视,使受众更方便地选择收听、收视的节目,并有机会与新闻采编人员和其他受众进行交流,实现双向、多向的即时传播。

2. 媒介业的广告收益状况有所改变,其中电视尤为明显

互联网普及意味着电视观众的减少,人们不再坐在电视机前,而是习惯在电脑前点击世界,这就引发了电视节目收视率的下降,从而导致了电视广告投放量的下降和投放内容的变化,因为电视所失去的这一部分受众,往往是社会人群中购买力最强的——他们的年龄构成大多是在 18 至 45 岁之间,知识水平和收入相对较高,消费观念也比较前卫。

拓展资料

3. 媒介业面临和经历资源重组与结构调整

全球并购风潮遍及电视业和互联网行业,传媒业需要合理配置资源,壮大规模,增加竞争力,才能找到立足之地。迪斯尼公司在 1996 年以 190 亿美元收购 ABC,随后在 2000 年收购了 ESPN,2011 年又收购福克斯家族频道并将之重命名为 ABC 家族。21 世纪初美国在线和时代华纳合并,并购完成以后的美国在线时代华纳市值下跌了 90%,合并以后 2002 年两个公司亏损达到 542.2 亿美元,最终美国在线从时代华纳剥离。2019 年 9 月 Vox 传媒(Vox Media)宣布,以全股票交易的方式收购纽约传媒(New York Media)及其旗下的杂志和五家网站。2019 年 11 月,GateHouse Media 公司迅速完成对甘尼特(Gannett)公司的收购,重建美国媒体行业的格局,全美最大报业集团诞生。

而在我国国内,多地党报、电视台合并,整合发展新型主流媒体。2018 年 8 月,大连新闻传媒集团正式揭牌,它由大连报业集团、大连广播电视台、大连京剧院、大连舞美设计中心等 11 家单位整合而成。2018 年 9 月,芜湖传媒集团揭牌成立,由芜湖日报报业集团、芜湖广播电视台组建而成,是安徽首个市级传媒集团。2019 年 3 月,鄂州市融媒体中心成立,整合了鄂州日报社、鄂州广播电视台的职责,将报纸、广播、电视、网站、"两微一端"等多个媒介融为一体。2019 年 4 月,珠海传媒集团、珠海市新闻中心正式挂牌,新组建的珠海传媒集团是以原珠海报业集团和珠海广电集团为基础的。珠海传媒集团是国内首家全媒体国有文化传媒企业集团。2019 年 8 月,作为浙江省内首家报业和广电融合改革的市级媒体,绍兴市新闻传媒中心、绍兴传媒集团正式挂牌。2019 年 10 月,安徽省淮北市传媒中心正式成立,将淮北日报社、淮北市广播电视台等媒体融合,整合发展成为新型主流媒体。2019 年 12 月,浙江省湖州市新闻传媒中心、湖州市传媒集团有限公司正式挂牌,标志着湖州市推进市级媒体融合发展和媒体产业提质增效进入实质性阶段。

4. 媒介业面临更宽广的生存环境

互联网是超地域、跨国界、跨文化的广阔空间,各种媒介通过网络进入了国际竞争的大系统,平等地利用互联网的技术和功能。

面对互联网的冲击,媒介必须积极寻找应对策略,从产业内部开始,发动一场全面的改革。其中重要的一部分就是推进媒介的数字化。这场从传统媒介到数字化媒介的改革,称得上是媒介产业的一次大"换血"。早在2003年,国家广电总局就发布了中国有线电视向数字化过渡时间表,有线电视数字化的配套政策已陆续出台。国家发改委、财政部、税务总局为推动媒介数字化努力提供有力的财税、资费政策支持。我国媒介在节目采集、制作、播出、传输环节已经基本实现数字化,广播电台数字化采编播技术改造也已由少数先进的大台逐渐向各省市及地县级台迅速铺开;有线电视数字化后,百姓家庭电视机可以看到清晰的电视图像,享受到电影院的音响效果,频道可从几十套增加到几百套,用户不仅能看到现有的电视频道,还能欣赏到多样化、专业化、个性化节目,而且可以获得如电视政务、电视商务、即时天气预报、生活信息、交通信息、股票信息等大量的资讯信息和服务。这一切,将为媒介昭示出一个广阔的新天地。

2004年,国内运营商就开始积极推动手机电视的应用,形成了中国广电、中国移动、中国联通三足鼎立的发展态势。电视节目的制作与传输已经实现数字化以后,庞大的手机用户群成为电视内容产业开拓市场的新目标。据《第一财经日报》报道,2004年2月,广东联通与广东卫视合作把中国国际拳击公开赛实况搬到手机上,开始了手机电视的市场争夺;4月,中国联通又推出了"视讯新干线";5月,广州移动启动了WAP门户的"银色干线"。面对这样的市场竞争,电视媒体必须有应对之策。2005年1月1日起,上海文广新闻传媒集团(SMG,现上海东方传媒集团有限公司)和上海移动招募500名有条件的上海移动用户先行免费试用手机电视业务,此次SMG旗下的上海东方龙移动信息有限公司将向手机电视提供4套直播电视节目和10个类别的点播节目服务,涵盖新闻、体育、财经、娱乐等方面,节目每天更新数量达60多条。这一事件表明,在媒体数字化的新时代,传统的媒介正在寻找适合自身发展的新途径。

值得注意的是,随着移动互联网的兴起和普及,手机已经成为个人多媒体娱乐终端。根据2019年中国互联网络信息中心发布的第43次《中国互联网络发展状况统计报告》,中国手机网民的规模达到了8.17亿,截至2018年12月,我国即时通信用户规模达7.92亿,网络新闻用户规模达6.75亿,网络购物用户规模达6.10亿,网上外卖用户规模达4.06亿,网络支付用户规模达6.00亿,网络视频用户规模达6.12亿,短视频用户规模达6.48亿。

至2019年4月,上海已累计建设5G基站近500个,首个5G手机对话在沪拨通,上海成为全国首个5G试用城市。① 5G是大数据时代由一种质态向另一种质态的转变,是全面多领域变革的产物。5G网络是第五代移动通信网络,其峰值理论传输速度可达每秒数10Gbit/s,比4G网络的传输速度快百倍。随着5G技术的诞生,用智能终端分享3D电影、游戏以及超高画质(UHD)节目的时代正向我们走来②。

---

① 第一财经:《上海与联通签合作备忘录,应勇:积极探索多领域应用》,http://finance.sina.com.cn/roll/2019-04-23/doc-ihvhiqax4544245.shtml,2019-04-23,2019-05-05。

② 百度百科:5G,https://baike.baidu.com/item/5g%E7%BD%91%E7%BB%9C/11023660?fr=aladdin,2019-05-05。

四、娱乐化与媒介业的"洗脑"

1948年,拉斯韦尔在其《社会传播的结构与功能》一文中,提出传播活动的三大功能:环境监视、协调社会、文化传承。1975年,赖特对拉斯韦尔的"三大功能说"做了一个重要的补充。他认为,媒介除了这三大功能外,还有一个重要效用,即提供娱乐。这与心理学家威廉·斯蒂芬森所提出的游戏性传播相吻合。斯蒂芬森认为,传播既可以是工作化的,也可以是娱乐化的,而后者使人愉悦(Communication-pleasure)。媒介的功能应该是多样的,除了正统、严肃的告知和教育之外,还应该有着服务性、娱乐性的功用。如今的社会,不管人们自觉还是不自觉,都不能不受后现代思潮的影响。而游戏精神正是后现代思潮中的一个组成部分。另外,随着生活节奏的加快,现代人不仅需要政治、经济、文化等各个领域的信息,还希望媒介能在紧张的工作之余为他们提供娱乐消遣,这也是电视剧始终占据各频道黄金时段的原因。娱乐化的节目能吸引更多的受众,从而争取更多的广告合作,获得商业利益。

因此,在今天重申社会的娱乐文化背景以及媒介的娱乐功能,对媒介的经营管理和生存发展具有相当重要的作用。虽然有很多人担心娱乐化会使媒介走向低俗,但一味地追求"高雅",无视社会文化发展的趋向,显然也不是明智之举。娱众而不媚众,通俗而不低俗,是当今的媒介所应追求的格调。尤其对于国内媒介来说,放下长期以来养成的政治说教的架子,重视媒介的娱乐功能,在追求受众和影响力层面表现出巨大的进步。

国内著名的民营电视制作公司光线传媒在1998年底成立后的五年中,年均增长率达到150%:1999年收入仅300万元,2000年收入3000万元,2001年收入1亿元,2002年收入1.5亿元,2003年收入2.5亿元。其成功经验可以用一句话概括:它以市场化的运行机制,在中国成功实践了传媒娱乐一体化、传媒娱乐工业化、传媒娱乐品牌化的整合。1999年,光线传媒制作了中国内地第一档娱乐资讯节目《娱乐现场》。《娱乐现场》的诞生,不但标志着内地娱乐产业的伊始,更将中国娱乐资讯全面带入到日播时代。经过20多年的发展,光线传媒已成为中国最大的民营传媒娱乐集团,它的主营业务包括电视节目制作与宣发,电影投资、制作、宣发,电视剧投资、发行,艺人经纪,新媒体互联网,游戏等。其日播娱乐资讯节目《中国娱乐报道》《音乐风云榜》均已连续播出10年以上,发行的电影《泰囧》《致青春》成为现象级影片,2012年、2013年投资制作发行影片20部,总票房超过40亿。自有品牌手游《分手大师》于2014年6月上线。2016年《美人鱼》影片票房突破30亿,刷新华语电影票房纪录。光线传媒完全实现了娱乐节目的工业化生产和经营,其独到的眼光和把娱乐做深、做精的决心,是值得借鉴的。

湖南卫视凭借其娱乐特色而成为国内领军的省级卫视。1997年,湖南卫视推出以《快乐大本营》为代表的"娱乐化创作理念",娱乐性节目以其去除深度、刺激感官的特征引起了承载过多意识形态的传播内容的巨大变革。湖南卫视以"打造最具活力的电视娱乐频道"为目标,提出"快乐中国"理念,代表性的娱乐节目包括2004年《快乐中国超级女声》、2008年《快乐2008》、2010年《百科全说》、2013年《我是歌手》、2014年《花儿与少年》、2015年《偶像来了》、2017年《中餐厅》等。据统计,2014年湖南卫视广告收入以75亿元在省级卫视中排名第一,《快乐大本营》《我是歌手》《天天向上》《爸爸去哪儿》的广告收入均大于10个亿。2018年,湖南卫视广告部实现全年总收入86.8亿元,远超同级省级卫星频道。湖南卫视的崛起和发展,正是在于把准了娱乐化社会的脉搏,突破了国内媒体的严肃形象,在轻松娱乐中赢得了观众,也为自己赢得了效益。

第三节　媒介经营管理的基本要求

一、媒介经营管理的职责

作为媒介的经营管理者，在管理活动中所应完成的任务以及所应起到的作用主要包括以下几个方面。

1. 计划

计划是所有管理活动的基础。它是指为了实现决策所确定的目标，预先进行的行动安排。计划的内容主要包括在时间和空间两个维度上进一步分解工作的任务和目标，选择任务和目标实现的方式，规定工作进度，以及行动结果的检查及控制等。没有人能够准确无误地预测将来，因而完美无缺、天衣无缝的计划是不存在的，但计划能让原本模糊的目标变得清晰、明朗、可操作性强。

在管理学中，计划的内容一般包括 5W1H：

What——做什么？——行动的目标及内容。
Why——为什么做？——行动的原因。
Who——谁来做？——工作的人员。
Where——在哪里做？——行动的地点。
When——何时做？——行动的时间。
How——怎样做？——行动的方式。

在制订计划的过程中，必须对这 5W1H 做准确的界定。此外，还必须考虑其他问题，如需要多少资金和资源等。

计划有各种类型。按时间分，有长期计划与短期计划；按职能分，有业务计划、财务计划、人事计划等；按计划内容的明确性，可以分为具体性计划与指导性计划。

无论从微观还是宏观意义上，计划对于媒介有效进行传播、取得社会效益与经济效益都具有重要作用。计划职能运用得好，便能提高媒介的管理水平，为媒介顺利实现组织目标提供前提和基础；计划职能运用得不好，便会造成目的不明确、组织混乱等局面，导致严重的资源浪费。因此，制订计划时必须十分严谨，并且要充分考虑到媒介自身的特征，如结构、优势、环境和未来发展趋势等，争取高效、可持续性的发展。

2. 组织

一个媒体若要高效运行，必须有合理的组织结构作为保障。组织结构就是指对管理人员的设定、分配以及对其管理职能的确定。经营管理者所应完成的组织工作，也就是指对管理人员的管理劳动进行横向和纵向的分工。它是媒介目标实现的组织保证。

组织的主要内容有：根据媒介的目标，设计和建立一套组织机构和职位系统；确定职权关系，从而把整个媒介组织的上下左右方方面面紧密、有机地结合起来；与媒介的其他职能结合起来进行考虑，以保证所设计和建立的组织结构真正科学、有效；根据媒介组织内部和外部各种因素的变化,适时地调整和变革媒介的组织结构。

具体地说,媒介的组织者需要依次完成四项任务:

(1) 职务设计与分析。确定媒介组织中有哪些需要完成的工作或活动。

(2) 部门划分。包括横向的划分及纵向的划分。

(3) 结构形成。赋予职权、配备人员、明确责任、界定工作内容、分清工作范围。

(4) 工作检验。比如定期汇报工作,进行新的调整。

媒介的组织划分受到多种因素的影响,如媒介自身规模、在整个传播系统中所处的地位、媒介的技术条件、媒体的经营战略、发展阶段等。

媒介管理者要完成组织任务,不但需要对媒介自身现有的人力、财力、物力、信息等资源及其特性、品质十分熟悉,而且需要对与媒介产业相关的各种因素的发展趋向具有前瞻性和洞察力,尤其是需要政治上的敏感性。

3. 领导

媒介的经营管理者必须能够指挥、带领、引导和鼓励其部下为实现媒介的目标而努力。领导工作对于保证媒介目标的实现具有关键作用。

所谓领导,必须有可以指挥的从属人员,并且必须有对其施加影响的力量或能力,才能使企业目标最终达成。具体来说,在带领、引导和鼓励部下为实现媒介目标而努力的过程中,领导要发挥三个主要作用。

(1) 指挥:领导者需要头脑清醒、胸怀全局、高瞻远瞩、运筹帷幄,帮助部下认清所处的环境和形式,指明活动的目标及达成途径。

(2) 协调:领导者需要纠正人们的思想分歧和行动偏差,消除来自外部和内部的各种干扰因素,把大家团结起来,共同朝着媒介的目标迈进。

(3) 激励作用:领导需要通情达理、关心群众,为人们排忧解难,使他们长久地保持工作热情和积极性,激发、鼓舞他们的工作斗志,增强他们积极工作的动力。

领导是一门艺术。作为领导者,必须具备与人、与事、与物、与时间打交道的能力,一方面指挥下属,一方面完成自己的本职工作,创造一个有利于媒介提高生产效率、实现组织目标的工作环境。

4. 控制

控制的目的是保证媒介的目标和为此而拟订的计划能够与实际操作动态相适应。为此,媒介经营管理者必须对媒介内部的管理活动及其效果进行衡量和校正。这是负责执行计划的媒介主管人员,尤其是直接主管人员的主要任务,因为职位赋予了他们权力,去纠正媒介工作中所采取的措施,他们身上担负着实现媒介组织目标和计划的主要责任。

管理学上认为,任何一个系统都是由因果关系链联结在一起的元素的集合,元素之间的这种关系称为耦合。媒介也是一个耦合的系统,其生产经营活动的全过程就是由严密的因果关系链联结起来的,控制就是为了对这个耦合的系统进行调节。通过控制媒介投入生产的人力、物力、财力及管理和技术信息,就可以控制媒介生产经营活动的产出。

控制的先决条件是计划。在计划付诸实施之后,就必须实现控制任务,衡量计划的执行进度、控制生产成本和产品品质,把握产品流量和流向,调整资源配置,揭示计划执行中的偏差,并采取及时的纠正措施,保证工作的连续和完整进行。

有效的控制必须做到以下几点:

(1) 适时:及时对偏差加以纠正。
(2) 适度:控制的范围、程度和频度要恰到好处。
(3) 客观:符合媒介生产经营活动的实际状况。
(4) 有弹性:能够灵活应对突发状况。

5. 创新

组织、领导、控制都是为了"维持现状",保证系统按预定的方向和规则运行;但媒介所面临的内外环境并不是一成不变的,随着环境变化,如社交媒体的广泛应用,部分媒介活动很有可能不适应社会要求,而另一些内部因素,如经营制度等,则可能造成管理人员的积极性降低、管理层次不科学等慢性问题。因此仅有维持还不够,必须打破现状,大胆创新,奋力为媒介开拓出新的局面,以求得螺旋形的上升。不断调整系统活动的内容和目标,以适应环境变化的要求。经营管理者所背负的创新任务,虽然容易为人们所忽视,但对于媒介保持生机与活力、实现良性循环来说,是不可或缺的。

媒介经营管理活动中的创新任务包括以下几方面:
(1) 目标创新:修订媒介发展计划,确定新的目标。
(2) 技术创新:引进最新技术,改变编辑方针。
(3) 制度创新:探索新的经营管理制度,制定新的控制标准。
(4) 组织创新:撤换部门领导,调整人员结构。
(5) 环境创新:开拓新市场,吸引新受众,猎取新的广告客户,开创新的媒介合作。

创新也是有一定过程可依、一定规律可循的。一般来说,需要经过几个阶段的努力,即寻找机会,提出构思,采取行动,坚持不懈。

二、媒介经营管理的原则

媒介的经营管理者,在经营管理活动中必须遵循一定的指导原则,从而对管理活动的过程与结果起到规范、导向、促进和保证的作用。这些原则既符合一般管理活动的规律,又具有媒介行业的特殊性。结合我国媒介的具体特点,可以把媒介经营管理的原则归纳为以下几条。

1. 坚持党性,把持方向

党性原则是指媒介的经营管理者必须加强党的领导,增强党性,坚持正确的政治方向。这是由我国媒介的性质、目的、任务决定的,同时也是社会政治、经济、文化的客观现实及规律的反映。

我国大众传播媒介是党和政府的耳目喉舌,反映广大人民群众的根本利益,因此不管是传播活动还是管理活动,都必须代表先进文化的发展方向,坚持维护国家形象和人民利益,坚持贯彻社会主义传播方针,坚持加强和改善党的领导,遵守传播规律和职业道德。对于我国的媒介来说,党性原则是办好电台、电视台的根本前提和保证,也是衡量一个媒介是否合格的首要尺度。

坚持党性,不是靠"假、大、空"的传播方式,也不能一味板起脸来说教,而是要脚踏实地,把党性真正贯彻到行动之中。管理者对党性理解得越深刻、越清晰、越全面,管理活动中党性越明确,贯彻的方式越灵活、生动,管理活动就越能有效地开展,取得的社会效益和经济效益也就越高。

2. 整体把握，促进协调

媒介系统的整体中包含着各种各样的要素，但整体并不是这些要素的简单叠加，而是"1+1＞2"的组合。如果能把这些要素进行科学、合理的组合，就能使整体所释放出的能量远远超过各部分的能量之和。作为媒介的经营管理者，必须胸怀全局，从实现整体目标出发，合理地组合电台、电视台内部各个部门、各种层次、各种因素的力量，实现管理最优化。

管理者首先要对媒介内部的各部门、各层次、各因素有充分的了解，将其视作有机联系、相互影响的整体；对于人力、物力、财力及信息资源，要进行科学组合与合理配置，充分发挥其效用，避免内耗。媒介内部的各部门、各层次、各因素之间存在着相互联系、相互作用、相互制约、相互依存的关系，它们是一个有机互动的整体，因此在经营管理的过程中，需要协调和依靠各种力量。具体地说，首先要重视各个部门、各个层次之间的信息沟通，使彼此增进理解和认识，避免发生冲突和矛盾，特别是要注意平等对待物质产品与精神产品之间的关系，例如媒介的节目制作和技术部门之间并不存在谁主谁次的问题，二者都是媒介产业中至关重要、不可或缺的部门；其次，要重视人、物、财、信息资源之间的合理配置和科学互动，不能只突出强调其中某一方面，而忽视其他方面的效用，"有钱能使鬼推磨"或者"人才就是一切"的观点都是片面的；最后，要重视责、权、利三者之间的有机结合与良性互动，避免出现"有权无责""有责无权"这样的局面。

以上是就媒介内部因素来说的，而媒介与外部的关系同样需要重视。要把媒介视为整个社会系统中的组成部分，重视媒介与社会各方面，如政治、经济、文化上的联系。要着力发展媒介与社会之间的双向关系、互补关系和制约关系，使媒介与整个社会系统之间形成共存、互利、良性循环的状态。

媒介生态学认为，媒介是一个"生态系统"，需要保持生态平衡。而作为经营管理者，在这个生态系统中起着举足轻重的作用。只有从大局出发，整体把握，通力合作，有机配合，才能使媒介的整体作用得以最大限度的发挥，为实现媒介的整体目标提供保障。

3. 发扬民主，贯彻法制

根据社会主义媒介制度及民主集中制的要求，媒介的管理者要充分发挥民主作风，接受群众监督，调动广大员工的工作积极性与创造性，发扬主人翁意识，共同参与媒介的管理工作，并依靠集体的智慧和力量，办好媒介、管好媒介。

要做到民主，首先要认识并承认媒介员工的崇高地位。媒介的每一个员工既是媒介管理的对象，又是媒介管理的主体。他们一方面接受管理，一方面也有权针对媒介管理中的重大问题参与决策，监督媒介领导是否正确地执行了党和国家的宣传方针，是否尽责尽力地履行了媒介经营管理的任务，是否有思想和行为上的偏差等。对于管理工作中的失误和不足，员工有权提出批评和建议。而作为媒介领导，必须切实体谅及关怀员工，为其提供公平的培训、晋升、发展、报酬，以充分调动其工作积极性，并使其工作潜力最大限度地发挥出来，并保障员工在媒介中当家作主的地位，调动起他们为媒介出谋划策的积极性。唯其如此，媒介才能处于良性的发展状态之中。

在发扬民主的同时，也必须注重用法制性原则来管理媒介，使媒介的机构设置、管理行为、人事财务、信息传播等各方面的管理活动制度化、规范化，从而使媒介系统成为一个协调有序、分工合理、管理科学的整体系统，以尽量少的消耗求得尽量高的回报。具体地说，首先必须贯彻国家在媒介管理上所颁发的法律规定，并在媒介内部建立比较严格、符合媒介自身实际情况的规章制度,通过法律、法规,规定机构设立和撤销、干部任免和选择,规定各部门之间的关系及各自的职权,明确信息传播和产品营销的过程,建立起科学化、规范化的媒介管理制度。在做到"有法可依"之后,还需要"有法必依",也就是依法管理、按章办事。在媒介产业全球化的今天,强调法制管理是尤其重要和迫切的。

4. 依循程序,谋求发展

在媒介管理过程中,需要依据具体的目标和任务,实现程序控制、阶段把关、全程管理,使管理工作科学化,从而保证媒介活动稳定开展,保证媒介产品质量,并使媒介的社会效益和经济效益不断提高。具体而言,媒介管理的基本程序包括战略制定、选择评价、实施和控制等。要以战略管理为主导,信息传播为主线,协调好各个职能部门的工作,使节目制作部门、广告经营部门、技术部门、安保部门、人事部门,以及党、团、工会等各方面的工作都能围绕中心工作有序展开。尤其需要重视的是,在程序化的工作中,还特别要讲究媒介工作的专业性,因为媒介需要很强的专业知识和专门技能,而在管理过程中,也必须遵循大众传播的专业特点及规律,如果仅照管理学的一般规律而忽视媒介业的特殊规律,是难以做好媒介经营管理工作的。

媒介管理必须具有长远的眼光,通过合理、有效地使用各方面的资源,使媒介的综合实力健康、稳步发展。"发展是硬道理",媒介在瞬息万变的现代社会环境中,正如逆水行舟,不进则退。

三、学习媒介经营管理的重要性

为什么要学习媒介经营管理?我们从以下几个方面进行分析。

(1) 社会主义市场经济的激烈竞争和全球传媒产业的形势发展以及人才紧缺的实际需要。

纵观各媒介对于经营管理岗位上的人员配置,大多数是从记者、编辑队伍中抽调一些有这方面特长的人员来安排使用,甚至还有不少媒介向社会招聘经营管理人员,这说明媒介宁可要有真才实干、经验丰富和实际操作经验的人,也不要光有高学历的新手。

我国媒介业不缺乏写新闻稿的采编人才,缺的是优秀的媒介经营管理人才。至2007年,全国新闻从业人员已达100万[1],而经营管理人才却奇缺,领军人才更是寥寥无几。目前,尽管我国媒介业的领导管理人员有着较高的专业素质,但是,对媒体和市场的结合缺乏实际操作经验。原先在媒介业工作的人不懂得媒介市场经营,而持资金希望进入媒介业的人不了解媒介业的运作规律。媒介业经营管理人才的严重缺乏,难以应对日益激烈的市场竞争,与发展中的社会主义市场经济不相符合,制约着媒介业在新形势下的继续前进。现今,全球传媒产业处在急剧变化和发展的时期,给我国媒介业既带来了良好的机遇,又带来了严峻的挑战,借鉴国外媒介经营的先进经验,可以加快自己的创新,与国际媒介业形成良性互动。媒介业未来的发展迫切需要有一支专业的管理团队,这就要求我国媒介业要加快培养经营管理人才的速度。

(2) 媒介业谋求生存的必然需要,决定了学习研究媒介业经营管理的必要性。

媒介传播业的重要目标,是在党的领导下,站在人民的立场上,满足社会需要,做好新闻

---

[1] 新华社:《全国新闻从业人员已达100万》,https://zgcb.chinaxwcb.com/info/429738,2007-11-09,2019-05-07。

信息的传播工作。但它还有另外一个重要目标,就是要与其他企业一样,通过市场交换去谋求生存与发展。

我们常说,管理出效益。经营管理,无论是作为一种观念,还是一门科学,或是媒介传播的一个组成部分,都是为了提高一个企业的社会效益和经济效益。根本不能想象,没有了经营管理人员和具体运转的部门,舍弃了经济来源和物质保证这一基础条件,媒介单位的美好前景还有什么好谈?所有的发展计划不但会成为一句空话,而且整个行业还会跌落到一个惨淡经营、苟延残喘的窘境之中。更何况,在社会主义市场经济进程中,市场与受众对媒介传播的反作用变得越来越强。媒介也不得不重视市场与受众对其产品的接受程度。因此,学习媒介经营管理对我国媒介业发展至关重要。

(3) 市场规律与价值规律这两把利剑使得媒介单位面对竞争态势时,始终处于一种紧迫感、危机感与对永恒的、不确定的前景的焦虑感之中。

在计划经济时代,媒介的生产者无需进行认真思考,就可以简单轻松地完成自身的任务。在选择受众的问题上,一直处于"传者第一",而非"受者第一"的状态。改革开放后,门户打开了,受众的眼界变得开阔起来,因此,选择信息的余地变得越来越大,在选择媒介时也更趋理智与有针对性,反过来形成了"受者第一"而非"传者第一"的局面。特别是从20世纪90年代中期开始,一个由受众按自己兴趣爱好选择媒介的时代已经形成。久而久之,媒介从业人员在市场竞争中都认识到了"受众是欺骗不了的"这条铁定的真理。

媒介的产品日益增多、内容愈加丰富、外观日益精美等一系列趋势,既使得受众对媒介产品的选择变得越来越挑剔,也使得媒介业同行间的竞争变得越来越激烈。任何一家媒介单位,都不可能面对市场规律和价值规律而熟视无睹,游离于这个现实的市场之外。各家媒介单位必须要研究媒介产品的适销对路问题,受众的喜好问题,以适应激烈的竞争,来瓜分市场这块大蛋糕。媒介从业人员真正感受到了严峻的压力,必须学习媒介经营管理来应对市场竞争。

(4) 由于高新技术和现代化传播装备工具的产生,人类社会正在进入全媒体时代,促使着媒介业必须尽快提高媒介经营管理手段。并从实际出发,以现代化的经营管理手段解决具体工作中随时可能发生的各种问题。

改革开放四十多年来,我国媒介业的巨大发展和新闻信息的快速传递,相当程度上得益于高新技术的应用。网络时代的到来、现代信息技术工具的使用和新媒介的出现,使得媒介从业人员的思维、操作方式以及竞争手段变得复杂起来,工作效率得到很大提高。现代信息技术的发展缩小了国与国之间、地区与地区之间的距离,世界经济出现了全球化的发展趋势。让媒介产品的生产销售走向世界市场,已经成为我国媒介业的一个重要努力目标。形势的迅速发展要求媒介从业人员不能沿袭过去那一套老的操作方式,运用老的思维模式。在高新技术的市场竞争中,加强媒介业的现代化经营管理,以及在同一时段里采编、制作、印刷、销售、资金、人力等职能部门的协同配合和快速作战已显得极为紧要。

全媒体时代,新的传播技术和传播方式呼唤着现代化的传播手段和经营管理模式。作为知识经济重要行业的媒介业,为了获取期望中的效益与目标,必须不断提高每一位从业人员的自身素质,扬弃习惯操作方式,形成既敏捷又有成效的创见和市场适应能力,对时代变化做出快速反应,最终实现高效务实的传播服务。否则,将被严峻的市场竞争所淘汰。

改革开放以来,我国媒介业的面貌与内涵、品种与数量、结构与布局、管理与技术,都发生了很大的变化。市场经济条件下,媒介业的发展空间持续扩展。如何应对挑战、增强活力、扩大实力、提高竞争力？这需要媒介的经营管理者坐下来冷静思考,认真总结,提升实践经验,进行理论、体制和机制方面的创新,并不断开拓思路,从中找出规律性的东西。

1. 如何理解媒介经营管理的内涵？
2. 如何理解媒介经营管理的生存环境？
3. 如何理解媒介经营管理的原则？
4. 为什么要学习媒介经营管理？

第一章 媒介组织结构

要了解媒介的经营管理,必须先了解媒介的组织结构和组织过程。

媒介的组织结构是其组织框架的核心,是媒介适应环境、实现媒介目的的手段,也是媒介实行其经营战略的重要工具。它直接制约着组织分配资源的效率、组织活动的效果,影响着组织目标的实现。

然而,组织结构是动态的,它与媒体所处的环境、目标战略、技术、规模相联系,并随着环境的变化而变化,现实中没有一个组织结构模式可以完全地适合所有媒介。因此,媒介管理的创新和组织的不断变革必须从打破原有组织结构着手,避免组织重叠、人浮于事、资源浪费、信息传递失真、工作效率低等结构弊病,根据具体情况做出相应调整,建立有序、高效、经济、灵活的组织框架体系。

第一节　媒介的组织形式

一、组织

(一) 组织的含义

组织,也常称作组织结构。在管理学中,组织有动态和静态两层含义:

从动态方面看,组织作为一种活动,是指一种根据一定的目的,按照一定的程序,对分散的人员或事物进行一定系统性或整体性的安排和处理的活动或行为。

从静态方面看,组织作为一个实体,是指按照一定的宗旨和目标,由若干因素构成的有序的结构系统。它具有一定职权与职责,诸如工厂、机关、学校、医院、各级政府部门、各个层次的经济实体、各个党派和政治团体,等等。

哈佛大学战略管理学派认为管理学意义上的组织有三个重要的概念[①]：

(1) 职权。

职权指经通过正式程序所赋予某项职位的一种权力。在该职位者可以承担指挥、监督、控制以及惩罚、裁决等工作。

(2) 职责。

职责反映上下级之间的一种关系。上级有对下级的工作进行必要指导的责任；下级有向上级报告自己工作业绩的责任和义务。

(3) 组织系统图。

组织系统图是反映组织内各机构、岗位上下左右相互关系的一种图表。它对动态的组织结构变化进行静态的描述。

组织是人类社会性的主要特征，是社会的细胞，是人们在生产斗争、社会斗争中的工具，是连接人与社会的中介。随着生产和生活的高度社会化，组织在现代社会发挥着越来越大的作用。

(二) 组织的内容

组织内容是组织要素的总和，它包括管理主体、管理客体、组织环境以及组织目的。这四个基本要素相互结合、相互作用，共同构成一个完整的组织。

1. 管理主体

管理主体，一般是指具有一定管理能力，拥有相应的权威和责任，从事管理活动的人或机构，也就是通常所说的管理者。现代管理主体是由管理者、管理资金、管理设备、管理信息等组成的"人-机体系"。它是现代管理组织的核心组成部分，在组织中处于主导和支配地位。在整个管理过程中，管理主体起着决定性作用。管理的关键在于管理主体，管理主体的关键在于管理者的素质、管理集团的结构和管理运行机制。

2. 管理客体

管理客体，即管理对象，是指管理主体行为的承受者，是管理过程中所能预测、协调和控制的对象。管理客体的构成要素包括：人员、资金、物资与设备、信息、时间与空间等。其中，人员是管理客体的核心。它是管理主体借以实现管理目标的基本条件和客观基础。

管理主体与管理客体是现代管理组织中两个不可分割的组成部分，它们之间呈现出辩证统一的密切关系。这种密切关系主要表现在：①管理主体与管理客体相互依存；②管理主体与管理客体相互作用；③管理主体与管理客体既统一又对立，呈现出矛盾关系，并构成了组织及其运动。

3. 组织环境

组织环境，是指存在于组织之外，并对它的建立、生存和发展产生直接影响的外界客观情况和条件。它是与组织发生直接关系，有着密切联系的外界因素。组织环境不仅是组织建立的客观基础，也是它生存和发展的必要条件。任何组织都处于一定的自然环境和社会环境中，脱离一定环境的组织是不存在的。

---

① 邵培仁、陈兵：《媒介战略管理》，复旦大学出版社，2003年版。

组织环境对组织的作用主要有：①环境制约组织的活动方向和内容；②环境影响组织的决策和管理方法；③环境可以促进管理活动的开展，加快管理过程，也可以阻碍或破坏管理活动的运行。

组织对环境的影响作用主要表现为：管理者通过对一定管理要素的组织、协调、控制，可以实现对客观环境的利用和改造。

4. 组织目的

组织目的，即组织中所有成员的共同愿望。任何一个组织都有其存在的目的，如果没有目的，组织就不可能建立；失去目的的组织，也失去了存在的必要。

(三) 组织形式

根据古典管理理论代表人物、德国社会学家马克斯·韦伯的行政组织理论，组织结构多为等级结构过程的金字塔结构，这种结构通常由决策层、管理层和操作层三个基本层次构成，但随着组织规模的扩大，这三个层次本身和三个层次之间都可能派生出新的层次，从而提高了管理的弹性和灵活度。

以下是常见的组织形式：

1. 直线制（或称单线制）组织

这是工业发展初期的一种最简单的组织结构类型，是指组织的一切管理工作，均由组织的领导直接指挥和管理，不设专门的职能机构的组织形式。一个下属单位只能接受一个领导的命令。它适用于人员不多、生产管理比较简单的情况，如图1-1所示。

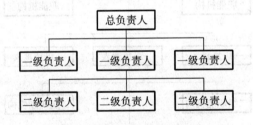

图1-1 直线制组织结构图

直线制的优点：管理结构简单，权力集中，管理费用低，命令统一，联系直接，决策迅速，责任明确，指挥灵活，上下级关系清楚，易于管理。

直线制的缺点：管理职能全部由主管人员一人承担，事多责重，难以胜任；总负责人容易独断专行，管理工作没有专业化，不利于后备管理人员的选拔。

2. 职能制（或称复线制）组织

它是最古老的一种企业管理组织形式。除各级主要负责人外，它还设立了有权在自己业务范围向下级发布命令和指示的职能机构，来分担职能管理业务。这些职能单位有权在自己的业务范围内，向下级单位下达指令和指示，如图1-2所示。

职能制的优点：适应现代化复杂业务，管理分工细，专业性强；可发挥职能机构重参谋的专家作用，对下级单位工作指导具体，从而弥补单个行政领导管理能力的不足。

职能制的缺点：容易形成多头领导，造成下级无所适从；各级负责人和职能单位的权力范围难以划分。

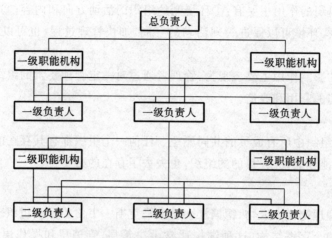

图 1-2　职能制组织结构图

3. 直线-职能制(或称生产区域制)组织

它是以直线制为基础,在各级行政领导下,设置相应的职能部门,即在直线制组织统一指挥的原则下,增加了参谋机构,作为各级主管人员的参谋,它不能对下级进行直接指挥和命令。这是我国绝大多数企业采用的组织形式,如图 1-3 所示。

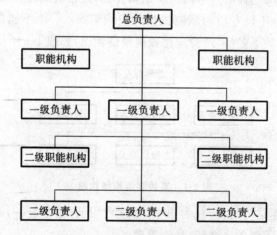

图 1-3　直线-职能制组织结构图

直线-职能制的优点:避免了职能制所导致的多头领导的弊端,既保证了集中统一的指挥,又能发挥各种专家业务管理的作用。

直线-职能制的缺点:各职能单位自成体系,信息的横向沟通较少,容易发生矛盾;工作易重复,以致效率降低;若授权职能部门权力过大,容易干扰直线指挥命令系统;职能部门缺乏弹性,对环境变化的反应迟钝;管理费用增加。

4. 事业部式组织

事业部式结构主要是根据单个产品(如某一类节目等)、单项服务、产品组合、重要工程等来组织事业部。每个事业部又包括调研、制作、财务、市场等职能部门,如图 1-4 所示。

事业部式结构的优点:有高度的市场前瞻性。因为每个单元范围缩小,因此它鼓励灵活性和变革来适应环境的需要,并能适应不稳定环境中的高速变化;因为每种产品或频道是独

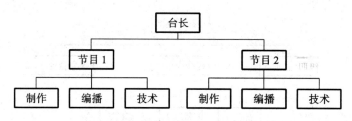

图 1-4 事业部式组织结构图

立的分部,受众可以选择相应的频道或节目,来满足自我需求。

事业部式结构的缺点:对管理人才要求高,需要具有全面管理才能的人才;每一个产品分部都有一定的独立权力,高层管理人员有时会难以控制;对总部的各职能部门,例如人事、财务等,产品分部往往不能善加利用。

5. 矩阵制组织

矩阵制组织也可称之为非长期固定性组织。这是由纵横两套管理系统组成的长方形组织结构,纵向的是职能系统,横向的是为了完成某一任务而组织的项目系统,是暂时性的关系。参加项目的人员要接受双重领导,任务一旦完成,成员仍回归原位。目前,绝大多数媒介机构都使用这一结构,如图 1-5 所示。

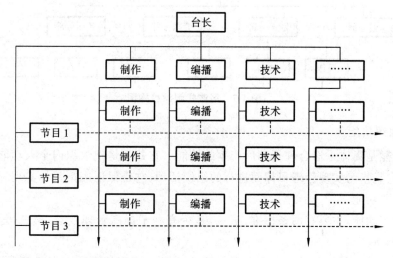

注:虚线表示临时领导关系。

图 1-5 矩阵制组织结构图

矩阵制的优点:加强了横向联系,克服了职能部门各自为政的现象,专业人员和专用设备能得到充分利用;具有较大的机动性,任务完成,组织即解体,人力、物力有较高的利用率;各种专业人员同在一个组织共同工作一段时期,完成同一任务,为了一个目标互相帮助,相互激发,有利于人员思路开阔与效率提高。

矩阵制的缺点:成员不固定在一个位置,有时责任心不够强,人员受双重领导,出了问题,有时难以分清责任。

6. 集团控股制组织

集团控股制组织是在非相关领域开展多种经营的企业所常用的一种组织结构形式,如图 1-6 所示。

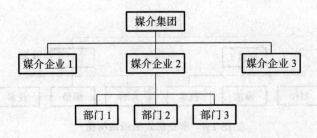

图 1-6　集团控股制组织结构图

7. 区域式组织

区域式组织是在不同国家或不同地区,分别设立自主经营的分部,这些分部包括所有职能部门,并且在当地生产销售产品的组织,如图 1-7 所示。如新闻集团、维拉康姆等媒介巨头都在各国、各地区设立分部,并根据各个国家、地区的特殊需要,按照区域性目标分派员工及生产文化产品。对媒介产业来说,区域式组织结构在有助于媒介集团在全球竞争的同时,也能够实现经营和节目内容制作的本土化。

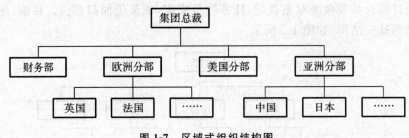

图 1-7　区域式组织结构图

(四) 组织功能

组织功能是集体采取合理行动后产生的功能。它并不是把组织内个人功能简单叠加出来的结果,它是指为实现管理目标而进行的组织活动,它是保证决策目标实现和计划有效执行的一种重要功能。

衡量组织功能,主要有两条标准:第一,是否有利于提高管理效益;第二,是否有利于实现组织目标。

组织功能历来是管理学的一个重要的研究内容。因事情生产发展需要的不同,管理学的各派理论对组织功能的认识也有所不同,但共同点是强调它的重要性,否则尽管决策正确,也不能得到圆满的实施。

二、媒介组织

(一) 媒介组织的定义

媒介组织,简单说就是指各级各类的报社、广播电台、电视台等媒体的内部治理结构和各级管理组织结构。

媒介的组织是社会中一个特殊的组织,既不是纯粹的市场竞争的企业,又不是彻底的国家机关和完全的公益机构。它是专门从事大众传播活动以满足社会需要的社会单位或群体。

它具有以下几个主要特征：

1. 媒介组织具备管理组织的一般特征

媒介组织是经过认真策划、充分准备建立起来的。它的成立得到了权威部门的认定和社会大众的认同；它有明确的目标，即满足社会大众的信息需求；有明确分工和权限，形成媒介内部的角色关系；它制定各种规章制度，以约束媒介成员的行为，为实现目标提供保证，等等。

2. 媒介组织生产特殊的文化产品

媒介具备不同于其他管理组织的个性特征。它生产的是一种特殊产品，以生产节目、新闻、音乐等信息产品为己任。这些产品与一般企业组织生产的产品不同。它是具有时效性的文化产品，其中包含意识形态成分，它作用于人的精神领域。

3. 媒介组织成员从事大众传播活动

媒介的组织成员专门从事大众传播活动，并以此谋生。他们通过固定的媒介（如广播、电视等）对大众进行及时的信息传播。

4. 媒介组织以实现社会与经济功能的统一为目的

媒介组织与一般管理组织最大的不同在于，它的组织目的体现了社会与经济功能的统一。媒介组织具有社会性，即承担社会责任，为社会服务；它又具有经济性，即它是社会第三产业的机构，以生产文化和精神产品获得经济效益，保证自我发展。

5. 媒介组织趋于垂直或水平整合化

20世纪90年代以来，媒介组织已经开始出现垂直或水平整合化趋势。值得注意的是，媒介组织间兼并、重组、整合已成为世界媒介业的重要现象。

（二）媒介组织的内容

媒介组织内容包括管理主体与客体、组织环境、组织目的。

在管理活动中，组织是一种管理主体，同时又是管理客体、管理对象。因此，各级各类报社、电台、电视台实质上既是管理主体，也是管理客体。管理主体在管理活动中占主导作用，组织环境只起到影响的作用。

媒介的组织环境主要由社会一般环境与具体工作环境构成，它们是影响媒体的基本因素。社会一般环境包括政治法律系统、经济系统、社会文化系统和科学技术四个部分。工作环境具体分为媒介市场、资源的可得性和受众等三个方面。[1]

此外，对媒介的组织产生影响力的除了媒体的外部环境，还有媒体组织的内部资源。它包括频率、频道资源、时间资源、版面资源、节目资源、受众资源、广告资源、技术资源、人力资源，等等，这些都是媒体组织进行生产的必备要素。

媒介的组织目的有很多种，有的是为了获得良好的社会效益，有的则是为了巨大的经济效益，但基本目的还是为了"生产、提供合格的产品——讯息（以节目及其他形态的信息），获得良好的社会效益和经济效益，既推动社会进步，也获得自我发展"[2]。

---

[1] 胡正荣：《媒介管理研究——广播电视管理创新体系》，北京广播学院出版社，2000年版。
[2] 胡正荣：《媒介管理研究——广播电视管理创新体系》，北京广播学院出版社，2000年版。

第二节 媒介的组织结构设计

一、组织结构设计原则

组织结构的设计,就是对组织活动和组织结构的设计过程,它是将为实现组织目标而需要完成的工作、任务,划分为若干性质不同的业务工作,然后再将这些工作"组合"成若干部门,并确定各部门的职责与职权。组织结构设计有以下八个原则:

(一)任务目标原则

组织结构设计要服从每一项工作的任务和目标,尤其是价值链上的目标,要体现一切设计为目标服务的宗旨。

(二)分工协作原则

媒介组织虽然设置不少部门,但每一个部门都不可能承担所有的工作。因此,把握好分工协作原则对于媒介来说至关重要。

拓展资料

(三)统一指挥原则

统一指挥的原则,是指所有部门要在组织的总体发展战略指导下工作,在总经理或台长的统一指挥下工作。

(四)管理幅度原则

每一个部门、每一位管理者都要有合理的管理幅度。幅度太大,便无暇顾及;太小,不能完全发挥作用。所以在组织结构设计的时候,要制定合理恰当的管理幅度。

(五)责权对等原则

部门有责任,就应该使其拥有相应的权力。如果没有对等的权力,根本无法完成相应的职责。

(六)集权分权原则

在整个组织结构设计的时候,权力的集中与分散应该适度。集权和分权控制在合适的水平上,既不影响员工工作效率,又不影响员工工作积极性。

(七)执行部门与监督部门分设原则

执行部门和监督部门分设,可以保障各部门独立运转,互不干涉,互相制约。例如财务部负责日常财务管理、成本核算,审计部专门监督财务部。

(八)协调有效原则

组织方案的设计应遵循协调有效的原则,如果出现部门之间无法相互监督控制这一现象,且运营机制效率低下,就说明组织方案设计没有遵循协调有效原则。

二、组织设计的内容

组织设计内容包括以下几方面。

(一)确定组织设计的基本方针和原则

这就是要根据计划的任务、目标及外部环境和内部条件,确定设计的基本思路。

(二)设计组织结构的框架

框架包括承担各项管理职能和业务的各个管理层次、部门、岗位及其职责,框架设计是组织设计的主体工作。必须按照职能设计组织的部门,按照区域设计组织的部门,按照行业和产品设计组织的部门,按照服务对象设计组织的部门,按照特定组织的重要性设计组织的不同部门。

(三)设计管理幅度和管理层次

这是要根据各个部门不同的任务,划分管理权力,是上下管理层次之间、左右管理部门之间的协调方式和控制手段。

(四)设计管理规范

设计管理规范是确定各项管理业务的工作程序、工作标准和管理人员应采用的管理方法等,并使之成为各管理层次、部门和人员的行为规范。

(五)设计职能分析和职能

这对组织的结构构成具有基础性的意义,是组织职能设计主要包含的任务。

(六)设计各类运行制度

如绩效评价和考核制度、激励制度、人员补充和培训制度等。

(七)人员配备和训练管理

这是人员各司其职、各就各位的准备工作。

组织结构的设计是一个动态的工作过程,并不能一蹴而就,是一个即使在组建后也能针对反馈的情况,根据新的组织环境、组织战略、技术、组织发展的阶段,进行合理的修正,使之不断完善的设计过程。

三、媒介组织结构的变革

从 20 世纪的最后 20 年到 21 世纪的第一个 20 年,世界媒介产业的结构调整快速发展,呈现出娱乐业、新闻业和信息业高度融合的趋势,媒介的组织结构经历了一场前所未有的变革。

以媒介生产社会化程度相当高的美国为例,其媒介的组织结构非常成熟。一般情况下,一个电台或电视台的组织结构中,必须具备若干部门,如节目部门,负责所有节目的制作和购买,保证每天的节目播出;经营部门,负责处理广告业务,协调广告商与节目的编排,购买实况转播权;制作部门,负责节目包装、制定节目播出时间表;技术部门,负责节目的传输和设备维护,保证节目准时、清晰地播出;财务部门,负责制定财务报表以及审计等事务。

典型的美国电台组织结构如图1-8所示。

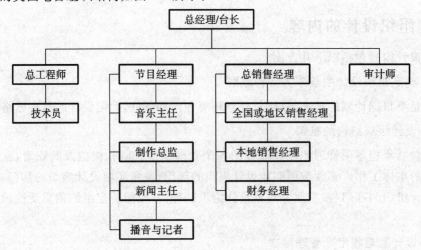

图1-8 典型的美国电台组织结构图

典型的美国电视台组织结构,如图1-9所示。

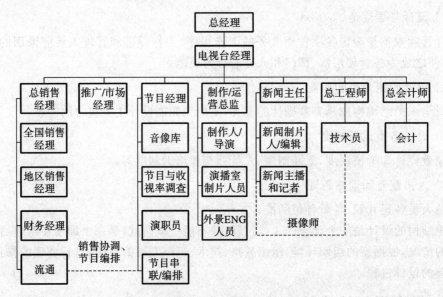

图1-9 典型的美国电视台组织结构图

典型美国媒介集团中媒介部分组织结构如图1-10所示。

随着社会环境、科学技术等外部条件的不断变化,媒介的组织结构也做出了相应的调整与变化。主要体现在以下几个方面:

第一,组织结构趋于简化,制作与播出分离。

随着媒介生产的社会化程度不断提高,其组织结构更倾向于表现出制播分离的态势。这不仅促进了媒介组织之外的媒介制作、生产产业与市场的发展,也使得媒介的一部分功能外化,分由社会组织承担,简化了媒介原有的组织结构。

第二,组织结构趋于多样化,细分化程度提高。

随着媒介业的发展壮大,媒介细分化程度日益提高,其组织结构也表现出多样化的趋

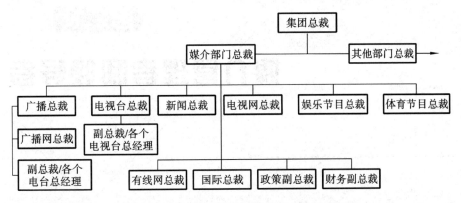

图 1-10 典型美国媒介集团中媒介组织结构图

势。既有超大规模的跨国媒介组织,如新闻集团、维拉康姆集团,也有巨大的产业集团的媒介产业组织;既有全国性媒介组织,也有地方性的媒介组织,如市、县乃至社区媒介组织。

第三,组织结构趋于模糊化,部门界限被打破。

在传统组织结构中,部门细化,岗位固定,职责明确,但部门与部门之间也存在不可逾越的界限,这对于横向的信息流动造成一定的障碍。在新的组织结构中,以某个项目或任务组成的团队将成为媒介组织结构中的一个基本单位,它打破了原有结构的固定框架,每个团队可以有一套完整的节目部门结构,包括制作、技术、销售、财务等方面的人员。

第四,组织结构趋于扁平化,管理跨度增加。

在媒介组织中,知识是主要的生产要素,人才是组织构成的基础,个人的创造力对于节目的制作有着至关重要的作用。在传统的组织结构中,等级制度非常严格,这在一定程度上制约了人才的发展。随着信息技术的发展,组织内部信息传递已不需要依靠等级制度加以协调,层层牵制的等级制度反而制约了信息流通的速度。媒介组织趋于扁平化表现为管理跨度增加、管理层次减少、决策分权化、知识权威化,其优点是在不影响媒介的整体运作下,激发了节目创作者的积极性和创造性,对媒介组织的经营与发展也起到了非常重要的作用。

第五,组织集团化,资源整合化。

随着媒业业的竞争日益激烈,组织集团化的优势凸显。集团组织结构框架基本由以下几部分组成:代表集团管理决策核心的管理委员会;代表集团资源整合的基础职能部门;为集团的经营提供规划和协调的核心运营部门;承担集团业务发展的运营实体,重组后的电台、电视台、网络公司、报刊、广告公司、技术公司等是集团的运营实体,是集团生存发展的基础。它们彼此的经济往来是契约式关系。

1. 媒介组织及其主要特征是什么?
2. 媒介组织结构设计的原则有哪些?
3. 媒介组织结构设计的内容有哪些?
4. 如何理解媒介组织结构的变革趋势?

第二章

媒介管理者和领导者

领导学认为,领导工作的效能是由领导者、被领导者和客观环境三个要素及其相互关系决定的。由此,可以从三个方面考虑提高领导工作的有效性:一是提高领导者素质,二是提高被领导者素质,三是提高领导者、被领导者和客观环境三个要素的协同性。领导就是对被领导者施加影响,使其心甘情愿地、群策群力地为实现既定目标而努力过程。它不仅使人们乐意去工作,而且使他们充满热情并信心十足地去工作。

在党领导的伟大事业中,在复杂和斗争比较尖锐的环境下,作为媒介的领导者,具有强烈的政治意识、把关意识和政策意识,显得尤为重要。除此之外,还应具备三个方面的重要修养:一是比较内行,对新闻出版或所在媒介的业务比较熟练,看得出门道和路数,不会"瞎指挥";二是善于策划规划,对于本单位的发展改革大计有思考、有路数、有前瞻性、有决断力,尤其是在发展关头和众说纷纭的时候;三是善于用人,一个人能力再大也支撑不起一个媒介,高明的领导者善于招揽能人,为我所用,而不是事必躬亲,忙于事务。随着中国媒介融入市场经济环境步伐的加快,媒介经济运作的日益规范化与市场竞争的加剧成为必然趋势。媒介市场的繁荣对现代传媒的管理、资本运营、市场化运作及服务水平等提出了更高的要求。在这一环境中,作为媒介经营管理的主角,媒介领导的职能与角色定位也必然发生相应的转变。

第一节 媒介的管理者和领导者的内涵与职能

一、管理者及其职能

先让我们看看对一般管理的界定。管理是指为了实现组织的预期目标,通过计划、组织、决策、领导、控制等职能,协调人与人之间及人与物之间关系的一种活动。

在管理的过程中,管理者按照制定的规章流程,协调各员工之间的分工合作,将组织的决策分配执行,从而顺利地保证组织目标的完成。在组织决策的执行过程中,管理者对偏离目标的动向实施控制。人是最活跃的生产要素,管理的重点是对人进行管理。

关于管理者的任务,有两种观点:一是明茨伯格的观点;一是德鲁克的观点。

1. 明茨伯格的观点

明茨伯格提出了管理者具有三大类十项具体任务,即人际关系的任务、信息方面的任务和决策的任务。

(1)人际关系的任务。

人际关系的第一项任务是作为出面人物的任务,即主持各种社交应酬活动,如迎接来宾、主持会议等;第二项任务是作为领导人的任务,即领导下属完成工作,并使下属的需求与组织的目标相匹配;第三项任务是作为联络人的任务,即与外界有关人员进行联系,保持联络,建立一个组织发展的良好的外部环境。

(2)信息方面的任务。

明茨伯格认为信息的收集和信息的沟通是管理者的一项重要工作,管理者需要拥有信息从而做出正确的决策。管理者收集信息、处理信息和传递信息以便各级管理者做出决策。管理者的信息任务有三项:第一是作为信息收集者,他们不断地审视环境,不断地向他们的联络人和下属提问题,以便收集信息;第二是作为信息传播者,管理者必须与他人共享和分配其大部分的信息;第三是作为发言人,管理者必须把他收集到的信息传递给其他部门的人员,甚至是组织外部的人员,同时必须向上层管理者汇报情况并使他们满意。

(3)决策的任务。

作为一个管理者,其决策的任务主要有四个方面:第一是作为企业家,管理者要作为事业的创新者,不断发掘企业的问题,分析环境的变化,寻求机会,制定和实施战略计划和行动方案,适应环境的变化;第二是作为调解员,管理者必须对超出其控制范围的事件,如怠工、客户破产、合同纠纷等事项进行调解和处理;第三是作为资源分配者,管理者必须对组织的资源及管理者自己的时间进行合理配置;第四是作为谈判者,管理者应对企业内部和外部的争执进行谈判和调解,因为只有管理者才有权并且能够掌握有关的信息,从而进行谈判。

2. 德鲁克的观点

德鲁克在其著作《管理:使命、责任、实务》一书中认为,管理者的基本任务有以下五种:

(1)设定目标。管理者负责决定目标是什么;决定目标的每一环节的标准以及达成目标的方法；应向执行者传达他的意思使目标实现。

(2) 组织。管理者应分析业务活动、决策及必需关系，对工作进行分类。管理者应对管理活动进行分类，再进一步细分为具体的工作；同时，管理者要把组织划分成不同的部门，选拔合适的人选负责各个部门，处理其应做的工作。

(3) 激励和信息沟通。管理者将负责各种工作的员工组织起来，激励他们为达成组织的目标而努力，同时处理好人员配置、待遇、晋升等工作，与同事经常联系沟通。

(4) 业绩考核。管理者应建立考核的标准。这些标准对于考核工作人员的业绩是非常重要的。每一个人员都有业绩考核的标准，利用这些标准考核每一个员工的工作业绩，并使同事了解考核的结果。

(5) 管理发展。训练和发展下属以及管理者自己。

德鲁克认为上述制定目标、组织、激励与信息沟通、业绩考核、管理发展是一种形式上的分类，只有通过管理者的经验和才能才可能产生其应有的作用。①

二、领导者及其职能

张兆响和司千字认为，"领导是指导和影响下属或群众成员为了实现某一共同目标而做出的努力和奉献的过程或艺术"②。

我们认为，领导指的是一种社会行为过程，是领导者在一定环境、体制内，通过依法履行职能，率领和引导被领导者为实现预定目标而进行的社会行为过程。这个过程要由领导者、被领导者和环境三个要素所组成。我们可以把"领导"的共性分解为四个意义层面：①领导是一个相互作用、施加影响的过程；②领导必须同时具备领导者和被领导者，缺一不可；③领导者是相互影响中的支配力量；④领导的目的是确定和实现组织的目标。

那么领导者该做什么呢？明茨伯格将领导的职责分为四个方面：

(1) 确立方向、计划和预算。

(2) 结盟、组织和配备人员。

(3) 激励他人并控制和解决问题。

(4) 创建领导文化。③

三、管理者和领导者的区别

关于管理者与领导者的不同之处，亚伯拉罕·扎莱兹尼克有精辟的论述，概括起来，主要有以下几点：

1. 对目标的态度

管理者的目标常源于需要而非欲望，不带个人情感；领导者以富于个性化和积极的态度对待目标，通过改变行为模式、激发想象力和预期等的影响，决定公司的发展方向。

2. 工作的概念

管理者倾向于将工作视为一种授权过程；领导者对待长期性问题力图拓展新的思路。

---

① 黄种杰、郑汝铭：《管理学基础》，经济科学出版社，1996年版。
② 张兆响、司千字：《管理学》，清华大学出版社，2004年版。
③ 亨利·明茨伯格等：《领导》，中国人民大学出版社，2001年版。

3. 承担的任务

管理者强调理性与控制,他们是问题的解决者;领导者仅仅指出问题并致力于完成使命。

4. 与他人的关系

管理者乐于与他人一起工作,避免单独行动;领导者极富感情色彩。

5. 自我意识

管理者是现存秩序的卫道士和规则制定者,自我意识通过现存组织的强化和永久化得以加强;领导具有"再生"性格,他们追求变化的方式。

严格地说,领导者与管理者的含义并不完全相同。领导者必然是管理者,而管理者并不一定都是领导者。但在一般情况下,领导者与管理者的区别并不能明显地划分界限,因为一般领导者必然是管理者,也就是说,领导者具有双重角色。正是由于领导者具有这种双重的作用,人们才很容易把领导者与管理者混为一谈。但作为领导者或管理者本身,则应认真区别,即在组织中、在管理过程中,应时刻注意自己所充当的角色。

尼克松在他所著的《领导者》一书中,提出了领导与管理、领导者与管理者的某些不同之处,他表示:伟大的领导是一种特有的艺术形式,既需要超群的力量,又需要非凡的想象力。……尽管领导需要有技术,但领导远远不是有技术就行。就某种意义来说,管理好比散文,领导好比写诗。在很大程度上,领袖办事必然是靠符号、形象,以及成为历史动力的、能启发觉悟的思想。人们可以被道理说服,但要用情感来感化。他必须既能说服员工,又能感动员工。经理考虑的是今天和明天,领袖必须考虑后天。经理代表一个过程,领袖代表历史的方向。因此,一个没有管理对象的经理就不成其为经理。但是,一个领袖即使失去了权力,也能对其追随者发号施令。可见,领导者的重要标志就是其具有心理领导力。

领导者和管理者的差异,见表 2-1。

表 2-1 领导者和管理者的差异

管 理 者	领 导 者
非情绪化	热情的幻想家
告诉	询问
汇报	倾听
很少期盼	更多鼓励
难以信任	易于信任
平静	狂热
知道答案	广开言路
告诉怎么样	分享原因
指导	指明道路
有下属	有追随者
留心细节	留心全局
系统为中心	人为中心

续表

管理者	领导者
怎么样和为什么	是什么和为什么
保持	开创
控制	激励
分立	寻求合作
目标/计划	身份/价值
把工作做准确	做正确的工作
好的士兵	拥有人
目光盯在底线	目光盯在地平线
安全为目的	乐于改变
固定	弹性
接受现状	挑战现状

（资料来源　内维尔·贝恩、比尔·梅佩:《人的优势》,经济管理出版社,2001年版）

在实际工作中,领导者的职责应是"掌舵"和"做正确的工作",管理者的职责应是"划桨"和"准确地做事"。

四、媒介管理者及其职能

媒介作为我国党和政府进行宣传和舆论引导的重要工具,其影响面之广,影响程度之深,毋庸置疑;同时,在我国市场经济条件下,媒介的产业属性要求它们必须获得经济利益。媒介的双重属性要求我们双管齐下:既要对它进行事业化管理,同时又必然要对它进行产业化经营。媒介的复杂性对其管理者和领导者提出了更高层次的要求。

媒介管理者的工作职能有以下几个方面:

（一）计划职能

媒介的管理者要确定组织的目标,并制定组织的计划方案以实现这些目标。计划要明确特定媒介的使命,分析这一媒介的市场环境和内部条件,明确执行程序等。

计划是沟通现实境况和未来预期目标的桥梁,媒介管理者的工作没有计划的话,往往容易陷入盲目,即使做成了,也是碰运气。作为指导原则和行动方向的计划,在媒介的管理中担当着至关重要的角色。

正确发挥计划职能的作用,将促进媒介主动适应变化的市场需求,有利于媒介正确把握未来,应付外部环境带来的挑战,有利于协调采、编、播、摄等各方面的步调,将注意力集中于媒介的目标,从而取得较好的社会效益和经济效益。

（二）组织职能

组织职能是指媒介管理者根据计划让员工明确各自的角色定位及应担当的任务,组织的宗旨是为了创造一种促使员工完成任务的环境,它是一种管理手段,而不是目的。[①] 媒介的管理者要精心策划各员工的角色定位,尽可能让每一位员工都去做他最胜任的工作,同时管理者还应着手建立有效的信息沟通渠道、监督机制等,构造有效的分权和授权机制,将媒介的各类要素合理地协调好,从而使组织的各项工作能够良好地运行,不断提高媒介的社会效益和经济效益。

(三) 决策职能

所谓决策即指从两个或两个以上的可行方案中选择一个合理方案的分析判断过程。媒介的管理者在计划的制订和组织的实施过程中,都要不断地做出决策,媒介具有很强的专业性和复杂性,更要求其管理者能够对各种方案进行综合全面考虑,去粗取精,去伪存真,进行合理的决策。

(四) 领导职能

媒介管理者的主要任务之一是指导和协调组织中的人,即领导。领导职能是指管理者对员工施加影响,让他们为实现组织目标做出贡献的。有效的领导必然要求管理者针对员工的需要和行为特点,通过影响力、激励和沟通等,确保组织目标的实现。同时,领导的对象是人,因而必须考虑到人的复杂性和个性——每个人都是各自具有不同能力和愿望的独特的个人。管理者在施行领导职能时,丝毫不能侵犯员工的尊严。

(五) 控制职能

控制职能是指管理者在建立控制标准的基础上,注意员工的工作是否按照已制定的规章和下达的指令来开展,它是管理者依照事先制定好的程序,检测员工的工作绩效,找出存在的偏差,并分析出现偏差的原因,纠正偏差、采取惩罚措施的过程。在控制过程中,涉及控制标准的制定(控制标准随着实际情况变化而不断修改、完善),以及控制标准与员工实际工作情况的比照,等等,这些都是需要管理者在实践中不断摸索、总结的。

五、媒介领导者及其职能

媒介领导是一种媒介组织行为,是领导者在一定的新闻传播环境、体制内,通过组织、指挥和协调信息传播、信息营销的社会实践活动,引导和影响其组织内的专业成员和社会大众实现预定目标的社会行为过程。究其实质而言,媒介领导是一种以组织信息为根本内容的社会实践活动。

媒介的领导者不同于一般的领导者,他们的领导本质是提供信息服务,但提供并不等于一味地迎合。媒介的领导者是信息服务与传播权利、传播责任的统一体。媒介的领导者可以决定传播什么、传播多少和如何去传播,但也必须对传播的后果负责。他们不能在出现了问题之后以满足受众为借口一推了之。对于受众积极、健康的信息需求当然要设法予以满足,但对于消极、低俗的信息需求则要进行引导与规避。否则,就有可能滥用权力,造成信息污染、社会不安定的严重后果,而媒介的领导者必须承当相应的法律责任。

媒介的领导者的首要工作是"掌舵",他是舵手,而不是划桨者,领导者重要的是授权而不是专权。在激烈的媒介竞争中,如果媒介将最优秀的媒介人才都用于"划桨",而没有舵手

[①] 海因茨·韦里克、马克·坎尼斯、哈罗德·孔茨:《管理学》,经济科学出版社,2011年版。

那么船就会迷失方向,尽管它的前进速度加快了,但可能是走向一个错误的方向,其处境是非常危险的。①

第二节　担任媒介领导者的条件

一、担任领导者的基本条件及领导能力的构成要素

（一）基本条件

一般来说,担任领导者需要具备的条件有以下几个方面:

（1）生理心理方面。要精力非常充沛,有良好的教育背景、对人和情境的洞察力,有足够强的自信心、稳定的情绪、乐观的性格。

（2）成就欲望与雄心、支配欲望、权力动机与领导欲望。

（3）诚实正直。要有很强的职业道德感。

（4）领导技能方面。需要有专业技能、人际关系技能、观念技能、组织协调能力、有效沟通能力、果断决策能力、掌控全局把握方向的能力、调兵遣将善于用人的能力。

拓展资料

（二）构成要素

几乎任何一个全力以赴工作的群体,都有某个精通领导艺术的人作为群体的领导。这种领导能力主要由四个部分组成:

（1）有效地并以负责的态度运用权力的能力。

（2）了解人在不同时间和不同情景下有不同的激励因素。

（3）鼓舞人的能力。

（4）以某种活动方式来形成一种有利的气氛,以此引起激励并使人们响应激励的能力。

构成领导的第一个要素是权力。领导要懂得合理使用自己的权力,其中如何授权和分权非常重要。

构成领导的第二个要素是要对人有基本的理解。在实际工作中,懂得激励理论、各种激励因素和激励制度的性质。

构成领导的第三个要素,是一种杰出的鼓舞能力,鼓舞追随者为了从事某一项目而能全力以赴地工作。他们可能有魅力,能激发追随者的忠诚、奉献精神,给予追随者强烈的希望来推动实现领导者所期望的目标。

构成领导的第四个要素同领导的作风和领导者所营造的组织气氛有关。领导者可以组织激励员工,让员工相信目标的价值并且知道怎么做才

---

① 邵培仁、陈兵:《媒介战略管理》,复旦大学出版社,2003年版。

有助于实现这样的目标。①

二、担任媒介领导者的条件

除了上述一般适用的领导者所具备的要求外,媒介的特殊性质还要求媒介领导者具有如下特殊条件:

（一）政治觉悟和思想理论素养必须达到一定高度

政治素质包括政治态度和思想品德两大部分。我国媒介的领导者是社会主义精神文明建设的指挥者和组织者,他们承担着舆论引导的重要职责,必须坚定地坚持四项基本原则,坚持走中国特色社会主义道路,坚决贯彻党的基本路线、方针和政策,遵守国家的法律和法令,正确处理国家、媒介、员工三者之间的关系,努力为社会主义精神文明建设服务。他们要有崇高的使命感和强烈的事业心,把媒介组织的发展壮大当作自己的事业,有不断开拓进取的新意识;要有良好的思想品德和工作作风,牢固树立全心全意为人民服务的奉献精神和公仆意识;要任人唯贤,敢于、善于提拔有才干的人;作为媒介的领导者要以身作则,通过自己的模范行为影响和带动广大员工一起努力,为媒介组织的成长而共同奋斗。

作为我国新闻事业的重要组成部分,广播和电视是党、政府和人民的喉舌。"要政治家办报",这是毛泽东于1959年6月与吴冷西谈话时提出来的。在"以阶级斗争为纲"的年代,在经济建设尚未成为全党和全国的中心工作的情况下,这样一种提法是很容易理解的。时隔数十年,江泽民重提"政治家办报"。此时,经济建设已经成了全党和全国人民的中心工作,人们的政治观念、政治意识的淡化,很可能造成严重的失误。要保证舆论导向的正确,关键就在于"政治家办报"。这是重提"政治家办报"的重要意义所在。江泽民要求新闻工作者,坚持正确的政治方向和政治立场,有鲜明的政治观点,有很强的政治鉴别力和政治敏锐性,有高度的政治责任感,有良好的政治素质,严格遵守政治纪律。② 胡锦涛也强调了党的新闻工作者的政治意识,2008年他在人民日报社视察时指出:要牢固树立政治意识、大局意识、责任意识、阵地意识,要增强政治敏锐性和政治鉴别力。③

2016年,习近平考察人民日报社、新华社、中央电视台时,在新闻舆论工作座谈会上指出:做好党的新闻舆论工作,事关旗帜和道路,事关贯彻落实党的理论和路线方针政策,事关顺利推进党和国家各项事业,事关全党全国各族人民的凝聚力和向心力,事关党和国家前途命运。这"五个事关",深刻阐明了新闻舆论对于党和国家事业发展与长治久安的重要性,深刻指出了新闻舆论工作在党的工作全局中的重要地位,是我们认识和把握、开展和做好党的新闻舆论工作要遵循的。当互联网成为我们面临的"最大变量"时,习近平强调要把网上舆论工作作为宣传思想工作的重中之重来抓,要求新闻舆论工作者真正成为运用现代传媒新手段新方法的行家里手。④

（二）拥有合理的知识结构

合理的知识结构是媒介领导者必备的基本素质。随着信息时代、知识经济时代的到来,

---

① 海因茨·韦里克、马克·坎尼斯、哈罗德·孔茨:《管理学》,经济科学出版社,2011年版。
② 丁柏铨:《中国新闻理论体系研究》,新闻出版社,2002年版。
③ 陈力丹:《新形势下的"政治家办报"》,《新闻战线》2010年10期,23-25页。
④ 杨振武:《把握好政治家办报的时代要求——深入学习贯彻习近平同志在党的新闻舆论工作座谈会上的重要讲话精神》,《人民日报》,2016年3月21日第7版。

领导者没有较高的知识水平是难以胜任工作的,作为媒介的领导者应吸收具有较强时代感的新知识。具体说来,要掌握如下几个方面的知识:

1. 基本的政治、经济理论及时事政治政策

要掌握马克思主义政治经济学和西方经济学,以深入了解我国进行社会主义市场经济建设的意义。同时必须及时了解国内外经济形势的变化,尤其是与媒介相关的政策动向。

2. 广泛的科学文化知识

其中包括一般的文化知识,如文学、历史、哲学、逻辑学等,这些知识有利于培养广阔的视野和较高的思维能力。

3. 专业知识和管理知识

要掌握媒介节目制作与运营等方面的专业知识,成为本行业的内行。媒介的领导者虽不是某一行业的专家,但对其领导、管理领域的专业知识,如节目的采、摄、编、播等流程要有完整、清晰的认识,这样在宏观调度和指挥具体工作时才能拿出更切合实际的方案。

传播学之集大成者施拉姆首次明确提出传媒的经济功能,指出大众传播通过对经济信息的收集、诠释等,能够开创经济行为。施拉姆认为:采用机械的媒介,尤其是电子媒介所成就的一件事,就是参与建立了世界范围内、史无前例的宏大的知识产业。[①]

因此,作为媒介的领导者,更应当懂得管理学、统计学、经济法、财政等方面的知识,还应当学习社会学、心理学、行为科学、人才学以及领导科学方面的基本理论。

4. 国家政策法令、法规

应对国家政治、经济等各方面的政策、法规了如指掌。

(三)专业技能素质

好的媒介领导者不仅应具备一定的知识水平,而且要有必要的专业技能。媒介的领导者的专业技能是一种综合性的能力,具体说来,包括以下几个方面:

1. 分析、判断和形成概念的能力

媒介的领导者要在复杂多变的事物中透过现象看本质,敏锐地洞察事物的主要问题;在众多矛盾中能抓住决定事物性质和发展进程的主要矛盾和矛盾的主要方面;综合运用理论知识,进行逻辑思维,有效地归纳、概括、分析与判断,找出解决问题的方法与措施。

2. 决策能力

媒介的领导者不能优柔寡断、患得患失,必须迅速及时地做出决策。做出决策要求领导者承担一定的风险,正确的决策源于细心的调查、准确的预见,来源于广博的知识与丰富的实践经验。

3. 组织、指挥和控制能力

媒介的领导者要善于根据组织设计的原理,以及媒介组织的资源结构,选择合理的组织形式,建立高效的组织机构,制定组织的战略目标;根据形势的发展、经营目标的变化而适时地调整组织机构,使人、财、物等一切资源达到综合平衡,发挥优势,获得最优效果。领导者在组织目标的实施过程中,能迅速及时地发现问题,排除干扰,并随着宣传政策的变化,及时调整目标,减少风险损失。如国家广播电视总局出台规定:黄金时段不得播出涉案剧,谨慎对待红色经典的改编,等等。当相关规定出台后,一些电视台原定的电视剧播出计划就需要

---

① 郭庆光:《传播学教程》,中国人民大学出版社,1999年版。

迅速做出重大调整,媒介的领导者如能快速反应、及时采取相应措施,就能将损失降低。

4. 沟通、协调能力

随着社会化大生产的日益发展,社会组织内外关系也日趋纷繁复杂,沟通协调在媒介领导者的活动中有着重要的地位和作用。媒介的领导者要善于与人打交道,多听听来自各个部门、各个栏目组员工的意见,协调好内部各员工间的关系。

5. 开拓创新能力

媒介的领导者要带领、引导员工,在复杂多变的环境中不断开拓创新。做媒介得满足广大受众的需要,而受众普遍具有"喜新厌旧"心理,如果媒介内容一成不变,容易让受众产生一种厌倦心理,避而远之,此时节目的影响力也就无从谈起。

6. 知人善任的能力

媒介的领导者必须具有辨才能力,重视人才的培养、开发与使用,知其所长,委以适当的工作,发挥每一个员工的才能与智慧。

7. 适应环境的能力

适者生存是一个普遍的规律。媒介的领导者对环境的适应必须遵循了解、适应、利用、影响、改造的流程,主动、及时了解认识企业环境的现状和未来变化趋势,抓紧时机,发挥主观能动性,充分利用媒介的有利环境,使媒介得以发展。[①]

三、关于媒介职业经理人

从企业的角度看,媒介竞争力的核心是职业经理人,中国媒介业最缺的也是职业经理人这个阶层。所谓职业经理人是指以企业经营管理为职业,深谙经营管理之道,能熟练运用企业内外各项资源,为实现企业经营目标,担任一定管理职务的高级人员。中国的媒介职业经理人,应该有成功经验、有活动能力、有决策能力、有政治敏锐性、有管理能力,有创造能力和应变能力,懂财务,会经营。职业经理人应该具备必需的职业能力,以驾驭现代传媒这个高度复杂的"机器",这种能力是一个人的素质结构、知识结构和专业结构的综合体现。以下择要介绍。

1. 决策能力

在当前的时代,所有媒体面临着变幻发展的政治环境、错综复杂的国际局势、激烈残酷的市场环境与竞争环境。策划专家、智囊群体负责给媒介提出建议方案,而职业经理人的职责就是在熟悉媒介业务和经营管理的前提下,在复杂多变的环境中进行抉择。如果职业经理人缺乏这种决策能力,就不能辨别各种方案的优劣,无法进行准确的选择,那么,就算他的其他能力再强,也不会成为一个出色的媒介职业经理人。

2. 创造能力

创造能力是一名媒介职业经理人应具有的核心能力,表现为在媒体策划活动和经营活动中,善于敏锐地观察到事物的变化,提出大胆的、新颖的推测,进行周密的论证,并拿出可行的方案以付诸实施。

---

① 谭力文、徐珊、李燕萍:《管理学》,武汉大学出版社,2000年版。

拓展资料

3. 应变能力

应变是主观思维的一种快速反应能力,是人们创造能力的集中表现。所谓"水无常形,兵无常势",媒介职业经理人必须擅长"随行而变"。"行"即指媒体的经营环境,包括目标受众、竞争对手、协作伙伴以及经营者本身。只有在应变中造就有利的形势,才能始终处于主动地位,保持竞争优势。

严重制约中国媒介竞争力的一个普遍因素是中国媒介经营管理者的非职业化。随着媒介经济运作日益规范化与媒介日常竞争加剧,视野开阔、熟悉资本与市场运作的媒介职业经理人就更加稀缺。媒介市场的逐步成熟与进一步发展,使得媒介职业经理人成为新闻媒介竞相追逐的人才资源。

思考题

1. 如何理解媒介管理者的工作职能?
2. 成为媒介领导者的条件及领导能力的构成要素有哪些?
3. 什么是媒介职业经理人?媒介职业经理人应具备哪些能力?

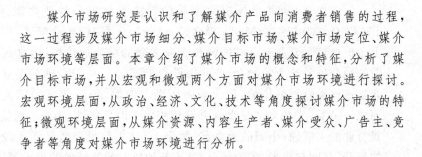

第三章 媒介市场

媒介市场研究是认识和了解媒介产品向消费者销售的过程，这一过程涉及媒介市场细分、媒介目标市场、媒介市场定位、媒介市场环境等层面。本章介绍了媒介市场的概念和特征，分析了媒介目标市场，并从宏观和微观两个方面对媒介市场环境进行探讨。宏观环境层面，从政治、经济、文化、技术等角度探讨媒介市场的特征；微观环境层面，从媒介资源、内容生产者、媒介受众、广告主、竞争者等角度对媒介市场环境进行分析。

第一节 媒介市场概述

一、什么是媒介市场

1. 媒介市场的概念

媒介市场是媒介生产力发展到一定程度的产物，随着中国市场经济的发展和中国媒介组织改革而出现。在西方，由于政府体制和媒介属性的不同，媒介市场在现代媒介诞生之初就存在。

在中国进行媒介市场化经营之前，媒介组织经营主要靠政府宏观计划，基本不参与市场竞争。在市场化的进程中，政府对媒介组织逐渐放开管制，媒介组织通过体制改革，从以前的事业政府机构转变为市场主体直接参与市场竞争。比如，不断增长的上市传媒集团数量反映出我国媒介市场的逐渐成熟。媒介组织在市场上主要依靠出售自己的广告时段和空间获得收入，各媒介组织的市场活动形成媒介市场。通俗而言，媒介市场就是媒介产品交换的场所，是媒介产品交换关系的总和，也是媒介产品的现实购买者和潜在购买者需求的总和。

2. 媒介市场概况

中国拥有世界上竞争最为激烈的媒介市场：2017年，中国拥有出版社585家，其中中央级出版社219家，地方出版社366家；全国共出版报纸1884种，平均期印数18669.49万份，每种平均期印数9.91万份,总印数362.50亿份,总印张1076.24亿印张,定价总金额398.85亿元。① 截止到2017年底,全国广播综合人口覆盖率为98.71%,全国广播节目无线覆盖率97.48%,全国电视综合人口覆盖率99.07%,全国电视节目无线覆盖率96.99%。② 有线电视网络数字化、双向化和宽带网络建设持续推进,有线广播电视覆盖人群持续扩大。2017年,全国有线广播电视覆盖用户数达3.36亿,其中数字电视覆盖用户数达3.04亿,在数字电视覆盖用户中双向覆盖用户数达1.86亿;全国有线广播电视实际用户数2.14亿,全国网络视听付费用户数达2.80亿。③ 至2017年底,我国网站数量达到526.06万个,网站主办者达401.65万个,接入商数量达到1274家。④

拓展资料

总体而言,当前全球媒介市场的趋势呈现出一些新状态。⑤ 首先是TMT(Telecom通信、Media媒介、Technology科技)融合模式,即媒介与其上游的电信运营商及下游的科技企业之间的融合加速推进,这其中涉及行业的融合以及产业的融合,产业边界趋于淡化。一方面,通信企业和科技企业加速向媒介领域拓展,扩大业务版图。例如,2018年美国四大电信运营商之一AT&T以854亿美元并购传媒巨头时代华纳,实现了通信行业和传媒行业的大联通;中国的爱奇艺、腾讯、百度先后投资数亿元入股创维旗下的酷开,百度与小米、华为等合作,不断加码对智能硬件的投入等,科技公司从内容、平台、入口等方面向媒介领域布局。另一方面,媒介自身也在向上、下游延伸,力图构建生态联合系统。2018年,中央广播电视总台组建不久即与BAT、中国移动等分别达成战略合作,成为TMT模式在国内发展过程中标志性的事件;地方电视台也在努力探索融合拓展的模式,例如山东电视台和海信签署战略合作协议,在海信集团OTT智能电视云平台上建立"山东广播电视台"专区,在品牌建设、资源共享、互动营销等方面展开深度合作。

各类媒介合作更加紧密,利益共同体正在形成。随着媒介融合的加速推进,各类媒介之间以联合、联盟等多种方式加强协作,各种各样的利益共同体纷纷涌现,合作共赢成为常态。

(1)主流媒介融合加速,与新媒介共时生存成常态。

一方面,主流媒介自身注重平台的建设,打造具有真正融媒体属性的平

---

① 《2017年全国新闻出版业基本情况》,http://media.people.com.cn/n1/2018/0806/c14677-30212071-3.html,2018-08-06,2019-05-26。
② 《2017年全国广播电视行业统计公报》,http://www.gapp.gov.cn/sapprft/contents/6588/379318.shtml,2018-06-04,2019-06-12。
③ 《2017年,有线电视用户流失1400万!》,http://info.broadcast.hc360.com/2018/06/190846783119-2.shtml,2018-06-19,2019-06-20。
④ 刘培钰:《我国网站数量达526.06万!还在疯狂增长中》,https://www.sohu.com/a/215815130_354877,2018-01-10,2019-06-25。
⑤ 《媒介市场五大趋势:大众传媒+小众传媒时代开启》,https://www.sohu.com/a/253694122_355033,2018-09-13,2019-06-25。

台,比如建立融媒体集团或新媒介中心,创建互联网视频平台,打造具有服务属性的平台等。

另一方面,主流媒介和新媒介之间的融合向纵深化、全方位的方向进阶,台网之间除了常规的传播渠道合作外,出现诸多内容驱动、营销驱动、用户驱动融合发展的成功案例。例如,安徽卫视和爱奇艺基于内容开展生产、播出、营销合作,推出"R计划",而深圳卫视和阿里联合推出《超级发布会》,打造场景化娱乐营销,实现电视与电商、观众与消费者的深度融合等。

(2) 主流媒体之间加强协作,合作共赢。

通过内容聚合打造"优质内容航母"的央视新闻移动网,吸引了多家媒体和机构入驻;形成了国内外联盟形式,例如陕西卫视等7家省级卫视与国外18个国家主流电视台建立了"丝路IP集群",推出"广电内容+"产业的融媒体营销模式。此外,还有类似"剧盟"的电视剧联合购、编、推模式以及联合研发、联合播出、联合营销等多种合作模式。

(3) 新媒介之间流量互导,激发沉淀流量价值。

例如,新浪微博为秒拍导入粉丝,实现粉丝的引流;社交平台与电商合作,将社交场景和消费场景融合,缩短营销链条;抖音、快手等短视频平台与电商合作,开发网红电商模式;视频网站与电商合作,如京东和爱奇艺互导会员,实现权益互通。从20世纪80年代至今,媒介融合经历技术、经济市场、政府管制、文化等不同维度的变迁,继续向纵深发展。

二、媒介市场的特征

媒介市场除了具有一般市场的共性,还具有作为媒介产品和媒介服务交易场所的特性:

1. 开放性

媒介市场的开放性指在一定区域市场内,外地媒介产品能够进入本地媒介市场,它可以衡量一个地区媒介市场的流通难易程度。由于媒介传输渠道的特性,报纸目前在发行、购买和阅读方面的本地化属性较强,在各地的报业市场中,普遍是本地产品占据强势地位,对外地报纸的开放性较差。而点播媒体信号传输较为方便的传播特性决定了其在实施跨区域进入时受技术影响的程度比较低,开放性较大。① 比如卫视的发展就是电视媒介市场开放性的体现,利用通信卫星传送和转播电视节目的电视系统覆盖率更广,更加趋近于开放性的市场。

互联网是媒介市场开放性最为突出的媒介形态,能够完全打破时空的界限进行信息传播,因为整个互联网就是建立在自由开放的基础之上。互联网技术决定了信息呈开放式传播,一切信息可以尽可能地扩散到任何有网络存在的地方,模糊或打破了时间和空间、现实和未来、真实和想象、实在和虚构、静态和动态、平面和立体、城市和乡村、国内和国际上等之间的界限和边界,具有极大的超越性——超越了由文字固定下来的传统"文本"(静态的、固化的、单向的),形成了能够不断续写的、改写的、链接的、解读的、解构的"超文本",因而敞开了一切往日文本创造者所设立的、由文本自成封闭系统的禁区,创造了一个任何形式的信息都可以自由翱翔的无限领域,即所谓赛博空间(Cyberspace)。② 所以,在互联网市场上,网络媒介的形式和内容不断更新和进化,人人都是自媒体,都有进入媒介市场获取经济效益的

---

① 王斌:《媒体市场开放度:意义与测量》,《首届中国传媒经济学博士生论坛论文集》,2007年。
② 黄卫星、张玉能:《互联网的开放性与红色经典文化记忆》,《长江文艺评论》2018年6期,78-82页。

机会。

2. 多维性

在媒介市场中,同一媒介产品可以进入不同的媒介市场。以广播节目为例,在新媒体时代的广播内容不仅在电台播出,而且能够在音频分享平台在线收听或下载收听。中国广播网顺应新闻信息裂变式的快速传播规律,加快PC互联网和移动互联网融合的速度,不断提高新闻原创率、首发率、落地率,打造的品牌节目《中广网快讯》将"中国之声"、"经济之声"等频率的新闻内容按照网络传播的特点和要求,提前或同步发布热点新闻事件最新动态,强化广播、网络互动传播的速度优势。① 比如中国内地的电视剧观众能够在电视端、PC端、移动端等多种形式的终端观看,媒介市场的多维性使同一件媒介产品为更多受众接触,因此也提升产品的价值。

3. 交互性

通常而言,交互性就是媒体生产者、媒介平台和受众之间信息传递的双向性。在传统媒体时代,媒介市场即存在交互性,比如读者与编辑、观众与电视台通过写信、电话、短信、投票等多种方式进行交流。新媒体时代的互联网平台迅速放大了交互性,存在多种交互方式,包括受众对网页中的超链接进行点击产生的交互、传播者与传播者的交互、传播者与受众的交互、媒介与媒介的交互等,这些共同构成了网络中的"交互场"。

(1) 人际交互:人际交互是个体之间的交流互动,通过界面在虚拟空间中进行的交流活动。互联网技术将世界各地的人们聚集在赛博空间中,地域局限、信息发布滞后的传播缺陷得以改善,人们在"地球村"中实现了信息的共享。比如传受之间通过反馈、留言、提供新闻线索、参与新闻制作的过程实现交互,受众之间通过对网络评论、点赞实现交互。

(2) 媒介交互:媒介交互聚焦媒介之间在交互过程中产生的影响,强调不同媒介之间边界的消解,是媒介之间相互融合、相互补充的过程,包含互为传播、互补增生、互渗互融、互竞共生等形式,媒介交互是从内容到形式上的转换和演变,它们共同对文本进行作用,是传播力增强的有效之道。

(3) 人媒交互:所谓"媒介是人的延伸",是指媒介是对人体器官、感官功能的强化和放大,人媒交互让人体感官在媒介信息的刺激下产生反应,使人的感官秩序重新调整,从而平衡多种感官,达到对信息的深层次理解,在叙事与接受的重合中让受众产生沉浸和共情,从而提供环境之外的信息,属于心理层面的交互。②

4. 共赢性

媒介市场中同一媒介产品可以同时满足多个利益方的需求。媒介产品的购买方可能是收费媒介产品的视频观众、音频听众、订阅读者,抑或是其他支付下载费用的使用者,但也可能是承担媒介主要经济收益的广告主。虽然多个利益方参与媒介产品的营销,但最终他们迥异的需求可能都得到满足。对大众传播媒介的受众而言,媒介产品提供了娱乐、资讯、教育或沟通等功能;对于广告主而言,媒介产品是广告刊登和传播的载体,是宣传企业品牌和产品形象的有效渠道;对媒介市场中的售卖者而言,交易需求就是直接赢利,或以其他形式间接赢利。

---

① 《中国广播网提升原创率、首发率、落地率》,http://www.cnr.cn/zggbb/wqcx/20111123/t20111123_508822498.html,2017-11-23,2019-06-25。

② 赖昕、王远舟:《网络新闻中交互性的三种形式》,《新媒体研究》2018年14期,14-15页。

在一般市场中,交易是在买卖双方的拉锯战中找到一个平衡点,交易的成功是彼此技巧性地妥协。但是在媒介市场中,因为广告主和受众的需求体现为传播力的呈现,因此,媒介市场具备互利、共赢的可能性。2016年,蒙牛一家企业同时赞助了浙江卫视的《12道锋味》(第三季)和湖南卫视的《全员加速中》第二季、东方卫视的《迪士尼神奇之旅》,以及北京卫视的《八八爸爸》四档综艺节目。同样伊利也分别赞助了浙江卫视的《奔跑吧兄弟》(第四季)、《挑战者联盟》(第二季),以及湖南卫视的《我是歌手》(第四季)。同时,2016年上半年,伊利的营业收入增长率为4.65%,净增长率为19.41%;蒙牛的营业收入增长率为6.6%,净利润增长率为33.7%。由此可知企业纷纷冠名综艺节目的缘由。[①] 作为媒介推出的大型综艺节目,对媒介自身而言,是一个契合频道定位、有利于提升频道影响力的机会。收视率较高的大型真人秀节目,不仅能够增加媒介产品的知晓度,而且可提高媒介自身的美誉度。对于观众而言,能够欣赏精彩的表演,达到休闲娱乐的目的,并能够通过微博、微信等社会化媒体和具有相同兴趣者分享观看感受。对于赞助商而言,不仅享有冠名权,可以植入广告,而且能够通过节目为企业带来显著的宣传效果,使媒介市场的多重利益方实现共赢。

第二节 媒介目标市场分析

一、媒介市场细分

1956年,美国市场营销学加温德尔·史密斯在美国《市场营销杂志》(Journal of Marketing)中首次提出市场细分(Market Segmentation)。这一概念顺应了卖方市场向买方市场转向的新形势,是市场营销的一次革命,表现出极强的生命力。

(一)媒介市场细分的依据

根据媒介产业的具体情况,媒介市场细分的标准主要如表3-1所示。

表3-1 媒介市场受众常用细分标准

	主要变量	划分标准
地理	1.地区	国内:华北、华东、华南、华中、西南、东北、西北 国际:亚太地区、东欧、西欧、北美
	2.城镇	直辖市、省会城市、大中城镇、单列市
	3.人口密度	都市、郊区、乡村
	4.气候	南方、北方

---

① 赵岚、梁梦丹:《景观社会下亿元冠名广告现象》,《青年记者》2017年33期,44-45页。

续表

主要变量		划分标准
人口	1.年龄	0—3岁、4—6岁、7—11岁、12—17岁、18—35岁、36—49岁、50—64岁、65岁以上
	2.性别	男、女
	3.职业	工人、农民、教师、学生、工程技术人员、军人、公务员、家庭主妇、退休人员、个体经营者、待业人员等
	4.收入	无收入、1000元以下、1000—2499元、2500—3999元、4000—5499元、5500—6999元、7000—9999元、10000—19999元、20000元及以上
	5.家庭状况	青年单身、青年已婚无子女、满巢期Ⅰ已婚子女6岁及以下、满巢期Ⅱ已婚子女6岁以上、满巢期Ⅲ已自立的子女、空巢期无子女在身边的老年夫妻、孤独期单身老人独居
	6.教育	小学及以下、初中、高中、大学、研究生
	7.宗教	佛教、伊斯兰教、基督教、天主教、其他
	8.民族	汉、回、满、藏等
心理	1.生活方式	简朴型、时髦型、奢靡性、高雅型、社交型等
	2.个性特征	被动、独立、社交型、命令型、随意型
行为	1.购买时机	一般时机、特殊时机
	2.追求的利益	价格、质量、服务、声誉
	3.使用者状况	未使用者、潜在使用者、过去使用者、初次使用者、经常使用者
	4.使用率	经常使用、一般使用、偶尔使用
	5.忠诚度	无、一般、强烈、绝对
	6.待购态度	不知道、知道、有兴趣、有意向
	7.对媒介态度	热情、肯定、无所谓、否定

1. 地理细分

地理细分是按照媒介受众的地位环境、地理位置来细分市场。比如在我国可以划分为华北、华东、华南、华中、西南、东北和西北地区；也可按照行政区域来进行细分，划分为省、市、自治区、县等。不同地区的受众，在经济状况、需求偏好、发展趋势等方面可能都存在较大的差异。比如《楚天都市报》与《华西都市报》、东方卫视与北京卫视，以及不同地区的政务微博、微信公众号等。

2. 人口细分

人口细分指根据人口学统计因素对媒介市场进行的细分，比如《快乐老人报》《儿童画报》《中国青年报》是根据年龄进行细分；《花花公子》《女友》《中国女性》等是根据性别进行细分；大多数学术期刊根据学术专业进行细分，还有的是根据民族、宗教等因素进行细分。

3. 心理细分

心理细分通常从生活方式和受众个性进行媒介市场细分，比如生活方式的差异会影响媒介受众对于媒介产品的兴趣，比如综艺节目中的问答类节目、游戏类节目、婚姻速配节目、选秀或真人秀节目、脱口秀节目、文艺晚会等。

4. 行为细分

行为细分指根据受众对媒介产品的认知、态度、使用情况与反应等行为将媒介市场细分为不同的群体。诸多营销从业者认为行为因素是进行市场细分的最佳出发点。

(二) 媒介市场细分的条件

从媒介市场营销角度来看,无论是媒介产业市场还是媒介消费者市场,并非所有的细分媒介市场都具有意义。在细分媒介市场时,必须科学分析、测定是否具备从事有效经营的条件。所选择的媒介细分市场必须具备一定的特征。

1. 可衡量性

可衡量性指用来细分媒介市场的标准、变量及细分后的市场是可以识别和测量的,如受众规模、购买能力和需求量等,应能够进行明显的区分。如果根据某种标准细分出的市场难以描述和界定,如此细分即难以进行测量,则失去细分的意义,媒介难以根据其制定有针对性的策略。

2. 可进入性

可进入性指媒介能够有能力进入并服务于所选定的细分市场,媒介细分市场应能够使媒介主体的资源得以充分利用,并满足这一受众群体市场的需求。

3. 可营利性

可营利性指媒介所选择的细分市场具有一定的规模和市场潜力,有值得进入的价值和未来可开拓的潜力,能够保证媒介获得理想的经济效益。

4. 稳定性

稳定性指细分后的媒介市场在经营周期内具有相对的稳定性,使媒介能够有效开发市场,避免因市场动荡而带来的负面影响。

(三) 媒介市场细分的方法

1. 单一变量细分法

单一变量细分法,是指根据媒介市场营销调研结果,把影响媒介受众需求最主要的因素作为细分变量,达到媒介市场细分的目的。这种细分法以媒介的运营实践经验和对受众的了解为基础,在宏观变量或微观变量中,寻找一种能够有效区分受众群体,并使媒介的营销组合(产品、价格、传播销售渠道、促销策略)产生有效对应的变量而进行的细分。比如,儿童媒介市场需求的主要影响因素是年龄,此类媒介必须根据不同年龄段的儿童设计不同的内容。除此以外,性别、行业、教育背景等也常作为媒介市场细分变量而被媒介使用,如国内早期的 SNS 网站,其中开心网的主要用户群体是白领,校友网的用户群体是学生,51.com 的用户群体是宅男宅女。

2. 多变量细分法

影响媒介受众需求的因素是多种多样的,一些因素又相互交错在一起,共同对某种需求产生影响。比如,年龄与性别、行业与收入等综合因素交织在一起,影响需求。所以,需要用多变量细分法来弥补单一变量细分法,这种方法以两种或两种以上影响需求较大的因素为细分变量。比如,用性别(男、女)、收入(高、中、低)、年龄(青年、中年、老年)三个因素细分媒介市场,就可以得到18(2×3×3=18)个细分媒介市场。

3. 系列因素细分法

按影响市场需求的多种因素进行市场细分时,从主观上而言,为了更准确地细分某个整体市场,应考虑多选几个细分变量,并且将每个变量产生的不同特征尽量考虑周全。但是,这样会导致整个市场被细分为诸多媒介子市场。虽然媒介市场已经被细分,但会使确定媒介的目标市场有较大难度。系列因素细分法就是为了避免这种缺点而设计的细分方法。它的基本思路为:从粗略到详尽,将整体市场分为几个层次,逐层细分,后一阶段的细分在前一阶段的细分市场中进行,最终确定细分目标市场。比如某时尚类自媒体的目标受众将细分因素排列为年龄、性别、职业、家庭收入、教育、婚姻,经过逐步细分,选择年龄(青年√、中年、老年)、性别(男、女√)、职业(政府机关或事业单位工作人员、公司员工√、个体经营者、家庭主妇、学生)、收入(高√、中、低)、教育(大学√、中学、大学)、婚姻(未婚√、已婚)几个因素,最终确定的细分市场可以描述为,较为年轻的单身女性白领,收入水平和教育程度较高。

(四)媒介市场细分的步骤

媒介市场细分作为一个比较、分类、选择的过程,应该按照一定的步骤来进行,通常有以下步骤:

1. 正确选择媒介市场范围

媒介根据自身的经营条件和经营能力确定进入市场的范围,比如媒介进入什么行业领域,媒介产品形态以及媒介服务等。

2. 列出媒介市场范围内所有潜在受众的需求情况

通过头脑风暴、调查等形式,从地理、人口、行为和心理等方面的变量出发,比较全面地描述媒介产品市场受众需求及变化。如在社会化媒体平台上,媒介更加注重受众的反馈,尽可能回复评论使得双向传播的需求更好地实现。

3. 分析潜在受众的不同需求,初步细分媒介市场

确定受众潜在需求后,不同受众强调的侧重点可能会存在差异,媒介应对各种需求进行细分或归类,有共同需求的归为一类,即成为一个细分市场。

4. 经过筛选确定细分市场

剔除潜在受众的共同需求,保留各差异特征需求作为细分特征。共同需求固然重要,但不能作为市场细分的基础。根据潜在受众基本需求上的差异特征,对各细分市场进行必要的合并与分解后,将其划分为不同的群体或子市场,并赋予细分市场一定的名称。

5. 进一步分析每个细分媒介市场的不同需求与消费行为特征,深入考察和分析其原因

在此基础上决定是否可以对这些细分出来的媒介市场进行合并,或进一步细分。

6. 评估子市场的市场规模与潜力,从而确定媒介的目标市场

评估子市场的市场规模与潜力,从而确定媒介的目标市场。

二、媒介目标市场

(一)目标市场覆盖模式

对媒介市场进行细分和评估后,可选择一个或若干个媒介细分市场,确定为媒介的目标市场。媒介在选择目标市场时有五种可供参考的市场覆盖模式,如图3-1所示。

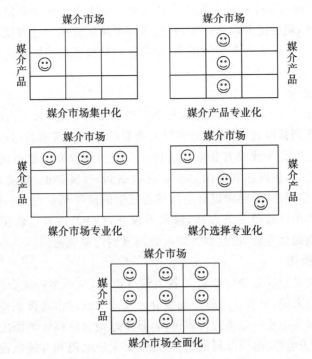

图 3-1 五种媒介目标市场覆盖模式

1. 媒介市场集中化

媒介市场集中化是一种最简单的目标市场模式。媒介在众多的细分市场中只选取其中一个细分市场,仅生产一类媒介产品,提供给某单一的受众群体,进行集中的营销和推广策略,集中资源和力量为之服务。比如,某杂志或自媒体,只关注女性美妆。选择媒介市场集中化模式一般基于以下考虑:媒介具备在此细分领域从事专业化生产的优势条件;限于有限资源或资金,仅能经营一个媒介细分市场;此媒介细分市场中没有强势竞争者;准备以此为准备阶段或起点,获取成功后向更多的媒介细分市场拓展。集中化模式使媒介深刻知晓此细分市场的需求特征,它采用特定的产品、价格、渠道和促销策略,获得强有力的市场地位和良好声誉,但同时存在较大的经营风险。

2. 媒介产品专业化

媒介产品专业化是指媒介集中生产一种媒介产品,供应给不同受众市场的模式。比如某些天气、交通指南等专业资讯媒体,同时它们向不同职业、不同年龄、不同教育背景的受众提供相同的媒介内容。这种覆盖模式实际上是实施非市场细分化战略,即不分割整体市场。其优点在于媒介专注于某一种或某一类产品的生产,有利于形成和发展媒介生产中的优势,在此领域塑造出专业形象。其局限性是一旦出现其他品牌的替代品或受众流行的偏好转移,媒介将面临生存和发展危机。

3. 媒介市场专业化

媒介市场专业化是媒介专门经营满足某一受众群体需要的各种产品的模式。比如时尚杂志《Vogue》《瑞丽》《时尚芭莎》,虽然其目标受众是年轻时尚白领女性,但是在互联网时代,这些纸媒杂志不仅发行电子版、手机版,而且创办官方微博、微信公众号等多种社交媒体终端账户,以满足和服务同一受众群体的不同需求;还有腾讯公司围绕QQ,开发出QQ空间、QQ游戏、QQ音乐等多种产品以满足受众的多元化需求。媒介提供了一系列产品专门为同一受众群体服务,能够提升媒介声誉,并且多种产品经营在一定程度上也分散了市场风险,增加了受众黏性。此模式存在的问题是,如果这一目标受众的媒介需求潜在数量和特点突然发生转变,媒介将承担较大风险。

4. 媒介选择专业化

媒介选择专业化指媒介有选择地进入几个不同的细分市场,为不同的受众群体提供不同针对性的同类媒介产品模式,每一细分市场对媒介的目标和资源利用都有一定的吸引力,但各细分市场彼此之间很少或没有联系。这种模式能够为媒介分散市场风险,即使某个细分市场赢利情况不稳定,仍可在其他细分市场获取赢利,也就是说,此模式属于无相关多元化发展,较难获取规模经济,并要求媒介主体具备较强的资源和实力。一些较大的互联网公司在选择专业化模式中已取得显著成绩,腾讯不仅开发QQ,而且也将微信做强做大;新浪不仅在门户网站方面做到专业,而且也将新浪微博做到行业领先。

5. 媒介市场全面化

媒介市场全面化是指媒介全方位进入各个细分市场,生产多种媒介产品去满足各种受众群体的需要。一般来说,只有实力雄厚的媒介才能采取这种市场覆盖模式,并收到良好效果。例如美国的新闻集团是一个庞大传媒帝国,是全球最大的媒体集团之一,涉足所有的媒体领域,核心业务涵盖电影、电视节目的制作和发行,无线电视和有线电视广播,报纸、杂志、书籍出版以及数字广播、加密和收视管理系统开发,集团旗下拥有20世纪福克斯电影公司、英国天空广播等众多媒体。

(二) 目标市场营销策略

1. 无差异性策略

无差异性策略指媒介采用单一的营销策略开拓市场,即媒介着眼于受众需求的同质性,把整个媒介市场视为一个整体,对市场的各个部分同等看待,推出一种媒介产品,采用统一的价格,使用相同的分销渠道,采用相同的媒介产品宣传和推广方案,去占领整个目标媒介市场的策略(见图3-2)。

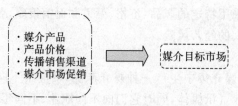

图3-2 无差异性策略

媒介采用无差异性策略的原因有以下三个方面。

第一,认为自身所经营的媒介产品对所有受众而言都是需要的,属于共同需求。

第二,认为媒介受众之间虽然有所差异,但是差异程度较小。

第三,用广阔的销售渠道和推销方式能够节约营销成本。

无差异性策略的优势体现于:首先,这种策略能够降低媒介营销成本,大批量的生产销售,必然降低单位媒介产品成本;单一的营销组合,尤其是无差异的广告宣传,可以相对节省促销费用;不进行市场细分,能够相应地减少媒介市场调研、媒介产品开发,以及制定多种媒介市场营销战略、战术方案等带来的成本开支。其次,媒介产品的宣传和推广投入,不是分散应用于多种产品,而是集中于一种媒介产品,因此可以达到强化媒介品牌形象的作用。

无差异性策略的缺点体现于:首先,媒介受众多元化的需求难以得到有效满足,存在隐藏流失媒介受众的风险。其次,容易受到其他媒介竞争所带来的负面影响。再次,如果较多数量的媒介都采用无差异性策略,媒介市场上的竞争会更加激烈,很难产生竞争者之间的共赢局面。传统的大报、电影公司、早期的门户网站采用这种策略较多,但是随着媒介市场竞争加剧,大多数媒介都避免采用此策略,即使在特定条件下,也仅作有限使用。

2. 差异性策略

差异性策略是把整个媒介市场细分为若干需求和愿望大致相同的细分市场。根据不同目标媒介市场的差异性,设计不同的媒介产品和市场营销组合策略,根据不同产品制定不同的价格,采用不同的传播销售渠道,应用多种广告宣传和推广,去满足不同受众的需求(见图3-3)。比如传统媒体时代,《读者》杂志细分为城市版、乡村版,城市版以生活在城市地区、具有一定知识背景的读者为受众,乡村版以农村地区的农民为主要读者对象,二者在杂志内容、风格、形式等方面均有所区别,但都被细分媒介市场的受众所认可。再比如,互联网从传统的流量1.0时代进化到由算法驱动的流量2.0新时代,用户被动触达的"人找信息"的搜索方式已经被"信息找人"的分发方式所摒弃,大数据借由用户画像、内容分发等"算法"实现了信息的精准推送。① 基于数据挖掘的今日头条通过计算机算法判断阅读喜好、地理位置等用户信息,能够较为精准地推送各类信息,甚至一个县城甚至一个村镇的新闻都能够准确地推送给此地区居民中的媒介使用者。这种垂直传播是差异化策略的典型体现。

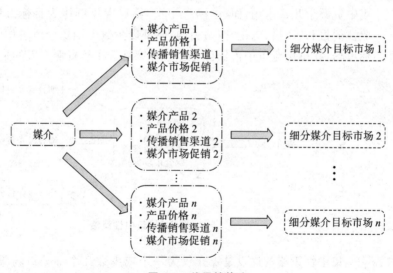

图3-3 差异性策略

差异化策略被较多的媒介所采用,它的优点主要有:第一,这种策略方式在很大程度上降低了经营风险,某一细分媒介市场所遭遇的风险,不会威胁至整个媒介;第二,这种策略方式能够使受众的不同需求得到满足,也使得每个细分媒介市场的潜力得到最大限度的挖掘,从而有利于扩大媒介的市场占有率;第三,提高了媒介的竞争能力,特别有助于阻止其他竞

---

① 《媒介市场五大趋势:大众传媒+小众传媒时代开启》,https://www.sohu.com/a/253694122_355033,2018-09-13,2019-08-12。

争者利用市场空隙进入市场;第四,如果媒介能够在多个细分市场上取得良好的经营效果,已塑造出知名品牌,则能够较大程度地提高受众对媒介其他系列的产品的信任程度,有利于媒介新产品迅速打开市场。

差异性策略同样存在局限性,最显著的问题是营销成本的增加,多品种的生产使单位产品的生产成本相对上升;多样化的推广渠道必然使单位产品的传播成本费用增加;此外,还可能增加媒介市场调研和管理等方面的费用。所以,差异性策略的运用,应基于此策略所增加的利益能够超过成本的增加。因受有限资源的制约,诸多中小型媒介、自媒体难以采用此种策略,仅有经济能力和技术力量较强、营销实力较强的媒介适宜应用差异性策略。

3. 集中性策略

集中性策略指媒介把整个市场细分后,选择一个或少数几个细分市场作为目标市场,并制定一套营销方案,集中力量为之服务,争取在所确定的目标市场上占有较高的市场份额(见图 3-4)。这种策略是一种比较特殊的策略,前两种策略所面对的都是整个市场,而集中性策略则是集中一个或少数几个细分后的小市场作为它的目标市场,其出发点在于避免媒介有限资源的分散,与其在较多的细分市场上都获得较低的市场份额,不如在较少的细分市场上获得较高的市场占有率,因而只选择一个或少数个别细分市场,作为媒介的目标市场。比如传统媒体中的《儿童时代》《少儿画报》等杂志均集中资源于儿童市场,而《中国青年报》则以青年群体为目标市场。部分专业性的报刊、广播、电视、网站、自媒体都以少数个别媒介市场作为自己的目标市场,在市场竞争中占据优势。这种策略适用于资源有限的中小媒介。

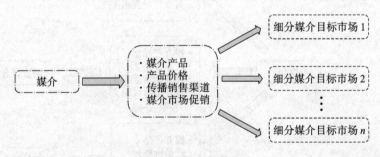

图 3-4　集中性策略

集中性策略的优点是媒介仅为一个或少数几个细分市场服务,能够使媒介对此市场有比较深入的了解,提供更好的服务;可以实现专业化生产和销售,在节省营销费用的同时,提高媒介产品和媒介自身的知名度,从而有助于媒介在局部市场的竞争环境中处于有利地位。当媒介实力得以增强,具有较好的拓展机会,这也是新媒介和小媒介取胜之道。

此策略的不足之处在于经营风险较大,因为选择的市场面较窄,并集中媒介的大多数精力,如果市场消费突然改变需求偏好,或者某一更强大的对手进入市场,或者预测偏差以及营销方案不到位,将可能使媒介陷入困境难以回旋。

拓展资料

三、媒介市场定位

媒介在选择好细分市场,并选择了目标市场策略后,就要在目标市场上进行媒介产品的市场定位。媒介市场定位是媒介全面营销战略中的重要组成部分,它关系到媒介自身和媒介产品的市场地位,以及在受众心目中的形象。定位理论是1972年艾尔·里斯和杰克·特劳特所提出,定位理论最初是被当作一种纯粹的传播策略提出来的,随着市场营销理论和实践的发展,定位理论对于营销的影响已经超越了初始的作为一种传播技巧的范畴。所谓媒介市场定位,是指媒介针对竞争者现有产品在市场上所处的位置,根据受众群体对这种产品某一属性或特征的重视程度,设计和塑造特定的个性或形象,并通过一系列措施把这种个性或形象有效地传达给受众,从而确定该产品在市场上的适当位置。其实质是使一个媒介和其他媒介严格区分开来,并使受众群体明显感觉和认知这种差异,达到影响受众心理、增强媒介和产品竞争力、有效增加媒介经济效益的目的。

(一)避强定位策略

避强定位策略是指媒介避免与实力最强或较强的其他媒介直接发生竞争关系,将自己的媒介产品定位于另一媒介市场区域,使自己的产品在某些特征或属性方面和强大的竞争者存在较为明显的区别。在定位理论的理念中,整个市场不可能被单一的产品或品牌所覆盖,市场一定存在发掘和填补的空间。这一策略的优点是能够使媒介较快地在市场上占据一席之地,并在受众群体中打造出鲜明的形象。这种定位策略的市场风险较小,成功率相对而言比较高,通常为多数媒介所采用;短板在于此策略意味着需放弃当前市场上某个最优的市场位置,很可能使媒介处于较为劣势的市场位置。

比如中央电视总台春节联欢晚会,历经多年发展已经成为一个仪式化的活动,甚至是重要的文化事件,每年的除夕之夜都进行直播,是一个收视率难以超越的节目。近年来其他地方卫视也纷纷举办春晚,但是基本上都会选择避开春节期间最具仪式感的除夕,2019年浙江卫视的春晚以"领先"之名,在腊月二十九日提前贺岁;湖南卫视和北京卫视则选择在大年初一举办卫视春晚。避强策略的定位可能是一档节目、一个产品,也可能是一个频道、一个媒介平台。

(二)迎头定位策略

迎头定位也叫对峙定位或者对抗性定位,是指媒介根据自身的实力,为占据期望的市场位置,与市场上占据支配地位的,也就是与最强的竞争者发生正面竞争和对抗,试图使自己的媒介产品进入与竞争者相同的市场空间。这种策略的优点在于由于竞争过程较为瞩目,可能产生所谓的轰动效应,媒介品牌和媒介产品可以较快地被受众群体所了解,易于达到建构市场形象的目的。其缺点在于这种策略具有一定的风险性。尽管风险性显而易见,但不少媒介主体依然认为这种激进式策略有助于起到激励的作用,并且一旦成功就可能取得巨大的市场优势。

事实上,在媒介市场中采用迎头定位策略的案例并不少见,尤其当一种新媒介产品出现时,通常较短时期内即会出现一些定位相同的竞争者共同在同一市场上对抗。比如2007年中国大陆第一家提供微博服务的网站饭否上线,被称为中国版Twitter,之后新浪微博于2009年上线,2010年网易微博、腾讯微博、搜狐微博相继上线,以及后来的微头条、知乎想法等类似媒介产品不断出现。早期面对先入为主的竞争者饭否,新浪作为在海外上市的网络媒体公司拥有强大的资源和实力,在实施迎头定位策略过程中,新浪微博自2009年8月上线以来,就一直保持着爆发式增长,至2010年10月底新浪微博注册用户数超过5000万。而在2010年相继上线的网易微博、腾讯微博、搜狐微博在面对作为竞争者的新浪微博,承担的风险和压力必然大于当初饭否对于新浪微博的威胁。也就是说,当蓝海转向红海,迎头定位策略的成本和风险会相应较高。2014年4月,新浪微博在纳斯达克上市,而其他微博类媒介产品或关闭或转型。

在传统媒体市场上,电视台对于电视剧市场的整体态度也是迎头定位策略。电视剧仍然是各电视频道重要的生存和竞争武器。一方面,从播出时段和播出时长来看,电视剧吸引着最集中的广告投放,晚间19:30—22:00电视剧播出时段依然是广告含金量最高的,负载着频道70%的收入。另一方面,电视剧吸引着最迅速的收视增长。一部好的电视剧无论播出平台如何,都能迅速吸引更多的观众收看,迅速培养收视增长。只不过收视平台不同,收视增长的幅度不同而已。同时,电视剧对收视率的拉动方便快捷,立竿见影。推出一个品牌节目需要3—5个月,而一部优秀电视剧,3—5天就能提升收视。电视剧的收视还具有前后带动作用,无论剧前剧后的节目,电视剧都能迅速吸引或者挽留相当规模的受众。因此,电视剧资源依然是各大电视台的集中竞争舞台,各平台从电视剧的主题选择、制播关系和编排策略等多个方面展开激烈竞争,花费少则几个亿多则几十亿的资本购买电视剧,力争从电视剧上获取更多的收视、市场份额,以稳固或提升平台的影响力和竞争力。①

(三) 创新定位策略

创新定位策略指媒介采用迂回的方式,避开与竞争者直接对抗,寻找和占领新的尚未被发现但有潜在市场需求的位置,填补媒介市场的空白,生产当时市场上没有的、具备某种特色的媒介产品。这种定位应具备的条件是,媒介需具有生产较高质量产品的实力,创新满足受众特定需求,使受众群体通过良性体验对于媒介产品产生使用黏度和信任,与此同时又能够做到赢利,或者在可控的时间范围完成从不赢利到赢利的过程。

在传统媒体时代,由于传统媒体资源有限,创新定位是较为理想的选择。但是当媒介市场从蓝海不可避免地转变为红海时,创新的空间也越来越小。时至社会化媒体时代,自媒体已如恒河沙,基于细分市场越来越高的精细程度,媒介产品的创新定位已经被演绎得淋漓尽致。比如关于财经类的微信公众号、微博账号、今日头条账号,有从不同视角上定位于财经资讯、深度财经事件解读、商业故事、财经地理、财经历史、财经人物等;有从不同内容定位于房产、股票、基金、区块链等。这些不断趋于精细化的创新定位,旨在探寻市场的空白,在一个小领域精耕细作,抑或在较为小众的细分领域中挖掘长尾市场。比如至2019年,《博物》杂志作为《中国国家地理》青少版,在新浪微博上以创新的话语风格走红网络,已拥有1000多万粉丝,其微博内容阅读量是纸质版发行量的数十倍。还比如短视频平台上的内容创新,以农村题材为内容的短视频,有"华农兄弟"分享农村生活中的竹鼠养殖经验,有博主"李子柒"定位于古风美食传播,也有"湘西苗疆阿哥"分享湘西大山里的苗族原生态生活。

(四) 重新定位策略

重新定位策略也叫二次定位或再定位,是指媒介在选定细分市场定位目标后,如果发生

---

① 李萍:《从播出视角看国产电视剧如何破局》,《西部广播电视》2018年15期,76-78页。

定位偏差或者虽然初始定位准确,但随着市场发生变化,比如遇到竞争者定位与自身定位相近,并强势侵占自身原有市场,或由于文化环境影响、技术变迁等其他原因而导致的受众媒介偏好发生变化,转移到竞争者一边时,就需要考虑重新定位。重新定位是以退为进的策略,旨在摆脱困境,实现更有效的定位,以重新获得增长与活力。其具体做法可采取迎头定位等策略。

以开播于1996年的浙江卫视为例,作为浙江广播电视集团主力频道,在发展初期,浙江卫视定位于"江南品质",具体体现在制作节目时,以一些人文类节目、新闻类节目为主。之后随着我国综艺类节目的崛起,广大观众的注意力以及收视需求逐渐转向娱乐性、趣味性的综艺类节目,这种转向使浙江卫视最初定位于"江南品质"的一些人文类节目和新闻类节目遇冷,观众的关注度也逐渐降低。在这一背景下,国内各省级卫视为寻求发展,着力走特色化路线以扩大自身的影响力。2004年,浙江卫视在发展综艺节目时,加入了一些益智、竞赛、游戏等元素,不仅有效地提高了电视台的收视率,并给电视台带来较为可观的广告赞助收入。2006年,中国省级卫视进入了竞争白热化阶段,各省级卫视纷纷加强品牌塑造和推广。在这一背景下,浙江卫视从传播内容入手,优先对传播内容进行改版和创新,去除一些人文类节目和新闻类节目,推出了一些综艺娱乐节目。在媒体传播内容改版阶段,浙江卫视推出了一系列自制节目,如《中国相亲大会》《奇开得胜》《男生女生》等。2008年8月,浙江卫视实施全面改版,将"中国蓝"作为自身品牌定位。同时,浙江卫视对自身的定位进行了诠释:对于新闻类节目要求必须注重行动,注重效应;对于原创类节目必须注重品牌建设和提升节目品位;对于晚间节目,强调节目的创意和娱乐纵贯线,注重拓宽娱乐节目的空间,并将娱乐节目定位于平民化。2011年至今,浙江卫视依然延续着"综艺娱乐"的频道定位,它根据节目类型的差别,将已开设的7档综艺节目进行板块划分,分别为婚恋、周末、季播三大板块。此外,浙江卫视将每晚的9:21设定为浙江卫视着力打造的综艺热播带。[①]

媒介市场定位是设计媒介产品和形象的行为,以使媒介能够明确自己在目标市场中相对于竞争者的位置。在进行定位时,媒介应持谨慎的态度,通过反复比较和调查研究,找出最合理、有效的突破口。避免出现定位混乱、过度、过宽或过窄等问题,一旦媒介确认了理想的市场定位,则需要通过统一的表现与沟通来进行维持和巩固,并经常加以监测以随时适应目标受众和竞争者策略的改变。

第三节 媒介市场环境

一、宏观媒介市场环境分析

分析宏观市场环境较为常用的方法是 PEST 分析模型法,其中 P 是政治(Politics),E 是

---

① 吴婷婷:《浙江卫视发展现状研究》,《新闻研究导刊》2017年5期,9-13页。

经济(Economy),S 是社会(Society),T 是技术(Technology)。PEST 分析模型在媒介价值创造过程中扮演着重要的角色。通常情况下,PEST 分析往往以国家为单位进行,值得注意的是,相同国家的不同地区的宏观因素可能存在差异,比如地区经济发展水平、政策支持、技术专利、地方宗教信仰、民族习俗等因素。

(一)媒介政治法律环境分析

媒介政治法律环境是指对于媒介生产和发展具有实际或潜在影响的政治形势、状况和有关的法律、法规等因素。媒介的经营者和生产者都需了解相关的政治法律环境,并了解其对于媒介生产、营销、投资的影响。政治因素像有形之手,调节着媒介营销活动的方向,法律则为媒介经营规定行为准则,政治与法律相互联系,共同对媒介市场营销活动发挥影响和作用。

媒介政治环境是指媒介市场营销活动的外部政治形势。一个国家的政局稳定与否,会给媒介营销活动带来重大的影响。如果社会政治稳定,人民安居乐业,就会给媒介运营带来良好的环境。相反,社会政治动荡,秩序混乱,就会影响媒介经济发展和市场的稳定。媒介在市场营销,特别是海外媒介市场运营中,一定要考虑目标国政局变动和社会稳定情况可能造成的影响。媒介政治环境分析包括国内政治环境和国际政治环境,国内政治环境包括政治制度、政党和政党制度、政治性团体、党和国家的方针政策、重大政治事件等;国际政治环境包括国际政治局势、国际关系、目标国的国内政治环境等。

媒介法律环境的相关因素主要包括法律法规,尤其是和媒介相关的法律法规、相关政策条例,比如《著作权法》《广告法》《公司法》等,以及《出版管理条例》《期刊出版管理规定》《报纸出版管理规定》《广播电视管理条例》《互联网信息服务管理办法》《信息网络传播权保护条例》《电影管理条例》《音像制品管理条例》《信息安全等级保护管理办法》等;还包括相关的国家司法执法机构,以及媒介经营者、生产者、传播者的法律意识;在涉及其他国家和地方的媒介运营业务时,媒介法律环境还包括国际法所规定的国际法律环境和目标国的国内法律环境。

以我国电视广播产品发展历程中的政治法律环境为例,"政治功能统帅早期电视,建立在社会主义政治体制背景下的中国电视,从一开始就奠定了其特殊重要的地位——它是党和政府的喉舌和宣传工具"[①]。早在 1958 年到 1966 年,电视是国家的喉舌,承担着守门人、宣传、教育、舆论引导等传统的、严肃的社会职责,更多地履行集体主义意识。1983 年,在第十一次全国广播电视工作会议上确立了"四级办广播电视"的方针,其中"四级"为中央、省、地(市)、县(市),中央电视台作为国家电视台位居顶端,在传媒业界不仅确立了无形的话语权,而且形成了一套能够被模仿和衡量的传播理念、传播形式、传播内容和表达模式,在功能、内容、形式、风格等诸多层面形成了统一性。中央电视台在传播过程中拥有优先权或者特权,在中国一些重要事件或者议题的报道直播中,地方媒体、境外媒体通常被不同程度地限制,"因此《新闻联播》成为某些重要新闻片段公开发布的唯一途径,其他新闻媒体只能转播或编辑使用其节目片段等"[②]。正如阿雷恩·鲍尔德温和朗赫斯特等人所认为的,"新闻

---

① 岳淼、陈琪:《中国电视新闻 50 年发展史论略》,《东南传播》2010 年 3 期,76-78 页。
② 张爱凤:《视频新闻发展与文化权力结构的嬗变》,《浙江传媒学院学报》2016 年 1 期,2-7 页。

媒介并不位于国家权力之外,而是处于国家权力体系内部"①。2005年,广电总局印发《关于切实加强和改进广播电视舆论监督工作的要求》,其中明确提出"建立节目审签程序,各级广播电视机构要切实加强舆论监督节目的审核把关工作,必须建立相应的选题报批、采访安排和节目审签工作制度","拿不准的节目要送有关部门审定"。传统广播电视在较为严格的约束机制中,同时依靠制度和身份特权,较好地遵循政治要求,也控制着传媒业界的话语权。2009年,SMG在《关于认真做好广播电视制播分离改革的意见》的指导下改制实行"制播分离",将宣传喉舌机构与创利产业两种职能进行"企宣分离",这标志着我国媒介市场走向产业化运作新的阶段。

(二)媒介经济环境分析

媒介经济环境是指媒介所面临的外部社会经济条件,主要是指影响媒介市场营销方式和规模的经济条件、经济特征等客观要素。经济环境是一种综合动态系统,包括国家的经济体制、经济结构、经济政策、经济发展水平以及未来的经济走势等要素。所谓经济体制,是指一定社会生产关系借以实现的形式,即生产关系的具体组织形式和经济管理制度,反映社会经济采取的资源配置方式;经济结构指国民经济中不同的经济成分、不同的产业部门及社会再生产各方面在组成国民经济整体时相互的适应性、量的比例以及排列关联的状况;经济政策指国家或政府为了达到宏观经济政策目标,为增进经济福利而制定的解决经济问题的指导原则和措施;经济发展水平反映社会经济现象在不同时期的规模或水平。

媒介经济环境对于媒介发展产生较为明显的影响,即使是国内的不同地区,东部沿海地区和西部内陆地区的媒介发展也存有较大差异。如《广州日报》2016年平均每期读者规模高达577万,广告收入连续20余年居全国报纸媒体第一;在世界品牌实验室发布的"2015年中国500最具价值品牌"排行榜中,《广州日报》的品牌价值达到221.86亿元,仅次于《人民日报》稳居中国报业品牌第二位。而西部地区一些省份全省公开发行的所有报纸的广告年营业额与《广州日报》一家报纸相比也存在显著差距。② 早在1999年,全国33家广告营业额超过亿元的报纸中,有三分之二在东南沿海地区。可见,经济发展程度直接影响着媒介市场的繁荣与否③。

分析媒介经济环境,国内生产总值、国民收入、个人收入、可支配收入等指标能够有助于了解国家整体经济发展状况,判断宏观经济形势和媒介环境的变化发展。

(1)国民收入。

国民收入指一个国家物质生产部门的劳动者在一定时期内新创造的价值总和,人均国民收入即国民收入总量除以总人口,基本反映一个国家或地区经济发展状况和速度。

(2)个人收入。

个人收入指所有个人从多种来源中所得到的收入,是以工资、红利和租金形式及从其他来源所获得的总收入。

---

① 阿雷恩·鲍尔德温等:《文化研究导论》,高等教育出版社,2004年版。
② 《〈广州日报〉读者规模全国第一 全国报纸广告收入第一》,http://www.cssn.cn/xwcbx/xwcbx_rdjj/201601/t20160115_2828337.shtml,2016-01-15,2019-05-26。
③ 郭韶明:《当代中国媒介市场的结构失衡》,《当代传播》2004年5期,29-30页。

(3) 消费支出。

这一因素主要受到消费者收入的影响,随着消费者收入的变化,消费者支出模式和消费结构就会发生相应变化,用以考察消费支出和消费收入之间关系的著名定律即"恩格尔定律",其指出"随着收入的增加,食物支出在总支出中的比例下降"。

(4) 消费者储蓄。

储蓄的增多会使消费者现实的需求量减少,购买力下降,但储蓄作为个人收入会增加潜在需求量,收入水平、通货膨胀、市场商品供给状况、消费偏好是影响消费者储蓄的主要因素。

(三) 媒介社会文化环境分析

媒介社会环境涉及的内容广泛,主要包括人口因素、民族传统、价值观念、审美观念、宗教信仰,以及风俗习惯等被社会所公认的诸多行为规范。社会文化作为人们一种适合本民族、本地区、本阶层的是非观念,对受众群体的媒介消费行为产生较大影响,生活在同一社会文化范围内的受众个性具有相同的方面,是媒介消费行为的习惯性和相对稳定性的重要特点。媒介的经营者和生产者需要分析、研究和了解社会文化环境,对于不同的社会文化环境中的受众群体提供不同的媒介内容,采取不同的传播和营销策略。具体而言,媒介社会文化环境主要包括以下几个方面。

1. 人口因素

人口数量和人口增长率通常是衡量媒介市场潜力的重要指标,对于媒介战略的制定具有重要影响。人口数量对于媒介生产和媒介消费规模产生直接影响;人口的地理分布是影响媒介是否进入一个地区的重要因素;人口性别比例和年龄结构在一定程度上影响媒体的社会需求结构,进而会影响媒体的社会供给结构和媒体组织的生产;家庭户数及其结构的变化与媒体产品的市场需求和变化具有密切关系,因而也可能影响媒介产品的生产规模等。[①]

目前人口变化的主要状况是:

第一,世界人口不断增长,根据国家统计局 2020 年初发布的数据,到 2019 年末中国大陆总人口数为 140005 万,突破 14 亿。

第二,许多国家由于出生率下降和平均寿命延长而趋于老龄化,我国老龄化趋势也日渐明显,老年媒介市场持续扩大,老年受众群体的媒介消费能力逐渐提升。

第三,婚姻家庭状况出现新趋势,媒介市场需求也发生相应变化,主要表现为家庭规模不断缩小,家庭数量不断增加,离婚率上升,单亲家庭增多,职业女性比例增加等。

第四,人口分布与流动中,城市化使城市人口需求和市场规模迅速增加,存在工业污染、交通拥堵、住房拥挤、小汽车普及等现象。

2. 教育水平

教育水平是媒介受众的教育程度,一个国家或地区的教育水平影响着一定的社会生产力、生产关系和经济状况,是影响媒介市场营销的重要因素。教育状况会对选择目标媒介市场、营销媒介产品、媒介市场调研等方面产生影响,处于不同教育水平的国家或地区,对于媒介产品的风格、品质、服务的需求都有所不同,比如文化素质较高的国家或地区的受众对于媒介产品的品质要求更高。

---

① 宋培义、卜彦芳等:《媒介战略管理》,中国传媒大学出版社,2006 年版。

3. 价值观念

价值观念是人们对社会生活中各种事物的态度与看法，处于不同文化背景下的人们所持有的价值观念相差较大，媒介受众对于媒介商品的需求和购买行为受到价值观念的影响。对于不同的价值观念，媒介营销和品牌塑造应采取不同的策略。一种新媒介产品的消费，可能引起社会观念的变革，对于较为激进的媒介受众，可强调产品的创新；而对于较为传统的媒介受众，可将媒介产品与目标市场的文化传统相联系。

4. 风俗习惯

风俗习惯是人们根据自己的生活内容、生活方式和自然环境，在一定的社会物质生活条件下长期形成，在饮食、服饰、居住、信仰、节日、交往等方面，都表现出独特的心理特征、道德伦理、行为方式和生活习惯。不同的风俗习惯，具有不同的媒介产品需求。了解目标地的风俗习惯，有利于组织媒介产品的生产和销售，避免触犯当地文化禁忌，并正确、主动地引导媒介文化消费。

5. 审美观念

审美观念通常指人们对媒介产品形象的好坏、美丑的评判，不同的国家、民族、宗教、阶层和个人，往往都有不同的审美标准。受众在选择媒介产品的消费过程，也是一种审美行为，受到群体审美观念的影响。这种审美表面上表现为个人行为，实质上反映了一个时代、一个社会共同的审美观念和趋势。

（四）媒介科技环境

媒介科技环境是指媒介所处的社会环境中的科技发展状况，包括科技水平、科技力量、科技体制、科技政策等要素。科学技术是社会生产力的新的和最为活跃的因素，作为媒介环境的一部分，科技环境不仅直接影响媒介内部的生产与经营，而且与其他环境因素互相依赖、相互作用，与经济环境、文化环境关系密切。现代科技不仅影响着信息传播的途径，更推动了世界传媒业的日益壮大和发展。

从传统媒体时代到新媒体时代，最终依赖媒介技术的推动。以网络视频发展为例，网络视频直播在直接操作层面上降低了成本，一定程度上能够做到低成本运行。在传统媒体和互联网早期，视频直播的内容和议题通常涉及重大新闻事件，直播过程需要转播车，以及监视器、视频切换台、录像机、微波发射机、调音台等价值数百万的设备，直播的视频信号经卫星或微波发至电视台播出，制作播出成本高昂。网络现场直播对现场信号的采集要求较低，整体设备投入要求不高，不需要大量专业直播人员，传输过程均在网络上进行，成本是电视现场直播的几十分之一，甚至一百分之一。大会直播系统多采用服务器分布式部署和负载自动均衡技术，摆脱了视频会议的局限，能轻松支持全球上万人同时收看会议直播，适合大规模、跨区域、跨国的网络直播活动。而电视现场直播从接洽到活动开始需要漫长的执行周期，期间需要各类专业人员的协同合作，从人员组织到设备架设，现场也需要专门的空间与供电支持。单机位短时间的网络现场直播完全可以由个人完成，现场不需要额外的电力支持和宽阔的工作空间，从接洽到勘察场地，再到投入直播完全可以在 48 小时内完成。

网络直播技术不仅为网络媒体本身的直播行为降低了成本，也为普通受众的个体直播行为提供了便利。移动直播对于互联网技术层面的要求是网络带宽，互联网带宽提高、Wi-Fi 热点普及、4G 发展迅速，为 Web3.0 时代互联网商用提供了技术支撑。2015 年移动互联网接入流量消费达 41.87 亿 G，比上年提高 40.1%；手机上网流量达到 37.59 亿 G，同比增长109.9%。受众在手机、iPad等移动终端能够下载用于移动视频直播的App软件,接触和访问渠道简单快捷,而处于竞争中的App软件公司也在致力于打造更加友好的操作界面,以吸引和维护用户。在移动终端的生产商和App软件的开发商的共同努力之下,用户的操作和实践更加有效率。过去垄断的媒体生产者所拥有的操作系统和技术都不再是遥不可及的稀缺资源。互联网基础设施本身在Web2.0时代对于用户的技术力量开始吸收和融合,包括互联网平台服务器中使用到的Apache、Perl、Linux、MySQL,以及PHP、Python代码,依靠开源代码的对等生产(Peer-production)方式进行维护和生产,它们都是主动汲取大众智慧的典型。从2014年至今,抖音、快手、微视、爱奇艺啪啪奇、快秀、玩拍、乐播、斗鱼、虎牙、趣拍、西瓜视频等众多的短视频应用和直播App相继出现,不断发展的技术使得短视频呈现出爆发式成长的态势。

二、微观媒介市场环境分析

微观媒介市场环境,是指与媒介的市场运作紧密相连、直接影响媒介营销过程和效率的各种力量和因素的综合,主要包括媒介资源、内容生产者、媒介受众、媒介广告、媒介竞争者等。

(一)媒介资源

媒介资源立足于媒介组织的自身条件,不同的媒介组织拥有不同的资源和能力。有些资源和能力使媒介组织能够选择并实施创造价值的战略,形成竞争优势。媒介资源指媒介组织的产品开发和生产、媒介经营、市场营销等所有环节的物质与非物质形态的投入。媒介资源根据性质可分为有形资源和无形资源,是媒介组织进行媒介经营与管理的基础。具体实践中,媒介资源本身通常难以直接产生竞争优势,而需要媒介组织通过一定的组织能力,将所拥有的资源进行有机整合,创造和维持媒介自身的竞争优势。

媒介的有形资源体现为物质形态的资源,主要指能看见和量化的资产,包括办公场所、基础设施、机器设备等物质资源和技术资源,以及现金、债权、股权、融资渠道和手段等,这些都是媒介生存发展、参与竞争的硬件要素。

媒介的无形资源是指根植于媒介组织文化和历史,历经时间而积累的不以物质形式存在,但对于媒介组织运营情况产生重要影响的资源,包括媒介公信力、媒介人力资源、管理资源、组织文化资源等。媒介组织能力是整合并利用现有资源来实现目标的能力,比如创新能力、管理能力、市场营销能力等。媒介资源需要通过媒介组织的能力实现增值,媒介能力则需要通过资源运用才能得以体现。对于多数媒介组织而言,较多的资源具有同质性、相似性,仅有少数属于能带来竞争优势的独特资源。其中,媒介无形资源和组织能力的重要性日益突出,更加可能成为获得竞争优势的重要来源。

(二)内容生产者

媒介内容生产者指能够为媒介提供内容的媒介内部或者外部的组织或个人,可以分为媒介内部的内容生产者、外部的内容生产者。其中,外部内容生产者包括传统媒体时代的通讯社、通讯员、特约记者、撰稿人等;在社会化媒体时代,大量的普通人也成为自媒体内容生产者。传统媒介组织中,如报纸、电视、广播等媒体受制于有限的媒介资源,媒介内容受到较为精细、系统的规划,媒介组织对有的媒介内容进行提前策划,对有的时效性内容进行有条件的筛选,内容生产者对媒介内容的提供比例由媒介组织进行规划和调整。多元化的媒介内容生产者能够丰富媒介产品的类型,并有效提升媒介产品的品质,比如报纸、杂志邀请知名专家开辟专栏,有助于增加媒介产品的吸引力和提升媒介的影响力。

在新媒体时代,媒介内容生产者开始从专业人员走向普通公众,每一个通过微博和微信账号发表自己见解的人都能够成为社交自媒体内容生产者。每一个在抖音和快手发视频的博主也能够成为短视频自媒体的内容生产者,此外,豆瓣的豆友、知乎的知友、抽屉的抽友、百度百科的作者和补充者都是互联网时代打破专业媒体界限的媒介内容供应者。

值得注意的是,无论是传统媒体还是新媒体,媒介内容生产者都需要围绕明确的目标媒介市场进行内容生产,避免偏离媒介自身定位。

此外,对大多数自媒体而言,内容生产赢利并不是一件容易的事情。美通社发布的《2017中国媒体内容生产者职业发展状态与工作习惯》调查报告,对1167名专业媒体内容生产者展开调查,平均每三个媒体人中就有一个在做自媒体,半数人(52.1%)每周至少更新一次,绝大多数(85.5%)为个人模式运作,内容形式基本为图文(90.2%),以短视频、音频、直播等为主的多媒体内容账号,占比近一成。近半数媒体人(48.3%)只是为了兴趣爱好,两成(18.7%)作为内容创业,仅有不到一成(8%)的记者做自媒体的目的是增加收入。七成以上媒体人(74%)除供职媒体外的内容撰稿或自媒体的收入占据每月总收入比例在5%以下,平均每37个媒体人中只有1人的外部撰稿或自媒体的收入能够超过所供职媒体的月薪收入,成为"斜杠青年"中的收入楷模。①

(三) 媒介受众

媒介受众是媒介传播的接收者,包括报纸、杂志、书籍的读者,广播的听众、电影电视的观众,以及广大的网络使用者。从宏观上看,受众是一个巨大的集合体,从微观上看,则体现为具有丰富的社会多样性的人。也就是说,媒介受众可能是某个个体,也可能是某个群体或社会组织。受众得到信息后会根据自身的理解和判断,产生相应的反应。受众位于媒介市场产业链的终端位置,是媒介产品服务的目标,也是广告者投放广告自我宣传的对象。媒介受众需求代表了媒介市场可供满足的已有的或潜在的赢利点,构成了受众消费媒介产品的动机。社会文化、个人经验、性格特点都可能对受众的媒介选择和消费行为产生影响,所以媒介营销需要考虑不同受众群体的差异化需求,进行精确推广和营销。

作为微观媒介环境的要素,受众也在发生巨大的转变。

(1) 细分化。

媒介经济是影响力经济,为了实现有效传播,媒介目标受众从大众走向小众,甚至是精确的算法推送。

(2) 市场化。

受众作为媒介产品的消费者,需要付出时间、注意力、精力和金钱,还可能在接受信息后受其影响而改变自身的思想认识和行为,所以受众也要求所接受的信息能够与自己的付出等值。

---

① 《媒体内容生产者最新群体画像出炉》,https://news.qq.com/original/dujiabianyi/meitineirongshengchanzhe.html,2017-07-12,2019-05-28。

(3) 主动性。

由于媒介信息内容逐渐丰富,传播渠道不断增多,受众面对海量信息需要从把关者角度主动选择信息来满足需求;受众的主动性还体现为在接受信息的过程中,通过不同的解读方式实现主动性,新媒体时代的受众不仅能够根据自己的需求选择和解读信息,而且还能够主动发布信息、反馈和互动,转化为传播者。

(四) 媒介广告

广告是媒介的传统收入来源。自20世纪70年代末我国广告业恢复以来,发展迅速。我国现代广告行业的发展大致经历了起步阶段、初级发展阶段、加快发展阶段、高速持续发展阶段(见图3-5)。

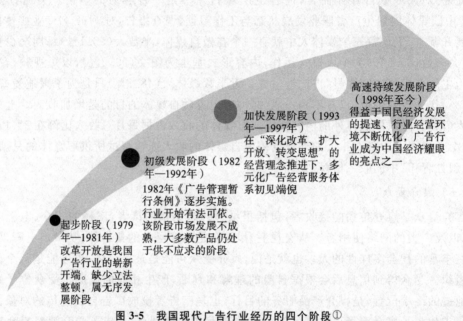

图3-5 我国现代广告行业经历的四个阶段[①]

2008年,各类媒体广告经营额均出现较快增长,其中电视、期刊、网站广告经营额增长率均超过10%。[②] 截至2009年底,全国广告经营额突破2000亿元,广告经营单位增加到20多万户,广告从业人员达到130多万人。[③] 2012年,全国广告经营额突破4000亿元,广告营业额占GDP比例为0.9%。到2017年,国家工商总局广告司数据显示,全国广告经营额为6896.41亿元,广告业从业人数438.18万人,广告经营单位112.31万个。[④] 2000—2009年广告经营额如图3-6所示,2010—2018年广告经营额如图3-7所示。

[①] 中国产业信息网:《2017年广告行业营业额增长至6896.41亿元,我国广告投放从传统媒介向网络媒介转移将是大势所趋》,http://www.chyxx.com/industry/201808/671580.html,2018-08-28,2019-6-01。

[②] 徐博、张晓松:《电视、期刊、网站广告经营额增长率均超10%》,http://news.sohu.com/20090313/n262785509.shtml,2009-03-13,2019-06-01。

[③] 刘雅婷、彭为红:《截至去年底全国广告经营额突破2000亿》,http://www.cndmm.com/article/042U6192010.html,2010-04-28,2019-06-01。

[④] 《营销》,《中国广播影视》2018年5期,12页。

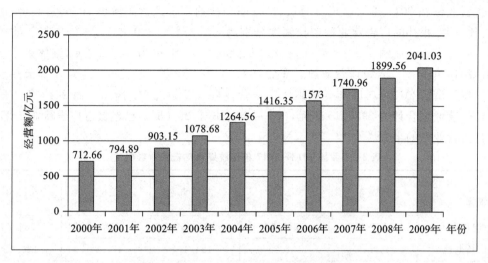

图 3-6　2000—2009 年我国广告经营额概况

（资料来源　国家统计局相关网站。）

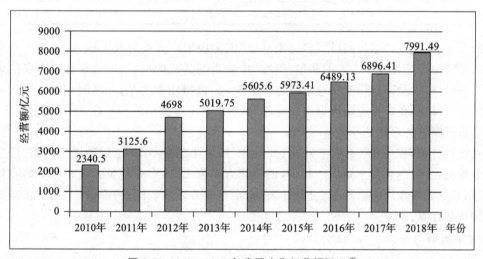

图 3-7　2010—2018 年我国广告经营额概况①

从广告媒介载体而言，在 2014 年，除电视台之外，广播电台、报社、期刊社的广告营业额都出现了下降；2015 年，四大主流传统媒体的经营额均出现较为严重的负增长，其中最为严重的是，电视广告收入从 2014 年的全年大幅增长（16.11%）转为较大幅度的下降（−10.31%），互联网广告成为拉动全行业增长的主要力量，超越电视广告，占到广告营业额的首位。② 2017 年中国传统媒体的广告经营额呈现整体的小幅下滑，四大传统媒体中，仍然以电视广告为主，2017 年电视广告营业额为 1234.39 亿元；广播电台广告额为 136.68 亿元；报社广告额为 348.63 亿元，期刊社广告额为 64.95 亿元。我国电视台、广播电台、报社三类

---

① 《2018 年中国广告业经营单位、就业人员及广告业年营业额预测分析》，http://www.chyxx.com/industry/201809/676296.html, 2018-09-13, 2019-06-01。

② 蔡彬：《2015 年中国广告业发展报告》，http://guoqing.china.com.cn/2017-03/01/content_40382187.htm, 2017-03-01, 2019-06-01。

的广告营业额在2017年均出现负增长,只有期刊社的广告经营额增长7.69%,其中,电视台、广播电台、报社的广告营业额增长幅度分别为-0.37%、-20.83%、-2.96%。我国四大传统平台广告营业额从2013年的1834.2亿元到2017年的1784.65亿元,整体处于下滑趋势。2014年传统广告媒体营业额上升至1994.63亿元,达到近五年广告营业额最高点后连续三年下滑。2013—2017年传统媒体广告营业额概况如表3-2所示。而2017年中国互联网广告营业额合计为2975.15亿元,比上一年增长了29.06%,已经接近广告行业2017年全部广告营业额的半数。①

表3-2　我国2013—2017年传统媒体广告营业额概况　　　　　　　　单位:亿元

年份 传统媒体	2013年	2014年	2015年	2016年	2017年
电视台	1101.10	1278.50	1146.69	1239.00	1234.39
广播电台	141.19	132.84	124.49	172.64	136.68
报社	504.70	501.67	501.12	359.26	348.63
期刊社	87.21	81.62	71.90	60.31	64.95
合计	1834.20	1994.63	1844.20	1831.21	1784.65

从2015年开始,"结构调整"与"转型升级"成为中国广告业的两大标签,尽管这两个标签无法帮助中国广告业在实际的转型"阵痛"中获得跨越式的增长,但依靠行业自身的突破和努力,每年广告经营额仍坚持稳步前进一小步。② 值得注意的是,互联网广告已进入一个全新的技术时代,在广告业中占据主导地位,面对广告主对投放的精准化、个性化的要求,互联网广告逐渐成为理想选择。

目前,我国广告产业还存在专业化、集约化、国际化程度不高,区域发展不平衡,经营方式粗放等问题,且拥有自主知识产权少,创新能力不强,总体服务质量和赢利水平都有待提高;广告从业人员素质参差不齐、流动性大,高端专业人才比较匮乏;虚假广告、不正当竞争等问题依然存在。③

(五) 媒介竞争者

竞争者对媒介市场的影响主要取决于其竞争行为的方式。麦尔斯和斯诺提出的竞争行为类型可以应用在媒介市场中。

(1) 防御型竞争者。

防御型竞争者即在媒介市场已占有先机和保有率的媒介组织。这类竞争者以维护自己的市场领地而不被对手侵占为战略目标,对试图进入其领地的其他媒介组织反应强烈并进行有效防御阻击。

---

① 中商产业研究院:《六张图看懂中国广告市场发展现状:2017年广告经营额增至6896亿元》,http://www.sohu.com/a/236778382_350221,2018-06-20,2019-08-02。
② 蔡彬:《2015年中国广告业发展报告》,http://guoqing.china.com.cn/2017-03/01/content_40382187.htm,2017-03-01,2019-06-01。
③ 《国家工商总局:2014年中国广告年经营总额超5600亿元》,http://www.199it.com/archives/357021.html,2015-06-17,2019-06-25。

(2) 分析型竞争者。

分析型竞争者即已占有一块市场阵地,并对其他新市场也怀有野心的媒介组织。这类竞争者比防御型更有头脑,它们不满足于固守一片领地,因为再宽广的市场总有容量边界,他们通过会不断对新市场进行开发,以获得竞争优势,充分利用资源,既在新市场中打入原产品,也向原市场推广新产品。

(3) 勘探型竞争者。

勘探型竞争者即没有根基的、尝试在新兴市场建立地盘的媒介组织,一般都是新建媒介组织。企业新建时期风险相对较高,急需外界资金投入。

(4) 反应型竞争者。

这类媒介组织没有防御战略,也没有发展自身竞争优势或新市场领域的愿景,只是在产品市场领域受到侵占时才做出反应。

分析竞争者的类型事实上是在分析竞争者的市场战略。比如防御型媒介组织在市场领地受到侵占时会竭尽全力捍卫抵抗,资源缺乏的勘探型媒介组织就最好不要和它硬拼。分析型媒介组织处于对新市场的动态评估中,如果遭遇防御型媒介组织,可能也会转向其他领域,例如反应型媒介组织。但是由于后者很难采取正确的战略措施,从而容易做出诸如打折销售、回扣交易等非持续性市场策略从而降低整个行业的市场价值[①]。

1. 如何理解媒介市场的概念和特性?
2. 如何分析媒介目标市场?
3. 如何分析媒介市场环境?

---

① 李卫民:《中国总经理实用全书》,北京工业大学出版社,2008年版。

第四章

媒介产品营销

第一节　媒介产品营销概述

一、媒介产品的概念

（一）媒介产品的定义

媒介产品首先是一种精神产品，指媒介生产者根据媒介市场境况所生产的能满足媒介消费者需求的产品和服务。媒介产品在广义层面上包括媒介所生产的一切有形产品及产生的一切可以作为商品出售的无形的影响力。狭义层面指纸媒的版面和内容、音频和视频媒体的时段和节目、互联网的网页、链接及内容。

在媒介产品营销过程中，媒介产品的核心指媒介产品提供给受众的需求和满足，而不是媒介产品的实体。购买纸媒不是为了得到经过印刷的纸张用来作为他用，而是从中得到信息，以满足受众的文化心理需求。媒介产品的形式指媒介受众在市场上购买的媒介产品物质实体，包括产品外形、包装以及特征和色彩等，这些虽不涉及产品的实质，但当产品的形式和内容协调一致时，就会给受众带来更大的满足。媒介产品的延伸指整体产品提供给消费者的附加价值部分，包括分发产品、安装和维修终端以及品质保证等售后服务项目，如有线电视台为电视观众安装接收设备，报社按时送报上门。

（二）媒介产品的性质

报纸、广播、电视及以互联网为代表的新媒体为受众提供新闻信息服务、提供娱乐服务和诸多门类的知识，受众付出时间和注意力来实现阅读、观看和收听以及浏览节目内容。所以媒介产品作为产品，首先是一种商品，具有使用价值和价值，其价值通过满足受众的需求来实现，这是媒介产品的自身要素；其次，媒介产品跟其他产品一样，要实现其价值，必须置于市场中，在市场规律的影响下进行流通，这是媒介产品的外部要素。

由此看出，媒介产品是信息内容和物质载体的统一体。作为商品，媒介产品和一般产品之间的根本区别在于其具有双重商品市场。媒介产品表面上是生产一种提供信息服务的具有物质载体属性的产品,而其本质却是在两个独立的商品和市场领域进行售卖。第一个商品和市场售卖领域是媒介产品的发行市场,这是有形的实体产品进行售卖的空间,其中有报纸、杂志、图书、广播电视节目以及电影拷贝和互联网的有偿信息,媒介产品通过作为消费者的受众购买来实现商品交换和流通。第二个商品和市场领域是广告市场,其所售卖的是媒介机构及媒介产品的社会影响力和消费者注意力,也被称为影响力经济和注意力经济,由广告主通过购买纸媒的版面、广播电视的频道、频率或者互联网网页版面等方式来实现。媒介商品的二重性不仅带来媒介市场的二重性,而且带来媒介消费者支出的二重性和媒介生产者收入的二重性以及媒介产品消费者二重性。

媒介市场中的受众购买媒介产品的支出二重性,指受众不仅需要支付一定的货币,而且需要支出时间成本。媒介生产者收入的二重性,指媒介生产者不仅通过售卖媒介产品给受众而获得收入,而且将受众的消费时间和产品的传播效能以广告的形式售卖给广告主以获取广告收入。媒介产品消费者的二重性,即媒介产品消费者不仅包括购买信息服务的受众,而且包括购买受众注意力的广告主。媒介产品的性质,以及受其影响的媒介生产者和媒介消费者的性质,在一定程度上决定了媒介产品营销活动的行为依据。

二、媒介产品营销活动的发展历程

（一）西方媒介产品营销活动发展历程

西方国家媒介市场的萌芽可以追溯到16世纪。近代报业始祖之一,威尼斯小报就是以市场为导向的一种媒介产品。现代媒介市场的形成一般认为始于19世纪30年代,以1833年美国《太阳报》的创办为开端。《太阳报》是在西方报业从政治限制到开放竞争过程中出现的,是政党报刊向商业报刊演变过程中的产物。1835年,贝内特创办《纽约先驱报》,除了像《太阳报》一样报道法庭新闻和平民新闻以外,还不断扩大报道领域,改进报道方式。后来广告商发现在《纽约先驱报》这样的大众化报纸上刊登一次广告的效果可赶上在多家报纸刊登广告的效果总和。美国开始引领媒介产品营销的世界潮流。

便士报的风潮很快传到了欧洲。在法国,1836年吉拉丹创办《新闻报》,引入美国便士报的营销手段。这些媒介产品营销先驱的共同点是,面向市场和大众,通过生动的新闻产品、低廉的报价吸引受众,扩大发行量,与此同时,向广告商出售报纸版面用于刊登广告,从中获取广告费而赢利,不断循环,形成最初的媒介市场。19世纪80年代世界上第一个报纸集团斯克里普斯报业集团在美国诞生,1920年KDKA第一家广播电台在美国诞生,1936年英国广播公司诞生,1995年国际互联网商业化过程完成并宣布开放。诸种形态的媒介产品营销日臻完善,从世界范围来看,现今美国的媒介产品营销,无论报纸、期刊、图书还是电影、广播、电视以及互联网,其产品营销理念、规则和方法在现代企业制度环境中都具有现代媒介产品营销的代表性和典型性。

（二）中国媒介产品营销活动发展历程

中国的媒介活动源于上古时期。北京周口店的山顶洞人曾在洞穴中使用过海蚶壳装饰,春秋战国时期,人们曾使用传播媒介木铎,之后的数百年,历经汉代的邮驿制度、三国时期的布告和露布、唐代官报、宋代官办邸报和民间小报,一直到明代的邸钞,清朝的阁抄、科抄和京报,出现了媒介市场化的萌芽,但是并没有像西方市场一样迅速成长起来。最早进行市场化道路探索的清代民间报房《京报》，主要靠发行收入来维持，第一次以营利为旨。

19世纪西方人在华办报成为中国近代报业的开端，1815年英国传教士米怜在马六甲创办的《察世俗每月统计传》，揭开了近代中国新闻事业发展史的第一页，随后外报大量出现。《申报》的创办与飞速发展标志着中国的中文商业报刊发展到了一个成熟阶段，从1872年美查创办到华人席子佩接办，以及后来史量才主持，《申报》一直是典型的商业报纸，其亦成为中国商业性报纸的一个成功典范。一直到20世纪70年代，处于中国政治动荡中的媒介聚焦于政治，媒介经济发展缓慢，媒介产品营销活动萧条。

1978年，财政部批准了人民日报社等8家新闻单位试行企业化管理的报告。1987年，国家科委首次将"新闻事业"和"广播电视事业"纳入"中国信息商品化产业"序列。1992年邓小平南方谈话之后，尤其是中共十三大确定社会主义市场经济体制以后，媒介产业化趋势日益明显。

媒介产品营销和媒介产业化的进程密切相关，从1979年至1982中国报业的第一次办报热潮和广播业电视业的建台热潮开始，之后20世纪80年代后期发生在广播业的系列台热和1991年至1993年发生在报业的扩版热，每一个热潮都是对媒介产品营销发展的推进，报纸从邮发合一到自办发行的变化促进了报业的发展，21世纪广播电视行业制播分离的试水推行一定程度上促进了媒介产品营销的成熟。大众传播媒介的集团化不断加强，标志着媒介产业化上了新的台阶。同时外来资本进入中国媒介市场，更加推动和促进了中国媒介产业化的发展。

三、媒介产品营销研究理论——4C理论

早期媒介产品营销研究的理论依据是杰瑞·麦卡锡教授在其出版于20世纪60年代的《营销学》(Marketing)中提出的4P理论。早在他取得美国西北大学的博士学位时，其导师理查德·克鲁维已使用以"产品(Product)、定价(Price)、分销(Distribution)、促销(Promotion)"为核心的理论框架，而杰瑞把"分销"改成"地点"(Place)，使这个理论成为所谓的4P理论。目前学界关于媒介产品营销一般按照4P理论(产品Product，价格Price，地点Place，促销Promotion)的框架来进行研究，一般模式为媒介产品研究、媒介定价研究、媒介分销渠道研究和媒介产品促销研究。

随着后工业时代的兴起和以消费者为中心的理念成为主流，由美国营销专家劳特朋教授在1990年提出的4C理论逐渐成为营销研究中的重要理论依据，其以消费者需求为导向，重新设定了市场营销组合的四个基本要素：消费者(Consumer)、成本(Cost)、便利(Convenience)和沟通(Communication)。其强调企业首先应该把追求顾客满意放在第一位，其次是努力降低顾客的购买成本，然后要充分注意到顾客购买过程中的便利性，而不是从媒介自身的角度来决定销售渠道策略，最后还应以消费者为中心实施有效的营销沟通。4P理论适合于传统工业时代，4C理论则更适合后工业时代的产品营销。

"影响力经济"和"媒介两次售卖"两个原理贯穿媒介产品营销。从整个媒介生产运作的过程看，影响力是其核心。影响力是消费者中大部分广告主购买的最终产品，也是一部分受众购买的产品。媒介产品的具体形态有两种：一是媒介的物质实体本身；二是媒介物质产品的附加值，即受众的注意力和媒介本身的影响力。简言之，第一次售卖的是产品，第二次售卖的是注意力和影响力。

第二节 媒介产品营销的价值策略

4C理论第一个要素Consumer的核心是Consumer Wants and Needs,即消费者的需求和欲求。媒介产品消费者的欲求源于其需要,指对于有能力购买并愿意购买某媒介产品的欲望。作为媒介产品营销者,既需知道现今的媒介市场欲求,也需了解未来和潜在的需求,并通过有效的价值策略、成本策略、沟通策略来促使潜在的欲求转变为现实欲求。此外,媒介产品信息的不对称性以及消费者可支配收入的有限性,使媒介产品营销的重要性日益显著,因此受到传媒经营者的重视。

Consumer,即消费者,这里的消费者是广义的消费者。其包括广告主和狭义的消费者即受众。媒介产品营销的第一步是自问能为客户带来什么价值,如何满足客户的需求以建立完善的产品满意系统,价值策略的本质是以消费者为本。媒介产品是商品,而非艺术作品和工具,因此,如果仅按照媒介生产者的意愿去构筑理想的商品,并尽力引导某种观念和消费习惯让消费者适应市场,结果往往事倍功半。如果媒介生产者是星,消费者则是被众星所拱的月。

一、满足广告主的需求

(一) 塑造媒介品牌,使广告主的品牌和影响力受益

传统衡量媒介产品价值的方法是用发行量、收视率、到达率及收视点成本等数据来说明,但如果单纯使用量化数据指标来确定媒体的价值,则可能陷入唯数据论误区,忽视了媒体品牌影响力这一媒介竞争力的深层核心。

在中国,媒体的影响力与信息传播源的权威性具有天然联系,所以中国消费者一般更易相信媒体信息,更易受有知名度的权威媒体影响,改变自身的选择和取向。一方面在于权威媒体与政治的天然结合,权威媒体传播的信息具有巨大的说服性;另一方面,在中国历史语境中成长的消费者对权威媒体有天然的依赖性。知名度高的媒体传播影响构筑了中国品牌快速成长的重要平台,能够提供购买商品的充分理由,品牌文化也要通过广告来实现,广告具有强烈说服力,对大众进行信息传播和提醒作用,因此通过知名的权威媒体的传播,广告能够对消费者产生强大的冲击力。

媒体的影响力不仅包含发行量和收视率等量化指标,更重要的是媒体的品质、权威性及关注度。同样的广告作品,在不同的广告场合、不同的媒体平台上播放,取得的广告效果也不尽相同。媒介节目内容精彩,会增加广告的吸引力,这是一种系统循环。不同的媒体具有不同的媒体形象,媒体形象(Media Brand Image)包括节目形象、频道形象和整体形象。媒体形象对广告效果有很大的影响,如果媒体形象与广告品牌形象类似,则媒体对于该品牌具有较高的价值,会产生更好的广告效果。另外,处于权威地位的媒体,广告环境更好,对其受众有较大的影响力,会使媒体上出现的广告具有较好的说服效果,即对于满足广告主的需

求,权威的品牌能够起到背书效应。①

中央电视台成为众多广告主投资广告时选择的重要对象,就是因为其具有电视媒体的权威地位,属于强势媒体。而选择强势媒体投放广告,会使品牌依附于强势媒体,获取品牌背书,对品牌权威性和美誉度的培育往往是其他媒体无法取代的。借助强势媒体之力,形成品牌放大效应,从而提升自己的品牌形象。因此央视往往成为一般有经济承担能力的广告主的理想选择。从这一层面上来说,央视作为强势媒体的核心竞争力是影响力,这是其他梯队媒体品牌无法模仿和超越的地方。权威媒体即为品牌建设的高地,正所谓"一流的媒体卖影响力,二流的媒体卖收视率,三流的媒体卖价格"。"在中央电视台投放广告,其实广告主兼顾了理性与感性的考虑,广告与品牌打造的运作是理性的,我们希望它产生的效应却是感性的。你的品牌,如果消费者是通过央视看到。那这种'错觉效应'就多,它就像在消费者心中刮过一阵'飓风',产生强大的心理冲击力和心理暗示。这也就是我们常说的'光环效应'。媒体越强势,这种光环与错觉效应越明显。很多地方媒体也有很好的节目和主持人,但较难产生像央视节目或主持人那样的影响力,最关键就在于主持人背后媒介品牌的影响力差异。

传统媒体时代纸媒《南方周末》的形象和影响力受到众多广告主的青睐。以下将以《南方周末》为案例分析媒介形象和品牌如何满足作为媒介消费者之一的广告主的需求。对于广告主而言,影响媒介的形象的因素包括其潜在受众群、分布情况、受众生活地域和背景。

第一,《南方周末》的受众群一般为城市中受过良好教育、关心社会、积极生活的主流市民阶层。文化知识背景而言,《南方周末》的受众群中高中水平以上文化教育程度的达90%,专科以上文化教育程度近60%,本科以上教育程度达30%以上,受众受教育程度比较高。尤其是当我们从中国文化教育发展的现状及实际水平考察以上数据时,《南方周末》的读者群与其"主流市民阶层"的定位是一致的。所谓"主流市民阶层",主要是从社会意识构成主导倾向的可能性上对读者群体的界定。这类受教育程度较高的群体,在社会生活中占据着主导地位,其中包括消费理性的追求,这一群体是高端消费品和稳定资产消费品的广告主所追逐的对象。

第二,《南方周末》的受众职业分布,以机关、事业单位行政职员,教师,企业管理人员,工人,个体劳动者及学生为主。他们占《南方周末》读者群97%以上,这表明《南方周末》是为社会主流群体广泛接受的报纸媒体。读者这种认同的媒介指向,正是《南方周末》的威信与力量所在,这种影响力,为广告传播活动提供了坚实的基础。《南方周末》的广告传播活动将为其读者群广泛接触,为潜在的消费提供了广阔的可能空间。加之,受众群作为社会"主流市民阶层"的支配性影响,具有一定的消费示范作用,可能带动更为庞大的消费群体加入消费行列。

第三,《南方周末》受众生活地域主要在大中城市,占读者总量近80%。与农村居民相比,城市居民是活跃的消费群体,现今相当数量的消费品甚至是为城市消费者设计而存在,如中高档信息技术产品、服饰和化妆品。《南方周末》受众群生活区域的特性,就为刊登发布在其上的广告传播提供了极大的可接受性。

第四,《南方周末》印点发行分布可见读者的区域分布差异。在广州、北京和上海三地,

---

① 品牌为了增强其在市场上的承诺强度,通常还会借用第三方的信誉,然后第三方以一种明示或者暗示的方式来对原先品牌的消费承诺做出再一次的确认和肯定。这种品牌营销策略,我们称其为"品牌背书"(brand endorsement)。唐文龙:《谁为品牌"背书"?》,《中华商标》2007年8期,27-28页。

印数超过 90 万份,覆盖了中国主要经济文化较发达地区。此外,西安、成都和武汉三城市是中西部地区经济文化最具代表和影响力的省会城市,其印数也近 30 万份。这些数字都说明《南方周末》的读者群体为广告主产品的营销提供了最直接的可能性,是一群口袋较为殷实、富有魅力的"上帝"。①

从《南方周末》办报取向上来看,无论是面对灾难,还是面对威胁,《南方周末》力求直面现实,勇敢地把真相告诉公众,体现出深刻的人性批判和深切的人文关怀。"不仅进入平民百姓家,还要能进入上层领导人和高级知识分子的厅堂"。这种定位又与办报取向密切相关。《南方周末》"有全国影响的综合性大型周报"之全国性眼光是逐渐形成的。其办报特征也是在办报实践中不断发展的。1984 年 2 月 11 日创刊号面世。"激浊扬清,注重文采"(1991 年),"大雅大俗,雅俗共赏"(1992 年)。"反映社会,服务改革;激浊扬清,贴近生活"(1993 年)。"关注民生,彰显爱心,维护正义,坚守良知",寻求"正义、爱心、良知"。"舆论监督,群众喉舌,政府镜鉴,改革尖兵"(1999 年)。根据报纸性质、发行区域及读者群,1997 年 3 月《南方周末》编委会发表《让三个轮子和谐地转动起来》一文,特别指出"《南方周末》最大优势是发行覆盖面广,自费订报率高,绝大部分报纸进入家庭,所以选择打全国市场的消费品做广告,广告效果就一定好。"统计显示,《南方周末》自费订阅率达 93.8%,城市订阅数占 95%,进入 130 多万个城市主流家庭,是对中国市民消费有重大影响的媒体。② 这是媒介品牌和影响力建设的丰硕成绩,对于广告主而言具有相当大的吸引力。

新媒体时代,中国网络广告市场仍旧是互联网产业重要的商业模式,并且市场随着互联网企业形态和格局的变化而变化。互联网产业经历人口红利期、移动风口期,近年来进入精细化运营期,网络广告市场也在各阶段不断打破原有天花板限制、拓展形式和边界。2017 年中国网络广告市场规模达到 3750.1 亿元。对于广告主吸引力较大的有腾讯、今日头条等,2017 年国内市场信息流广告规模近 688.8 亿人民币,其中,腾讯和今日头条广告营收规模在百亿级市场,占据第一梯队。③ 广告主的选择用媒介品牌影响力紧密相关,微信在 2018 年春节期间全球月活跃用户超 10 亿,④截至 2018 年 4 月,今日头条 App 累计激活用户数已经超过 7 亿人,月活跃用户数高达 2.63 亿人,按用户量,在国内综合资讯平台中排名第一,用户月均使用时间超过 20 个小时,用户活跃度仅次于微信。⑤

(二)细分媒介销售市场,为广告主找到精准的广告诉求

所谓媒介的市场细分,就是按照特定细分变数,把整个媒介市场细分为若干需求不同的分市场,其中任何一个分市场都是一个有相似需求的受众群体,都可以被选为目标市场。在受众和广告主束缚及媒介竞争的双重压力下,媒体应从最大限度地满足受众的需求出发,结合媒介自身资源占有的特点,实现报纸、杂志、电视、网站的分众化。媒体市场细分是媒介市

---

① 李小勤、王天权、李苗:《从读者分析角度看〈南方周末〉的广告吸纳策略》,《现代广告》2001 年 1 期,62-63 页。
② 李小勤、王天权、李苗:《从读者分析角度看〈南方周末〉的广告吸纳策略》,《现代广告》2001 年 1 期,62-63 页。
③ 《2018 年信息流广告市场分析报告》,https://www.sohu.com/a/259034676_100292938,2018-10-12,2019-09-015。
④ 《马化腾:春节期间微信全球月活跃用户数超 10 亿》,http://kuaibao.qq.com/s/20180305A1BJZ100?refer=cp_1026,2018-03-05,2019-09-25。
⑤ 《今日头条深度分析报告》,https://new.qq.com/omn/20180423/20180423G0UJ0B.html,2018-04-23,2019-09-25。

场发展战略适用的前提,媒介要实施市场发展战略,首先必须对市场进行细分,选择其中一个或多个细分市场作为其目标市场,有针对性地制定市场发展战略。

媒介市场需求不是一成不变的,一方面,通过媒介市场细分,媒介在较小的目的性明确的细分市场上开展经营活动,增强媒介市场的针对性,市场信息反馈快,更容易掌握受众的特点与变化,有利于提高媒体的应变能力;另一方面,建立在市场细分基础上的媒介战略避免了在整体市场上分散使用力量,使媒介的人力、物力、财力、信息资源用在关键之处,有利于提高媒介的竞争能力。

1. 以位置为王的户外媒体

户外媒体是指在主要建筑物的墙壁和商业区内的户外场地设置发布广告的信息的媒介。这些户外场所主要包括特殊区域的走廊、楼道、墙壁、楼顶等空间位置的电子屏幕、路牌、霓虹灯和灯箱等形式。现今的户外媒体以户外电子屏媒体为主,其面积可随意调整,不仅能播放音视频广告节目,其四面还可装固定灯箱广告位。

2003年,分众传媒首创中国户外视频广告联播网络,以精准的受众定位和传播效果博得消费者和广告客户的肯定。2006年1月,分众传媒合并中国楼宇视频媒体第二大运营商聚众传媒(Target Media),覆盖全国100多个城市,以约98%的市场占有率进一步巩固了在这一领域的领导地位。分众传媒(Focus Media)深受投资者的青睐,它以迅猛的速度在全国各地投放液晶电视媒体网络,推动广告收入暴增,公司股价也随之稳定上扬。在商业楼宇等地点投放液晶电视广告的公司正在满足市场的实际需求,目标受众倾向于利润丰厚的高端客户群体。时至2018年,分众传媒号称覆盖逾300个城市的2亿城市中产人群,未来的中期目标是覆盖500个城市的500万个终端,日覆盖5亿城市新中产,触达中国城市绝大部分的主流消费力。①

人们在中国大城市拥挤的办公大楼内等待电梯的平均时间是2分钟,而在美国只有25秒,也就是说中国人有更充裕的时间观看电梯外投放的电视广告。分众传媒的广告主要是面向月平均收入在400美元以上的中国消费群体。公司大多数的楼宇大堂广告都是银行、手机和汽车等价格较高的消费品,其中原因是"广告商更青睐为他们确定的受众分布区域。比起可乐或者饼干生产商,他们更愿意为这样的广告支付高价"②。作为结果,分众传媒在中国的平面液晶广告领域几乎占领统治地位。分众传媒所经营的媒体网已经覆盖100余个城市数以十万计的终端场所,日覆盖超过2亿的都市主流消费人群,业已成为中国都市主流的传媒平台之一,效果被众多广告主所认同肯定。③

曾经风云一时的触动传媒也是一家以位置为王成功寻求商机的媒体平台,其形式是安装在出租车副驾驶头枕后侧的一个触摸式彩色液晶屏。它通过提供信息、资讯并以独一无二的互动体验在广告主和消费者之间建立亲密对话。同时,还能配合SMS技术来收集包括电子邮件地址、电话号码等更多更深入的信息。此外,2013年开始做电梯电视的新潮传媒是一家"传统媒体+互联网"的科技媒体创新企业,作为专注家庭消费的社区媒体平台,截至

---

① 电商报:《马云出手"抄底"A股,150亿拿下分众传媒》,https://baijiahao.baidu.com/s?id=1606429532031196553&wfr=spider&for=pc,2018-07-19,2019-09-28。
② 《办公楼里的广告:分众传媒的商业模式分析》,http://www.knowledgeatwharton.com.cn//index.cfm?fa=viewArticle&Articleid=1605,2007-04-22,2019-09-28。
③ 《分众传媒》,http://zazhi.admen.cn/html/news/2012/1029/6892.html,2012-10-29,2019-09-28。

2019年2月,已覆盖全国100个城市70万部电梯,每天覆盖2亿家庭人群。

2. 从垂直到开放的平台:向行业赋能

贝壳找房一开始采取自营模式在传统行业深耕,后转型成为开放性行业平台。从2018年4月到2020年4月,贝壳找房在成立后的两年中进驻全国110个城市,入驻合作新经纪品牌超过250个,链接经纪门店超过4万家,服务超过37万经纪人。从贝壳找房的App界面,可以看出其能够作为集租房、新房、二手房、查房价找房等功能于一体的专业工具,不再局限于自行完成所有租售房业务,而是面向全行业提供一整套工具和解决方案,让他们提高作业效率和顾客满意度。

贝壳交易平台提供的工具套装,实现了从交易可视化、银行信息管理到业务数据看板和银行直连在内的全面功能。平台将房产交易从签约、贷款到过户在内的整个流程全部覆盖在内。经纪人入驻平台后,其提供给消费者的交易服务变得更精准、更专业,也更容易得到好评。对消费者来说,贝壳找房的交易过程一目了然、方便快捷,更能帮助他们迅速了解房源和价格信息。而吸引行业内的品牌经纪企业入驻的根本原因,则在于贝壳从营销、金融、经营、数据和供应链等方面为他们提供了全维度的、持续性的全面赋能。贝壳找房的快速增长揭示了一个趋势:垂直行业中发展出龙头企业后,能够向平台化方向进化,从而将龙头企业自身的核心技术能力以及优势向行业开放,实现全面赋能,最终凝聚起多方力量,带动整个产业的快速升级。

3. 榜单经济

榜单和排名是满足作为消费者的广告主的重要手段,同时也会为媒介本身带来丰厚的利润,排行榜催生"榜单经济"的风行。《新周刊》是商家及投资人眼中不可忽略的"智囊"和"思想库",每年发布的"四大榜"——"中国年度新锐榜""生活方式创意榜""中国电视节目榜""中国城市魅力榜",成为时代生活、经济、文化、城市发展的风向标。权威性、媒体推广和商业化运作是排行榜模式的共同元素。每个排行榜都强调自己的权威性,权威性能否实现商业价值则取决于推广和商业化运作的程度。

而商业化运作排行榜最典型的案例,莫过于胡润的《财富》世界500强排行榜和《福布斯》杂志。1999年,中国内地已经出现"先富起来"的群体,但还没有一张富豪排行榜。29岁的英国青年胡润发现这一契机,他编辑出中国内地第一份企业家排行榜,并投稿给以编制全球富豪榜闻名的杂志《福布斯》。排行榜被刊登后,胡润和《福布斯》在中国立刻备受推崇。制作装帧精美的《胡润百富》杂志和新闻发布会,充满着"顶级""奢华"的味道,其推广人群和受众群体显而易见。

榜单经济不仅有利于广告主上榜提升形象,而且也是非常好的广告冠名机会。对于媒介来说,从上榜费到广告冠名费收入颇丰。利用排行榜的品牌来销售广告是榜单经济中较为高端的方法。胡润做排行榜时,杂志广告全部被昂贵的旅游目的地、豪华汽车、高档手表、艺术品收藏、豪宅、游艇、高端葡萄酒和白酒等占用,这些品牌不一定都上榜,却能够为排行榜贡献巨额的广告费。胡润还把新闻发布会充分利用起来,有偿提供冠名权,如胡润某年把百富榜的发布地选在深圳一家顶级高尔夫球场,并让这家高尔夫球场冠名当年的胡润百富榜新闻发布会;而在随后发布的零售榜和IT榜上,冠名权分别给了顶级豪华汽车品牌宾利和奥迪。这些都能够在为胡润带来年均千万元冠名费的同时,也为广告主提供了独特的宣传空间。

4. 算法推送

以今日头条为例，作为一款基于数据挖掘的推荐引擎产品，为用户推荐有价值的、个性化的信息，提供连接人与信息的新型服务，超级用户黏性和天生的资讯阅读场景给用户带来了高沉浸感，这让今日头条成为品牌与消费者接触的极佳选择。今日头条的优势在于大数据和优秀算法结合之下可以为每个用户建立精准的"DNA 库"，而基于此可以实现广告的精准投放，用户之前浏览过某信息或者商品后，今日头条就会推送相关周边的商品信息。以技术为壁垒，以海量数据为依托，通过机器学习感知、理解、判断用户的行为特征，例如用户在新闻客户端的滑动、搜索、查询、点击、收藏、评论、分享等动作，综合用户具体的环境特征与社交属性，判断用户的兴趣爱好，为用户推荐个性化的新闻资讯，塑造千人千面的阅读场景。通过算法，可以实现内容特征与用户的兴趣特性相匹配。就其产品本身而言，其个性化主要体现在以下方面。

一是个性化频道定制。用户可以订阅自己感兴趣的频道（社会、娱乐、政治、热点等 48 个频道），同时提供位置信息享受本地化新闻服务，而且今日头条也和微信一样开辟了自媒体平台，用户可以关注自己感兴趣的自媒体账号。

二是个性化用户分析。今日头条若在新闻标题最左方标注一个蓝色的"荐"字，则表示是根据用户的兴趣专门推荐的内容，用户浏览、收藏、转发、评论每一条新闻的行为都会被记录，用户的阅读习惯、阅读时间、阅读位置也会被分析，两者结合形成"用户模型"。通过绑定社交媒体账号和大数据挖掘，后续还会根据用户使用产品的信息反馈（用户在今日头条上的"顶""踩""转发""收藏"等行为），不断进行算法的演进，用户分析越精准，推荐内容越精确。

三是个性化推荐依据。个性化推荐不靠人，靠技术推荐时会兼顾用户、环境和文章本身特征，这成为今日头条目前很好的一个技术壁垒。

用户特征：兴趣、职业、年龄、短期的点击行为。

环境的特征：将推荐置于情景化模式，比如早上会推科技新闻，周末晚上会推搞笑视频。

文章自身的特征：主题词、标签、热度、媒体转载情况、文章时效性和相似文章推荐。

所以今日头条用户的最大使用动机仍是大数据下的精准个性化推荐，精准推荐是吸引用户打开的核心来源。[1]

二、满足受众的需求

（一）持续的风格，赢得特定受众群体的青睐

摇摆的定位对于媒介的形象确立将产生负面影响，因为受众的思维可能会因此紊乱。以湖南卫视为例，其坚定不移地定位于年轻、娱乐一族，持续影响受众。湖南卫视为中国电视运营竖立了一根标杆。中国的电视媒体，无论是全国性的电视台还是地市级的频道都面临着合理定位的问题。只有找准自身的风格，坚定不移地围绕着定位不断地丰富频道内涵，形成自己的品位和内涵，才能长久发展。湖南卫视的年轻、快乐、娱乐的定位让频道充满活力，通过打造品牌栏目，举办有影响力的选秀活动，播出一批符合自身定位的独播剧、自制剧，逐渐在观众的心目中形成了清楚、明晰、稳固的年轻时尚的频道形象，成功占据了观众的心智，进而俘获了众多意在年轻消费群体的广告主的心。

---

[1] 薛竞、马军杰等：《今日头条对运营商数字化运营的启示》，《中国电信业》2018 年 9 期，76-80 页。

媒体碎片化时代的到来，使得媒介的形式趋于多样化，特别是网络媒体对电视媒体的冲击越来越大，很多年轻人越来越远离电视，然而湖南卫视的年轻观众收视率却不降反升，2009年上半年，湖南卫视35岁以下观众的收视率已经跃过包括央视所有频道在内的电视媒体，位居全国第一。收视率的优异表现不仅反映出年轻人群对于湖南卫视的忠诚度，也映射了湖南卫视为满足受众需求而做了诸多有效努力。

拓展资料

中国电视的竞争已经从收视率的竞争发展到品牌的竞争、影响力的竞争。在内容为王的媒体时代，优质的内容一直推动着媒体的发展。打造高品质的内容是电视媒体生存发展的法则，高品质节目内容在带动收视率和频道美誉度提升的同时，也带来了巨大的广告传播价值。对于省级卫视来说，特色栏目、电视剧、主题活动是湖南卫视发展的"三驾马车"。在自主创办栏目的建设上，湖南卫视适时调整栏目类型，结合市场和观众的需求，从开播至今制作播出了《快乐大本营》《天天向上》《智勇大冲关》《我是歌手》等深受国内观众欢迎的节目。在电视剧方面，湖南卫视的晚间档电视剧场"金鹰独播剧场"播出剧集囊括都市偶像、古装传奇、革命战争等多种题材。比如2003年首播《大长今》，2011年首播《回家的诱惑》等，其中2016年《亲爱的翻译官》全程均为双网同时段收视第一，全国网最高收视破3%，最终以双网平均收视破2%收官。在大型活动方面，青春偶像性质的选秀活动可谓声名远播，吸引了湖南卫视众多粉丝关注，甚至是亲身参与，更加提高了电视台的知名度，还有《花儿与少年》等一系列真人秀节目产生了广泛的吸引力，使受众对湖南卫视的黏合度更高。正是因为在年轻化的特色栏目、电视剧、大型活动方面的卓越表现和湖南卫视在青年中的强大品牌影响力，很多广告主更将湖南卫视视为理想的营销平台。

（二）线上线下的整合营销，使受众有归属感和社区感

新媒体冲击之下，许多传统媒体意识到媒体不只是一份出版物或者一个电视频道，它还是一个平台，通过这个平台可以搭建一个线上线下的整合营销平台。因此，会务、会员活动成为诸多传统媒体营销的一个新的方向。

1. 会务活动

会务是现今诸多媒体和消费群沟通的新方式。每年一度的《财经》年会，是中国金融和经济界最具权威性和前瞻性的盛会，自2004年创办以来，其吸引大批政经高级官员、国际组织要员、企业领袖以及中外知名经济学家积极参与。《财经》年会通常精心选择议题和演讲嘉宾，以主旨演讲、专题讨论和现场问答的形式，分析时事热点，解读国策趋势，探讨产业前景，在建立高质量思想交流平台和在国内外经济界引起广泛关注、强烈反响的同时，也加强了和消费者群之间的沟通和联系。

2. 会员制度

会员制度也是媒介和消费者沟通的方式之一。21世纪报系的21世纪俱乐部就曾做过这样的尝试：依托21世纪报系覆盖全球强大财经新闻采编

网络,整合报系旗下《21世纪经济报道》《21世纪商业评论》《理财周报》《商务旅行》,以及21世纪网、中央人民广播电台《经济之声》等品牌媒体内容,在第一时间为俱乐部会员提供全方位、专业财经资讯服务,同时整合高端社会资源,组织读者沙龙和"行业百人会""神秘人计划""财富精英调研""美丽人生计划"等多种会员交流与俱乐部品牌活动。事实上,在沟通和亲密接触的瞬间,媒介也能够一箭双雕地获取一定程度的经济效益和社会效益。

第三节 媒介产品营销中的消费者消费成本

4C 中的 Cost 以媒介产品营销中的消费者消费成本为核心内容,包括时间成本、精力成本和购买成本。

一、时间成本

接受同样的信息量或者获取一定的使用效果,就不同的媒介产品比较而言,如果消费者使用一个媒介产品能够获取自己所关注领域的全方位信息或者能够产生自己所期待的全部效果,从而不需要因为信息的不足或者效果的不充分而另寻其他媒体来补充,将时间花在使用媒介产品上而非寻找过程中,就相对节约了时间成本。

一般而言,不同的媒体对消费者时间成本的控制程度也有所不同。比如都市报和门户网站对于消费者中受众的时间成本相对于一般媒介形态更加关注。

(一)纸媒

报纸和杂志等纸媒一般会在具体的栏目和制作内容中体现对于受众时间成本的关注。报纸中的摘要、明显的概括式标题以及点评都有助于节省受众的阅读和理解时间。一些杂志在目录页有内容提要及编者按,能够有助于受众更快获取信息。

(二)广播和电视

广播和电视对于受众时间成本关注一般体现在具体的节目形态中。在资讯类节目中可能将多种信息分类荟萃,一度流行的电视读报节目也是对于受众时间成本的节省,读报的主持人将诸多新闻资讯做简要报道,并对其意义进行解读,这有助于观众更快、更深入地了解。

(三)互联网

互联网是继广播、电视之后对时间再次突破的新媒体。互联网的使用挑战了传统媒介的时间限制,传统广播电视不可以回放和自我选择重播,在挑选信息时也有所限制,如果选择一个节目就代表有可能错过另一个不再重播的节目。但是互联网的网页能够像一本书一样来回翻阅,突破时间即时的局限,能够让受众灵活、机动地安排使用媒介的时间,对于降低受众的时间成本是很大的完善和改进。

(四)手机

手机媒体本身最大优势就是能够降低受众的时间成本,随时随地都可以使用手机通信、手机上网、手机电视,随时能够阅读信息丰富的信息推送,其所带来的是时间上的充分便捷,手机阅读能够省去报摊买报和取报的时间,手机视频、手机听书等无需择时择地,省去了和传统媒介载体接触过程中所需要的时间。

二、精力成本

媒介消费者的精力成本体现在对媒介产品的使用中的语言理解以及是否得到乐趣或者足够的信息。

一份都市报,或者一份杂志可以将硬新闻、时政报道和经济报道在一定程度上进行软化处理,将其写得言简意赅和通俗易懂,让受众能够轻松地读下去。在语言上,可以采用老百姓自己的语言讲述老百姓自己的故事这一方式,使内容更加人性化和具有亲和力。对一些会议性的硬新闻,都市报或者门户网站应该尽量做一些萃取和意义抽离,从中遴选出比较关键的信息加以报道。电视可以利用自身的优势进行一些电视深度解读,以专业的阐释帮助受众全面和深刻地理解节目内容,来节约受众的精力成本。

三、购买成本

购买成本指向消费者为媒介产品所支出的货币。

(一) 纸媒、广播和电视

就纸媒而言,尤其是报纸,买一份报纸需一元左右,而全年订阅仍然需要百元之多,对于普通民众,可能并非无足轻重。零售报纸的降价空间很小,为了招揽消费者,一些报刊对订阅较为长期的订户采取打折优惠的措施。而一些杂志期刊的折扣优惠更是常见,比如中国第一家杂志折扣订阅网杂志铺,它的合作杂志都有不同程度的折扣。还有纸媒对消费者赠送消费优惠券、相册和挂历等礼品。除此之外,还推出订阅有奖活动,比如有的报纸可以集报花,最后寄回报社能够得到以后订阅的优惠或者其他奖品。现在的免费报纸尤其是都市报越来越多地出现,上海地铁的《I时代报》《新民晚报》在一定程度上对用户免费赠阅。

而广播电视节目产品对于普通受众而言一直是免费的,除了互动电视。所以尤其在中国,免费节目远多于收费节目,一般除了购买硬件终端设备,普通民众不需要支付更多。

(二) 互联网

克里斯·安德森在《经济学家》杂志专刊《2008年的世界》中发表文章认为,2008年将是免费年,网络上的免费经济模式已经成为趋势,进而影响了传统的商业模式,在重新定义了商业边界之后,免费将是更新更大的经济来源。他的这一观察,与他在"长尾理论"中的思路一脉相承。他在"长尾理论"中谈到如何理解免费的力量,并列举最广为人知的互联网商业模式——免费增值模式,首先用免费服务吸引大批用户,然后说服其中的某些人升级为付费的"高级"用户,换来更高的质量和更好的性能。比如,Skype免费提供基本的互联网通话服务,而互联网之外的网络通话则是需要付费的,一个典型的网站通常遵循1%法则——1%的用户支撑起其他99%的人可以免费享受基本服务。免费的秘诀并非只此一途。Google产品尽管全部向消费者免费开放,它却可以从广告商那里赚到数十亿美金。其他的如雅虎按页面浏览量付费的横幅广告、Amazon按交易付费的"会员广告",但这一切仅仅只是开始。接着是下一波广告模式:付费的内置搜索结果以及对某些特定人群的第三方付费。所有这些策略都建立在这个原理上:通过免费赠品可形成偏好显著的受众,为影响他们,广告客户愿意付费。① 为了跟微软的版权收费策略叫板,谷歌先后把图书馆资料、邮箱、地图、照片管理、办公软件等都免费了,结果成了全世界最大的互联网公司。

另外,微支付是建立在免费基础上的被证明切实可行的一种收费方式。微支付是指在互联网上,进行的一些小额的资金支付。如网站为用户提供搜索服务、下载一段音乐、下载一个视频片段、下载试用版软件等,所涉及的支付费用很小,往往只要几分钱、几元钱或几十元钱。微支付(Micro Payments)就是为解决这些"小金额的支付"而提出的。这种支付机制有着特殊的系统要求,在满足一定安全性的前提下,要求有尽量少的信息传输,较低的管理和存储需求,即速度和效率要求比较高。这种支付形式被称为微支付。

腾讯公司的Q币是微支付的一种典型形式,作为一种虚拟货币,它能够用来支付QQ会员服务等。通常它的兑价是人民币1元兑换1Q币。Q币的作用是提供号码服务,即增加QQ号码的密码保护、设手机锁、获得会员靓号、好友分组上传和下载、会员密友等一系列功能。除此以外,在QQ秀中使用Q币可以购买服饰、场景、化妆效果等虚拟商品。在QQ游戏中Q币可以兑换游戏币,还可以购买游戏中的道具以及交友中的虚拟礼品。每一个服务功能,都只需少量QQ币。

随着移动互联网的兴起,传统微支付状态的较小信息量传输、较低管理和存储需求、即时速度和效率等特质发生了变化。移动互联微支付拥有更加成熟的支付环境和用户习惯,而微支付的需求已经涉及多个层面,即CP快速接入,用户快速使用,过程安全快捷。当下移动互联微支付支持银行卡、话费充值、点卡充值、支付宝、财付通、微信充值等多种模式,将现有支付习惯渠道集中到统一平台内,为用户提供全面的选择空间,省去手机应用独自联系支付渠道的时间,是在提升产品上线效率同时,为用户提供省去诸多中间环节的支付环境。微支付伴随移动互联网的发展,不仅仅代表小额资金,还是轻便、快捷、安全支付的代名词。微支付越来越呈现多样化的趋势,打赏、红包、付费订阅等都是较为常见的形式。

第四节　媒介产品营销中的便利性策略

媒介产品营销中的便利性一般主要涉及媒介发行渠道的拓宽。对于不同载体的媒介而言,拓宽渠道的路径有所不同。

一、纸媒的便利性策略

相对于纸媒来说,便利性策略主要针对渠道而言。

第一,传统邮政报亭渠道。对于大众报纸和杂志而言,传统的邮政报亭依然是比较重要的渠道,但是对于财经类高端刊物或者一些时尚杂志而言,邮政报刊亭渠道只是其全部发行渠道的一部分。随着经济发展和多种渠道形式的出现,许多报刊亭出于现实经营的需要同时经营副业,除售卖报刊之外,其他收入来源还包括报刊的展示费以及报亭海报收入。

---

① 曾娜:《欢迎来到免费时代》,《商务周刊》2008年7期,50-51页。

第二，商超渠道。目前平面媒体中商超渠道的发展相对较快。《时尚讯达》在家乐福、欧尚、华堂、大润发等卖场超市自建终端营业点，其对商场和超市渠道的开拓成为商超渠道重要价值的注脚。因为报刊售卖具有周期性，商超渠道愿意增加书刊售卖点以增强商场超市消费者的忠诚度及回头率。

第三，赠阅渠道。现今赠阅已经成为一些报社和杂志社有力的补充销售渠道。在目标消费者群出入频率较高的场所，如银行和咖啡厅以及高档酒店等休闲场所，都已经出现免费赠阅的报刊。因为银行通常排队等待时间较长，所以在银行营业厅一般会设有报刊架，而摆放的刊物往往具有一定覆盖效果，银行因此成为一个较为理想的刊物推广点。其他地方如车站、学校也有报刊赠阅，上海报业集团主办的《I时代报》于2003—2017年在地铁中免费发放。

第四，以地铁、机场、便利店和加油站为代表的新兴渠道。由于读者的生活形态和媒体接触习惯发生了变化，报刊的新渠道自然随读者的购买习惯而发生变化。以机场为例，机场是一个城市的门廊，大型城市的机场年旅客流量都在千万人次以上，具有社会影响力较大和消费能力相对较高的消费者群。近年机场终端的争夺愈演愈烈，机场渠道对于媒介品牌的宣传和知名度的提升具有不可比拟的优势。目前机场的进场费用较高，其所销售的报刊价格随之亦高。期刊以时尚、旅游和财经类为主，基本为具有一定知名度的成熟产品。上海浦东国际机场的主渠道商是上海外文书店，根据不同期刊的品牌影响力和销售情况确定进场费用，同时可根据刊社需求提供相应服务。以报刊为代表的平面媒体越来越注重针对目标读者的新渠道。可以说媒体越来越讲究发行效率和目的性。上海便利店渠道的报刊售卖和品牌提升作用已经和传统的邮政报刊亭渠道不相上下。北京"7-11"便利店集聚在北京中央商务区公司上班族较多地区，成为高端刊物必选销售渠道之一。广州现今已开始在英国石油公司加油站进行报刊销售，北京中石油加油站也开辟了报刊销售柜台。此外，书店也逐渐成为报刊销售的重要渠道之一。

二、广播和电视的便利性策略

便利性策略中，广播和电视最坚定的道路是以整合资源为受众提供更加便利的服务。报业集团早已跨区域整合，2009年以来，广电媒体也开始了整合之路，对广电媒体来说，卫视频道属于稀缺资源。广电跨区域整合，能够让自身富余的节目制作能力得到释放，如湖南卫视与青海卫视合作，也能够使自身由区域频道变为全国性频道，如第一财经与宁夏卫视合作，进一步接近受众客户群。

2010年，湖南卫视与青海卫视、上海文广新闻集团与宁夏卫视签订合作协议。双方深入合作是在广电总局牵线背景下的跨区域合作，将共同成立第三方公司负责具体运营。湖南卫视和青海卫视的合作开创了体制内电视媒体跨区域深度合作的先河。2007年，贵州卫视与甘肃卫视达成协议，双方共同出资成立一家新合资公司兰州智诚同辉文化传播有限公司，负责全面代理甘肃卫视及甘肃文化影视频道广告运营，之后又接手了甘肃广电总台全部六个电视频道。湖南卫视与上海文广新闻集团都采取了相似的向外扩张模式，其与合作卫视之间的合作将进入更深层次，可能涉及频道管理、节目播出等具体内容，其核心原则是中央一直推动的制播分离。根据制播分离的原则，湖南卫视将把除《快乐大本营》《天天向上》等王牌节目之外的节目提供给青海卫视。上海文广新闻集团则主要将旗下的第一财经频道输入宁夏卫视。当然,出于现实经营的考虑,有的合作在协议到期之后,没有再继续下去。

无论在中国还是欧美,为公众提供更多便利的媒介更加容易的激烈在市场竞争中胜出。美国直播电视公司(DIRECT TV)在便利性上就下足了功夫。硬件方面,该公司向用户提供18英尺碟形天线、机顶盒、互动和多功能遥控器,可以一边收看节目,一边检索频道及节目播出时间;在节目播出前 48 小时可以看节目片段;按照主题分类检索节目;按照自己的喜好排列频道;点播按次付费的电影;按照收视率限制频道;设置按次付费的限额。安装也比较简单,如果用户想自己安装,该公司可以提供成套配件。[1]

三、以互联网、手机为代表的新媒体的便利性策略

互联网技术变迁导致媒介形态日新月异,而互联网终端战略是现今互联网服务便利性的典型体现。传统门户新闻网站延续的还是内容为王的战略,如新浪或者搜狐。而想要让受众更加便利地获取媒介产品,主流的思路有两条:一是以软件终端的形式进入用户的电脑界面(如 QQ),提供的是互联网的基础应用,以免费形式获得大批量用户之后,就可以源源不断地将相关媒介产品输送到用户面前。也因为有巨大的用户量,既有广告投放价值,也有可能进一步向用户收费。

二是以硬件终端的形式——特别是智能手机——黏住用户,如苹果 iPhone 手机、苹果 MP3 播放器 iPod、亚马逊电子书 kindle,凭借出众的设计和性能赢得用户的忠诚,反向向上游延伸,以 App Store、iTunes、电子书商店等形式向用户输出软件、音乐、电子书,从而实现直接向用户收费。

特别是 App Store,它是苹果公司为第三方建立的一个方便又高效的软件销售平台,开创了一个让网络与手机相融合的新型经营模式,用户可以在付费以后下载自己喜欢的应用程序。苹果公司的 iPhone App Store 从 2008 年 7 月 11 日正式上线开始,仅 6 个月的时间就达到 5 亿次的下载量。App Store 模式的意义在于为第三方软件提供了方便而又高效的一个软件销售平台,使得第三方软件的提供者参与其中的积极性空前高涨,适应了手机用户们对个性化软件的需求。作为一个开放式的平台,苹果公司的 App Store 这样一种商业行为为消费者和合作者带来了更加开放和便利的空间。

第五节 媒介和消费者沟通

媒介与消费者的沟通和交流有助于提升媒介的品牌形象,使媒介消费者形成对媒介产品的忠诚度。媒介沟通策略主要是通过媒介内容和媒介举办的诸多活动,形成和消费者的沟通、互动,最终树立媒介独特的品牌形象,维持和提升消费者忠诚度。

一、受众调查

媒介受众调查本身不是沟通,但是受众调查是媒介沟通策略的基础。媒介自身或者委

---

[1] 钟海帆:《走进美国广电传媒》,南方日报出版社,2003 年版。

托第三方调查机构进行受众调查,对调查结果的梳理和研究能够成为沟通策略的行为依据。市场经济下的传媒业较之以前已经发生巨大的变化,以往以传播者为导向、为本位的传播模式正在转移到受众本位化,注意力越来越成为一种稀缺资源,受众的选择越来越大地影响到媒体的生存和发展。

学界一般认为,受众调查在中国的发端是1936年底1937年初,由顾执中先生主持的"上海报纸和上海读者调查"。中国媒介受众调查经过近百年的发展,调查的客观性、科学性和完整性都在实践中得以提升。现今的媒介受众调查一般包括:对消费者进行基本特征的调查,涉及人口统计学特征、媒介占有和消费情况、接触媒介的环境;消费者媒介态度调查,包括消费者对媒介的态度、对媒介产品的态度、对广告的态度;媒介消费者媒介观念的调查,其中包括目的和动机、需求和兴趣、选择和评价内容与形式的标准和依据、对媒体功能和作用的认知、对媒介的要求和期望;消费者媒介接触行为调查,包括消费者的接受行为、传出行为和接触内容。

二、编读往来

在媒介融合时代,编读往来不仅指传统意义中纸媒的编辑和读者之间的沟通和交流,也包括广播、电视以及互联网的内容生产者和编辑同受众之间的沟通。编读往来是与消费者沟通的一个重要模式,大多数媒介都采用这一方式来进行有效的沟通。现今的传播通信手段使得编读往来和互动发生明显的进步,其形式包括读者来信、邮件和短信以及热线电话。

编读往来的沟通,可以体现在媒介内容层面,讲述类的栏目可以通过记述受众的感情经历,给予其引导和慰藉,并引起受众的广泛思考;就业类栏目、百姓论坛、热线回复、读者来信、短信参与以及网络论坛等更加细致和直接的专栏能够快速甚至即时实现媒介和消费者的互动。还有一些生活服务栏目也是与消费者的生活息息相关,也能够更加拉近和受众之间的距离。更进一步的沟通包括一些媒介设置专栏采用受众提供的线索,更加容易和受众形成有效的沟通,比如中央电视台的《家有妙招》栏目,广泛征集受众提供的资源,有助于提升其亲和、贴近民众生活的节目形象。

广义的编读往来不仅具有反馈、沟通和互动的成效,在互联网、广电以及中国通信系统的融合中,编读往来的反馈也往往能够为媒介带来不菲的商业利益,比如有奖竞猜、短信互动等编读往来的形式会使媒介从中获利。

三、网络互动

媒介和消费者的沟通方式包括互联网实时互动,这是在新媒体时代媒介需要接受的新方式,其包括媒介进驻SNS社交网站、媒介主体开微博,以及微信公众号与网友实时互动等新兴的互联网时代的特有形式。这些实时互动对于媒介主体和消费者的沟通能够起到锦上添花甚至雪中送炭的效果。

(一) SNS社交网络:实时互动拉近与受众距离

基于"六度分割理论"的SNS社交网络曾经红极一时,SNS鼻祖美国的Facebook日活跃用户数量在 2018 年已经达到 3 亿。① 从 2006 年到 2010 年,在中国整个网民社区中,三个网站分别分享了不同的人群,几乎涵盖所有网民:人人网包含的网民主要是学生,开心网包含的网民主要是上班族,而 51.com 包含的网民主要是宅男宅女。② 所以 SNS 社交网络的传播力和影响力一度备受关注。

2009 年,上海文广新闻传媒集团(SMG)正式入驻开心网,成为全国首家落户 SNS 网站的传媒集团。SMG 率领旗下东方卫视、第一财经、新闻综合、ICS、星尚、纪实频道、新娱乐、五星体育、艺术人文等 9 个电视频道,及广播频率动感 101、Love Radio 和上海交通台 3 个广播频道,全面进驻开心网,成为开心网的机构用户。集团旗下媒体主持人、团队成员也纷纷加入,在开心网与粉丝实时互动,发布新闻、交流心得。依托开心网这个新锐时尚的互动平台,SMG 充分释放其时尚、活泼的媒体风格,深受开心网用户喜爱。上海文广新闻传媒集团和开心网的合作进一步放大了主流媒体在互联网领域的声音,也进一步树立了 SMG 在网民心中的形象。传统媒体借力领先的社区网站,积聚更多粉丝和人气,同时也将通过社区平台更便捷地获取民意舆情,促进节目制作的良性发展。开心网 CEO 程炳皓认为:"作为国内最具活力、最具创新意识的传媒集团之一,SMG 进驻开心网,将给开心网带来更时尚的资讯、更新鲜的话题、更广泛的互动和更开心的用户体验。"③ 而所谓时尚、新鲜、广泛和开心都是与受众拉近距离的方式和品格。

2009 年,由新华社音视频部打造的"新华社电视"以"机构用户"的名义登录开心网的首页,影响广泛。以严肃、权威著称的新华社,将电视业务融入以娱乐为主的开心网,这是对传统新闻理念颠覆的反映。在欧美,传统电视媒体利用社交网站的交互、评论功能和人气,提升自身的影响力已成为电视传媒的一种新趋势。2007 年路透社就开始进驻网游《第二生命》开办虚拟世界通讯社,通过网游平台让更多网民了解新闻。而把传统媒体与社交网站的合作推向高峰的是美国前总统奥巴马的就职典礼报道。奥巴马就职当天,美国有线电视网(CNN)与社交网站 Facebook 合作、福克斯新闻网与视频网站 HULU 合作,把报道推向高潮。当天 CNN 在线视频点击超过 1300 万次,而通过与 FaceBook 的合作,CNN 在短短一个月内就培养了 39 万名"粉丝",他们可以每时每刻对 CNN 的电视节目发表自己的看法。中国的传统媒体与视频网站、社交网站的合作仍在发展中。但是这种合作不仅提升了媒介的影响力、亲和力,同时可以让传统媒介与社会化网络在合作中共赢。新华社电视与开心网在 2009 年 5 月 12 日纪念四川汶川大地震一周年的直播报道中就有过一次的合作。作为传统电视报道进入新媒体的一种探索,新华社音视频部以纪念四川汶川大地震一周年电视直播报道为契机,把其中的部分内容放到开心网上,"新华社音视频部和开心网汶川地震一周年寄语专题"留言达 63 万条,均为实名留言和正面内容,创造了专项寄语纪录。④

社交类网站作为新生的互联网力量,正被越来越多的年轻用户所青睐。与 SNS 网站的合作,也成为传统媒体尝试新型报道模式、探索新型传播渠道的一个有效途径,同时为传统

---

① 任泽宇:《Facebook 公布日活跃用户数量多达 3 亿人》,http://www.cnmo.com/news/644986.html,2018-09-27,2019-09-28。
② 《还记得 SNS 社群网站吗?三大最火社群网,人人网排第一》,https://baijiahao.baidu.com/s?id=1616729486937594 78&wfr=spider&for=pc,2018-11-10,2019-10-11。
③ 戈清平:《传统媒体进入 SNS 探索新运作模式》,《中国高新技术产业导报》2009 年 7 月 20 日,D2 版。
④ 戈清平:《传统媒体进入 SNS 探索新运作模式》,《中国高新技术产业导报》2009 年 7 月 20 日,D2 版。

媒体带来新的互动方式。这种互动提高了与受众之间的沟通效率,能够直接倾听到目标消费群的声音,和目标客户沟通更加方便,同时更加容易维持与受众之间的长久联系。虽然Facebook不是一家传统意义上的媒体公司,但不可否认的是"打开社交App看新闻"已经成为资讯时代的新风尚。皮尤调查显示,62%的美国民众的新闻获取方式都是来自社交平台。新闻媒体和社交平台既彼此依赖又相互竞争:社交平台需要传统媒体的优质内容供给海量用户,进而产生数字广告营收;新闻媒体则依靠社交平台来最大限度地传播自产内容,并依靠已经建立起的收益模型赚钱。①

(二)微博:包容、快捷和草根性形成更有效的沟通

微博比传统的博客和播客更加体现互联网时代传播渠道的包容性和便捷性。微博是一个技术门槛低的跨平台式平台,其优势之一是集成化和应用编程接口(API接口)开放化,可以通过用户的移动设备、即时通信软件和外部API接口等途径向自己的微博发布消息。微博可以发布多媒体,诸如图片或影音剪辑,典型的微博有Twitter、新浪微博、腾讯微博等。

微博的功能首先是能够群聊,其次可以跨平台数据交互和互动,其潜力不仅仅停留在文字、图片、视频范畴,还隐含有SNS交互特性。微博的出现将更大地提升该块用户的使用体验和互动性,而3G、4G的普及在很大程度上催生了新的跨平台交互潮流,微博客的出现与3G时代不谋而合。第三代移动通信技术,能够在全球范围内比2G时代更好地实现无线漫游,并处理图像、音乐、视频流等多种媒体形式,提供包括网页浏览、即时通信、电子商务等多种信息服务,3G技术所带来的多元渠道促生了微博传播渠道的包容性和便捷性,而升级后4G的速度是3G的数倍,4G的普及使得依托4G技术兴起的众多App深刻影响和改变了我们的生活。互联时代的用户可以方便快捷地选择电脑网页、App终端,抑或随时随地使用手机等智能工具设备进入微博客空间,生活于追随和被追随的空间。

微博的草根性也让入驻微博的媒介和受众之间的沟通更加简易。微博字符的限制,涂抹掉了平民和莎士比亚的界限。莎士比亚之所以成为世界的莎士比亚,是因为莎氏悲喜剧和莎氏的十四行诗。但是在微博的空间,每一个书写者都受限于140个字符。微博具备向大众表达更多话语的空间,有限字符的灵活和迅捷让使用微博的媒介能够在表达和呈现自我中和受众走得更近。微博的快捷沟通还体现于其广阔而包容的传播渠道,桌面、浏览器和形形色色的移动终端等多元平台使微博更多地被草根群体接触并使用,践行随时随地的理念。

目前国外媒体和一些知名人士都在微博客上开通自己的平台,开放API的微型博客,和许多传统博客服务连接起来,再和自己本身的网站形成链接,以形成更大的影响力空间。诸如中国的《人民日报》、央视《财经》杂志、阿里巴巴创始人马云、中国新闻发言人华春莹,以及众多娱乐明星均开通了Twitter空间,并产生了大量的追随者。

微博作为一种媒介形式将与受众沟通的能量推到新的历史阶段。美国哈德逊河飞机失事、丹佛飞机脱离跑道、流行乐坛天王迈克尔·杰克逊逝世,微博客Twitter皆进行了及时的实时报道和传递。包括BBC和《纽约时报》在内的传统媒介机构均在微博客中发布重要新闻及相关链接。微博能够提升传统媒体的品质,即时、广泛、深入地与受众互动。在2010

---

① 《图解:媒体们的社交媒体布局》,https://news.qq.com/original/dujiabianyi/shemeibuju.html,2017-03-09,2019-10-11。

年青海玉树地震和上海世博新闻报道中,微博成为灾难报道和世博报道中引人瞩目的新生力量。微博实现新闻传播"深度互动",话题的延展性更强。传统媒介大多是自上而下的单向传播模式,内容的丰富性和广泛性都受到限制,而这正是以微博为代表的社会化媒体的长处。通过"转发""评论""回复""关注"这些互动设置,一条微博在短短几分钟之内可以由一个人传播至千万人,传播更加直接、互动性强。同时,通过转发和评论的次数,也可以清晰地了解受众对每一条消息的反馈,知道哪条新闻更具可读性,受众的"关切"和"兴趣点"在哪里。对于传统媒体来说,这样的即时反馈,使新闻采编更有方向和针对性,由此实现新闻传播的深度互动。这是一个良性循环。这也从一个侧面印证了新闻深度互动的效果。从中也可以看出,博主与"粉丝"之间的即时互动,更容易切中"要害",话题本身的发散性与延展性也更强。

即时互动不仅体现在对"粉丝"的问题或建议给予回复,更重要的还表现为网台互动,这是指电台节目直播的同时与微博的互动,两个即时传播平台相得益彰,将影响力发挥到极致。在此之前,网络信息的流动固然比传统媒介更加具有交互性,但是微博将整合深度更进一步。在微博上,一个人既可以通过所追踪的对象获取所关注的信息,也可以通过转发将信息扩散,更可以借力微博使自己成为信息传播者。如此不仅能够迅速成为信息扩散和交流中心,同时还具备了强大的社会组织能力。微博对信息流动、社会群体沟通等领域造成了深刻影响。

(三)微信公众号:基于人际传播特性和朋友圈的强社交属性,与受众建立紧密联系

微信是腾讯公司 2011 年 1 月推出的一款即时通信工具,微信团队发布的《2017 微信数据报告》显示,截至 2017 年 9 月,平均日登录用户达 9 亿人次,微信公众号月活跃账号数 350 万,月活跃粉丝数 7.97 亿。① 公众号不仅提供了平台方与受众全方位互动的渠道,而且成为媒体创新传播的试验场。

微信公众号的宗旨为"再小的个体,也有自己的品牌",深度挖掘用户价值,为其提供优质的内容,创造更好的黏性,从而形成生态循环。微信采用的是点对点的方式,只要信息发出就可以保证微信用户接收到,只要有用户浏览,就会有相应的浏览量统计数据,保证信息传播的精准度,其中起到重要作用的是微信公众号。媒体运营一个微信公众号,可以在微信公众号上编辑图片(静图与动图)、声音、视频和文字,并允许微信用户进行转发。转发微信公众号的文章,通常是用户对于文章的内容比较感兴趣,转发者就是潜在的媒体目标用户,其有可能在转发的同时关注该微信公众号,这样媒体即新增一个关注者用户。当微信公众号再发文章时就可以保证新增的关注用户接收到信息,实现了信息推送的精准性。互联网时代,人们接收的信息

拓展资料

---

① 《2017 微信数据报告》,https://www.sohu.com/a/213431553_667510,2017-12-28,2019-10-11。

越来越碎片化,这种点对点的传播方式对提升信息的传播效果具有积极意义。① 微信公众号的特点,使得《人民日报》《央视新闻》《南方周末》等具有影响力的媒体纷纷开设微信公众号,积极探索适应移动互联时代信息传播特点的新模式。

由《人民日报(海外版)》相关团队运营的微信公众号"侠客岛",获得大量粉丝追捧,并且在青年受众中开辟新的舆论阵地,取得了较为理想的传播信息与引导舆论效果。"侠客岛"微信公众账号于 2014 年 2 月 18 日正式上线,内容定位是"拆解时政迷局",解读时政新闻。"侠客岛"属于自下而上式,由于其定位为半官方微信公众平台,报社对其没有专项资金支持。因此运营团队在可持续发展的运营模式上不断探索,已有两条比较明晰的途径:首先是与《人民日报(海外版)》旗下的海外网合作,"侠客岛"所推送的内容在海外网同期独家发布,由海外网向作者提供一定数量的稿费。其次是与腾讯公司签约,成为微信公号中的"流量主",在文章末尾链接微信"广告主"的广告,收益随文章阅读量而波动,实现流量变现。目前,"侠客岛"正在推进的运营模式,一方面为品牌的打造、平台效益的凸显开辟了更多的渠道,另一方面也为团队运营维护、实现可持续发展提供了直接动力。② 微信公众号不仅是媒体的转战平台,而且能够成为传统媒介较好的补充,由于传播载体的本身特质所限,报纸、期刊、电视等都很难将一个选题的所有内容表达全面,补充延伸的内容可以在微信公众号中进行推送,一方面增加了内容产品的影响力,另一方面延长了媒介影响力持续的时间。

(四)短视频:基于便捷性和碎片化阅读习惯创新传播路径

短视频的概念来源于全球新媒体实践。与传统长视频相较而言,其播放时长较短,通常以分、秒为单位,以 4—5 分钟的视频内容居多。播发平台主要为网络 PC 端和移动端,内容覆盖多元,包括新闻资讯、技能分享、幽默搞怪、时尚潮流、广告创意、公益教育等,具有移动化、碎片化和社交化的特点。③ Trustdata 数据统计显示,从 2017 年 1 月至 2018 年 4 月,有 79% 的互联网用户通过短视频获取新闻资讯。④ 短视频作为承载内容的载体,具备生动直观、方便快捷、碎片化、信息量大等属性,为传统媒介借力新媒介技术、在激烈的传媒业竞争中寻求突破提供了一种全新的思路。伴随着移动互联网的兴起,短视频不仅在很大程度上满足了受众通过移动终端获取丰富信息的需求,同时满足了受众倾向于利用碎片时间接收信息的需求。

媒体可以积极为受众提供社交参与的平台、空间,受众可以对短视频新闻内容进行评论、交流,实时互动,还可以在视频新闻产品中加入社交元素,比如设置启发受众思考的问题,鼓励受众参与讨论等。这最大程度地激发了受众交互、参与的体验,加强了受众黏性,扩大了传播影响力。同时,传统媒介还可以与社交平台合作,将短视频新闻分发到多元化的社交平台,通过联合发布、转发共享,弥合单一平台传播的不足,拓展影响力,形成联动效应。⑤目前,已有诸多媒体在这方面做出了有益的尝试。早在 2014 年底,新华社就推出新闻视频产品《新闻 15 秒》,率先叩开了传统媒介涉足新闻短视频的大门,并为传统媒介以新闻短视频进行转型突围开辟了道路。2017 年新华社与新浪移动在短视频方面进行合作,新华社视

---

① 丛志军:《微信公众号如何助推传统媒体影响力升级?》,《科技传播》2018 年 12 期,110-111 页。
② 林琳:《人民日报社的"侠客岛"何以名动微信公众号"江湖"?》,《中国记者》2015 年 2 期,44-45 页。
③ 殷乐、高慧敏:《传统媒体新闻短视频发展现状与传播态势》,《当代传播》2018 年 6 期,45-48 页。
④ 《TrustDAta 2018 年短视频行业发展简析》,http://www.199it.com/archives/730075.html,2018-05-30,2019-10-11。
⑤ 刘倩:《传统媒体短视频新闻发展探析》,《视听》2017 年 10 期,13-14 页。

频官方账号"新华视频"落户新浪看点媒体平台,新华社直播及短视频内容通过新浪看点媒体平台,在新浪新闻客户端、新浪网、微博等多端进行内容推荐和传播。

2017年11月,《新京报》选择与腾讯联手,解决分发平台的难题。"我们视频"副总经理彭远文说:腾讯需要高质量的新闻视频内容,《新京报》也需要利用互联网平台进行传播;《新京报》有专业的新闻生产队伍,腾讯有传播平台和技术能力,正好互补。表现之一便是传统媒介可以利用互联网平台加大内容的推荐力度,《新京报》旗下图文视频内容将通过新浪看点平台,在新浪新闻客户端、手机新浪网、新浪网、微博等多端实现差异化的内容推荐和传播,短视频的碎片化和便于嵌入式传播与社交平台具有天然的融合趋势,根据社交平台的热点、兴趣、地域等用户标签来精准投放短视频,增强用户的黏性。① 互补式的合作有利于传统媒介保持专业的新闻生产水平,实现内容和质量的双重保证。此外,众多媒体再不满足联手合作方式的情况下,也在积极涉足短视频领域。界面新闻上线短视频品牌"箭厂",主推人物特写纪录片;南方周末联手灿星成立南瓜视业,计划推出名人访谈短视频、文化脱口秀等节目;新京报联手腾讯推出《我们》,以直播、短视频、长片三种形式打造新闻纪实视频。②

(五)推荐引擎:算法带来精准推送

基于内容的推荐是在新闻传播领域最早应用的算法,它是一种经典且十分重要的推荐思路。基于内容的推荐方式需要构建出两个模型:首先,通过提取新闻内容的属性特征,构建内容特征向量;其次,需要提取用户的阅读爱好,构建用户兴趣偏好特征向量;再次,通过计算两个模型的相似度,即通过新闻内容的特征向量与用户兴趣偏好向量的比较,相似程度高的新闻就是值得被推荐给用户的新闻。③

近年来,人工智能技术在新闻传播领域的应用越来越普遍,基于算法的个性化新闻推送也被广泛应用于各媒体平台。算法在新闻传播领域的应用,打破了传统的新闻生产与传播模式,对新闻业产生了深刻影响。在互联网大发展的时代,算法作为大数据和人工智能的连接点,发挥着优化传媒生态、建构流量端口、增强用户黏性的重大作用。在一个技术和资本无处不在的社会中,算法体现的技术价值越来越高。新闻算法技术提供精细的信息分发,其实也是对信息的一种过滤和把关,更是算法平台本身具有的一种议程设置功能和新闻框架,再加上算法模式和社交模式的结合,更有利于受众之间的互动和交流。所以,新闻算法技术为新闻事件的加速和放大提供了一种可能。这还仅仅是在算法为受众提供信息服务方面的作用。对算法平台而言,广告和公关也是其业务的重要领域。有着强大算法技术的公司,还可以根据市场需求的内容,基于用户阅读习惯进行广告投放。④ 在算法推荐类的媒介中,今日头条无疑已经成为业界翘楚。

2017年7月,今日头条与澎湃新闻签署视频战略合作伙伴协议,澎湃新闻旗下所有原创视频内容,包括新闻短视频与新闻直播,都入驻今日头条,通过今日头条的人工智能和算法技术进行精准分发。澎湃新闻与今日头条,一个是以专业新闻生产能力见长的时政与思想类新锐媒体,一个是拥有人工智能技术和强大分发能力的国内最大短视频平台。澎湃新闻

---

① 梁慕仪、郭秀婷:《传统媒体探寻新闻短视频的专业化之路——以新京报新闻短视频生产为例》,《新闻研究导刊》2018年7期,133-134页。
② 李俊:《为什么短视频会成为传统媒体转型的突破口呢》,http://www.sohu.com/a/198823800_570245,2017-10-19,2019-10-12。
③ 俱鹤飞:《新闻算法的进化与反思》,《青年记者》2019年3期,39-40页。
④ 赵双阁、史晓多:《新闻算法推荐机制的技术价值与权力边界》,《西南政法大学学报》2019年1期,124-132页。

与今日头条在视频领域开展战略合作,是看中今日头条的海量用户与人工智能技术在内容分发以及辅助创作方面所能提供的强有力支持。根据第三方数据机构QM的报告,今日头条的人均使用时长仍在高速增长,2017年6月,今日头条总使用时长29.5亿,同比增长125%。澎湃新闻选择今日头条作为合作伙伴,无疑能够更精准地将内容分发,抵达更多用户,从而持续产生影响力。此前,澎湃新闻与今日头条在新闻直播方面的尝试中,2017年初滞留印度的老兵回国的观看量为443万人次,伦敦公寓大火观看量212万人次,突发新闻杭州萧山立交桥坍塌观看量319万人次。除去精准分发和流量支持,今日头条的人工智能技术还能为严肃新闻短视频的创作,例如标题生成、封面选择等,提供支持。2017年6月26日,澎湃新闻对高铁复兴号首发的直播在今日头条直播平台上吸引了334万人观看。直播过程中今日头条通过人工智能技术自动设置精彩看点标题"时速400公里、有Wi-Fi",并自动匹配带有火车头元素的图片作为视频封面,增加了对用户的吸引力。①

2018年6月,由人民日报全国党媒信息公共平台与今日头条合作的"党媒推荐"频道,在《人民日报》70周年社庆日正式上线。今日头条已将"党媒推荐"频道放在用户可自行选择的推荐频道首位,力推正能量内容传播。"党媒推荐"频道将依托全国党媒平台内容池与今日头条个性推荐智能分发机制,每日向用户更新约500条信息。2018年,人民日报党媒信息公共平台与今日头条联合发布若干主旋律内容征集和传播活动,如在汶川特大地震十周年之际,双方发起以"铭记劫难,致敬重生,以己之力,勇往直前"为主题的大型互动活动。抖音上线#5·12,我想对你说#话题,当日话题引爆抖音平台,参与人数超过8.3万,视频播放总量突破4.7亿,点赞量超过2167万。②

值得注意的是,由于算法推荐理念内部价值的不平衡和大数据本身的缺陷,数据安全性、内容泛娱乐化、信息茧房、新闻真实性偏差、算法黑箱和算法偏见等算法新闻伦理问题日益显现。这些问题产生的根源在于算法新闻理念内部价值的不平衡与大数据本身的缺陷。③ 媒体算法技术应该肩负提供具有较高价值信息的重任,而不是加剧信息茧房、数据安全等问题,这样媒体算法才有真正的未来。

四、主题活动

媒介的主题活动是指包括年会在内的种种主题活动,可以聚集消费者巩固媒介和消费者的沟通,以社会政治经济或者民生为主题,体现媒介的社会责任和对社会弱势群体的关怀,彰显媒介的内涵和地位。典型的主题活动诸如近年来各类媒体热衷举办的粉丝节,是拉近媒体平台与受众消费者距离的重要方式之一。

2010年湖南卫视直播的"2010金芒果粉丝节",是以受众群为上宾的盛典,它以粉丝为主,艺人和明星们围绕粉丝表演,成为一个湖南卫视粉丝的狂欢节。这一主题活动盛典是湖南卫视为答谢粉丝而推出的,主要围绕粉丝、颁奖、互动来进行。现场通过观众投票,选出湖

---

① 燕帅、赵光霞:《入驻今日头条,澎湃新闻视频拥抱人工智能时代》,http://media.people.com.cn/n1/2017/0721/c14677-29420832.html,2017-07-21,2019-10-11。

② 邓卓、唐晓蓉:《人民日报"党媒推荐"频道登陆今日头条》,http://media.people.com.cn/n1/2018/0615/c14677-30062718.html,2018-06-15,2019-10-11。

③ 张帜:《智媒时代对新闻生产中算法新闻伦理的思考》,《海南大学学报(人文社会科学版)》2019年2期,70-78页。

南卫视本年度最受欢迎的主持人,并且现场颁奖,同时现场请到许多湖南卫视的忠实观众,营造了一个明星嘉宾为观众服务的互动氛围。这种主题活动的直接目的就是和受众直接的沟通更加顺利,赢得更多的忠实受众和提高受众的忠实程度。

2015 年首届网易粉丝节是一场主打青春和态度的网易品牌盛会,网易全系列产品用各式各样的活动回馈用户,并得到以大学生尤其是 95 后为主体的新生代网易用户所展现的对于网易品牌和产品的支持。主办方在为期 2 个月的体验报告征集、人气投票、作品评选过程中,共筛选出 737 篇有效作品,包括活动主站收集到的来自 41 个城市的 214 所学校 364 位同学的详细产品体验报告,涵盖网易 16 款产品;在移动端微站上也收到了 373 封产品体验微建议,覆盖网易 15 款产品。网易粉丝节主办方还公布了 28 位获奖大学生产品体验官及其作品,并给予其来自网易的重奖与面试实习机会。①

主题活动作为一种整合营销方式,能够关注于满足客户需求,给客户提供全方位的服务。涉及营销活动的出发点不是自身的产品,而是给客户带来价值最大化。沟通本身就是一种特殊的传播,而这些活动体现了传播与营销的完美结合。②

2009 年,南方报业传媒集团成为上海世博会的全球媒体合作伙伴,其组建了阵容强大的报道团,利用文字、图片等形式,整合旗下《南方日报》《南方周末》《南方都市报》《21 世纪经济报道》等子报子刊的优势资源,通过报纸、期刊和出版社、网络三大平台的立体化组合,对中国 2010 年上海世博会的筹办与举办进行全方位、多角度、深层次报道,为社会各界提供更多的新闻产品。2010 年 3 月,南方报业传媒集团发起主办以"世博契机与中国经济走势"为主题的 2010 世博经济论坛,依托 2010 上海世博会宏观背景,通过"世博契机与中国经济转型""低碳经济——竞争未来""最佳实践与宜居城市"三个议题展开相关讨论,以"经济趋势—发展路径—城市实践"为内在逻辑,探讨这些话题以及相关领域带来的机遇与挑战。

时隔数年,2018 年 10 月 29 日,中央广播电视总台国际在线发起"相约上海进博会"大型线上点赞活动,该活动在全球主要社交媒体平台推出,通过简单有趣的手势动作和积极响亮的口号,号召国内外网友一起参与互动、分享话题,展现中外各界人士对首届中国国际进口博览会的期待与支持。活动共吸引了来自 44 个国家近 200 位国内外政商界人士、明星大咖及其他不同行业人士参与点赞录制视频,总访问量已突破 3 亿,总互动量超过 800 万次。主题活动在集体性活动中,以一个主题为线索围绕主题进行活动与交流。诸多的论坛、峰会以及评奖、排行榜和对话这些有影响的主题活动,都是整合营销的组成部分,不仅满足了广告主和受众对信息服务的更高要求,而且提升了自身的社会影响和公信力,和受众之间的交流更顺畅,媒介更加具有亲和力,作为发起方或主办方的媒体平台也有效提升了传播力和影响力。

思考题

1. 什么是媒介产品营销?
2. 如何理解媒介产品营销的价值策略?
3. 如何理解媒介产品营销中的消费者消费成本?
4. 如何理解媒介产品营销中的便利性策略?
5. 如何做好媒介和消费者沟通?

---

① 网易粉丝节,https://baike.baidu.com/item/%E7%BD%91%E6%98%93%E7%B2%89%E4%B8%9D%E8%8A%82/19224622?fr=aladdin,2019-10-12。
② 范以锦:《南方报业战略:解密中国一流报业传媒集团》,南方日报出版社,2005 年版。

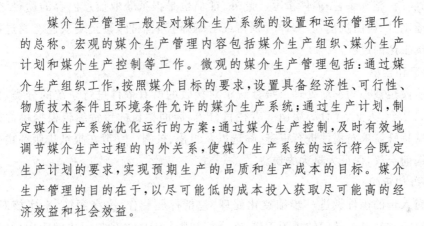

第五章 媒介生产管理

媒介生产管理一般是对媒介生产系统的设置和运行管理工作的总称。宏观的媒介生产管理内容包括媒介生产组织、媒介生产计划和媒介生产控制等工作。微观的媒介生产管理包括：通过媒介生产组织工作，按照媒介目标的要求，设置具备经济性、可行性、物质技术条件且环境条件允许的媒介生产系统；通过生产计划，制定媒介生产系统优化运行的方案；通过媒介生产控制，及时有效地调节媒介生产过程的内外关系，使媒介生产系统的运行符合既定生产计划的要求，实现预期生产的品质和生产成本的目标。媒介生产管理的目的在于，以尽可能低的成本投入获取尽可能高的经济效益和社会效益。

第一节 媒介生产流程管理

一、报纸生产流程管理

（一）报纸的生产流程

报纸的生产管理是影响报纸核心竞争力的因素之一，通常遵循效率和功能优先原则。报纸的生产流程涉及报纸的内容和形式生产，其中包括报纸采编和报纸设计，以及报纸印刷等载体实现过程，其本质和一般商品的生产过程相同，是生产者的劳动和生产资料的结合，其特殊性在于对媒介生产者的素质和生产资料的品质的要求不同于一般商品。报纸的生产流程是报纸生产管理的依据，整个流程可分为六个环节。

1. 报纸内容初步准备和报道选题确定

首先，报社执行主编和部门主编及记者协商决定当期报纸的总规划。在选题的确定过程中，根据对读者需求的分析和对市场状况的调查，依据政府和报社的方针政策，最终确定报道选题。在这一阶段的初步准备中需要拟定报社各部门稿件、文章的初稿采编完成时间，而报纸初稿完成的最后时限即记者给编辑审阅的时间,除此以外,还包括报纸的发行时间和采编方针及要求。

其次,报社部门主编根据报纸的整体时间规划安排子部门所负责版块的具体采编征稿工作,可以在例会中讨论选题,编辑记者为选题提出自己的意见和建议,综合各方意见制定报道方案。

2. 记者采访写作及征稿

报纸内容生产中的采访是报纸内容的重要来源,采访不仅能够丰富报纸的信息量,深刻和全面的采访还能够提升记者和报社的信誉,巩固报社的行业地位,更有助于报纸的发行销售和传阅度的提高。采访的步骤一般是联系采访对象,确定采访时间和地点,以及拟定采访主题、采访实施、整理录音、稿件撰写。此外,征稿也是报纸获取信息内容的途径之一,报社可以通过通讯社、自由撰稿人、编译者撰写或者编译获取稿件,甚至受众也能通过投稿的方式参与报纸生产的过程。

3. 筛选和组稿

这一阶段也被称为编前处理。报社编辑对接收的所有稿件进行系统的分类,向具体的财经、娱乐、社会、人文、体育等版面或者栏目分流,版面栏目的负责编辑根据稿件的质量和自身媒体的特殊需求对稿件进行审查、筛选以及组稿、校阅。一般在报纸排版前由执行主编主持召开编前会议,保证无重大失误。

4. 编排和审阅

编辑对入选的稿件做进一步细致化处理,包括标题制作、文字润饰、事实核对等工作。子部门编辑安排好自己部门的排版工作,在排好初版后及时送到执行主编手中做终审,然后处理终审意见并校对。如果执行主编发现重大问题须立即组织召开编辑记者会议,尽快解决问题。美术总监负责报纸版式,在图文整合后定稿,并发排初样。稿件最终审查通过后进行画版、拼版,最后发排大样。

5. 审查付梓

报社执行主编审查确定每个版面的大样以后,即可交印刷厂制版印刷。1984年11月13日,日本首次通过卫星传送报刊版面,随着印刷科技的发展,激光照排、飞机运送报纸版面纸型、卫星传版、直接输出整页彩色版面等技术不断在报纸印刷中得到应用。报社能够在全国的分印点制版、印刷,报社所在地和所有分印点所在地同步发行。

6. 调查反馈

报纸一般在发行后需要跟进调查反馈,包括对作为受众的读者、渠道中的零售商、专家或者咨询公司进行调查和交流沟通,并科学严谨地对调查数据进行整理分析,梳理报纸存在的问题并及时制定改善方案和调整思路,以获取更大的生存空间。

(二)报纸印刷生产管理

2003年,新版报纸印刷标准颁布,《GB/T 17934.3—2003 印刷技术网目调分色片、样张和印刷成品的加工过程控制》第3部分:新闻纸的冷固型油墨胶印,实现了国家标准与ISO国际标准的统一。2005年,ISO发布2005版国际标准,即新版报纸印刷标准ISO12647—3:2005,相对1998版国际标准做了较大幅度改动,以顺应报纸印刷技术的发展变化。

报纸印刷生产管理的关键是标准化管理,标准能够确保生产质量控制和相关环节的统一。对报纸印刷来说,标准的作用在于建立稳定的生产环境和质量评价体系。

首先,有助于报纸印刷建立统一的规范。特别是在彩报普及的今天,报纸印刷更需要统一的权威规范,避免广告主、报社与印刷厂之间在色彩方面产生纠纷。报纸的彩色化使报纸印刷质量的复杂性提高了,对色彩和套准的精度要求比黑白套红报纸更为严格。在多个代印点的报纸同时发布的广告图,需要印刷色彩的一致性,而标准化为这种一致性的需求提供了可能。

其次,让报纸印刷技术透明化,有利于印刷过程控制,使质量控制过程可以预测。印刷过程包括分色、加网、输出以及制版和印刷等技术流程,以标准化的方式确定其质量标准和操作规范,有利于保证最终质量的可控性和一致性。例如其中关于报纸印刷标准分色采用GCR、总墨量240%—260%、最暗调黑版不低于85%等标准规定,这些有利于建立统一的分色标准,从而保证印刷中色彩的稳定性,有利于解决因印前制作不规范导致印刷事故的责任问题。

标准化管理对报纸印刷生产各个环节具有重要意义。首先,对印刷厂来说,提高印刷质量是生存和发展的根本要求。印刷品的生产需要经历多道工序,不仅需要制定各工序标准,还需要制定产品的最终质量标准。国家标准和国际标准以色度的形式规定了报纸印刷上各色的色度值偏差、允差,LAB色空间具有视觉唯一的特性;对阶调范围和网点增大误差的规定,则解决了网点质量的问题,保证了网点的准确再现。这些规定解决了评价报纸印刷色彩是否准确、网点质量是否良好、套准是否精确等关键问题。其次,标准为质量纠纷提供了解决的依据,它可以证明印刷生产达到国家或国际标准,等同于证明印刷生产符合要求,而印刷者则无需承担责任,如果在印前制作中或样张上已经发现不符合标准要求,则印刷者需要为版面制作承担负责。①

二、杂志生产流程管理

杂志,是一种有固定刊名,以期、卷、号或年、月为序,定期或不定期连续出版的印刷读物。在传统媒介中杂志占有重要的位置,其能够有效、及时地为受众提供密集的文化信息。作为传统的纸媒,杂志既受到来自报纸和图书的市场竞争压力,也受到电子媒介和互联网等新媒体的冲击。杂志根据自己的生存境况和自身特点,从经营和管理层面寻求新的生机以适应市场的进化及获取生存和发展的空间。

(一)杂志的编辑流程

杂志和报纸虽然同属于纸张、油墨味载体的印刷媒介,但是杂志因其制作周期、产品形式等特点,与报纸存在一定程度的差别。杂志的编辑过程是由策划到制作的生产流程。

1. 总体策划

其主要内容之一是确定编辑风格,一份杂志编辑方针是杂志定位的体现,对杂志的整体风貌和行文风格以及所生产的内容都有直接影响。编辑风格包括以下方面:一是媒介形象的选择。其能够给包括受众和广告主在内的消费者以明晰的印象。二是杂志的发行宗旨。杂志不同于报纸,它的使命性明显,内容的行文、笔触风格突出,宗旨的确立是编辑和记者航

---

① 李保强:《报纸印刷标准化 不能雾里看花》,《印刷技术》2010年3期,22-25页。

行的灯塔。三是目标受众的选择。根据杂志的信息内容,确定自己的读者群。四是确定刊物性质,其涉及阅读对象的层次及需求。杂志风格确定之后则根据定位和风格策划选题,详细说明杂志编辑的程序和内容框架,并拟定进度表,掌握杂志编辑的进程和工作的完成程度,涉及刊物内容、出版日期、印刷方式、装订方式、发行份数、纸张和版型等。

2. 分配杂志栏目以及内容

杂志内容经策划后,需分配封面设计、子栏目、专题、专栏所占的版面以及负责的编辑和记者,即落版。

3. 稿源搜集和整理

按照策划的原则进行稿件委托,收集稿件包括约稿、征稿、座谈、专访、文摘、评论、书评、社论,其中原创类杂志一般有自己的专职记者,有的杂志则采写编一体。整理稿件主要是按照约稿时限集中稿件,并仔细审查稿件内容,选择稿件,予以润饰,弃用不适合的稿件,退稿或者备份存档。

4. 编排版面

结合文字编辑和美术编辑的理念设计版面,按栏目和页数的分配进行字数审核和版面分配,润色标题或者加入插画、图片等。

5. 校对审查

这一阶段的任务是检查文句是否通顺、字体是否合适以及是否有错别字,通常会有至少三次的编辑校对。校对编辑完成校对后将校对稿送上级编委审查。之后将完稿交付印刷厂,和印刷厂共同做完稿的检视和印刷的指示,确认无误后进行制版印刷。

(二) 杂志印刷装帧管理

杂志的印刷生产有包括采购印刷原材料,色彩管理和优化档案以及质量管理。其中对于原材料的采购涉及纸张和油墨等物料以及特殊制作项目向外采购;色彩管理主要是就修图而言,需要对各刊物的照片进行评估,大小重置和调色等配合印刷;档案优化涉及针对现有 CTP 档案进行优化,配合不同印刷机,就所用的物料特性调节;印刷质量管理需要与印厂沟通以及了解流程工序,收检成品,以确保印刷及加工程序会按要求及时间完成。杂志印刷的主要工序包括出片、打样、组版、晒版以及印刷和装订。

装帧设计和印刷质量是受众对于一份杂志视觉形象的第一体验,也是杂志质量的重要衡量标准之一,通常会直接影响作为消费者的广告主和受众对一份杂志的心理预期。杂志封面、版面设计、插画,以及字号、字体和目录、广告都是杂志风格的组成部分。例如,时尚杂志《瑞丽》,封面人物漂亮而时尚,以吸引年轻群体阅读,进而吸引时尚产品、服饰、化妆品生产者投入广告;《财经》杂志的版式设计和《财富》杂志相似,沉稳而严肃,整体以蓝、黑、红、黄为基础色调;文化类杂志《书屋》的封面整体古朴素雅,给读者清新之感。

三、广播电视生产流程管理

(一) 广播电视节目制作流程

1. 广播节目制作流程

广播节目生产即音频节目制作,在设计策划的基础上利用声音处理设备和制作技巧对采集来的原始音频素材进行剪辑、整理以及润色，使之成为有一定意义的、具有逻辑性的音频产品。广播节目是广播媒介生存和发展的立足之本，节目的管理在很大程度上影响整个传播媒介的发展。广播媒介只有生产优秀的节目，才能成功建构自己的品牌地位并获得更多受众的青睐和高收听率，而收益的增加又可更多地投资注入内容生产中。如此循环，能够为广播媒介的经营发展创造良好的机遇和平台。

广播节目的制作流程一般分为策划阶段、制作阶段和审核阶段。

首先，策划阶段主要设计受众愿意接受的节目产品，策划根据细分受众确定节目类型、节目内容、节目特色和表现方式。每一个特殊的受众群体都倾向于选择符合自己所属群体身份特征的节目内容和表达方式。比如儿童类的广播节目要活泼轻快，具有一定的趣味性和教育意义；青年类的广播节目一般会倾向时尚的风格；某一地区的广播节目可能偏爱方言节目。

其次，节目制作包括文案编写，即节目的风格表现、文字简练和准确的体现，以及文案的润色（即对文案进行深加工，根据风格进行润饰）；绘制节目流程图，即根据文案编写节目流程，体现制作需求；节目录音配乐，即根据节目风格、策划意图使用不同的语调和声音；节目技术编程，即完成节目的编程，完整表达节目内容。

最后，在审核阶段，需要将广播产品归档、测试并推广。节目制作统计归档、通过测试调整向市场推广，有些节目还会进行后期的调试。

2. 电视节目制作流程

电视节目制作是技术与艺术合一的过程，一般可以分为四个阶段：前期策划阶段、录制拍摄阶段、编辑阶段以及审核检查阶段。

拓展资料

首先，前期策划阶段。

这一阶段最主要的工作是节目构思、研究主题以及考察目标受众群体。此外还有剧本或创作提纲草拟，即初步计划以及制作说明等。这一阶段涉及为获取原始的图像素材和原始的声音素材所进行的一系列工作，又称为前期拍摄。主要包括以下四个层面的内容。

（1）构思总体内容和形式。

制作人需要根据节目的总体构思确定节目的内容与形式，选择符合节目内容与形式要求的拍摄现场，组织现场拍摄，通过摄录获得所需要的图像和声音素材。在创作之初，创作者对节目的主题、内容、结构、形式有一个完整的构思，根据这个构思制作初步的拍摄提纲，即脚本。制作人根据实际拍摄的情况和不断注入的新信息去修改之前的脚本。

（2）撰写编辑提纲。

编辑提纲是编辑工作最主要的环节，它是剪接的基本依据。根据脚本的内容和素材情况，编辑提纲要对拍摄的内容、结构及每一部分内容的大致拍摄时间做较精确的设计和表述。细致周到的编辑提纲可以给剪辑工作带来方便：其一可以使结构完整、匀称，各部分内容比例得当；其二可以保证选用最好的镜头；其三可以提高效率，并保证节目时间精确无误。

(3) 熟悉拍摄素材。

这一过程是对拍摄的原始图像和原始声音素材进行了解和鉴别,并对照脚本内容,在素材的基础上建立完整的意象性形象系统。这个过程有助于认知现有素材是否能够建立起脚本内容所需的形象,以及是否需要补拍或寻找相关图像资料。

(4) 协调相关参与者。

电视节目制作过程中对参与者的协调包括:节目的把关人通常从旁观者的角度对节目的主题、与时事政治的关系和与社会的关系等多方面去弥补制作人的局限。编导在实施剪辑之前要与撰稿者就节目的主题、风格和效果等主要方面的意见达成一致,这样才能使节目的内容与形式具有统一和谐的形态,解说词或串联词的撰写者通常是编导的主要合作者。

其次,录制拍摄阶段。

这一阶段主要包括演员排练、分镜头剧本、拍摄场地准备工作、技术设备准备工作、预排练工作和实录拍摄工作。录制拍摄是电视节目制作流程中的核心内容,是实现构思和策划的关键步骤。在录制拍摄过程中,调度和指挥现场的编导在摄制工作者的配合下完成电视节目有关声音和画面采集的工作。

再次,编辑阶段。

具体的编辑工作包括:根据总体构思对所拍摄的内容进行编排,画面的剪辑、配音和配乐合成、特技及字幕合成等。拍摄内容编辑要对原始素材进行选择、分类、整理。在众多的素材中选择合适的镜头,然后根据脚本所提示的内容进行归类,使之成为一个完整的节目形态,同时将不同磁带上的镜头标示在编辑提纲即脚本上,以供剪接时寻找,还要按顺序将镜头组合在一起,以表达创作者的思想。阶段编辑的工作主要是剪辑。后期编辑工作主要是围绕剪辑而进行的,作为一个创作环节,后期编辑是实现构思的关键阶段。

最后,审核检查阶段。

审核检查包括检查言语意义表述是否存在问题,内容是否客观真实且具有逻辑性和条理性,结构是否具有完整性和连贯性,各种结构因素的比例是否合适,以及是否具有相应的效果等。就声音而言,需要检查声音的质量是否符合技术标准,声音是否连贯、完整,声画同步是否准确等。检查画面的剪接是否有问题一般是查看剪接点的选择是否恰当,有无技术失误,以及对运动的把握是否流畅,场面过渡是否自然。

(二) 广播电视节目制作和播出管理

广播电视节目是特殊的精神产品,其必须在流通或传播过程中取得相应的社会效益与经济效益。确保直播状态下广播电视节目制作的流程控制,已成为广播电视媒体推行品牌战略和有效管理的重要途径,也是广播电视产业化运作的指标之一和鲜明特征。

如何按照其制作的程序和规律来对节目进行有效的控制和管理,使节目无论在录播,还是在直播状态下都能达到一个相对恒定的质量水平,就要注意以下两方面:首先,每一步制作过程都需纳入流程控制的范围内,规范而有序,做到规范化管理;其次,需要有应急的保障机制来配套,能够灵活有机地处理特殊情况。如此,广播电视节目产品的稳定性才能得到保障。

四、互联网生产流程管理

(一)互联网媒介生产流程

1. 网站生产流程

(1)网站筹划和准备。

互联网媒介生产者在这一阶段确定自己需要传达的主要信息,经过斟酌把所有理念有机地组织起来,设计网站页面式样,对网站栏目进行分类,先在有代表性的用户群体中试用并观测效果,然后反复修订以求尽善尽美。

对网站筹划一般可以从总体设计和详细设计两个层面来理解。

总体设计包括网站需要实现的功能、网站开发使用的软件和硬件环境、所需人才和时间、需要遵循的规则和标准、网站的栏目和模块规划、网站的功能和相应的程序设计、网站的链接结构、可能使用的数据库的概念设计、网站的交互性和用户友好设计等总体规划。根据总体设计最终制定网站建设方案,方案主要包括受众特征分析,网站的目的和需要实现的目标,网站形象说明,网站的栏目模块和结构,网站内容的安排,相互链接关系,使用的软件、硬件和技术分析说明,开发时间进度表,宣传推广方案,维护方案以及制作费用。

详细设计阶段的任务就是把解法具体化,主要是针对程序开发部分,但这个阶段并非是实际地编写程序,而是设计出程序的详细规格说明,包含程序界面、表单、需要的数据等必要的细节,程序员可以根据它们写出实际的程序代码。

(2)网站的设计制作。

首先是整体形象设计,在程序员进行详细设计的同时,网页设计师开始设计网站的整体形象和首页。整体形象设计包括标准字、Logo、标准色彩和广告语等。首页设计包括版面、色彩、图像、动态效果以及图标等风格设计,也包括 Banner、菜单、标题、版权等模块设计。

制作者在系统分析和总体设计的基础上,将设计任务分解,分配给设计制作组的每个成员,各模块由设计组成员单独承担设计和调试,既有分工,也有协作,最后将各模块上传到服务器,做链接和整体的调试。

(3)调试完善。

互联网媒介制作是一个不断充实和完善的过程,通过不断发现问题、解决问题,不断修改和补充,使其结构趋向合理,内容更加丰富,形式更富有感染力。网站模块初步完成后,上传到服务器,对网站进行全范围的测试,具体包括速度、兼容性、交互性、链接正确性以及程序兼容性和超流量测试等,发现问题,及时解决并记录下来。

(4)维护。

互联网维护是一项艰巨的工作。当网站变得庞大时会有不计其数的图片、网页文件,而其中有一点小问题都可能引起网页错误,所以需要保证整个网站的健康和完整,要建设网站副本,科学地分类保存图片和文字,备份网站文件,除此以外还要注意网站安全问题,可以有效地设置防火墙。一些网站会直接禁止内容的复制功能,这些文字在页面中并不显示,但是复制到其他地方的时候就会自动出现。或者为图片内容添加水印,使网页自动添加"小尾巴"版权信息。一般的建站程序都具有为图片添加水印的功能,只需制作好水印图片上传到网站空间,然后在网站后台设置相关参数即可。

2. 移动新媒体生产流程

从新闻生产流程的角度来看,移动新媒体的出现带动了新闻生产理念的变革。换言之,传统新闻生产的观念与逻辑已经无法适应新的媒体环境,新闻生产需要及时更新观念。

根据移动新媒体的不同类型,可以发现不同新闻生产观念的存在:社会化媒体能够分享一切可以分享的事物;自媒体追求自然、自有、自我以及自律,其基本原则是拥有一切可以拥有的内容;政务媒体包括政务微博、政务微信公众号等,体现的核心思想是公开一切可以公开的内容;数据新闻的产生是大数据时代下新闻的具体表现形态,本质是计算一切可以计算的内容。

新闻生产流程再造,在本质上改变了新闻生产的传统方式,以适应移动新媒体时代的发展要求。未来的新闻生产方式将以电子媒介为依托,在移动新媒体网络时代背景下,达成新闻生产新范式与新标准。新闻生产再造过程需要站在全新的角度去感受与理解,但前提需要解决以下几个方面的问题:其一,新闻生产内涵已经逐渐多媒体化,新闻信息的收集、整合过程能够在多媒体汇集的前提下完成;其二,收集得来的新闻内容与新闻信息,需要经历"评估中心"的先行处理,对素材进行具体判断;其三,有效解决与处理新闻发布的问题,即使是同一主题的新闻产品也可以沿着不同的方向传播,最终在新闻产品消费之后得出反馈的信息与意见。解决了上述问题,移动新媒体时代的再生产问题便能够迎刃而解,并在新闻采集、新闻制作以及新闻营销三个方面开展全新的生产流程再造。

在未来的新闻生产流程中,从业者不仅需要运用较强的叙事技巧与简明的风格来完成写作,还需要熟练使用新的媒介技术,使用多媒体生产的模式。此外,新闻从业者还应当能够综合运用文本语言和计算机语言,发挥网络的多维价值,整合视觉与图形技术等技术元素,最大限度地挖掘新闻生产的核心价值。[1]

(二)互联网内容生产管理

1. 精简原则

互联网网站或应用的封面是主页,而子网页像每一张书页。主页的重要作用是吸引用户浏览网址中的内容。因此,主页的设计应以醒目为上,力求一目了然。堆砌过多不必要的细节,或使画面过于复杂都可能使受众无法集中注意力。在主页上清楚展示媒介的品牌形象,媒介的内容特征以及主页内容需言简意赅、清晰明了。互联网页面给人的第一观感最为重要,生活在互联网中的网民呈指数增长,只有精简且内容丰富,才能留住阅览者。

2. 质朴原则

在网站的制作中,主页上的图片尽量质朴,避免使用字节过大的图片,页面整体尽可能迅速传送。图像愈大、颜色愈深、传送页面的时间愈长,这些都会过度占用使用者的时间。此外,在考虑配合用户的设备时,简单质朴的设计一般更可能在用户的浏览软件中顺利使用。

3. 图像原则

互联网的生产制作必须考虑吸引漫游的用户,并维护其对网站的注意力。万维网的一个重要特征是其多媒体能力,这是对用户吸引的有效手段之一。网页尽量做到画面美观而别具特色,能够足够吸引用户的注意力。图像尽量避免虚饰,网页浏览过程是一个直观的过程,善用图像对用户视觉的吸引可能起到在整体页面中画龙点睛和锦上添花的作用。

---

[1] 何萍:《理念变革、产品创新、流程再造——新媒体环境下的新闻生产分析》,《传媒》2016年10期,95-96页。

4. 主页提纲原则

网站主页主要功能之一是作为漫游工具,指引用户查阅存储在子网页或其他站点的信息,尽量使漫游过程流畅。基于速度的考虑,主页上的链接项目一般只限于最基本的关键词、信息概念或者简单的提纲,而链接的子网页不宜过多,否则会引起用户反感,所以网页应力求在广度和深度之间获取平衡。

5. 新鲜原则

互联网是一个可以时刻更新的媒介,信息的增添和变动打破了传统纸媒页面的滞后性,而具有即时性。网站页面应经常更新,如果页面一成不变,很快会淹没在数以亿计的网页潮涌中。网站可以根据需要定期更新信息、内容和图片,以及同一内容的色彩和网页的样式等。

6. 吸引用户浏览原则

用户浏览量过低的网页会降低自身存在的价值和意义。尽力吸引网民的浏览和点击是互联网生产制作的重要原则。首先,主页要易于寻找,网址避免复杂冗长;可与其他相关网站合作,做一些合理的链接处理;尽量安排自己的网址列在浏览量高的导航网站中,以及搜索引擎结果靠前的位置。在自身的网页中,尽可能在一定的子页面中做主页链接的提示,方便用户随时返回主页。

7. 以用户体验为中心的交互原则

移动新媒体全面运用文字、图片或音视频等多媒体形式,简洁、轻便、灵活地组合成短、小、微的新闻产品,方便移动终端接收,方便用户使用。交互性是移动互联网应用最突出的特征,移动新媒体技术从根本上解决了新闻生产者与用户即时交流的问题,使用户居于新闻生产流程的中心地位成为可能。[1]

五、媒介融合生产管理

(一) 全媒体生产流程

媒介融合一般指多种媒介呈现出多功能一体化的趋势,这种关于媒介融合的想象更多集中于将电视、报刊等传统媒介以及新媒体融合在一起的全媒体景观。"媒介融合"(Media Convergence)这一概念最早由美国马萨诸塞州理工大学的伊契尔·索勒·普尔提出。1983年他在《自由的科技》一书中提出了"传播形态融合",他认为数码电子科技的发展是导致历来泾渭分明的传播形态聚合的原因,词的本义是指各种媒介呈现出多功能一体化的趋势。

随着媒介的发展和技术的更新,媒介融合呈现出诸多全新的特质。媒介融合的核心思想是,"随着媒体技术的发展和一些藩篱的打破,电视、网络、移动技术的不断进步,各类新闻媒体将融合在一起"[2]。近几年,不断有西方学者尝试对"融合新闻"或"融合媒介"做出界定,比较有代表性的观点如美国南加州大学安利伯格传播学院教授 Larry Pryor 认为,"融合新闻发生在新闻编辑部中,新闻从业人员一起工作,为多种媒体的平台生产多样化的新闻产品,并以互动性的内容服务大众,通常是以一周七日、每日24小时的周期运行"[3]。美国新闻

---

[1] 何芳明、莫成:《构建以用户为中心的传统媒体新闻生产体系——基于移动互联网媒体的应用分析》,《湖南大众传媒职业技术学院学报》2018年1期,5-8页。
[2] 高钢、陈绚:《关于媒体融合的几点思索》,《国际新闻界》2006年9期,51-56页。
[3] 蔡雯:《从"超级记者"到"超级团队"——西方媒体"融合新闻"的实践和理论》,《中国记者》2007年1期,80-82页。

学会媒介研究中心主任 Andrew Nachison 将"融合媒介"定义为"印刷的、音频的、视频的、互动性数字媒体组织之间的战略的、操作的、文化的联盟"①。

媒介融合背景中的较为科学和先进的全媒体生产流程,是"波纹式"生产流程。"波纹信息资源管理理论"由道琼斯公司提出,指媒体事件的发生就像一块石头投入水中,会产生很多波纹,波纹一道一道散开,影响面会逐渐扩大。对媒体事件反应速度最快的是手机报,之后依次是电子纸移动报、多媒体数字报刊、公共视频、报刊网络版,最后才是纸质媒体。波纹生产流程的特征是一对多的传播,该生产模式媒介的核心竞争力在于核心资讯的生产和多次多媒体的传播,并通过传播规模及数量降低核心资讯的边际生产成本,从而提高边际收益而获利。

道琼斯公司通过一次生产七次售卖,从而最大限度地降低边际生产成本,最大化地产出综合收益。在道琼斯,一个媒体事件发生,首先报道的是道琼斯通讯社,为其消费者提供第一次服务;其次《华尔街日报》新闻网站跟进,这也是世界上最早赚钱的媒体网站;再次是道琼斯和 GE 合资的 CNBC 电视台;之后参与的是道琼斯广播;然后负有盛名的《华尔街日报》出场,展开更详细的全面报道;接下来接力棒就交到 SmartMoney 等刊物手中,进行深度报道;最后是道琼斯和路透合资的 Factiva——历史最悠久的商业资讯数据库,供收费用户进行检索。放射状的全媒体价值链运营模式一次开发,多次生成,再通过多次售卖,获取增值收益。

(二) 全媒体生产管理

首先对于媒介生产组织而言,需要对传统的生产组织结构进行调整,旨在媒介初级产品能够被不同载体的媒介差异化使用。烟台日报传媒集团、佛山传媒集团、解放日报传媒集团,以及《新民晚报》和《南方都市报》等传统媒体在全媒体生产再造过程中浴火重生,获得了新的活力。

以烟台日报传媒集团为例,它于 2008 年 3 月组建全媒体新闻中心,该中心由三部分组成:一是总编室,在中心内部起新闻指挥作用,在子媒体间起协调作用;二是采访部门,负责日常采访;三是数据信息部,负责稿件标引、背景资料收集,以及针对大事件的前期资料整理和视频音频素材的编辑整理。

通过机构、机制的调整以及全媒体数字复合出版系统的研发,烟台日报传媒集团从集团层面再造采编流程。全媒体新闻中心记者提供"初级新闻产品"。为了避免媒体的同质化,新闻中心和各媒体之间的稿件分两条线:一是特约稿件,设定保护期,为特定媒体专供,保护期内其他媒体无法看到;二是待编稿件,除特约稿件外的所有稿件进入待编稿件库,纸质报、手机报、电子纸移动报、网站、公共视屏等媒体编辑部各取所需进行"深加工",然后重新"排列组合",生产出各种形态的终端新闻产品。

按照传播速度的快慢,通过多种媒介逐级发布、传播,满足不同受众的多元信息诉求,同时展开与读者的互动,收集信息,开展数据库营销。通过内容的集约化制作,完成新闻信息的多级开发,改变媒体之间相互隔离、无法按内在传播规律运营的局面,更好地整合新闻、信息、客户等资源,提高集团的综合竞争力,使集团从"第一时间采写"向"第一时间发布、即时

---

① 蔡雯:《从"超级记者"到"超级团队"——西方媒体"融合新闻"的实践和理论》,《中国记者》2007 年 1 期,80-82 页。

滚动播报"转变。①

对于全媒体媒介产品的生产者管理也有了新的要求。就记者而言,其获取原始资料的手段需多样化,记者被要求一专多能,不仅能够熟练使用传统的相机、录音笔、电脑等设备,还需对可能用到的多种智能手机 App 或者海事卫星电话等媒介载体熟练操作。记者的采访手段也要求多元化,他们应该灵活运用各种采访手段。

对于编辑的管理,要求编辑重心前置,从传统媒体的记者中心制向编辑转移,在全媒体背景下,由于媒体事件的多元和复杂,从现场采写到资料收集整理,再到落笔成文,已不是记者一个人能完成的,编辑需要提前策划和干预采访,拿到初步的新闻产品后,进行深加工,编排出独特风格的产品,编辑的重要性在这一生产过程中得以突显。

第二节 媒介生产成本管理

一、媒介生产成本

(一)媒介生产成本的概念

经济学中的成本是影响产品价格的基本因素。生产成本的两种基本形式:一是固定成本,二是变动成本。媒介生产成本即媒介产品的制造成本,也指媒介生产活动的成本,媒介为生产产品而发生的成本。媒介生产成本是生产过程中各种资源利用情况的货币表示,是衡量媒介生产技术和管理水平的重要指标。

媒介生产成本具体指媒介生产者为生产媒介产品或提供劳动和服务而发生的各项生产费用,包括各项直接支出和制造费用。广义的直接支出包括以原材料、辅助材料、备品备件、燃料及动力等为主的直接材料的购买支出和以生产人员的工资、补贴为主的直接工资形式,以及福利费用等其他直接支出。制造费用是指媒介生产印务过程中发生的各项费用,包括印务工作者管理人员工资、印刷设备折旧费、维修费、修理费及办公费、差旅费等其他制造费用。

媒介生产成本和一般商品生产的区别在于媒介产品作为精神产品的特殊属性影响其直接成本的构成,狭义的媒介直接成本是媒介产品在从其原材料信息源转化为媒介产品过程中所付出的各种费用及付出的其他要素的总和,包括线人收益的新闻线索费、以稿费和调查费为主的记者费用,以及编辑制作费用。

(二)媒介生产成本的作用

在市场经济条件下,媒介产品成本是衡量媒介生产消耗的补偿尺度,媒介必须以媒介产品销售收入抵补产品生产过程中的各项支出,才能确定赢利。因此,在媒介成本管理中生产成本的控制是一项重要的工作。生产成本法是目前世界上普遍采用的一种成本计算方法,用生产成本法计算成本时,将生产经营过程中发生的直接材料费用、直接人工费用和制造费

---

① 郑强:《从传统报业到全媒体的探索之路》,《传媒》2008 年 10 期,37-39 页。

用计入产品成本,而管理费用、财务费用和销售费用不计入产品成本,仅作为当期费用直接计入当期损益。

媒介生产成本是媒介为生产一定种类、一定数量的媒介产品所发生的直接费用、直接人工和间接制造费用的总和。媒介产品原材料消耗水平、设备利用的充分程度、媒介从业者劳动生产率的高低、媒介产品技术水平是否先进等,都会通过媒介生产成本反映出来。换言之,媒介生产成本的控制是反映媒介生产经营效果的晴雨表。

(三)媒介生产成本的构成

媒介生产成本一般主要由直接原材料、直接人工和制造费用三大部分组成。直接材料是指在生产过程中的劳动对象,通过加工使之成为半成品或成品,其使用价值随之变成了另一种使用价值。例如,报纸的直接材料包括油墨、纸张、包装材料、燃料、胶卷等设备。

直接人工是指生产过程中所耗费的人力资源、可用工资额和福利费等。例如,报纸的人工成本包括采编人员薪资、管理者薪资、普通工作者薪资,以及奖金福利、差旅费等。电视的人工成本涉及编导、监制、演员、摄像师、场记以及化妆师、录音师、道具师、后期处理人员的薪资等。

制造费用则是指生产过程中使用的厂房、机器、车辆、设备等设施及机物料和辅料,这些耗用一部分是通过折旧方式计入成本,另一部分是通过维修、定额费用、机物料耗用和辅料耗用等方式计入成本。报纸的燃料成本包括水电费、燃气费、暖气费、汽油、柴油等费用,设备折旧费用涉及电子拍照系统、打印设备、电脑、录音设备、摄像设备等折旧费用。电视制造费用除了直接的设备购置与折旧,还包括摄像设备、录音设备、转播车、升降机、灯光设备、道具、布景等器材设备的购置与折旧,以及后期编辑处理时的制作费用,涉及剪辑、三维特技处理的费用等。

(四)媒介生产成本的影响因素

一般影响媒介生产成本的因素在特定的环境中包括媒介生态环境、媒介产品产量、媒介产品性质、媒介生产技术、媒介管理水平。

1. 媒介生态环境

媒介的生存环境被称之为媒介生态,涉及经济、政治、文化、行业竞争和社会诸方面。媒介生态与媒介产品生产成本的关系一如自然界,媒介生态可以直接或间接地影响到媒介产品生产的各个环节,从而影响媒介产品的生产成本。

如果媒介所处地域的媒介生态较好,则媒介生产过程中对各种关系处理和沟通时付出的成本会降低;反之,媒介在日常运作中所付出的成本增加。在一定程度上媒介生态的好坏甚至能够直接影响一个地区传媒业的整体发展。媒介为适应媒介生态付出的成本具体包括媒介产品采集成本、同行业竞争成本、公关成本以及公信力构建成本。

2. 媒介产品产量

媒介产品产量对于媒介生产成本的影响有两个方面:

一是媒介产品产量的增减能够直接决定媒介单个产品的边际成本的高低,进而影响生产总成本。尤其在新媒体时代,科技含量高的媒介产品初始生产成本较高,大规模复制生产过程中边际成本可能无限接近零,而大规模的媒介产品产量将直接决定最终的生产成本总额。

二是传统媒介的产品产量直接影响生产总成本的高低。

3. 媒介产品性质

无论是报纸、杂志还是广播电视、互联网,其媒介产品的生产成本都会受其载体介质的差异性影响。在纸质媒体中,杂志常使用铜版纸,印刷精美,对色彩和纸质的要求较高,其成本一般会高于普通报纸的用纸成本及印刷成本。纸质媒介产品的生产边际成本会高于以互联网为载体的媒介产品。就电视而言,除了音频效果还需要视频效果,所以生产时所需的设备成本会高于广播媒介产品。

4. 媒介生产技术

媒介生产技术水平是直接影响媒介生产成本的因素之一。媒介生产技术水平的提高,能够相应地提高其生产效率,缩短生产时间,降低媒介生产成本。比如中国的印刷术,春秋战国末期在丝织品上采用阴图纹镂空版印花的孔版印刷术,隋末唐初出现雕版印刷,北宋时期印刷巨匠毕昇采用活字印刷术,在随后的千年发展中,印刷术出现凹版印刷、平版印刷等技术革新,每一次变革都带来传播成本的降低和生产效率的显著提高。

5. 媒介管理水平

媒介管理能够协调和整合媒介资源配置,是媒介充分利用最少的媒介资源而谋取最大效益的过程。媒介管理水平高,对包括原材料在内的媒介资源的利用率也会越高,媒介产品生产成本因而降低;反之,媒介管理水平低,则会导致对资源的低利用率,媒介产品生产成本升高。围绕生产过程中的各个环节对生产要素进行有序和有针对性的管理,能够有效节省成本。

二、媒介生产成本管理

生产成本是所有生产者获取利润的基石。无论是初始的设计、过程中的生产、后期的销售还是跟踪的服务,这些和成本息息相关。加强成本管理是建立媒介现代企业制度的必然要求。所谓媒介生产成本管理,指媒介根据一定时期预先建立的成本控制目标,由成本管理主体在其职责范围内,在媒介生产发生以前和发生过程中,对影响媒介生产成本的因素和条件采取的一系列协调和辅助措施,以保证媒介生产成本管理目标实现的管理行为。

科学地进行媒介生产成本管理,在一定程度上能够促使媒介有效地改善媒介经营管理,全面提高媒介的水平,使媒介在错综复杂的媒介市场竞争环境中巩固自身的地位并脱颖而出,同时能够预防媒介资源浪费。生产成本优势的取得对于企业的生存和发展至关重要,"成本领先"是现代市场竞争理论的三大基本战略之一。对于竞争已成常态、市场日渐成熟和规范的传媒业来说,加强媒介生产成本管理具有重要的意义。

媒介的成本管理策略可以从物质成本管理、人力成本管理、媒介产品业务外包策略、合理编制媒介生产成本计划、内部成本核算管理、发展成本管理六个方面考察。

(一) 物质成本管理

媒介生产的物质成本是媒介在生产过程中用于物质资料的支出,包括原材料消耗、固定资产折旧、基础设施运行等方面的费用。媒介产品虽然是精神产品,但在生产中不可避免要消耗大量物质资源。因此,对物质成本进行控制,是媒介成本控制的重要内容。

首先是对纸张的节省。2006 年,美国伊利诺伊州日均发行量达 56665 份的《罗克福德登记明星报》将 30 磅的新闻纸换成了 27 磅,节省了 6% 的纸张开支,当明星报刚把新闻纸换成

27磅时,印刷中就出现了透印及掉毛的现象,但之后他们发现只要将油墨密度从220调到180就可以避免这种现象。《洛杉矶时报》在2006年也将新闻纸从30磅换成了27.8磅。据美国报业协会的估算,54英寸的版面宽度缩小到50英寸能为报社节省8%—10%的开支,显然瘦身的意义重大。2009年3月2日,《洛杉矶时报》开始对报纸版面进行大幅调整,每天的报纸缩减为四叠,取消原先的加州新闻叠,归入要闻叠。

再例如2006年8月,甘尼特报团旗下的《维萨利亚三角洲时报》和《图莱里预先登记报》率先将版面宽度改为44英寸,之后其他报纸也纷纷效仿。甘尼特报团通过这种方式节省了8%的开支。

除了节省纸张,对于油墨的节省同样被关注。美国两家主要的墨水生产商富林特集团和美国太阳化工集团,2007年都宣布油墨价格将上涨6%—11%。为了降低油墨开支,一些报纸购买了油墨使用优化软件到工作流程系统中,优化软件里的统一运算法能减少四色印刷过程中青色、洋红色以及黄色油墨的使用,取而代之的是更便宜的黑色油墨。这样印出来的成品能保持同样的质量。纽约《梅尔维尔新闻日报》希望通过引进油墨优化软件OneVision来节省5%的油墨开支。2008年,甘尼特报团内几乎有50家报纸都使用了GMG油墨优化者软件,最多能省下10%的总开支。

相较于报纸,广播、电视和互联网在媒介生产成本方面规避风险相对更容易。但在竞争激烈的媒介市场环境中,也可能面临广告量骤减、股价下跌、发行市场萎缩的境况。2009年全年NBC环球公司减少了3%约5亿美元的预算开支,CBS和维亚康姆公司也调低了赢利预期。而其他一些如电影、电视剧之类的大传媒娱乐产业,也积极采取推迟影片上映,压缩电视剧的长度和数量、停止基础建设等措施管理生产成本。

(二) 人力成本管理

媒介人力成本是指媒介在一定时期内,在生产、经营和提供劳务活动的过程中,因使用劳动者而支付的所有直接费用与间接费用的总和。传媒业属智力密集型行业,人力成本一直占据着成本支出的重要组成部分。

媒体评论员斯特拉普把传媒机构裁员列为2008年"十大报业新闻"之首。麦克拉·奇公司先后两轮裁员,削减了2500个工作岗位;美国论坛公司裁减了1000多个职员。2008年,不管是美国的全国性大报,还是地方"小报",都先后举起了裁员"利斧"。2008年4月,《纽约时报》在最后期限到来前买断了70名工作人员;《华盛顿邮报》猛减了100多个工作岗位;8月,甘尼特公司宣布在全国84家日报——包括《今日美国》报和近900家非日报出版物中减少1000多个工作岗位;10月,《洛杉矶时报》宣布裁员10%。除了这些全国性大报,小型报纸的裁员情况一样令人胆战心惊。新泽西州的《纽瓦克明星档案》有300名职员买断,《亚特兰宪政日报》和《新闻日报》分别减少100多个工作岗位。① 美国东部最大的报纸《洛杉矶时报》2009年初宣布再次裁员300人,其中新闻采编部门被裁人数为70人。

2009年,美国报业在金融危机的影响下一季度报纸广告销售下跌了30%,前25家大报中,有23家订阅量减少了7%至20%。上百家报纸倒闭,直接导致裁减万余职位。即使是实力雄厚的国际传媒集团,如时代华纳、默多克新闻集团、维亚康姆集团、BBC等,也在全球范围内分别裁员上千人之多。为了应对金融危机的美国新闻传媒,在管理人力成本上相继

---

① 叶再春:《美国传媒应对危机面面观》,《传媒》2009年4期,64-66页。

实施了裁员、减薪、停薪、无薪休假及取消分红等措施；在采编环节收缩"战线"，减少外地派驻记者。这些举措在一定程度上减少了人力成本的支出。

包括雅虎、eBay、谷歌等网络巨头在内的媒体在2008年金融危机中也纷纷宣布裁员减薪。2008年10月6日，eBay正式宣布裁员10%，即1500名员工，其中既包括1100名来自eBay拍卖部门的员工，也包括400名来自eBay支付子公司的员工。雅虎在2008年10月21日宣布：由于经济不景气，第三季度净利润骤降64%，将在全球范围内至少裁员10%，人数大约为1500人，预计每年可节省开支5亿美元。而雅虎2008年1月份就已经宣布裁员千人。

从2018年到2019年，在资本寒冬的背景下互联网公司的裁员潮成为现实，阿里巴巴、百度、哔哩哔哩等近30家互联网公司都进行了不同程度的裁员。2020年受到新冠疫情影响，全球经济受到冲击。2020年6月，英国新闻集团公司（News UK）首席执行员布鲁克斯称，新闻集团将在英国报纸和电台业务部门裁员，作为削减成本而评估业务的一部分；9月，迪士尼宣布为了削减开支，计划将乐园业务裁员2.8万人。

从节省层面而言，裁员减薪是人力成本管理中较为直接且有效的办法之一，但其负面影响也很大，可能有损企业的社会声誉，而且会伤害员工对组织的认同情感。媒体最需要做的是对人力成本进行更精细的管理，降低隐性成本，提高人均产出，裁员减薪只是成本管理中的保守选择。毕竟，未来企业的发展仍然要以人为本，仍然需要员工的努力与付出。

（三）媒介产品业务外包策略

中国传媒业的发展处在改革进程中，培育和提升核心竞争力，过分集团化和多元化在一定程度上也会产生负面效应。在对媒体自身的优劣势进行认真细致分析的基础上，整合和集中媒体内部的优势职能及有竞争力的资源，将无益于竞争和赢利的不具备资源优势的业务外包出去，委托专业化公司和组织，是谋求发展的另一种思路。

媒介能够依据自身的特殊处境选择一种或多种业务外包形式。媒介产品业务外包策略是供应链管理思想的重要组成部分，将其引入媒介生产管理中，有助于媒介核心竞争力的提高。媒介业务外包的形式有市场调查业务外包、人力资源管理外包、财务管理外包、内容制作外包、广告业务外包、发行外包以及后勤业务外包，以下择要介绍。

1. 市场调查业务外包

在媒体竞争比较激烈的地域，使用媒介调查公司做调查的媒体比例非常高，而这些调查数据大多成为辅助媒体进行战略决策、错位竞争的依据。这些媒介调查行业的业务范围涉及从电波媒体到平面媒体、从视听率调查到广告监测、从受众调查到消费形态分析、从满意度调查到数据库管理等很多领域。建立在科学基础上的媒介市场调研成为媒体了解受众、跟踪竞争对手、进入细分市场、进行差异化竞争的有效手段。现在的广告主日益重视媒体的覆盖区域和受众构成。他们需要的是在目标区域内高密度覆盖媒体，需要了解报纸的真实发行量与阅读率、电视节目的收视率和观众构成，以实现低投入，高产出，不浪费广告费。为了最大限度地赢得广告收入，媒体必须了解自己的频道、节目和观众，并在此基础上进行节目编排和制作来提高收视率，迎合广告主的要求。指导节目合理编排，与对手错位竞争的便是媒介调查的数据。媒体自身的调查机构，无法获得广告客户和业界的完全信任，因此把调查业务外包给专业化和有知名度的市场调查公司，可以获得广告客户和市场的信任。面对市场出现的各种新挑战，媒体业务外包，使媒体成功"瘦身"，专注于核心业务的运作，有助于形成核心竞争力,应对新的挑战。①

2. 人力资源管理外包

媒介生产中的人力资源外包,是指媒介根据自身的需要将某项人力资源管理工作或职能外包出去,交由外部的专业组织、集体或者个人进行管理,以专注于人力资源的核心战略性发展,实现媒介效益最大化。

人力资源管理外包渗透企业内部所有的人事业务项目,包括人力资源建设规划、考核评价制度建立与创新、人事管理流程整合、员工满意度调查、薪资调查及改革方案设计、培训方案与实施、劳动仲裁、企业文化定位设计等方方面面。② 人力资源管理外包,有利于媒介减少行政性、事务性人力资源活动上的投入和开支,从而有助于集中媒介优势资源,提高媒介核心竞争力,同时外包有利于规范管理和完善制度,帮助媒介建立完善的人力资源管理制度,更易于吸纳优秀的媒介精英人才。

3. 财务管理外包

现代媒介生产管理的复杂化和媒介市场环境的风起云涌,现代财务管理日趋规范和细化,这些对媒介财务管理提出了更高的要求。在激烈的媒介竞争中,媒介财务管理职能的地位在媒介运营中的作用越来越重要,分工越来越精细。有些媒介因为财务管理过程中的执行和管理的缺陷和不足可能影响到媒介的竞争力发挥。

媒介财务管理外包具体指在媒介为了降低成本和提高效率,从而能够专心于发展核心竞争力,使用签约的方式授权专业财务管理服务组织承担自己的部分财务管理职能和操作的经营方式。财务管理外包的形式包括薪酬外包、税务外包、财务报告外包、营收账款外包以及差旅费用管理外包等方式。

4. 内容制作外包

拓展资料

内容制作外包在中国的雏形是20世纪90年代初提出的制播分离,而电视剧是制播分离的试水之作。当时,中央电视台和北京电视台等具备实力的电视台均努力尝试成立电视剧制作中心,尽力实现电视台体制内的制播分离。制作与播出分工是电视媒介发展的趋势,分工合作是市场经济甚至是文明社会的一个重要标志。综观我国电视业的发展历史,我们不难发现,一直以来整个产业所采用的都是制播合一的模式。这种模式的核心就是自产自销、前店后厂,节目的制作和生产占据了整个电视台绝大部分的人力和财力,但相对于生产部门的庞大,电视产品的品牌推广、市场营销以及资本运作部门却非常薄弱。随着市场经济的快速发展和媒介产业化进程的不断深入,这种模式的弊端也就日益突出:首先是自产自销的模式造成节目质量低下;其次是由于缺乏竞争导致节目专业化程度低;最后是机构臃肿、人浮于事导致效率低下。③ 2009年,国家广电总局下发《关于进一步规范广

---

① 刘建强:《业务外包:媒体"瘦身"之道》,《青年记者》2006年8期,92-93页。
② 魏秀敏、王乃彦:《服务外包教程》,中国商务出版社,2008年版。
③ 李小健:《从制播分离看电视传媒的市场走向》,《电视研究》2009年4期,21-22页。

播电视制播分离改革》的通知。所以,广播电视行业的内容制作外包势在必行。因传统的阅读习惯和阅读心理,中国纸媒内容制作外包还在探索中行进。互联网媒介的内容外包则日趋成熟,一般在互联网上内容提供商能够提供大量丰富且实用的信息,包括搜索引擎、虚拟社区、电子邮箱、新闻娱乐等。

5. 广告业务外包

现在的广告公司越来越专业化,服务的全方位和精良的制作能够弥补很多欠缺。媒体所面对的广告商可能分散而业务繁杂,专业的广告代理可以节省媒介的人力资源和时间精力,同时媒介也能够规避广告主违约的风险。

6. 发行外包

1949年全国报纸经理会议和第一次全国邮政会议召开,1950年人民日报社与邮政总局签订《关于报纸发行工作的协定》,标志着报纸发行的外包进入实施阶段,当时的叫法是"邮发合一"。[①] 因为市场经济改革的深入,"邮发合一"逐渐不能适应报社的发展,自办发行的报刊社不断增加,更多的报社尝试将发行业务"外包"给其他社会组织,如新华书店、发行公司、物流公司等。自办发行不能获得经济效益的区域和市场,依靠外包渠道发行,既可以节省发行成本,规避经营风险,又可以满足读者要求。近年,中国民营发行企业有效拓展了报刊业市场,降低了纸媒发行的成本,以服务和效率赢得了市场认同。

(四)合理编制媒介生产成本计划

在现代市场经济的境遇中,媒介生产成本管理的重要方法之一是合理地编制成本计划。媒介成本计划是媒介生产经营总预算的一部分,指在媒介成本预测和决策的基础上,根据计划期的生产任务、降低成本的要求及其相关资料,通过一定的程序,运用一定的方法,以货币形式规定媒介在计划期内产品生产消耗和各种产品的成本水平、相应的成本降低水平及为此采取的主要措施。媒介成本计划属于媒介生产成本的事前管理,是媒介生产经营管理的重要组成部分,通过对成本的计划与控制,分析媒介实际生产成本与计划成本之间的差异,指出有待加强控制和改进的领域,达到充分整合利用资源、促进媒介发展的目的。

媒介生产成本计划内容可以分为两大类:一类是费用计划。其按媒介生产费用要素以及生产费用用途反映媒介生产损耗。按生产要素反映可以编制材料费用预算、工资费用预算;按费用用途反映可以编制制造费用预算。另一类是按媒介产品品种编制,反映计划期各种产品的预计成本水平的产品成本计划。产品成本计划一般包括主要产品单位成本计划和全部商品产品成本计划。

成本计划的作用一是作为达到媒介目标成本的一种程序,使媒介从业者明确成本方面的奋斗目标。二是成本计划是推动媒介实现责任成本制度和加强成本管理的有效手段。成本计划是评价考核企业及部门成本业绩的标准尺度,媒介生产成本计划的编制过程。

1. 媒介成本计划的编制原则

制订媒介生产成本计划是项目成本管理的重要决策过程,媒介成本计划是遴选可行技术和经济合理地降低成本的优化方案。通过媒介成本计划把目标成本层层分解,落实到项目实施过程中的每个环节,以调动全部媒介劳动者的积极性,有效地进行成本控制。编制成本计划的程序,因具体媒介项目的规模、管理要求的差别而不同,大中型项目一般采用分级

---

① 李时新:《我国报纸发行的外包》,《新闻记者》2007年5期,74-76页。

编制的方式,即先由各部门提出部门成本计划,再由项目经理部汇总编制全项目的成本计划;小型媒介项目可以采用集中编制的方式,即由项目经理部先编制各部门成本计划,再汇总编制全项目的成本计划。

2. 收集整理资料

收集和整理资料是成本计划的基础工作。主要收集的资料有:

(1) 国家和上级部门有关编制成本计划的规定。

(2) 项目经理部与企业签订的承包合同及企业下达的成本降低额、降低率和其他有关技术经济指标。

(3) 有关成本预测、决策的资料。

(4) 项目的施工图计划、施工计划。

(5) 施工组织设计。

(6) 项目使用的机械设备的生产能力及其利用情况。

(7) 项目的材料消耗、物资供应、劳动工资及劳动效率等计划资料。

(8) 计划期内的物资消耗定额、劳动工时定额、费用定额等资料。

(9) 以往同类项目成本计划的实际执行情况及有关技术经济指标完成情况的分析资料。

(10) 同行业同类项目的成本、定额、技术经济指标资料及增产节约的经验和有效措施。

(11) 本企业的历史先进水平和当时的先进经验及采取的措施。

(12) 国外同类项目的先进成本水平情况等资料。[①]

3. 确定生产和销售预算

预计和分析上年成本计划完成情况,确定生产和销售预算。

4. 成本指标的试算平衡

在对上期成本计划完成情况分析的基础上,考虑计划期各种因素的变化和增产节约的措施,进行反复测算,确定计划期的目标成本。成本指标的试算平衡还要其他计划指标进行综合平衡,如产品材料计划和物资供应计划、成本计划和资金计划的互相衔接平衡。

5. 编制成本计划

通过试算平衡,结合媒介的经营要求就可以正式编制媒介公司的成本计划。

(五) 内部成本核算管理

现代企业制度中,进行媒介生产成本管理的重要方法之一即内部成本核算,其为媒介生产成本管理的重要组成部分。成本核算的有效管理是媒介生产成本管理的重要途径,能够进一步推进媒介现代企业制度的完善和市场化程度的提高及成熟,并一定程度增加媒介利润,是提高媒介资产使用率行之有效的方法。

无论是报纸、杂志等纸质媒体和广播电视等传统媒体,还是互联网新媒体,合理地进行内部成本核算都是有效的。

(六) 发展成本管理

"发展成本"的概念是牛文元教授与美国学者哈瑞斯在 1996 年联合提出的。作为"发展

---

① 孙慧:《项目成本管理》,机械工业出版社,2010 年版。

成本"概念的首倡者牛文元教授解释其通常所谓的"区域发展成本"或称"区域开发成本",是指一个国家或地区为了支持经济起飞并实现区域战略发展目标,必须进行基础设施建设所花费的成本。

"发展成本"不属于特定的成本类别,但作为成本的一个重要组成部分事实上却存在。媒介发展成本就是指以实现一定的经济和社会效益为目标,媒介在选择既定的发展道路或者实践期冀的发展模式、进行重大战略决策的过程中所支付的成本。

媒介为了未来的战略发展,必须进行一系列投入作为积累。归根而言,发展成本的管理成效在于未来,而非当下。考察现今媒介市场的远景,媒介融合和数字化媒介是未来的发展趋势,传统媒体可能在一个缓慢下滑的趋势中被淘汰,也可能经过凤凰涅槃寻出新的发展路径而成长,另辟蹊径则是需要寻找新的赢利模式。

当前媒介融合以及向新媒体转型可能会带来设备、人力成本的上升。但随着网络技术的发展和普及,淘汰或者被迫转型带来的是付出更大的成本,因为在一种媒介产品成熟期的饱和市场中,后来者的进入壁垒会更高。因此,媒体在考虑发展成本时,具备历史观和全局观,这些对发展成本的态度和行动对于传统的纸媒来说尤为重要。长远来看,传媒业的生产效率必然和数字化的工作方式紧密相连,经营领域和赢利空间也随数字化程度和媒介融合契合度的提高而拓展和提升。

媒介成本管理是媒介的长期战略,战略性生产成本管理才是成本管理的高级形态和成熟的发展路径,其关键是通过合理的发展决策,保证媒体的长期竞争力,以求收入持续增长,实现成本的相对节约。媒介发展成本管理实际上是一种媒介发展战略规划,具有发展意义的战略决策本身就是节约成本,为了长远的生产成本管理铺垫了坦途,这对于期冀走向国际的中国传媒产业来说具有启示意义。

低碳经济时代,对媒介生产成本的科学管理,具有一定的社会意义和现实意义的。媒介生产成本管理通过节约物力、人力、时间等成本资源来达到经济效益的最大化,归根结底就是通过挖掘内在的潜力而避免浪费资源,这是一种科学的管理方法。其核心理念符合社会主义科学发展观的"全面协调可持续"的基本要求,有助于实现建设"节约型社会"的目标。

中国媒体在成本控制上也在不断进行有益尝试,如加强成本核算、开展网络业务等。在经济全球化的今天,中国媒体应居安思危,摆脱过去不计成本的粗放型发展模式,尽可能地实现成本管理的精细化、常态化和科学化。

值得注意的是,媒介生产成本管理有一个不可逾越的底线,即不影响媒体的核心竞争力,特别是新闻采编、内容生产这个主营业务。因为核心竞争力的保存,能够使媒体的市场境遇柳暗花明,甚至绝处逢生。无论何时,"内容为王"都是传媒业的生存之本,需避免媒介生产成本的管理给内容生产带来的负面效应。

1. 什么是媒介生产管理?
2. 如何做好报纸生产流程管理?
3. 如何做好广播电视生产流程管理?
4. 如何做好互联网生产流程管理?
5. 如何理解媒介融合生产管理?
6. 如何加强媒介生产成本管理?

第六章

媒介财务管理

在媒介企业不断走向成熟的过程中,财务管理始终扮演着一个非常重要的角色。本章的内容可以分成三大部分:媒介财务管理的内容和要求、媒介财务管理的实施、媒介财务状况的监测。通过三方面的学习可以更好地解释媒介企业在产业化过程中已经遇到和即将遇到的问题。本章对财务管理专业知识只做了粗浅的介绍,力图在财务管理与媒介传播这两个不同的学科中找到知识的契合点。

第一节 媒介财务管理的内容和要求

一、媒介财务管理的重要性

世界上任何一个成功的企业都离不开良好的财务管理机制,我们甚至可以这么说,一套良好的财务管理机制关系到整个企业的兴衰成败。

在媒体集团化、产业化日趋成熟的今天,媒体产业内部的财务管理部门正在成为传媒集团当中最为重要的部门。特别是在传媒集团日趋庞大之时,每天有大量涉及采编、广告、发行、投资等方面的现金不断地流入流出,没有一个完善的财务管理系统企业根本无法运行,更遑论良性发展。除了处理企业每天的现金流之外,拥有一套良好的财务管理系统才能使得传媒集团对大规模的资本运作(比如企业重组、并购、上市以及企业资源的最佳投资)进行前瞻性的分析,拟订完备的计划,最终顺利地实施。而这点也正是传媒集团走上良性发展道路的真正关键所在。特别是目前我国的传媒集团的成熟度还不高,要取得更好的发展只有依靠形成真正的现代传媒企业制度,尤其是财务管理制度,才能够跟上国际传媒发展的步伐。

二、媒介财务管理的作用

首先,我们先来看看什么是财务管理。财务管理是在一定的整体目标下,关于企业资产的购置、融资和管理。

财务管理的决策功能可以分成三个主要领域:投资决策、融资决策和资产管理决策。①

其次,我们从广义上来看企业的财务管理的作用。企业财务工作包括两部分:一是会计核算,二是财务管理。会计侧重于核算,财务侧重于管理,二者都以资金运动为工作的对象,会计核算主要从资金运动的事后着手,财务管理则从资金运动的事前着眼。这两个部分既相对独立又不可分割,如果没有会计的核算以及对现金流的统计,财务管理就无从谈起。

接下来,我们来看看具体到传媒集团当中时,媒介的财务管理起到了什么作用。

1. 提供计划与决策

媒介的财务部门必须认真研究分析有关历史资料及公司的经营状况、经营信息,制作相应的财务报表,对公司未来的财务指标做出估计和判断,制订财务计划,然后提供给财务部门主管分析,最后送达企业的决策层,作为决策层分析制定企业战略的重要依据。

媒介的财务预测有别于一般企业的方面主要包括广告销售的预测、节目销量的预测、资金流量的预测、节目制作成本和利润的预测四个方面。媒介的财务计划是以货币形式综合反映计划期内进行生产经营活动所需要的各项资金、预计的收入。也就是说,财务计划是预测资金的来源和使用,提出资金使用的要求,它关乎整个媒介的基本运作。

2. 控制作用

(1) 现金流的控制。

一个跨国传媒集团的财务部门其实相当于一个跨国银行。和记黄埔的首席财务官曾经自豪地说:"我们的司库(现金控制队伍)的现金管理能力比世界上任何一个银行都成功。"财务部门应当对风险投资、现金管理以及银行利率等非常熟悉、随时掌握,知道如何合理、有效地管理现金,让公司的资金在每个时段都发挥最大的价值,创造最大化的利益。②

SMG 总裁黎瑞刚在接受北京大学传播学博士李岚的专访时谈到自己在美国 GE 公司访问时最大的印象就是 GE 非常重视在财务方面现金流的管理,所谓集权,很重要的一个方面体现在财务管理制度的执行,尤其是资金的调度和现金流的管理,让资金在整个集团里用活。黎瑞刚还认为企业的财务管理当中很重要的一块就是保证企业有一个健康的现金流。③ 由此可见现金流的控制在媒介财务管理当中的重要作用。

(2) 控制子公司。

媒介集团主要通过财务报表和现金流两方面对子公司进行控制。子公司总经理就重大业务向集团总裁申请批准后,对子公司管理有相当大的权力。集团对子公司进行具体管理,财务报表是最重要的甚至是唯一的手段。此外,子公司在运营中会产生大量的现金流,集团可以对不同子公司的现金进行合理调动,比如去投资其他领域。④

(3) 控制平衡财务收支。

平衡财务收支是媒介产业财务控制的主要内容。其任务是根据实际情况,积极调度、合理组织资金,以保证运营的合理需要。平衡财务收支的方法是增加收入(主要是广告额以及节目销售额)以平衡支出;降低消耗、节约开支以平衡收入;此外,还可按规定程序向社会融

---

① 詹姆斯·C.范霍恩、小约翰·M.瓦霍维奇:《现代企业财务管理(第 11 版)》,经济科学出版社,2002 年版。
② 张志安、王建荣:《海外传媒集团的财务管理》,《新闻记者》2003 年 7 期,50-52 页。
③ 李岚:《国有广电传媒集团的产业链和品牌运营——上海文广新闻传媒集团总裁黎瑞刚访谈录》,《视听界》2004 年 4 期,16-22 页。
④ 张志安、王建荣:《海外传媒集团的财务管理》,《新闻记者》2003 年 7 期,50-52 页。

资,向银行贷款或者上市。我国的上市传媒公司有电广传媒、博瑞传播、东方明珠、中视传媒、歌华有线、新华传媒、华谊兄弟、凤凰传媒、南方传媒等。

3. 监督作用

媒介企业的财务监督主要是利用货币形式对企业的经营活动实行的监督。具体来说就是对资金的筹集、使用、消耗、回收和分配等活动进行监督。媒介企业财务管理的监督作用是非常重要的一个部分,我们将在后面专门论述。

4. 规划资本运作

众所周知,企业的资本运作是企业管理中的最高级形式。暂且不说世界上那些大的传媒集团,以国内比较成功的 SMG 为例。SMG 是中国目前产业门类最多、产业规模最大的省级新型主流媒体及综合文化产业集团。截至 2017 年底,SMG 共有职能部门 12 个、事业部 7 个、一级子公司 14 家、上市公司 1 家、二级子公司 74 家、三级子公司 4 家,共有从业人员 15000 余人,总资产达 584.85 亿元,净资产 409.35 亿元。业务涵盖媒体运营及网络传输、内容制作及版权经营、互联网新媒体、现场演艺、文化旅游及地产、文化金融、视频购物等领域。①

(1) 媒体运营及网络传输。

广播频率(13 个):上海新闻广播、东广新闻资讯广播、交通广播、故事广播、戏曲广播、东方都市广播·899 驾车调频、经典 947、动感 101、Love Radio103.7、KFM981、五星体育广播、第一财经广播、浦江之声。

电视频道(13 个):东方卫视、新闻综合频道、都市频道、电视剧频道、第一财经、五星体育、纪实频道、艺术人文频道、ICS 外语、东方购物、哈哈炫动卫视、东方卫视国际海外频道、东方电影。

全国数字付费电视频道(15 个):都市剧场、欢笑剧场、动漫秀场、全纪实、东方财经·浦东、法治天地、七彩戏剧、幸福彩、游戏风云、魅力音乐、生活时尚、极速汽车、劲爆体育、新视觉、金色频道。

报纸杂志(6 种):《第一财经日报》《第一财经周刊》《陆家嘴》《上海电视》《每周广播电视》《上海广播电视研究》。

网络传输:无线传输、有线传输和卫星传输。

(2) 内容制作及版权经营。

包括新闻、综艺、社教、体育、影视剧、动漫及纪录片等各类内容制作。旗下五岸传播公司专事集团内外的节目版权交易。

(3) 互联网新媒体。

旗下新媒体产品主要有 BesTV 平台,包含 IPTV、OTT、移动客户端等;融媒体新闻产品"看看新闻 Knews",包含看看新闻客户端、24 小时直播流等;互联网音频社群应用"阿基米德";"第一财经"新媒体矩阵,包含一财网、一财客户端、一财全球(Yicai Global)等。

(4) 现场演艺。

院团:上海话剧艺术中心、上海歌舞团、上海杂技团、上海爱乐乐团、上海滑稽剧团、上海木偶剧团、上海轻音乐团。

---

① SMG 简介,https://www.smg.cn/review/201406/0163874.html,2019-10-22。

学校：上海市马戏学校。

场馆：梅赛德斯-奔驰文化中心、上海国际舞蹈中心、美琪大戏院、兰心大戏院、艺海剧院、人民大舞台、上海马戏城、ET聚场等。

票务：上海文化信息票务中心。

舞美：上海舞美艺术中心（上海舞台技术研究所）。

（5）文化旅游及地产。

拥有东方明珠广播电视塔、上海国际会议中心、东方绿舟等诸多知名文化地标。下属东方明珠置业有限公司从事文化地产的综合开发及运营管理。

（6）文化金融。

上海文化广播影视集团财务有限公司是全国广电系统首家财务公司，是一家以加强SMG集团和东方明珠股份公司资金集中管理和提高资金使用效率为目的，为SMG成员单位提供财务管理服务的非银行金融机构。

（7）视频购物及其他。

旗下东方购物是中国目前规模最大、最具特色的视频购物服务提供商。[①]

此外，SMG还涉足主机游戏及手游、财经大数据、电视后期制作、技术系统服务、少儿艺术教育等产业。可以看到SMG集团的整个产业架构中，媒体只是这个大传媒集团当中的一部分，并不是全部。其余部分都是SMG集团通过不断的资本运作，包括重组并购所得，这样集团才能做大做强做好。

最后，我们来探讨一下如何发挥媒介财务管理的作用。

1．明确财务管理工作在企业管理中的地位

财务管理的工作对象是资金运动，只要有资金运动就离不开财务管理。这里应该避免两个误区：一种认为财务管理就是管钱，只要管住钱就可万事大吉，重资金轻核算。其实这是大大的错误，因为只有加强内部核算，才能真正做到节支降耗；另一种认为财务管理就是管财务部门，把财务部门与其他管理部门割裂开来，财务管理的触角不能延伸到各项管理工作之中。其实从企业管理的目标、对象、内容、职能上来看，财务管理都是在企业的管理的中心，它正如一个心脏，控制着企业的血液循环，也就是资金循环。一般说来企业的财务管理部门主管对整个企业的运营流程最为熟悉，也最能够管理好企业。所以很多企业的CEO往往都是CFO（首席财政官）出身。

2．要有一支高素质的财会队伍

媒介企业的财务管理与过去计划经济体制的财务管理完全不同，但又和完善的市场经济体制下的财务管理还有一定的差距。媒介企业的产业化正在如火如荼地进行，这其中必然有机遇也有困难，只有适应转变中的形势，才能搞好财务管理工作。而要适应这种环境，就必须了解它、掌握它。这就需要财务人员不断加强学习，熟悉法律环境、金融环境、税务环境及经济环境等，从而制定出与这些环境相匹配的各项管理制度。由于媒介行业的特殊性，它作为党的喉舌就注定了其企业运营方式并不与普通的企业运营方式完全相同。这就更需要我们媒介企业的财务管理人员与时俱进，发挥聪明才智，管理好整个企业的财务部门。同时，国家专门出台了《会计基础工作规范》，其中对于会计人员职业道德的规定是"敬业爱岗，

---

① SMG简介，https://www.smg.cn/review/201406/0163874.html，2019-10-22。

熟悉法规,依法办事,客观公正,搞好服务,保守机密"。① 这是每个从事媒介企业财务管理的人员所必须具备的基本要求。

第二节 媒介财务管理的实施

一、建立合理的财务人事结构

我们不妨以默多克的新闻集团为范本,结合诸如 GE 这样的超大型企业的财务部门来看一看什么样的人事结构才最有效。

1. 资金主管

资金主管需要做出有关财务管理的决策:投资(资本预算、养老保险计划)、融资(与商业银行和投资银行的关系、与投资者的关系以及股利支付)和资产管理(现金安排、信用安排)。②

2. 税务经理

主要负责税务管理工作,一个传媒集团的财务部门如果不擅长税务管理的话,可能会向税务部门支付相当多的税金。如果财务人员以及税务主管深谙各个国家的税法,能够进行合理、合法的税务管理,上税额度占总收入的比例就会比其他的传媒集团低。③

3. 会计长

会计长的首要责任是会计核算。他们还要组织起草财务报告,主要是提供给国内的税务局、证券交易委员会,上市公司还需要提供给股东。④ 在默多克的新闻集团当中,会计长这一职能得到了分工细化,默多克把会计分成三种:

(1) 主要对内,向管理层提供财务报告和决策依据的管理会计师;

(2) 主要对外,按照相关规则(如在美国需遵循美国通用会计准则 GAAP)做财务报告给股东、证监会看的注册会计师;

(3) 懂会计,同时还要懂 IT,能够给集团财务的 ERP 管理等提供服务和支持的系统会计师。⑤

一般的传媒集团或者企业都采取这样的财政部门三权分立形式。当然这三个职能之间并没有很严格的职责划分,在实际的工作中信息在不同部门之间的流动非常频繁,所以职责划分也不可能那么严格。这三个职能部门的负责人都负责直接向公司的首席财务官报告一切事务,而公司的首席财务官直接对首席执行官负责,再由首席执行官对公司董事会负责。这样层层到位能够使得公司的管理有条有理,董事会的决定也能真正地落到实处。

---

① 财政部:《会计基础工作规范》,财政部会字 19 号,1996 年 6 月 17 日。
② 詹姆斯·C. 范霍恩、小约翰·M. 瓦霍维奇:《现代企业财务管理(第 11 版)》,经济科学出版社,2002 年版。
③ 张志安、王建荣:《海外传媒集团的财务管理》,《新闻记者》2003 年 7 期,50-52 页。
④ 詹姆斯·C. 范霍恩、小约翰·M. 瓦霍维奇:《现代企业财务管理(第 11 版)》,经济科学出版社,2002 年版。
⑤ 张志安、王建荣:《海外传媒集团的财务管理》,《新闻记者》2003 年 7 期,50-52 页。

二、财务预算

财务预算管理是利用预算对媒介企业内部各部门、各单位的各种财务及非财务资源进行分配、考核、控制,以便有效地组织和协调企业的经营活动,完成既定的目标。企业财务预算是在预测和决策的基础上,围绕企业战略目标,对一定时期内企业资金的取得和投放、各项收入和支出、企业经营成果及其分配等资金运动所做的具体安排。财务预算与业务预算、资本预算、筹资预算共同构成企业的全面预算。

财务预算对整个媒介集团具有重要的意义。只有精准、客观、全面地预算,才能够使得决策层明确企业的收支平衡状况以及资金、现金的流动性,资本运作的质量,从而及时调整经营决策。财务预算大致应该包括现金流量预算、净现金流量、现金余额、预计损益表、预计资产负债表(其中包括对资产项目的预测和对负债与股东权益的预测)。当然,所谓预算就要求必须带有预测性和前瞻性。世界上所有成功的媒介集团都非常重视财务预算,以新闻集团为例:默多克十分注重集团的年度财务预算,新一年的集团财务预算一般年前就已开始,由全球子公司最底层的员工开始,将下一年度收支预算由下到上一层层汇总报批,直到汇总到默多克手上,经其亲自审批,再一层层下达,一般要用半年时间才能将整个集团的财务预算完成。我们不难看出,新闻集团的财务预算做得无比详尽,这也是近几年来新闻集团一直立于不败之地,并且发展势头迅猛的重要原因。

下面我们就来看看媒介的财务预算要符合什么样的要求、要如何具体实施。

1. 媒介的财务预算编制要做到符合客观实际、把握全局、预测未来

符合客观实际指的是财务预算一定要从客观实际出发,报喜也报忧。应该综合考虑内部和外部因素的影响,客观准确地编制预算,不能单纯为了营造出好的业绩而弄虚作假,否则将会导致很严重的后果。把握全局是指要根据国家的政策,对其做出前瞻性的预测,制定预算时一定要考虑到政策的变化。我们的媒介都属于新闻舆论机构,是党、政府和人民的重要喉舌,发挥着传播新闻、社会教育、文化娱乐、信息服务等多种功能。其企业属性不同于一般企业,因此更要求我们对于国家的政策变化有灵敏的嗅觉,把国家政策的变动灵活地运用到企业的管理当中去,财务预算的制定就是其中一步。预测未来是财务预算的根本属性,没有预测未来的能力,财务预算就没有存在的价值。这里说的预测未来并不是胡乱猜测,任何经济实体都有其运营的规律,孔子也说温故而知新,我们更应该懂得利用以往企业运营中得到的数据和报表,挖掘其中内在关联,对企业的未来走向做出合理科学的预测。

2. 预算的编制一般应按照"上下结合、分级编制、逐级汇总"的程序进行

具体应该按照如下的过程来做:

(1) 下达目标。

企业董事会或经理办公会根据企业发展战略和预算期经济形势的初步预测,在决策的基础上,一般于每年9月底以前提出下一年度企业财务预算目标,包括销售或营业目标、成本费用目标、利润目标和现金流量目标,并确定财务预算编制的政策,由财务预算委员会下达各预算执行单位。

(2) 编制上报。

各预算执行单位按照企业财务预算委员会下达的财务预算目标和政策,结合自身特点以及预测的执行条件,提出详细的财务预算方案,于10月底前上报企业财务管理部门。

(3) 审查平衡。

企业财务管理部门对各预算执行单位上报的财务预算方案进行审查、汇总,提出综合平衡的建议。在审查、平衡过程中,财务预算委员会应当进行充分协调,对发现的问题提出初步调整的意见,并反馈给有关预算执行单位予以修正。

(4) 审议批准。

企业财务管理部门在有关预算执行单位修正调整的基础上,编制出企业财务预算方案,报财务预算委员会讨论。对于不符合企业发展战略或者财务预算目标的事项,企业财务预算委员会应当责成有关预算执行单位进一步修订、调整。在讨论、调整的基础上,企业财务管理部门正式编制企业年度财务预算草案,提交董事会或经理办公会审议批准。

(5) 下达执行。

企业财务管理部门一般在次年3月底以前,将董事会或经理办公会审议批准的年度总预算,分解成一系列的指标体系,由财务预算委员会逐级下达各预算执行单位执行。在下达后15日内,母公司应当将企业财务预算报送主管财政机关备案。①

当然,这里需要说明的是,在财务预算执行的过程中,由于市场环境、经营条件、政策法规等发生重大变化,财务预算的编制基础不成立,或者将导致财务预算执行结果产生重大偏差的,就需要适时调整财务预算。财务预算也是灵活的,不需要死守不放,应当与时俱进。

3. 必须要有实时监控措施,以保障预算的顺利完成

财务预算一经批复下达,各预算执行单位就必须认真组织实施,将财务预算指标细化,层层分解,从横向和纵向落实到内部各部门、各单位、各环节和各岗位,形成全方位的财务预算执行责任体系。做到用制度安排岗位,按岗位确定人员,每一个岗位必须做到责任明确,岗位之间界限清楚,任何一个部分出现问题,都可以找到相应的责任人。如果没有这一条,编制的预算将形同虚设。

4. 财务预算的期末分析

集团应当建立财务预算分析制度,由财务预算委员会定期召开财务预算执行分析会议,全面掌握财务预算的执行情况,研究、落实解决财务预算执行中存在问题的政策措施,纠正财务预算的执行偏差。分析预算执行情况也需要综合财务、业务、市场、技术、政策、法律等方面的有关信息资料,根据不同情况分别采用比率分析、比较分析、因素分析、平衡分析等方法,从定量与定性两个层面充分反映预算执行单位的现状、发展趋势及其存在的潜力。所以,当预算数和实际完成数不同时,既要考虑客观情况的影响,也要考虑主观因素的影响,找出差异的原因,以利于以后预算的制定和企业经营策略的调整。

5. 必须要有业绩考核和奖惩措施

企业财务预算执行考核是企业效绩评价的主要内容,应当结合年度内部经济责任制考核进行,与预算执行单位负责人的奖惩挂钩,并作为企业内部人力资源管理的参考。因此,建立完整的考核指标也是保障预算执行的重要举措。

相信经过详细周密的财务预算,媒介产业的经营者都能够时时对其集团的运作情况了如指掌,也才能及时应对市场出现的各种情形,高效地进行资本运营活动。

---

① 财政部:《关于企业实行财务预算管理的指导意见》。

三、媒介产业 ERP

ERP(Enterprise Resource Planning)最早是由美国著名的计算机技术咨询和评估集团 Garter Group 公司提出的一整套企业管理系统体系标准,是指建立在信息技术基础上,以提高企业资源效能为系统思想,为企业提供业务集成运行中的资源管理方案。它是借用一种新的管理模式来改造原企业的管理模式的、先进的、行之有效的管理思想和方法。这种最新的管理系统如今在许多大型企业中已经得到了良好的发展。然而,在媒介产业中推广得还不多。虽然如此,但我们可以看到媒介管理的 ERP 以及会计电算化的推广是一个必然的趋势,如果不能跟上这个趋势,媒介的大规模产业化就是空谈。为什么默多克能够在每个星期四收到自己旗下 789 家子公司的所有财务报表?这 789 家子公司又是如何保证在每个星期甚至每天都能够及时做出精确的财务报表?这一切都是 ERP 系统的功劳。下面我们就来看看媒介产业如何进行 ERP 改造的。

首先,媒介行业需要集中对财务管理系统,尤其是针对媒介行业强调集团控制、严格预算管理、细化核算管理等业务特点,ERP 为媒介行业提供从计划预算编制到按预算控制频道/频率、栏目、节目、部门开支等成本管理、收益分析的整体解决方案。我们来看看国内 ERP 软件的老大用友软件是如何设计媒介行业的财务管理解决方案的(见图 6-1)。

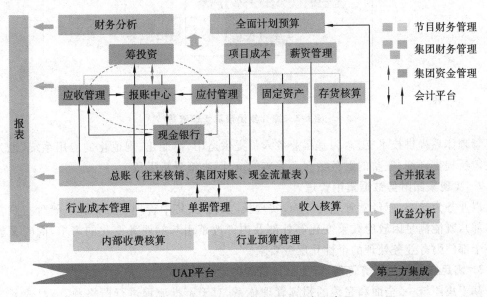

图 6-1 媒介集团财务管理解决方案示意图

预算管理是集团财务管理的核心,是实现集团经营目标的根本保证。集团的财务核算以预算为前提,围绕预算进行,并依据控制状态进行不同程度的预算控制,帮助集团及其下属成员单位根据自身的资源状况和发展潜力,制定科学合理的全面预算方案,在经营管理的各个环节进行全面控制,以实现既定的各项目标。(见图 6-2)

一个媒介企业进行 ERP 后的好处是什么呢?

1. 规范集团财务管理体系

按照现代财务管理理念,将媒介集团财务管理过程中的基本业务和数据纳入计算机管理,为建立涵盖全集团(局)、应用系统统一、数据结构统一、业务流程统一、管理规范统一的

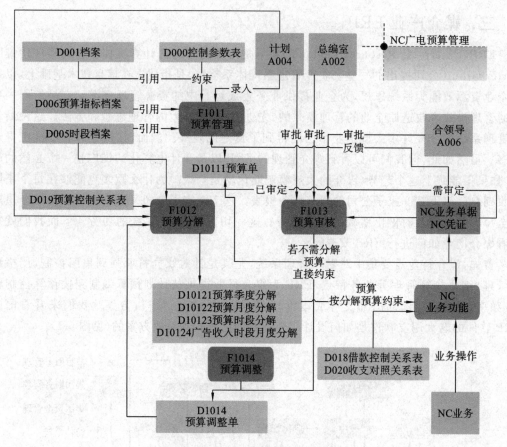

图 6-2　媒介集团预算管理流程

财务管理体系提供技术支持,为基层业务人员提供适用、标准化、规范化的应用系统,也为公司决策层提供详细、完整的财务数据和完善的统计、决策分析手段。

2. 实现集团财务数据集中管理

以业务为核心,以经营管理为导向,实现核心数据大集中管理、全局共享(管理权限在集团本部),既能满足因政府政策变化等外部及内部改革引起的业务变化的需求,同时又能满足各个部门财务业务处理的个性化服务要求。

3. 满足媒介行业预算管理、行业核算管理的专项要求

基于集团统一、全面和完善的预算管理体系,对于审批流程进行严格预算,对业务过程进行专项控制与整体性管理,为频道、频率、栏目、节目、部门、个人等责任中心提供实时、准确的专项核算,形成对于专业预算管理数据、核算管理数据与财务管理数据多层次和多维度的查询、分析。

在电子商务和会计电算化日趋成熟的今天,一个媒介集团如果想要更上层楼的话,就一定要运用到现代化的电子商务软件和会计电算化软件,否则必将被时代淘汰。用友软件的 ERP 解决方案只是众多媒介 ERP 当中的一种,希望能为媒介集团走向更加专业的 ERP 道路提供一点启发和借鉴。

第三节　媒介财务状况的监测

媒介的经营是一种受到客观经济规律制约的经济管理活动,也是一种参与市场经济激烈竞争的企业行为。任何的商业竞争都会存在商业风险,甚至可以这么说,没有商业风险就没有商业回报。高风险对应高回报,这是人所共知的。面对瞬息万变的商场,媒介应该如何应对呢? 这是本节要讨论的问题。

一、媒介经营风险

首先我们来看一看,在瞬息万变的商场上媒介会遇到什么样的风险。

1. 广告费拖欠问题

电视广告已经进入"读秒时代",广告费已经是以秒来计算了。而且电视广告投放的周期往往都很长,比如央视每年都会举行广告投标,投标下来的广告额都达上亿元。面对这样的巨额,有很多广告投放商会拖欠广告费。而广告又是传媒业的主要经济来源,广告费的拖欠会严重影响到企业的正常运作。

2. 盲目拓展多种经营投资领域

现在很多媒介企业不经过客观、真实的市场调研而盲目拓展投资领域,有的利用投资合作项目牟取私利,有的采用串换广告形式作为媒介企业经营商业项目的投资等,这些渠道若不规范运作都有可能造成经营安全性问题。[①]

而财务监测与预警是指在微观财务指标的基础上建立预警模型,从宏观的角度综合反映企业整体财务状况和行业财务状况,并对各个运行指标进行观察、识别,判定经济运行的景气状态,发出财务的预警信号。

财务监测系统的功能主要有以下几方面:

(1) 监测功能。

跟踪企业的经营过程,监控企业日常财务状况,在危害企业的财务关键因素出现之时,预先发现警讯,从中找出偏差及偏差发生的原因,以便早日寻求对策。

(2) 诊断功能。

根据跟踪检测,对企业的实际财务状况与行业或标准财务状况进行对比分析,找出导致企业财务运行恶化的原因以及企业运行中的弊端及其病根所在。

(3) 控制功能。

控制功能即更正企业营运中的偏差或过失,使企业回复到正常的运转轨道上,挖掘企业一切可以寻求的内部资金创造渠道和外部财源,在发现财务危机时阻止其继续恶化,控制其影响范围。

(4) 预防功能。

预防功能可以避免类似的情况再次发生。系统详细记录危机的发生、处理和解决过程,

---

① 朱定波:《报业广告的市场化运作和规范化管理——泉州晚报社广告经营管理的探索与实践》,《城市党报研究》2004 年 2 期,46-46 页。

作为前车之鉴,增强企业的免疫能力。

基于以上的功能,媒介企业制定的财务监测系统必须有以下的特点:

(1) 高度的敏感性。

当财务危机有发生的苗头时,就能在指标上比较迅速地反映出来且能够比较灵敏地反映财务运行的主要方面。

(2) 强烈的预示性。

这些指标必须具有先兆性,指标值的恶化能预示危机发生的可能性。

(3) 可靠性。

财务指标本身是如实的、不偏不倚的、可以验证的,这是确保预警系统定量分析具有实际应用价值的重要基础。

(4) 重要性和有代表性。

指标反映的内容在经济活动中居重要地位,且具有同类指标的波动特征。

(5) 可操作性和及时性。

要求选择的指标既要反映问题的主要方面又不可过于复杂,且都能及时搜集到相对可靠的指标值。

(6) 光滑性。

光滑性是指指标受不规则波动因素的影响较少。

二、媒介财务监测预警程序

接着要建立一套适合媒介企业应用的财务监测预警系统管理的基本程序。

1. 寻找财务预警的警源

警源指警情产生的根源,财务预警的警源包括外生警源和内生警源。

外生警源指来自外部经营环境变化而产生的警源。[①] 例如,由于国家产业政策的调整,有可能导致企业被迫转产或做出重大经营政策上的调整,也有可能直接或间接地导致巨额亏损,乃至破产。此时,外生警源为"政策调整"。

内生警源指企业内部运行机制不协调而产生的警源。例如,投资失误,而投入资金又是从银行借入,导致营运资金出现负数,企业难以用流动资产偿还即将到期的流动负债,很可能被迫折价变卖长期资产,以解燃眉之急。此时,投资失误则为企业出现财务预警的内生警源。

2. 分析财务预警的警兆

警兆指警素发生异常变化时的先兆。在警源的作用下,在警素发生变化导致警情爆发之前,总有一些预兆或先兆。财务预警的警兆,是伴随着现金流量状况恶化的一些财务先导性指标或迹象。

分析财务预警的警兆,是财务预警系统的关键一环。[②] 从警源到警兆,有一个发展过程:警源孕育警情—警情发展扩大—警情爆发前的警兆出现。

财务预警的目的就是在警情爆发前,分析警兆、控制警源、拟定排警对策。

警兆又可细分为景气警兆和动向警兆。景气警兆指警兆反映的是经济景气的程度和状况,反映的是萌芽状态的警情或正在成长壮大的警情。此时,警情与警兆之间并未构成某种

---

① 顾晓安:《企业财务预警系统的构建》,《财经论丛》2000 年 4 期,65—71 页。
② 顾晓安:《企业财务预警系统的构建》,《财经论丛》2000 年 4 期,65—71 页。

因果关系。动向警兆是与警情具有因果关系或逻辑关系或时间先后顺序关系的先行变量指标。动向警兆一般与警源相联系,与警源构成因果关系。财务预警系统中,反映财务风险状况的一般属于景气警兆,而导致财务风险的经营风险状况属于动向警兆。

财务出现风险的景气警兆有:现金净流量为负数,资不抵债,无法偿还到期债务,过度依赖短期借款筹资等。经营出现风险导致财务出现风险的动向警兆有:主导产品不符合国家产业政策,失去主要市场,或有负债,或有损失数额巨大,关键管理人员离职且无人替代等。

3. 监测并预报警度

警度指警情的级别程度。财务预警的警度一般设计为五种:无警、轻警、中警、重警、巨警。警度的确定,一般是根据警兆指标的数据大小,找出与警素的警限相对应的警限区域,警兆指标值落在某个警限区域,则确定为相应级别的警度。例如,为了监测企业的债务情况,设置资产负债率为警兆指标。设置的警限区域为:当资产负债率小于10%为无警,10%—30%为轻警,30%—50%为中警,50%—70%为重警,70%以上为巨警。

4. 建立预警模型

预报警度有两种方法:一是定性分析的方法,如专家调查法、特尔斐法、经验分析法等。二是定量分析的方法,包括指标形式和模型形式。模型的形式,一般是建立关于警素的普通模型,并做出预测,然后根据警限转化为警度。

5. 拟定排警对策

预警的目的,就是要在警情扩大或爆发之前,拟定排警对策,从而有效地寻找警源,通过分析警兆,测定警度,进而采取行之有效的排警对策。监测财务风险和危机的目的是有效地防范财务风险和危机。当实际警情出现或实际警度已测定时,人们的注意力不再是"财务预警系统",而是"财务排警对策研究"。①

三、媒介财务监测预警方法

财务监测预警系统应该采用什么方法呢?我们一起来看一看一般的大型企业是怎么做的:

1. 财务预警系统管理的统计预警方法

统计预警方法的一般步骤为:设计警兆指标—设置警限和警度—测算预警临界值—确定警兆的警报—预报警度。财务运行是在特定的时间空间背景下运行的。从时间角度分析,财务运行存在着周期性和季节性;从空间角度分析,财务运行存在着行业背景和地域差别。根据统计预警方法来设计反映财务运行特征的操作方法如下。

(1) 设计财务运行的警兆指标。

先要了解几个指标的概念。同步指标是指这类指标与财务运行是同步的,先导指标是先于同步指标变化的指标,滞后指标则是落后于同步指标变化的指标。财务监测与预警的对象不是盈利,而是现金及其流动。从现金流量的角度,按先导、同步、滞后三个层面,构建潜伏期、发作期、恶化期三个阶段的财务预警的警兆指标体系。

(2) 设置各种警度的警限。

警兆指标值处于不同的警限,则对应为不同的警度。

(3) 测算预警临界值。

预报警度的测算步骤如下:

---

① 张友棠:《财务预警系统管理研究》,中国人民大学出版社,2004年版。

首先,判定测算的指标为何种类型的变量。财务指标有三种类型:第一种是"愈大愈好型"指标,如经营活动现金净流量;第二种是"愈小愈好型"指标,如负债总额;第三种为"区间型"变量指标,如财务杠杆系数,在某一个区间为最佳值,超过这一区间,无论是大于这一区间还是小于这一区间,均会产生警情。

其次,测算预警临界值。预警临界值,即指经济现象是否出现警情的量化指标。预警临界值的确定,不能拘泥于某一经验数据。行业不同、地区不同,预警临界值亦不同。在测算预警临界值的基础上,与实际值比较,根据警限设置状况预报警度。

2. 财务预警系统管理的指数预警方法

指数从广义上讲就是指相对数,从狭义上讲就是指社会经济现象在数量上总变动情况的动态相对数。

指数一般分为个体指数和总指数。总指数又包括综合指数、算术平均数指数、调和平均数指数三种。总指数以综合指数为主。

财务预警的指数系统由两大块构成:一是个体指数;二是综合指数。

财务预警指数的公式为:

财务预警指数=(财务监测实际指标值-财务预警临界值)/财务预警临界值

若为"愈小愈好型"指标,则算式的子项中被减数与减数的位置要颠倒过来。

资本优化的反面是劣化,因此,财务预警指数体系,从时间层面上分析,可分为财务先导预警系统、财务同步预警系统、财务滞后预警系统;从空间层面上分析,可分为经营风险的预警系统、投资风险的预警系统、筹资风险的预警系统;从资本劣化的角度来分析,可分为资本周转劣化值测度、资本扩张劣化值测度、资本结构劣化值测度。

在财务预警方法体系中,模型预警也是常用的一种方法。模型预警方法主要包括多指标综合监控模型预警方法、线性函数模型预警方法及其他模型预警方法等。[1]

四、媒介财务状况监测系统

概括地说,媒介企业如果要具体建立一个财务状况监测系统,这样的一个财务状况监测系统应该包括以下四个方面:风险管理的组织体系、财务风险预警系统、风险管理程序和风险管理策略。

1. 风险管理的组织体系

1)组织结构

风险管理机构按集团管理体制和公司法人治理结构应由三个层次组成。

(1)董事会和风险管理委员会。

董事会是集团的决策机构,由它确定集团的经营目标和经营政策,并对国家负责。为确保集团在资本运营中实行有效的风险管理,应建立风险管理委员会,委员会由董事长(或副董事长,1至2名董事)、审计委员会主任(或副主任)和监事会主席(或成员)组成,承担董事会的日常风险管理职能,并定期向董事会报告风险管理方面的有关问题。风险管理委员会的主要工作职责为:①确保集团有完善的内控机制,并对内控和风险管理状况进行评估;②清楚地反映集团所面临的风险,指出主要风险区;③批准风险管理策略。

---

[1] 张友棠:《财务预警系统管理研究》,中国人民大学出版社,2004年版。

(2) 风险管理部。

风险管理部是以总经理为管理主体的风险管理层,是风险管理委员会下设的风险管理机构,应由经营管理层和总经济师、总会计师组成。风险管理部的主要工作职责是:①制定集团的风险管理策略并报风险管理委员会审批;②贯彻集团的风险管理战略和政策;③进行风险评估,全面汇报集团的风险状况;④监督业务经营管理部门的操作流程,促使其严格遵循风险管理程序;⑤审查各业务部门的风险报告并评价其风险管理业绩。

(3) 管理业务部门——风险的日常管理责任者。

业务部门是集团整个风险管理组织体系的重要组成部分,是风险管理工作的基础,它既要执行风险管理部制定的风险管理战略和政策,又要协助并支持风险管理部的工作,还要及时向风险管理部汇报和反馈有关信息。

总经理是业务部门的管理者,也是在具体经营管理业务操作中管理集团风险的最终责任人,他在组织业务经营的同时也领导着集团的风险管理工作,并按专业分工将风险责任落实到人。

2) 风险管理工作体系

风险管理工作体系包括:风险管理评估、风险管理决策、风险管理预警和监控。

风险管理评估是在集团内控机制评价的基础上运用风险评估的方法对集团风险进行识别估计和评价。

风险管理决策主要包括:①制定防范各种风险的规则和指示方针以规范业务运作;②根据具体的风险特征和状况,研究拟定集团风险管理的最佳策略;③指令各管理、业务部门安排实施已制定的防范与化解风险的具体措施;④适时调整各级管理人员、业务人员以及下属分、子公司的授权制度,如对客户的授信审批额度、市场交易中的成交限额及经营管理权限。

2. 建立财务风险预警系统

1) 财务风险预警指标体系

财务风险预警是运用指标及模型对集团的资本运营与报业经营活动、资金运用和财务收支运行动态进行监测,在警情扩大或风险发生前及时发出信号使其充分发挥"警报器"的作用。

财务风险预警系统的财务指标体系,应能多方位反映公司经营状态和管理水平,辅以采编、广告市场及供产销诸多环节,揭示重大风险区与可能存在的风险,以便引起集团领导和管理当局的注意,及时做出相应的对策措施,避免风险,减少损失,从而达到预警的目的。

财务风险预警指标体系应由以下六个方面财务指标构成:

(1) 反映支付能力(或偿债能力)的财务指标。

(2) 反映存货情况的财务指标。

(3) 反映获利能力的财务指标。

(4) 反映营运效率与管理能力的财务指标。

(5) 反映经营管理水平、人员素质状况、经营策略、企业信誉、服务满意度、研发能力等非财务指标。

(6) 反映指标变动的外部因素的非财务指标带来的风险因素,如国家宏观调控的税收政策、金融政策、产业政策等的变化,以及市场同业竞争、科技进步情况和新技术的出现,等等。

以上财务风险预警指标应根据集团实际情况和面临的风险区域,制定财务指标的安全区间、一般风险区间和重大风险区间,以此确定财务预警信号。

2)建立"全程"监控运行机制

实施风险预警系统,必须对预警指标进行事前、事中、事后的经常性监控,即建立预警分析、反映、决策、执行的运行机制。对集团的每一个重要决策活动将带来的财务状况变化,进行预先分析测定,判断经营风险程度,为决策提供反馈信息。对日常监控中预警的风险,能快速反应控制,达到预警、纠错、改善的目的。

财务风险管理预警,包括预警防范和预警处理。预警防范侧重于事前发现警情和日常控制警情;预警处理着力于依法处理警情,是事后处理系统。

至于风险管理监控,主要指职务审计和制度审计。监控有两个方面:一是督促各部门严格执行有关规章制度和风险管理政策,将风险管理工作落到实处;二是授权制度的监控,监控已设置的限额和权限有无超限额和越权情况。

3. 制定风险管理程序

风险管理是一个有机过程,通常包括:①识别和评估风险;②分析风险成因;③预防和控制风险;④风险的损失处理;⑤形成风险报告。风险报告是按一定的格式由管理业务系统向风险管理部门或由风险管理部门向风险管理委员会提交风险评估和风险监管情况的内部报告。

4. 风险管理策略

风险管理策略主要包括:①规避风险;②控制风险;③抵补风险;④转移风险;⑤分散风险。

最后再来看一个例子。任何一个公司都有财务风险,那么海外的传媒集团如何防范风险,避免财务上出问题呢?认真挑选财务人员是第一关。财务总监一般都是总经理亲自挑选,最重要的是诚信的品质。当然,传媒集团都会给财务工作建立一套比较完善的监督机制。比如财务内部会签制度:重大决策需要经过业务部门和财务部门论证、同意后,才由决策层来判断,重大项目的合同不能只由业务部门或总经理单独签字。如购买新闻纸,要后勤部门、财务部门的负责人和总经理共同签字。在美国,安然事件发生后,大公司的财务报表都要总经理和财务总监共同签字,如果有问题,两个人都会坐牢。此外,总公司会定期对子公司进行检查,如果子公司财务人员发现部门主管有经济问题,还有畅通的检举渠道可越级举报。

拓展资料

传媒集团的财务工作还要接受严格的审计,接受相应的社会监督,做到公正、透明。在这方面,上市和没上市的传媒集团略有差异。没有上市的传媒集团,财务部门的报表主要接受股东大会的监督,股东如果对财务报表有异议,可以邀请审计部门对财务工作进行调查、审核;上市传媒集团的财务部门,还要把经审计部门审核的财务报表,主要是季度报表和年度报表送给证监会。当然,股东大会同样具有相应的约束力。

第四节 媒介财务分析

媒介企业的财务分析最为主要的是由财务报表来完成的,我们首先来看看如何通过财务报表对企业的财务状况进行分析。

一、财务报表

媒介企业的财务报表既反映了企业的财务状况,同时也是公司经营状况的综合反映。因此,通过分析企业财务报表,就能对企业的财务状况及整个经营状况有个基本的了解。分析公司财务报表可以掌握反映公司经营状况的一系列基本指标和变化情况,了解公司经营实力和业绩,并将它们与其他公司的情况进行比较,从而对公司的内在价值做出基本的判断。

按照中国证监会的有关规定,上市公司应将其中期财务报表(上半年的)和年度财务报表公开发表。这样,一般投资者就可以从有关报刊上获得上市公司的中期和年度财务报表。公司中期报表较为简单,年度报表则较为详细,但上市公司的各种财务报表至少应包括两个基本报表,即资产负债表和利润及利润分配表。

资产负债表汇总了企业在某一个时期的资产、负债和所有者权益(总资产=总负债+所有者(股东)权益)。而利润及利润分配表是一张动态表,反映了公司在某一时期的经营成果,从公司的主营业务收入和增长率可看出公司自身业务的规模和发展速度。理想的增长模式应呈阶梯式的增长,这样的公司业务发展稳定,基础扎实。大起大落的公司则不够安全稳定。我们在分析企业的财务报表时也不能够把它们独立地分开来分析,应该全面综合地分析,分析时主要考量以下三个指标。

1. 反映获利能力指标

包括资产收益率(资产收益率=净利润/总资产平均余额),平均余额(平均余额=(期初余额+期末余额)/2),股本收益率(股本收益率=(税后利润-优先股股息)/普通股股本金额),净利率(净利率=税后利润/主营业务收入)。

2. 反映经营能力的指标

包括存货周转率(存货周转率=销售成本/存货平均余额),应收账款周转率(应收账款周转率=销售收入/应收账款平均余额),资产周转率(资产周转率=销售收入/总资产平均余额)。

3. 反映偿债能力的指标

包括自有资产比率(自有资产比率=资产净值/资产总额),资产负债率(资产负债率=负债总额/资产总额)。

当然除了这三个指标之外,还有反映资产流动比率、市场价值、每股净资产的指标。

以上是对一般企业的财务报表的概述。下一个问题是,对于媒介产业而言,财务报表又有什么特殊的意义,或者有什么与众不同的地方呢?

海外的大型传媒集团经过了多年的发展,财务管理上可以说已经非常成熟了,所以我们先来看看这些传媒集团是怎么处理财务报表的。财务报表是财务部门劳动的主要成果,是总公司控制子公司及考核高级经理的最佳手段,也是高层管理者了解公司运营的"风云图"。海外传媒集团的财务报表按照不同周期,分成周报、月报、季报和年报,这些财务报表是新闻集团、《纽约时报》、《华盛顿邮报》等传媒巨头管理旗下传媒企业的主要手段。很多传媒集团都把每周的损益表包装上蓝色封面,因此周报又常称为蓝皮书。一般来说,蓝皮书里的主要内容包括本周经营预测、下周经营预测、本月经营报告、全年经营预测(每月一次)、全年经营报告。① 传媒大王默多克每个星期都要对其手下所有子公司的财务报表进行分析,以便能随时掌控新闻集团及其子公司的经营状况。可以说,只要有财务报表在手,默多克就能每时每刻对整个新闻集团的经营状况了如指掌。可见财务报表对于企业的管理起到多么大的作用。

那么媒介企业的财务报表具备的一般企业财务报表不具备的特点有哪些呢?

1. 表格精美,讲究包装

财务表格的行高和列宽、语言定义、数字格式、计算方式等都有标准。损益表的设计通常由会计师中的电脑高手承担,上级签字后交由首席财务官确认,甚至由老板本人审定、批准后方可实施。经审定后的蓝皮书是公司的高级机密,不能有任何泄露,如果通过电子邮件发送必须加密保护。

2. 财务汇总精确快捷

要想在较短的时间内把全世界子公司的损益表一级级地汇总起来,没有强大、准确的财务汇总系统是不可能的。因此,广播电视传媒集团的会计师通常必须掌握世界上最先进的财务核算和数据库等技术,才能快速做出精确的财务报表。一位报业传媒集团的高级会计师曾风趣地说:"交给老板的蓝皮书一定得百分之百正确,因为他能嗅出任何错误。"

3. 广告发行收入支柱

对传媒集团而言,收入主要包括发行、广告和其他收入三大类。蓝皮书中最重要的收入项目是广告和发行,其中,广告更是主要收入源泉。此外,不少大型报业集团也进行多种经营,如向其他传媒或个人出售内容的版权,收入可观。

4. 统计数据,考核基础

光有可观的收入和利润还不够,还需要财务总监和首席财务官对财务报表做深入、细致的分类和分析。如本周发行收入很好,那么每天的发行量如何,竞争对手表现如何?报业巨头更关心各类广告的数量、尺寸,每广告单位的收益比,还有收款情况。此外,关于新闻纸的分析更需要全面而准确,关于工资数量的分析也很重要。②

二、资金、现金流量的分析

一个运营良好的媒介企业每天都会有大量的现金流和资金流量,如何处理它们是媒介财务管理需要解决的一个问题。只有管理好现金流资金流,才能够保持媒介健康有序的发展。要分析资金流和现金流,最好的办法就是编制资金流量表和现金流量表。

1. 资金流量分析

资金流量表,又称资金来源运用表或财务状况变动表。它描述的是具有可比性的两者资产负债表(资产负债表=资金的存量)在不同的时期之间的净变化。它对财务经理或债权

---

① 张志安、王建荣:《海外传媒集团的财务管理》,《新闻记者》2003年7期,50—52页。
② 张志安、王建荣:《海外传媒集团的财务管理》,《新闻记者》2003年7期,50—52页。

人来说是非常有价值的,因为它有助于评估公司资金使用状况以及筹措资金的方法。① 当然资金流量表的意义并不仅限于此。在媒介产业中,财务经理必须对公司过去、现在和未来的经营状况有一个宏观的了解,尤其是资金的流动性。因为在媒介产业中,资金的流动量有时候是很大的。比如 2016 年,苏宁体育集团旗下的 PP 体育中标 2019—2022 赛季英超中国大陆及澳门地区的独家全媒体版权,三年版权费高达 7.21 亿美元(合 50 亿人民币),创下英超海外版权价格记录。巨额资金流量对于媒介组织而言无疑是很大的考验。可以说如果没有一个完善良好的资金流量计划完全可能导致企业的周转不灵。资金流量表的作用就在于媒介产业的财务主管能够检查出资金运用的不平衡,并采取适当的措施来控制。

资金流量表对于企业的融资也能够起到很好的评估作用。尤其是对于已经上市的传媒或者有上市想法的传媒企业而言,企业需要通过过去几年的主要资金来源,分析公司成长所需要的资金来自内部和外部的比例各是多少,这样才能断定公司的总体资金要求和有关的股利支付比率,以调整公司在股市中的政策或上市政策。现在越来越多的传媒企业都在做大,最好的方法就是挂牌上市获取更大量的资金。因此,规范的资金流量表的制定对于每一个传媒集团而言都是必不可少的。

2. 现金流量分析

现金流量分析主要体现在现金流量表上。所谓现金流量表就是企业在某一个时期内的现金收入和现金支出的概括,目的是报告现金流入量和流出量。现金流一般分成三类:经营活动现金流、投资活动现金流、筹资活动现金流。

现金流量表的主要好处就是能够使经营者对公司涉及现金的经营、投资和筹资交易的一切经济活动有一个相当详细的综合理解。现金流量表划分为三个部分,有助于经营者估计公司当前和未来潜在的优势和劣势。某一时期公司内部产生经营活动现金流量的能力强,将被视为积极的信号。差的经营现金流量将促使财务分析者检查应收账款或存货的不健康增长。但是,即使公司能产生非常大的经营现金流量,也未必能保证经营成功。报表使用者需要知道经营现金用于必要投资、偿还债务、支付股利的比重各是多少,过多依靠外部资金来源来满足重复发生的资金需要也是一个危险的信号。

1. 如何发挥媒介企业财务管理的作用?
2. 媒介企业的财务预算要符合什么样的要求?要如何具体实施?
3. 媒介企业应用的财务监测预警系统管理的基本程序是什么?
4. 媒介企业财务风险预警指标体系应由哪几个方面财务指标构成?
5. 媒介企业的财务报表具备的一般企业财务报表不具备的特点有哪些?
6. 如何运用财务报表对媒介企业的财务状况进行分析?
7. 如何编制媒介企业的资金流量表和现金流量表?

---

① 詹姆斯·C. 范霍恩、小约翰·M. 瓦霍维奇:《现代企业财务管理(第 11 版)》,经济科学出版社,2002 年版。

第七章 媒介人力资源管理

人力资源管理是媒介管理的重要组成部分。人力资源的管理水平与管理效率如何,关系到媒介企业的生存、发展和兴衰成败,关系到政治稳定、社会进步和经济发展。因此,以正确的观念和理论来认识、指导媒介人力资源管理实践,不断提高管理水平和管理效率,就成了媒介的基本职责和使命。

人是生产力中最活跃的因素,这条定律决定了人才是所有资源中最重要的资源。目前,业内高层决策人和专家学者们认为,21世纪广电竞争将集中体现在节目资源的竞争,而这种资源的竞争最终还是人才的竞争。选择人才、发现人才、培养人才、使用人才,为人才成长创造条件,为人才发挥提供空间,既是领导人重要工作内容,也是事业发展重要前提条件。

第一节 竞争优势与人力资源

知识经济时代,相对于农业经济、工业经济时代,对"人"的认识已经有了不同于以往任何时期的新的意义。而人力资源这一概念的提出,也体现了这个时代对于认识人、发展人、管理人的新的认识。以人为本,以人为据,成为人才管理中的根本原则。人的价值、能力、尊严和潜力受到了前所未有的重视。在知识经济时代,人力资源是一切资源中最具积极因素的资源,其他资源无一不受到人力资源的影响和控制。只有人,才能真正使一个媒介的运作产生根本性的变化。在面临同样的市场机会时,也只有人的优势才能成为真正具有决定意义的优势。以正确的方式开发人,把合适的人安排在合适的岗位上,成为媒介人力资源管理的重要环节。

一、竞争优势与人力资源的特点

竞争优势是媒介管理中的核心概念,意思是只要想在竞争激烈的市场中取得成功,这个媒介必须拥有别人没有的资源,这种资源就是竞争优势。

(一)优势资源的四个条件

要成为有持久性的竞争优势,该资源必须具备四个条件:
(1)该资源本身是有价值的,能替企业创造价值。
(2)该资源是罕有的,并非时常及随便在任何地方可找得到。
(3)该资源是不易模仿的,即竞争对手很难在短时间内抄袭。
(4)该资源是难以替代的,即别家公司不能用其他资源来替代这项有竞争优势的资源。

如今,许多从事战略管理的企业领导人,都已接受并深信竞争优势的观念。因此,他们在进行企业内部监视和制定发展规划时,都会积极寻找有价值的、罕有的、不易模仿的和难以替代的资源。鉴于资金、物业等很难显出竞争优势,于是产品的素质、特色、品牌等便是众多企业展开竞争的焦点。

(二)真正的竞争优势是人才

像一些成功的企业一样,在媒介管理的竞争优势中,能够决定媒介兴衰成败的关键优势也是人力资源,尤其是优秀的人力资源及其有效的管理。将适当的人安排在适当的位置,以适当的发展方式激励他们提升和发挥自身,从而使媒介的整体价值获得综合性的飞跃。没有人才,其他资源再多也难以发挥作用和创造价值。任何资源的合理利用、分配以及调控,都必然落实到人的身上,因而人的优势才是具有竞争力的持续的、根本的优势。

(三)媒介人才的优势特色

媒介要想充分发挥自己的人力资源优势,对其实施有效管理,就要先了解媒介人才的优势特色。

首先,媒介人才具有一般人力资源的特点。
(1)差异性。人的个性千差万别,作为自由主体的人,都具有不同的思维方式、情绪反应、特殊偏好、人生目标以及个人特长,不同于资金、设备、原料等资源,可以被任意调配、使用。领导者不能期望每个员工的个性都符合自己的想象,尊重员工的个性,就是尊重组织的发展。同时,人的能力也有差异,人在不同层面的能力是不平衡的。人力资源的合理利用,重点在于使某个人的某一层面的能力得到最大限度的发展,或者是挖掘某个人在某一层面的潜在能力,而不是调节人的能力的平衡。
(2)自主性。人力资源都是具有自主意识和独立精神的个体,他们可以也有权依据自己的专业、特长、能力和兴趣等,选择自己所愿意并认为能够胜任的职位。挑选合适工作的合理要求如果被拒绝,既是对人力资源的不尊重,也是对可能会产生的转变现存工作状态的机会的放弃。领导者强行将员工安排在他不擅长的岗位上,是一种浪费。
(3)发展性。发展性是人的基本特性。在一定工作环境和发展机会中,每个人都是可以发展和变化的。对于领导者而言,必须认识到人是可以发展的,人的发展是需要条件的,而领导者需要随时给有发展潜质的员工提供条件。

其次,从总体上来看,与其他人才比较起来,媒介人才有一些自己的特点。
(1)专业教育。媒介人才大多接受过高等新闻与传播专业教育或接受过相应的培训。受过专业教育史的媒介人才在适应性上拥有更大的优势,并能以最快的速度进入工作角色。
(2)信息传播。媒介人才的工作总是与信息传播有关。记者、编辑、导演、导播、播音、演员、编剧、社长,甚至连发射台技术人员、印刷厂工人等全都与信息传播有联系。信息传播是媒介工作的中心,所有的人力资源都直接或间接服务于这一工作。

(3) 社会效用。"传播业是思想交流的保护者",是信息传播的倍增器。在当代社会,媒介工作者对社会产生的效用之巨大不容置疑。

(4) 富有魅力。美国的一项职业魅力调查显示:新闻记者的职业受羡慕程度在一万多个职业中排在前10名。

(5) 沟通能力。媒介作为大众传播机构,其人员具有相对良好的沟通能力。新闻记者在采访过程中要与人进行直接的交流,播音员、主持人在面对话筒、镜头时也要与观众进行沟通,为了保证信息传播的效果,必须确保沟通是有效的。所以,媒介人员的沟通技巧、社交能力等要很强,这是其专业特性所决定的。

二、竞争优势与人力资源的管理

人力资源的优势不仅表现在人才本身的素质和特色上,也表现在对人才的有效管理上。

(一) 人才生命周期与管理策略

媒介产品有所谓的生命周期,人才在媒介内从引入到成长、成熟和衰退诸阶段则可称为人才生命周期。有效的人才管理,是领导者对人才生命周期的各个阶段都很关注,以尽可能保持人才的竞争优势。

1. 引入阶段

一个新人进入公司后的两三年内,为人才引入阶段。此时,经过训练或教育的新人或大学毕业生,对媒介公司的一切事物从陌生到熟悉,并且在其负责的工作中摸索出一套工作模式,但一般不是很出色。

2. 成长阶段

在这一阶段,人才逐渐成长,人际关系网络逐步建成,他们的创造性进入活跃时期,对自己的传播业务已相当熟悉,其表现相当不俗,符合领导者的期望。只要领导者管理得法,他们的才华就会得到充分施展。

3. 成熟阶段

进入成熟期,媒介人才有足够的工作经历,有丰富的专业知识和技能,但面临发展与突破的瓶颈。此时,媒介领导者若能给予他们适当的训练、进修、"充电"、提拔等机会,将有助于人才生命周期的活性循环。

4. 衰退阶段

人才进入这一阶段有快有慢,媒介人才一旦进入衰退期,往往缺乏职业敏感性和创新精神,缺乏工作积极性和主动性,心力和才力也明显不足。

针对人才生命周期问题,媒介宜制定相应的管理对策,以免限制人才或用人不当,从而造成人力资源方面不必要的浪费。

(二) 媒介人才的管理原则

1. 能位对应原则

这就是说,要让一个人的工作能力和其工作岗位相称相符。适合当编辑的人就让其当编辑;适合跑外勤的,就让他当记者;熟悉体育的,就让他当体育记者。总之,要做到量才而用,人尽其才,让"英雄有用武之地"。

2. 优势互补原则

凡人都有不同的个性特征,不同的人才都有他自身特有的长处。一个媒介组织如果只有清一色的一种类型的人员,那么这个媒介组织注定是死气沉沉的。人力资源管理要注意媒介员工特质的互补效应,实现媒介人力资源的结构优化。现在不少媒介组织在招聘人才时都注意到了这个问题。招聘人员不再限于新闻学专业和文、史、哲专业,还包括法律、计算机、印刷、工程技术、自动化控制等。各种专业出身的人才都加盟到媒介大军之中,这大大加强了媒介队伍智能的互补、知识的互补及个性的互补,有利于形成媒介组织的竞争优势,提高媒介的工作效率。

3. 动态管理原则

人才的成长是一个缓慢的渐变的过程。尽管我们不排除有一部分人走上工作岗位后能迅速脱颖而出,但对大多数人来说,他们的成长因受到各种因素的制约和影响,往往要有一定的历程。因此,人力资源的管理不可能"一岗定终身",不能把人管死,而需要用发展的眼光看待人才的成长。要创造宽松的成才环境,允许人才的合理流动,要在不同的岗位观察、考核每个人及其发展潜力,提供各种进修、培训的继续教育的机会,以利于员工的知识更新。所有这一切,都能促使各类人才在动态管理中找到适于自身发展的位置和道路。

4. 奖惩并举原则

赏罚分明是人事管理中最有成效的一种手段。对工作成绩优秀的员工给予奖励,与对违纪失职的员工给予惩罚同样重要。奖励对鼓舞和激励员工的斗志,激发他们的工作热情,避免懒散情绪,预防差错和事故的发生,具有很大的鞭策作用。媒介组织的领导者一方面要关心、爱护员工的工作和生活,另一方面要对他们的工作、学习提出严格的要求。因此,建立一套可量化的、操作性强的激励机制和约束机制,是媒介人力资源管理中的一项重要内容。只有具备严格、公正、公开、公平的赏罚环境和措施,才能使媒介保持旺盛的创造力和战斗力。

（三）媒介人力资源整合

媒介的人力资源呈现出丰富性和全面性的特点。人力资源的整合成为媒介管理者在媒介发展中值得注意的问题。所谓整合,不是简单的叠加,也不是机械的重复,更不是粗暴的弃用,而是通过对人力资源的重新分配、统筹和运用,使人力资源中最具有竞争优势的方面得到长足的发展,产生1+1＞2的综合效应。在整合的过程中,必须注意人力资源是否具备整合的必要性和条件,并非所有情况都是适合整合的。整合的方式大致可以分为以下几种。

1. 根据受教育状况

媒介员工的受教育状况不尽相同,接受的培训进修机会也不一样。在同一个媒介,不同专业和学历的员工可以形成优势互补。在大众传播过程中,仅有新闻专业知识是不够的,媒介人才必须掌握多种信息资源,了解多种学科知识,不同的教育状况可以使不同专业的优势互为补充,更好地完成信息传播的任务。

2. 根据工作经历

不同的工作背景对于媒介的发展来说,既是一种经验的共享,也是一种人际资源的获得。不同工作经历的员工在一起工作,可以充分发挥原有的工作优势与人际关系网。

3. 根据能力

能力的整合更多地体现的是合作的精神，媒介工作非常强调团体的合作。没有人能够独立完成大众传播的全过程。所以在能力的整合上，媒介领导者更要注意整个传播流程的秩序性和完整性，以确定各个工作岗位上的人员。

4. 根据个性

人的个性是最需要尊重和保护的，个性的因素在工作中会起到极大的影响作用。个性上的整合是保证媒介正常运作，减少工作摩擦和矛盾，加强整体协调性的一种重要的整合形式。

5. 根据动机

每个人选择工作都具有自己的动机，它直接影响员工在工作中表现出来的战斗力，媒介管理者应该清醒地认识到员工工作表现背后的动机，对不同的员工进行不同的引导和激励。这种整合更多地依靠媒介管理者对媒介员工表现的敏感度和洞察力。

三、员工职业计划与职业发展

近几年来，在一些组织的人力资源管理与开发中出现了职业计划。目前，职业计划已为西方国家企业等组织广泛重视和运用，同时也受到了员工的普遍欢迎。在"以人为本"为基本理念的人力资源管理工作中，制订并施行员工职业计划无论是对于组织还是员工都是有百利而无一弊的，是一种典型的"双赢"方案。

（一）什么是职业计划

概括地说，职业计划包含两个方面的意思：

第一，组织中的绝大多数员工，包括受过良好教育的员工，都有在自己现在和未来的工作中得到发展的强烈愿望。为了实现愿望，他们不断追求理想的职业，并希望顺利成长和发展，所以他们制订了职业计划。

第二，在广大员工希望得到不断成长、发展的强烈愿望推动下，人力资源部门为了了解员工的个人发展方向及兴趣，为了不断增强他们的满意感，并使其能与组织的发展和需要统一协调起来，相应地开发了一个新的职能——职业计划，从组织的角度来看，人力资源部门制订有关员工个人成长、发展与组织需求、发展相结合的计划就称为职业计划或职业管理。员工个人希望从职业生涯的经历中不断得到成长和发展的计划，就称为个人职业计划。一般说来，一个组织会对个人的职业计划提出指导，而员工个人也希望在听取组织意见的情况下制订职业计划。

（二）职业计划的类型及主要内容

1. 职业计划的类型

职业计划的类型及其主要内容会随着职业生涯的发展而有所不同。根据职业发展的阶段，职业计划主要有四种类型：职业探索性阶段、立业与发展阶段、职业中期阶段和职业后期阶段。

2. 职业计划的主要内容

职业计划的主要内容一般包括：

（1）员工个人对自己的能力、兴趣以及自己职业发展的要求和目标进行分析和评估。

每个员工,特别是刚踏上工作岗位的员工,可以对自己提出一系列的问题,以便从这些问题的回答中分析自己的能力、兴趣爱好,以提出符合自己的能力、兴趣爱好和人生发展需要的职业计划。

(2) 组织对员工个人能力和潜力的评估。

组织能否正确评价每个员工个人的能力和潜力是职业计划制订和实施的关键。它对组织合理地开发、引用人才和个人职业计划目标的实现都有着极其重要的作用。

主要评估方法有:①从选聘员工的过程中收集有关的信息资料。这些信息资料包括能力测试,员工填写的有关教育、工作经历的表格以及人才信息库中的有关资料。②收集员工目前工作岗位上表现的信息资料,包括工作绩效评估资料,及有关晋升、推荐或工资提级等方面的情况。

就组织而言,大都通过对员工工作的绩效评价这一传统的方法来对员工的能力和潜力进行评估。这种传统的方法是建立在"从过去的表现看到目前的表现,而又从过去和目前的表现则可预测出其未来的表现"的传统观念基础之上的。其实,这种方法存在着许多问题,甚至会造成许多失误。

第一,工作绩效评估不可能真正评估出一个人的能力和潜力。因为在工作绩效评估中往往会因评估人的偏好以及评估体系的局限而造成效度和信度低。第二,即使通过工作评价,发现某些员工在目前自己的工作岗位上干得不错,但也无法确认他具有能力和潜力去从事更高级或更复杂的工作,同样也不能说明某些在目前工作上干得不理想的员工就不能胜任更高级或更复杂的工作。因此,这种传统的评估方法已受到了严峻的挑战。

西方许多组织从 20 世纪 70 年代以来,逐渐采用更为科学的方法——心理测试和评价中心等方法来测评员工的能力和潜力。其内容一般包括:口头联络技能、口头表达能力、书面表现能力、工作激励能力、创造能力、领导能力、组织与计划能力、分析能力、判断能力和管理控制能力。西方国家的大企业都设有自己的员工能力和潜力测评中心,都有经过特别培训的测评人员,通过员工自我评估以及测评中心的测评,能较确切地测评出员工的能力和潜力,对员工制订自己切实可行的职业计划具有重要的指导作用。

一个员工进入组织后,要想制订自己在本组织内切实可行的职业计划,就必须获得组织内有关职业选择、职业变动和空缺的工作岗位等方面的信息。同样,从组织的角度来说,为使员工的个人职业计划目标定得实际并有助于其目标的实现,必须注意公平地将有关员工职业发展方向、职业发展途径,以及空缺职位在技能、知识等方面的要求,及时利用企业内部报刊、公告或口头传达等形式传递给广大的员工,以便使对该职位感兴趣、认为符合自己职业发展方向的员工进行公平的竞争。

(三) 提供职业咨询

组织的人力资源管理与开发部或人事部,以及各级管理人员要切实关心员工职业需求和目标的可行性,并要给予他们各方面的咨询,以便使每个员工清晰地了解自己的职业计划目标,并得以实现。对咨询人员来说,要搞好咨询或指导,就要分析各方面的信息资料,对员工的技能和潜能做出正确的评价,并在此基础上,对他们的职业计划目标及其实现的道路或途径提出建议或指导。

(四) 职业开发的各种措施

在帮助员工制订各自的职业计划时可以从以下几方面入手:

（1）发动员工对自己目前的工作绩效进行自我评价,特别是对自己工作中的表现。

（2）各级管理人员及人力资源管理部门对员工的自我评价做出审核,依据工作职责说明书中的工作内容和职责对员工的绩效做合理的评价。

（3）在自我评价与组织评价的基础上,组织要知道并帮助员工,根据自己的实际情况及组织目前及未来发展的可能和要求,制订出自己短中长期职业发展的计划。个人职业计划目标的实现,一方面靠自己主观的努力,另一方面也有赖于组织公平而及时地提供各种信息和机会。

另外,要培养员工基本职业素质,就是德智体等方面的素质,还要鼓励员工参加职业开发的活动。

第二节　媒介人才的选择任用

一、人才选用的循环与机制

（一）媒介人才选用与发展循环

在选择、任用和培养人才时,只有极少数媒介只着眼于短期效益,一般媒介都会有一个长期的规划,有一个循序渐进的步骤,从而形成人才选用与发展的良性循环。

（二）媒介人才的选用机制

媒介选择、聘用员工的方式往往会因岗位和职能的不同而有所不同。当前,国内外比较常见的选用方式,主要有以下几种:

1. 社会招聘

这是指媒介根据工作需要向社会公开招收工作人员。具体做法:媒介根据工作需要发布招聘启事,公布所需要人才的种类、条件和数量,并规定相应的物质待遇;然后,对报名应聘者进行考试或考核,择优录取,量才使用,并签订合同,明确规定双方的权利、义务以及合同期限。这种选用方式,有利于发现和启用传播人才,有利于人才的竞争与发展,有利于"任人唯贤"和避免人才浪费。

2. 聘用兼职

这是指媒介聘请社会上的传播和管理人才到本单位来从事有偿的智力劳动。媒介所聘请的兼职人员,都有一技之长,有的甚至是某方面的专家,有一定的知名度和美誉度。聘用兼职人员可以挖掘现有传播与管理人才的潜力,减少人才的挤压浪费,也可以缓解媒介人才紧缺的状况,起到花费少、收效大的作用。由于兼职人员一身二任,既要保质保量完成本职工作,又要保质保量完成兼职工作,媒介可与其签订目标责任制,而不是强求其坐班。

3. 毕业分配

媒介会根据国家的方针、政策,遵循专业对口、学用一致、优生优配、优才优用的原则,从高等院校新闻与传播专业或其他对口专业的毕业生中挑选自己所需要的人才。在挑选时,通常要看毕业生的毕业鉴定、奖惩情况、健康状况、各门功课的成绩、实习表现和刊播作品,以及单位或老师的推荐意见等;在正式决定前,也可以面谈一次或者进行一次面试或笔试,以全面检验其知识、能力和素质。

以上三种人才选用方式,主要是针对尚未正式进入媒介的众多人才所提出来的类似于"守门人"的选用方式。对于媒介内部的人才选用,可采用以下办法:

1. 评议推荐

评议推荐就是每年搞一次评议推荐活动,先个人述职,再民主评议,最后投票推荐,媒介领导再以得票的多少决定每个人的领导职位和工作岗位。

2. 竞争上岗

竞争上岗就是将一些部门即岗位在内部公开招标,实行竞争上岗。招标是由上级主管部门领导与媒介领导组成评审委员会,全体中层以上干部参加旁听,分别听取每个投标小组陈述工作设想,而后与会者就班子组成、现行政绩、工作方针、发行打算、组织管理、印象等方面评审、打分,大家共同满意的即为中标班子。

二、如何发现与任用媒介人才

人才的发现,可以从两个方面探讨。首先是在媒介内部识别人才,其次是在媒介外部发现人才。

在媒介内部选拔晋升人才,有几大好处:

第一,可以满足被选拔人才的自我发展和尊重的需要,在心态上提升其对自我价值的认同及对媒介的忠诚度和归属感。

第二,可以激励和鼓舞媒介内部其他员工的士气和战斗力,产生隐性竞争的内在动力。

第三,可以节省在媒介外部选拔人才的费用、时间和精力。

事实上,在某些情况下,不是媒介缺少人才,而是媒介管理者缺少发现人才的眼光。

当然,在媒介外部发现人才也是相当必要的环节。识别和发现人才可以通过以下途径来进行:

1. 在实践中识别和寻找

媒介人才是在传播活动中成长起来的,也要通过传播活动去识别。媒介人才的德才学识是在日常大量的工作学习和生活中反映出来的,单纯地通过看档案、看鉴定、看报告来选拔人才,往往是不全面的。这就要求媒介领导者在想要引进人才的岗位领域内广泛考察,注意这类人近年的表现,而后从中选出理想人才并设法引进。

2. 建立搜寻人才的网络

媒介领导者不仅自己要勤勉地寻找人才,还要通过方方面面的人际关系去发现和搜寻人才。

3. 创设一个优秀候选人人才库

在平常就要做有心人,注意将与媒介工作岗位有关的人才记录在案,并留心其发展动向,一旦此人想跳槽,便可立即将他引进,放在适当的岗位上大胆使用。

总之,媒介领导人将时间花费在识别和发现优秀人才上,是一项很有远见的做法和投资。

三、如何驾驭和留住媒介人才

对于驾驭和留住媒介人才,可以运用内部营销的观念来加以认识。内部营销是一种把雇员当成消费者的哲学,取悦雇员的哲学。通过满足雇员需求的分批生产来吸引、发展、刺激能够胜任的员工。在这样的观念中,强调了员工及其需求,把员工当作目标市场顾客一般重要来取悦,这体现了人力资源管理上的积极的相互协调,以内部的沟通、信任、协调来促成媒介组织外部任务的达成。媒介管理者必须认识到,媒介人才的需求是值得重视的,这直接关系到能否使媒介组织对人才产生长久的吸引力。这种需求包括员工对自己的工作成就、社会认同、人际关系、自我实现等方面的要求,也包括员工及管理者对媒介本身的发展要求。要使这两个方面需求完成内在的和谐统一,就必须使媒介内部有共同的利益追求。所以,只有真正理解人才的需求,才能驾驭和留住人才。

四、关于岗位首席制

近年来,媒介设首席记者和编辑、首席播音员和节目主持人、首席节目栏目制片人等岗位的现象颇为流行。这种岗位设置制度,我们将之统称为岗位首席制。然而,到目前为止,对岗位首席制的本质、条件适应性以及在媒介组织人力资源管理中的价值讨论却少有人涉及。下面从个体与组织——基于组织使命与个体价值实现——两个角度展开,对岗位首席制的本质、现实意义和运用方式略做研讨,旨在为传媒组织提高管理效能提供思路。

(一)首席制的本质

首席记者,英文是"Chief Journalist"。其中"Chief"含有"主要的"意思。在组织中它通常又衍生出"角色重要""地位举足轻重""责任重大"等意思。现如今企业中流行的CEO(首席执行官)、CFO(首席财务官)和CTO(首席技术官)等,在重大研究课题中设置的"首席科学家",除了责任重大、角色重要之外,还有地位显赫、德高望重的含义。

那么,媒介的岗位首席制,其本质是什么呢?

我们认为,媒介组织的岗位首席制是指在组织的职能部门层面上,根据媒介组织发展和竞争的需要设置若干专业性的关键岗位,以期在未来的竞争格局中获得相对优势的一种制度安排。

因此,媒介岗位首席制具备以下特征:

(1)具体性。

岗位首席制是一种独特的岗位,而不是荣誉称号。这种岗位的主要特征是岗位数量少,以聘任制为基础,考核体系相对完整。

(2)关键性。

在组织中的关键部门设置该岗位。通常设置于媒介组织中层位置上。

(3)竞争性。

这些岗位是媒介组织中一些关键部门设置的少数富有竞争性的岗位。

竞争性的基点之一在于受聘人员的能力独特性。独特的能力,不同于一般性知识和能力,它具有排他性和他人不可拷贝性的特质。如工作思路和思维独特、个性和外表魅力。

竞争性的基点之二在于对专业性能力的考评。现阶段就媒介组织的两大职能体系而言,新闻业务部门是基础,因此新闻业务部门的专业性能力自然成为首席制关注和施行的基础(包括记者、编辑等)。一言蔽之,新闻部门的能力即媒介组织的核心竞争力。然而随着媒介组织和媒介产品功能与角色的演变,媒介组织的核心竞争能力体系将发生迁移。因此,不同性质的媒介组织以及一个媒介组织的不同阶段,其首席岗位的设置会有所不同。

(4) 激励保障性。

这种竞争性核心能力的补偿方式通过富有竞争力的薪酬体系和工作条件得以实现。

(5) 战略性与未来导向。

岗位首席制与组织的长期发展战略相结合,对组织的综合竞争力提升具有举足轻重的影响。同时,它是面向未来的个体能力与组织融合的结果。

(二) 首席制岗位的功能

在媒介中设置的首席制岗位至少包含了以下这些独特功能。

(1) 肩负着组织的使命,在组织中的作用举足轻重。就媒介而言,它蕴涵着更多的责任。获得该岗位的人——他代表的是一种榜样,一种声音,一个观点,甚至是一面旗帜。

(2) 由于媒介本身的传播功能,首席岗位者的行为在受众中形成了支持媒介组织的正面口碑。因此,他具有较高影响力。某种程度上,首席即是报纸、电视频道的品牌。这或许是导致现在首席现象频出的主要原因。

(3) 有效的激励。激励是对已有分配制度缺陷的弥补与创新。由于长期计划经济体制的影响和媒介组织角色的独特性,分配制度平均化在各行业中显得更加突出。这与媒介行业本身的高变革性要求严重脱节。因此,首席制的出现是分配与激励制度变革的产物。实施和计划实施首席记者制的媒介组织,在介绍这种制度时都会比较得意地将之与"激发员工的创造性和积极性""坚持事业发展目标与个人需要目标相结合""坚持物质激励与精神激励相结合"相联系。

(4) 稳定队伍。首席制既然与激励相结合,就意味着它包含了"成就认可"和过去"劳动补偿"的成分。获得该岗位的人获得过荣誉称号,拥有专业性成就,对组织和社会的影响力得到了员工的认可,他是组织成功的"榜样"人物,对组织中的成员能够产生良好的正面影响。

总之,有效的媒介组织首席制的实施,能为组织构筑良性的人力资源竞争环境,优化人力资源配置,提高人力资源效率和提高组织效能与竞争力做出贡献。

(三) 媒介首席制岗位的产生背景

媒介首席制岗位,一方面是随着20世纪90年代中期都市类报纸的大量涌现,这些报纸人才短缺以及竞争的相对白热化而产生的,进而向其他类型媒介组织蔓延;另一方面,观念认识上的突破,为媒介首席制提供了思想基础。新闻出版是智力高投入的产业,人才是关键,竞争主要是人才的竞争。媒介组织的内部机制改革、组建集团、集中资源优势、实施"集团化战略"等内容被列为媒介体制改革的工作重心。

外资企业推行人才的"本土化",高薪聘请优秀的主持人、记者、编辑,本土企业要积极应对。中国的新闻出版单位要建立吸引人才、留住人才的机制,要思考"能不能推出首席记者、首席编辑?""能不能给有贡献的优秀人才高薪?",这就要解放思想,与时俱进。深化内部机制改革、劳动人事分配制度改革,要有大突破。这些都是管理高层应首肯的。

媒介组织首席制岗位的基本操作实践是根据部门大小设岗位,聘任合同期一般是一至五年,总的薪酬(薪酬一揽子)是其他员工的多倍。

例如,某省已经在省电台、省电视台设置了首席播音员和节目主持人。按照规定,首席播音员和节目主持人聘期为两年,聘任期间享受正高级专业技术职务待遇,每月发放特殊津贴,并可以在播报和主持节目时表明其首席播音员和节目主持人的身份。该省还逐步推行首席记者编辑、首席节目栏目制片人等。

再如,某副省级城市的都市类报纸设有首席记者和首席编辑,采用一年一聘的方式。首席记者的工作任务考评按月规定大稿发稿基数,小稿不做要求;奖金下有保底,上不封顶;年度评价结合上级考评、同事互评和自评方式。

就当前的首席制实施效果来看,良莠不齐。首席岗位的最大影响者是岗位获得者,负面影响表现为工作压力增加、同事关系紧张,正面影响是收入增加、有一定的品牌效应。对媒介而言,本身的优势并未因此而显著提高。

(四)媒介首席制的运作思路

首席制作为人力资源管理的一种制度安排,本身不具有正面和负面的特质,关键在于怎样合理运用和组织实施。围绕着岗位首席制的出台和实施,有以下几点值得关注:

1. 基于目标规划

是否在组织中实施岗位首席制,首先要从组织的需要出发。组织发展的目标规划以及发展阶段性规划的实施是否需要该项制度作为基础,切不可人云亦云。另外,事先对首席岗位进行职位描述,使之具有具体性、可操作性,同时实施过程的反馈是必要的。

2. 构建良好的评价体系与约束机制

首席岗位不同于组织的其他岗位,它具有导向性和模范性作用。其评价体系是否具有科学性和有效性,直接影响到其实践效果。它不能简单地用个人水平上的指标,如"多几篇文章"或"几篇大文章"来评价该岗位受聘者,而应用基于组织和部门的指标来构建评价体系。

3. 品牌体系的持续构建

不可否认,首席岗位承载着组织的品牌和正面效应作用,并由此构筑媒介组织的竞争优势。然而这是一个持续的工作过程。设置首席岗位时,要考虑不同阶段以及短期和长期的需要。

4. 岗位首席制不是目的,只是手段

实施过程中要考虑专业技术岗位和其他岗位的特征与差异;关注个体激励的同时,注意团队的作用和激励,以免出现"领导满意、同事非议和本人压力"的尴尬局面。岗位首席制的目标是完善与发展组织,使组织具有竞争力。首席岗位不能演变为岗位终身制,使其福利化或僵硬化;更不能变成轮流制,部门指标化。岗位首席制,要考虑员工职业生涯规划和良好的作业团队,要开展有效的员工培训和责任意识教育,使员工职业发展与组织发展同步。

5. 激励手段的运用

激励是服务于组织目标的。不同目标采用不同激励方式。我们比较了不同的激励观点、适用性和实施策略,这些对于已经实施或即将采用首席岗位制的媒介组织具有一定的借鉴意义。毕竟岗位首席制并非唯一可出的一张牌。

第三节　媒介人力资源的培训与发展

媒介领导者不仅要善于选拔和任用人才,还要重视培训和造就人才。培训与发展是在有效的人力资源管理中提高竞争优势的一项十分重要的工作。科学的培训与发展不仅使媒介员工能够应对现今的工作,更能令媒介人才有足够的知识与技能来面对将来的新任务,同时培训与发展也代表了媒介对员工前途的重视和关心,这种投资可增强媒介的凝聚力和向心力。

一、培训与发展的意义

（一）培训与发展的含义

所谓培训,就是根据媒介日益发展的需要,对媒介员工进行有目的、有计划、有组织的培养和训练,以提高他们的政治素质、知识水平、传播技能和职业道德水准。

所谓发展,则是指媒介员工在接受培养、训练与教育、锻造中成长、扩大、升华的系统过程。通过这一过程,个人的知识由少到多,技术由粗到精,认识由浅入深,思想由幼稚到成熟,工作由被动到主动。

随着社会日益信息化,新观念、新知识汹涌而来,新的传播科技和手段层出不穷,媒介员工要适应时代的发展、社会的进步和工作环境的变化,就必须积极参加甚至要主动争取参加各种培训与发展学习,以便为自己积累更多的竞争优势,而作为媒介领导者亦应建立健全媒介员工的培训与发展计划,以不断为媒介注入生机与活力。

（二）培训与发展的作用

1. 增强竞争优势

在日益激烈的媒介竞争中,真正决定媒介生存发展、兴衰成败的关键因素是人力资源的素质。一个媒介若没有一大批高素质的人力资源,要想赢得竞争优势、立于不败之地是难以达到的。重视培训与发展,不仅可以提高媒介员工现有的工作能力,而且可以提高媒介产品的质量和营销业绩,从而增加利润,取得竞争优势。

2. 提高员工素质

科学的培训与发展教育既可以提高产品质量和营销业绩,也可以提高和优化媒介员工的自身素质。重视和实行在职培训与发展,从表面看,受益的是员工——提高了自身素质,但真正受益者是媒介。

3. 激励人才上进

培训与发展也是媒介对员工或优秀员工实施的一种奖励,因此应将培训与发展同员工的工作表现、晋级提干结合起来,即只要一个人有出色的表现和业绩,就应该让他有深造的机会,就应该在晋升提拔等方面优先考虑。这样才能鼓舞士气、激励上进。

4. 迎接未来挑战

媒介发展的未来既难以预计又充满风险,谁预先为此做好充分准备,就能在未来的竞争中占据有利地位。但是,常有媒介在制定战略规划时忽视人力资源的培训与发展,当出现良好商机时,却没有适当的人去完成,从而失去了迅速发展的大好机遇。所以,在制定员工培训与发展规划时,领导者要将其与媒介的发展目标结合起来,使其成为实现媒介远期战略任务中的一项有效投资。必要时还应请专家来规划人力资源的培训与发展工作,以适应未来的变化和发展,避免人力资源落后过时。

二、人力资源的定向、培训与发展

(一) 定向

媒介组织中所有新近聘用的员工都是新人,即使他们曾在其他媒介服务过,他们要在新的环境下和新的同事一起工作。因而,领导者应当把他们介绍给其他员工和整个媒介单位,这个过程叫做定向。介绍给其他同事的步骤可以通过在人力资源或部门负责人的陪同下参观其他不同的部门来实现。这种参观允许新人与同事们见面、交谈,了解每个人在做什么工作。有的媒介更进一步要求新人花上几个小时或几天时间观察每个部门的人事运转。一个为全体人员设计的员工手册常常可以用来向新人介绍整个媒介组织。编写员工手册的主要目的是让所有的员工都熟悉工作的职责和奖惩体系,以减少可能导致的纪律制裁和对解聘的误解。手册的内容应包括媒介的组织、政策、程序、规则、员工福利项目和发展机会的细节方面。其中政策、程序、规则方面有工作时间、加班、加薪、付薪时间、请假、旷工,以及纪律和提出诉讼的程序等。员工福利方面的信息则可能包括保险和养老金、假日和假期、利润分享计划,以及教育费用的报销等。

(二) 培训

培训对一个经验不足的新手来说是必需的,一个内部员工调到一个新职位上也是如此。当新设备或新的工作程序被引进来时,也要对员工进行培训。与培训紧密相连的是员工的自我发展。许多媒介组织相信现有的员工就是填补职位空缺的最好的人力,当然,如果向员工提供获得工作所需的知识和技能的机会,则他们会成为更有用的资源。

培训的方式多种多样,可以在职培训,可以脱产培训,也可以参加短期培训。

培训的内容要有针对性和前瞻性,既要有应用价值,又要有当今科学前沿的知识介绍。对有发展潜质和发展前途的人才,还可以送出去深造。有条件的媒介,可以成立培训中心,全面规划和组织实施培训工作。

(三) 发展

一个成功的发展计划可以造就更有效率的员工队伍,以组成一个更有竞争力的媒介组织。许多媒介鼓励员工参加专业性会议,以及注册学习工作相关课程,而发展计划的最基础性部分是经常性地由部门负责人主持的总结员工表现的鉴定会。会上评价的项目有完成所安排工作的可靠性,对现在工作知识和技能的掌握,对待工作的态度、接受监督的态度及对其他员工和部门的态度,申请职位的努力程度,完成工作与职责的质量、创造性和进取心,对工作表现的总体评价。

三、我国媒介培训和发展的重点

（一）抓好基础教育

随着媒介市场的扩大，近些年从事新闻工作的年轻人，绝大多数不是新闻专业的。要完成这些人员的培训、轮训，需要建立一批训练基地。媒介的员工往往来自四面八方，其抱负也不尽相同。据此，要对其人生观、世界观进行教育，培养出一支政治强、业务精、纪律严、作风正的队伍。在这个基础上，还要对其进行企业文化的系统教育。通过抓教育，抓出良好的作风，树立媒介自己的文化理念。

（二）建立良好的人才机制

采编和经营，是媒介发展的两翼。没有两翼的生长，就没有媒介组织的诞生；没有两翼的丰满，就没有媒介组织的腾飞。目前，媒介经营管理的高层次人才十分缺乏，要有计划地继续配置采编人才，还要加强经营管理人才的结构调整。一方面可以从采编部门挑选业务能力强、善于社会交往、头脑灵活的编辑、记者从事媒介营销工作；另一方面可以从大学毕业生中挑选相应的人才，也可以面向社会选拔经营管理人才，建立良好的人才机制。

（三）培养名记者、名编辑、名主持人

对名记者、名编辑、名主持人等的培养不仅是媒介自身业务运作的需要，也是媒介在社会上提高知名度、美誉度的需要。同时，这些明星的推出，也是对他们业绩和潜力的肯定，因而具有多方面的意义。明星制的实行，需要媒介做出合理规划并积极实施。

四、持续性学习

从狭义上看，培训和发展指的是根据媒介员工的实践情况，在某一个特定阶段，集中时间和精力进行短期的再学习，目的是更好地适应未来的工作以及开发自己尚未发展的潜能。从广义上看，任何组织对员工的培训和发展都不应该是一种短期行为，应该是一种持续的、终身的学习发展行为。很多管理学家认为，21世纪组织的优劣标准在于，一个组织能否在市场中保持生存的活力和动力，以及是否有发展的可能，而要使组织在市场的考验下生存并具有旺盛的生命力，必须将组织建设成为学习型组织。学习型组织概念的提出，体现了管理思想中的一个重大转变，即"从用人干工作转变到用工作育人"。学习型组织强调学习对于组织发展的必要性，组织要适应瞬息万变的社会环境，必须不断学习。这种学习是不分阶段的，每时每刻都需要的。

对媒介来说，培训和发展不仅是被管理的员工的事情，也不仅仅只有媒介员工的才能需要提高和学习。对于媒介管理者来说，持续性的学习更是意义重大。要保持持续学习的氛围，强调知识共享是非常必要的。无论是在阶段性的培训和发展中，还是在日常的工作实践中，知识信息资料和人际关系资源网络的共享让员工感受到信任，同时也是鼓励员工去加强学习的内在动力。所以，媒介人员的培训和发展不应该是狭义的微观行为，而是与媒介发展战略有密切关联的广义的宏观行为。在媒介内部建立起一种鼓励学习发展的文化氛围，不仅是对媒介员工个人的要求，也是媒介自身发展的要求。

第四节 媒介人力资源的绩效考核

对媒介人员的工作绩效进行考核,是媒介领导者选用人才的出发点和归宿。绩效考核的过程,是一个衡量与判断媒介员工思想和工作品质好坏优劣的过程,也是一个展现媒介人事管理水平的过程。因此,正确认识和掌握媒介人员绩效考核的内容、原则和方法,对做好考核工作具有重要意义。

一、绩效考核的意义与作用

（一）媒介人员绩效考核的含义

绩效考核是指对媒介人员的政治觉悟、工作成绩、工作态度、工作能力、学识、品行、性格及健康状况等所进行的综合考察和评价。

绩效考核的目的就在于全面、正确地评定媒介工作人员与其所从事的工作是否相称,是否还有潜力,是否要做出改进和调整,并以此决定对考核对象的任用和所应得到的待遇。对于绩效突出的人员,要进行表彰奖励,符合条件的要提拔任用;对于不称职的、绩效差的人员,要批评教育,或做降职、免职或调整的安排。

对媒介人员的考核,其重点应定位在他们为实现特定目标所表现出来的工作效率、工作能力和所获得的效果、效益上。就是说,要看他们做了些什么,而不是看他们说了些什么;要看做的结果,而不是看做的计划。总之,就是要看绩效,看效果和效益。

（二）媒介人员绩效考核的意义

1. 考核是媒介人力资源管理的重要环节

在构成人力资源管理制度的诸环节中,考核工作与考试、招聘、任用、选拔、奖惩、升降、任免、培训等工作一样,都是一个十分重要的环节。其目的是对入门者的工作进行多方面的考察和评价,这个环节做得好坏,对每个媒介工作人员的考核结果的评价是否客观正确,直接影响到其他各项管理制度的实施,也影响到媒介内部的人才队伍的建设。

2. 考核是总结经验教训的有效手段

对媒介人员的实际情况进行考核,其根本目的是帮助媒介人员总结经验教训,并找出成功的经验和失败的教训,使其从感性认识上升到理性认识,进一步发扬优点,纠正缺点,在实际中不断提高思想高度和技术水平。

3. 考核时发现和选用媒介人才的客观依据

通过严格考核,媒介领导者对工作人员的各方面情况,就有了较为全面、客观的了解,从而也就为人尽其才找到了客观依据。

4. 考核是调动媒介人才积极性的有效措施

能激励先进,鞭策后进。同时还可使人人有紧迫感和危机感,从而积极投入竞争之中。

二、媒介人员绩效考核的原则

（一）绩效考核的十项方针

施尔曼认为，要增强考核的客观性和真实性，防止解雇后引起诉讼，媒介领导者应注意遵循以下十项指导方针：

(1) 考核应有足够的不间断的时间。

(2) 考核应保持平静与客观。

(3) 考核应有助于改善考核对象的状态和行为。

这就要求考核工作不仅要找出媒介员工的错误和缺点，而且要找出出现错误以及工作欠佳的原因，并提出切实可行的改进意见。

(4) 鼓励下属发泄。

不要将媒介员工置于消极被动的被考核与被审视的位置上，而应允许他们讲出实情，解释原因，诉说委屈，发泄不满。这可以使人们充分认识工作的难度，准确找出工作欠佳的原因。

(5) 如实反馈考核结果。

向媒介员工反馈考核结论，一定要诚实、客观、实事求是，既不要掩饰其行为的缺失，也不要高估其工作的成绩。

(6) 声明意见仅为意见，而且并非绝对。

强调反馈意见具有相对性、公论性和缺失性，以便考核工作有回旋的余地。

(7) 不要以其他员工为例子。

反馈信息的重点在于媒介员工的表现以及对他的期望，其他员工的情况即使与他有相同之处，也不能要求他一定要有与其他员工相同的结果。

(8) 避免强调不可能克服的困难和缺失。

有些困难既难以避免又难以克服，有的缺失是先天形成又无法弥补的，强调它们有害无益。

(9) 确定只讨论与工作有关的行为。

没有影响到工作品质的一些个人行为不应成为考核和讨论的话题。

(10) 明确使用可能的例子，避免敷衍。

与媒介员工交换意见应具体实在，注意使用一些具体的实例来说明问题。

（二）绩效考核的六大原则

1. 严肃认真的原则

只有严肃认真的考核才能全面反映一个人的绩效。要做到用人得当，奖惩适度。否则，考核就会流于形式，贻误工作，产生不良影响。

2. 客观公平的原则

考核必须从实际出发，实事求是，客观公平地对考核人员做出恰如其分的评价，这就要求考核者避免主观性和片面性，不能用主观想象代替客观事实，用感情或偏见代替政策。

3. 德才兼备的原则

对于德与才的认识和考察不能失之偏颇，必须坚持两者兼备，既考核媒介员工的思想政治觉悟和道德品质,又考核其知识水平和业务能力。

4. 全面考核的原则

这就要求考核内容全面、考核形式多样,既考核媒介员工的政治思想、道德品质、业务能力、全部历史的和现实的表现等,又要运用多种方式方法,从多角度、多层面进行考核,同时又突出考核重点。这样才能提高考核的可靠性和科学性,也才能令人信服。

5. 注重绩效的原则

媒介人员的绩效是衡量其思想水平、理论功底、工作能力和领导效能、传播效果的综合尺度。

6. 民主科学的原则

考核必须坚持民主化,充分发动群众参与,改变过去那种封闭式、神秘的做法,增强考核工作的透明度。同时,还必须坚持科学化,确保考核标准具体、准确,考核方法多样、科学,考核工作经常化、制度化。

三、媒介人员绩效考核的方法

(一)考核的基本方法

考核方法是整个媒介人员绩效考核系统中的一个重要组成部分,是考核目的、考核内容得以实现的保证。考核方法是多种多样的,选用什么方法进行考核,也要根据考核目的、对象的不同以及考核要素、标准的不同而定。但是,不论采用何种方法,都必须尽可能做出客观、公正、全面、准确的评价。

考核的基本方法主要是坚持"三个结合":一是领导考核与群众评议相结合;二是经常考核与定期考核相结合;三是对于媒介领导干部,还可以结合本部门的工作总结、组织群众评议或民意投票及上级评奖等进行考核。

(二)考核的具体方法

1. 民意测验法

民意测验法是由考核人员深入到被考核者所在单位向群众发放民意测验表,要求收到表格的人分别对表格中考核对象的思想品质、原则性、工作成绩、业务能力、威信、成果等进行评价,而后汇总整理,得出量化指标。

2. 考试考查法

考试考查法是由考核人员聘请专家拟出口试、笔试试题让被考核者回答,以了解其基础理论、专业技术和文化知识的掌握程度。

3. 工作标准法

这是一种按照岗位责任制,预先确定媒介工作人员的各项具体任务和要求,将其分解为若干细目,而后以此作为考核标准的考核方法。

4. 分定考核法

这种考核方法是先分类、分级、定时、定量确定考核指标,然后对被考核者逐项评分,依据得分多少来评定考核结果。

5. 情景模拟法

这是将被考核者置身于一个模拟的工作情景(如新闻采写、文件处理)之中,要求其在规定时间内完成达到一定标准的任务,然后运用各种评价技术,评测其工作效率和应变能力,以确定其是否适合从事此项工作的方法。

6. 成果鉴定法

这是将被考核这一段时间以来的劳动成果(如新闻作品、影视节目、编辑的报纸或杂志版面及书籍、广告作品、科研成果等)集中起来,让有关专家进行分析评判,从而对其理论水平、业务能力和创造能力做出直接而客观的鉴定。

(三)考核的基本程序

1. 个人述职

这是由媒介工作人员根据岗位责任制和考评表所做的自我对照、自我分析、自我鉴定,既肯定成绩,也要找出差距和不足。

2. 民主评议

在个人述职的基础上,考核人员可以组织群众当面评议,也可以召开座谈会、评议会或进行单个访谈。

3. 组织考评

由部门领导或专家小组对被考核者进行整体考评,并写出考核材料。

4. 综合汇总

考核小组综合汇总各方面的考评情况,与主管领导一起写出考核评语,确定考核等级,提出任用奖惩意见。

5. 通报结果

考核人员应及时向被考核者通报考核结果,指出其工作中的成绩、不足和之后努力的方向,被考核者在考核表上签署意见。如果有异议,可向考核主管机构说明或申诉。

总之,媒介人员的考核是一项政策性和专业性都很强的工作。每届领导者必须亲自掌控、认真对待、公道正派、一丝不苟,从而最大限度发挥考核工作的正面效能和积极作用。

四、关于360度考核

360度考核,在国外企业中并没有实践,国内企业中的成功案例也很不多。

第一,在国外成功企业的绩效管理体系中,根本就没有360度考核的实践,更谈不上成功的经验。推介360度考核的文章,更多的是人云亦云。有人说,360度考核是绩效考核的一个未来趋势,但那么多世界级领先企业还没有360度考核,何谈趋势?

第二,在360度考核中,上下左右都有评价考核他人的权利,而不承担对考核结果的责任。考核首先是一种人力资源管理的责任,而权利是基于责任的。当这种责任缺失,剩下的只有权利时,而不承担责任的权利,是非常可怕的。没有人对360度考核结果承担最终责任,必然滋生不负责任的考核评价,这是其致命所在。

第三,360度考核实际上使各级管理者逃避人力资源的管理责任。正确地考核评价下属是各级管理者义不容辞的责任、权利和义务。下属做得如何,直接主管最清楚,如果直接主管都不能对下属的绩效做出准确的评价,那就是直接主管的失职。把对自己下属的评价交给他人来做,更是一种偷懒行为。

第四,任何绩效考核都是企业人力资源的工具,而不是人力资源管理的目的。360度考核比起自上而下的考核,或许会更客观更公正。但客观公正不是根本目的,实现绩效持续不断的提升,从而促进企业效益的提高才是其真正目的。任何管理工具都是有代价的,当企业把大量的时间用在360度考核上时,却忘记了再先进的绩效考核方法和工具也是不直接创造价值的。因为绩效是做出来的,而不是考核出来的。

第五,360度考核能否比直线考核更客观公正?考核主体多元化,在一定程度上能够提供更多的考核事实,进而有助于考核结果的客观公正。但是它也可能造成负面影响,如出于部门利益和个人利益的考虑,而利用考核泄私愤、图报复。当企业没有优秀的文化牵引时,这种情况是很难避免的。当企业实行末位淘汰或存在强制固定的考核合格比例时,360度考核更会强化这一趋势,因为利用考核打击对手,是保护自己的最好办法。实际上在许多企业中,360度也确实成为制造矛盾的有效工具。

第六,国外企业中存在一种360度考核反馈,两者名称相近,但差异很大。360度考核被企业定义为一种考核体制或考核方法,360度考核反馈则是考核反馈环节中的方法。这种考核反馈方法在国外企业是广泛使用的。可以说,国外的考核模式不是360度,而是361度,是自上而下主管负责制的考核+360度的考核反馈。而国内企业实行的360度考核,显然是一种误读。

第五节　21世纪媒介人力资源管理的发展

媒介的人力资源的职能,是具有时代意义的职能。在此之前,人力资源并没有被当作组织资源中最具价值的一项资源来加以重视。甚至在很多媒介中,并没有人力资源这样一个部门,即使有,也更多是行使人事行政管理的职能。在媒介产业快速发展的今天,人的因素开始被放入价值体系中加以考察。而如何对人力资源进行管理、调控,使其成为组织增值赢利的生产力,则是众多管理者所面临的新课题。

在组织传播学的发展过程中,人力资源学派是其中一个不可忽视的重要学派。人力资源学派理论家认为,组织里的个人具有值得重视的感知能力,也肯定个人劳动是达到组织目标的重要成分。处于激烈市场竞争中的媒介,需要大量接受过良好专业教育、掌握最新技术知识的新的员工,如何选人、用人、造就人,如何使人的因素成为最具价值的媒介财富,如何真正理解和认识人,还有待于媒介管理者们在实践中不断地进行探索。

一、经济全球化背景下的媒介人力资源

拓展资料

在21世纪,媒介人力资源管理面临全新的外部环境——经济全球化和信息社会的到来。随着经济全球化时代的来临,全球经济一体化进程逐渐加快,整个世界在生产、分配、交换、消费等各个领域的相互联系不断加深,国际分工日益发展。经济全球化带来的直接变化在于,一个地区或一个国家的经济发展越来越多地影响和制约着另一个地区或国家,同时这个地区

或国家的经济发展也越来越多地受到另一个地区或国家的影响和制约。

全球媒介产业也在经济全球化浪潮下起起伏伏,各国媒介在激烈的市场中努力寻求自己的位置。中国加入WTO后,中国的改革开放向更纵深的方向发展,各媒介面对更为广阔的世界市场,纷纷走上产业化、集团化的经营道路,以应对更大的市场风险,迎接更多竞争对手的挑战。

在经济全球化的同时,信息革命席卷全球。信息产业成为全球经济发展中的领头羊和生力军,知识经济成为当今经济发展的主要方式。媒介产业作为信息产业,首当其冲必须担负起经济增长和发展的重要责任。在世界范围内,知识成为推动经济增长和飞速前进的最重要的资源。而作为知识掌握者的人,也就理所当然成为媒介资源价值的核心所在。媒介的人力资源管理,也可以被看作对媒介的智力资本的利用、整合和管理。媒介产业在市场规则中必然要以获利为其生存的前提,而人力资本也就成为其创造利润的源泉。因此,在这样的社会背景下,媒介人力资源管理应该而且必须被纳入整个媒介的战略管理结构中,将媒介人才的培养和发展作为媒介的重要战略武器。

二、媒介人力资源管理的发展趋势

媒介的人力资源管理受到外部战略环境和内部条件的双重影响,其发展趋势有以下几点:

(一)媒介人力资源部门将成为举足轻重的部门

在经济全球化的大趋势下,媒介所具有的竞争优势就是掌握业务知识和技术水平的媒介人员。人力资源能否为媒介获取利润做出贡献,取决于其能否得到合理的利用和开发,取决于能否在人力资本与经济增长之间建立起相关的动态价值链条。而媒介的人力资源管理部门则是担负起这一职能的部门,由于其所承担的职能对媒介发展的意义重大,那么毫无疑问,这一部门在整个媒介结构中的地位相应也会提高。媒介人力资源管理部门将会成为媒介行业中不可缺少的举足轻重的部门。

(二)媒介人力资源管理将更具适应性和自由度

我国的媒介产业市场化程度不断加深,媒介要生存必须接受市场的检验。其产业结构、人事制度、管理模式、薪资待遇等都将发生全面的变化。以市场为导向的现实要求,使媒介的人力资源管理更具有适应性和自由度,根据市场的变化而不断调整、适应市场的需求。组织的层级结构趋于扁平,中层管理人员日益减少,更强调工作中的团队合作精神。因此,媒介管理人员必将给媒介员工更多的自由度,促使其发挥个人的潜能,使个人在团队中做出更大的贡献,使团队发挥聚合作用。

(三)媒介人力资源管理将更侧重对员工创造力的培养

创造力同任何革命性思维一样,可以带来巨大的生产力。人力资源管理水平越高,就越侧重于对员工创造能力、创新思维的培养和鼓励。因为创造力是很难量化,但它提供的能量是巨大的。创造力既是一种新的思维方式,也是一种无拘无束的解决问题的方法。未来的媒介人才应该是极具创造力和开拓性的人才,这类人才的培养和发展需要媒介人力资源管理人员长时间的观察和分析。从表面的、浅层的个人评估中摆脱出来,向着个人创造力的评估和预期过渡,这是未来对媒介管理者的必然要求。

（四）媒介人力资源管理中激励因素将大于保健因素

这不是指媒介人员将不再重视保健因素,而是媒介管理者将更注重对于员工积极性和归属感的鼓励,增强员工的工作动力和活力,充分发挥每个媒介人员的优势和特长,使其感受到工作中的自我价值。保健因素是确保员工不抱怨的基础,激励因素可使员工更加快乐地工作,这种快乐的情绪在竞争日益激励和残酷的知识经济时代显得尤其重要。在未来的媒介工作中,媒介人员的压力会随竞争的加剧日渐增加,媒介管理者将更加注意对员工心态、情绪的疏导,使其精神饱满地投入快节奏的媒介工作中。

三、媒介人才将向专业化、职业化方向演变

在中国改革攻坚战中,媒介系统的人事改革是一项重要并艰难的任务。它不仅远远落在了企业改革的后面,而且连机关和高校改革也跑到了它的前面。这是不可思议的。

首先,我们必须认识到,媒介工作者是专业人员而不是行业人员,因此媒介对人才的要求特别严格:媒介工作者必须经过传播和媒介教育的特殊训练,或通过专业考试,拥有专门知识和技能,才有从事媒介工作的资格;媒介工作者必须具备一定的专业理念、专业精神、职业素养和职业道德。否则,就不能从事专业化、职业化的新闻与传播活动。

其次,要看到媒介人才竞争渐趋白热化的态势。西方媒介集团每一次联合和重组都是首先从改革人事制度入手,精简人员,优化队伍,选贤任能。在媒介资源食物链（人才资源←信息资源←受众资源←财力(发行与广告收入)资源←人才资源)中,人才资源不仅是媒介的首要资源,也是最重要的资源,它制约、引领后面的三大资源,并最终形成良性循环或恶性循环。因此,说到底,未来的媒介竞争就是人才竞争,而人才竞争就是资源竞争。在这种情况下,过去那种任人唯亲、用人不当的机制将被任人唯贤、科学用人的模式所取代,过去那种对媒介人才的单一、呆板的评价方法将会逐步演变为一种更科学、更合理的评价体系。

中国应该逐步建立起媒介职业经理人制度。未来的媒介职业经理人应该既是优秀的政治家、传播者,又是精明的企业家。他们既能将国家和人民的利益放在首位,严格遵守法规法纪,又能严格履行公共责任,认真发挥社会功能;既是精通新闻与传播业务的行家里手,又是懂经营擅管理的职业经理人。

媒介还应该推行媒介工作者资格证制度,要明确媒介工作者的权利、义务、责任和操守。以后媒介员工职称的评审和岗位的聘任都要与员工专业化和职业化的程度挂钩。可以看出,国家未来将逐步形成完整的媒介人才培训与发展体系,使媒介人才队伍逐步向专业化、职业化方向转变。

四、21世纪媒介人力资源管理的对策

21世纪全球企业面临新的竞争环境,一些研究人员倾向于将非连贯性视为新竞争环境的主要特征。而这种竞争环境的非连贯性主要有下列因素造成:①迅速变化的和差异化的顾客需要;②技术创新;③经济全球化的发展。媒介在应对这些非连贯性的新竞争环境时,必须保持高度的清醒和忧患意识,根据媒介自身的特点制定适合于自己的应对策略。媒介人力资源管理在21世纪的经济浪潮挟裹下,能否真正发挥自己在媒介中的应有作用,是值得每一个媒介管理者深思的。

(一) 树立前瞻意识

所谓前瞻意识,指的是媒介要有自己的预警系统,对外部复杂多变的风险要有长远的预期。所有媒介人员都应该具有全球观念,也更应从宏观的视野来考虑自己的经营活动,不要闭目塞听,因循守旧。对媒介产业发展的趋势和全球范围内的进步方向要有全面的了解和把握。时刻提醒自己在竞争中所处的位置,经常进行横向或纵向的比较与学习,交流经验,总结教训,能对市场变化做出快速的应变,长期有效地协调媒介内部的各项资源,强调整体性。

(二) 建成学习型组织

学习型组织,是把学习和调动积极性作为核心竞争战略而进行相当程度投资的组织。通过技术和信息系统,可以把学习和工作结合起来。学习型组织被认为是管理的新模式。

对于智力资本相对集中的媒介来说,向学习型组织转变显得更加顺理成章。要迎接挑战,要对抗风险,要战胜对手,必须进行持续、全面的学习,促成对媒介产业发展的最佳认识,从而制定出以市场为导向的最佳战略。在媒介内部形成良好的学习氛围,实现知识共享,建立资源中心,这些都是对媒介自身所有的智力资源进行再利用,以获得价值提升,是赢得竞争力的重要手段。

(三) 促进有效沟通

在一个媒介中,确保良好的沟通是至关重要的。有效的沟通是一种组织资源。只有有效地沟通,才能消除媒介管理者与媒介员工之间、媒介员工与媒介员工之间因为等级、能力的差距带来的隔阂,真正促进人们之间的相互理解。在日趋白热化的竞争中,这种有效的沟通更是显得弥足珍贵。只有建立在对人的理解和认识的基础上的人力资源评估,才是真正有效和有益的。媒介管理者会慢慢认识到有效沟通对于媒介发展的重大意义。

(四) 更新绩效评估系统

媒介人力资源管理部门的一项重要的工作,就是制定合理、高效、适应性强的绩效评估系统,为媒介领导者的决策提供有力的依据。所以,绩效评估系统的合理与否直接影响对媒介人员做出的评估的合理程度。竞争环境在飞速发生变化,对于工作业绩、创造能力、思维活力等的评估标准也要随之发生变化,才能顺应环境的改变。对任何一个媒介人力资源管理部分来说,评估系统都不是一成不变的,需要随时更新自己的绩效评估系统,确保它应有的作用。

1. 媒介人才与其他人才比较起来有哪些特点?
2. 如何理解媒介员工的职业计划与职业发展?
3. 如何发现与任用媒介人才?
4. 如何进行媒介人力资源的绩效考核?
5. 媒介人力资源管理的发展趋势是什么?

第八章 媒介战略管理

媒介战略管理理论，虽然源于现代企业战略管理的理论，但是二者并不等同，由于媒介同时具有由上层建筑的意识形态属性和商品属性构成的特殊双重属性，所以媒介与一般企业相比存在较大的差异。如果将企业战略管理理论直接应用于媒介战略管理，存在不适用的风险，需要根据媒介产业的特殊性进行科学创新与融合。本章首先介绍了媒介战略管理的概念、特征与意义，重点从媒介使命、确定媒介目标、媒介战略选择、媒介战略控制和评估等方面分析了媒介战略管理的过程。

第一节 媒介战略管理的概念、特征与意义

一、媒介战略管理概念

在中国古代，"战略"一词早已有之，先是"战"与"略"的分别使用，"战"是指战斗和战争，"略"是指谋略、战略和计划。中国古代通常将战略称为猷、谋、韬略、方略、兵略等，在《左传》《史记》《孙子兵法》中均有较为全面的论述和精彩的呈现。在西方，"战略"一词源于古希腊文"Strategos"，其含义是将军指挥作战的艺术。德国军事家克劳塞维茨在《战争论》中指出："战略是为了达到战争的目的而对战斗的运用。"那么现代意义上所说的战略是什么呢？明茨伯格认为战略是一种事先的计划，是对未来行动方案的说明和要求；德鲁克强调企业战略是一种统一的综合的一体化的计划，用来实现企业的基本目标；钱德勒认为企业战略应该定义为确定企业基本的长远目标和为了实现这些目标所采取的相应的措施、行动以及必要的资源分配。[1] 被誉为战略管理大师的哈佛商学院教授波特曾经说过："战略是一个企业成败

---

[1] 徐文蔚：《市场营销学》，电子工业出版社，2012年版。

的关键。"

为了更好地理解媒介战略的内涵,我们引入明茨伯格的企业战略 5P 理论对于媒介战略进行阐述。5P 即计划(Plan)、计策(Ploy)、模式(Pattern)、定位(Position)和观念(Perspective)。[①]

1. 媒介战略是一种计划

媒介战略是一种有意识、有计划和有组织的行动程序,是解决媒介组织如何从当前的状态到达未来目标状态的问题。媒介战略能够为媒介组织提供发展的方向和路径,包括一系列处理特定情况的方针政策,属于"行动之前的概念"。

2. 媒介战略是一种计策

媒介战略不仅是行动之前的计划,还能够在特定的媒介外部环境和内部条件下成为行动过程中的手段和策略,以及一种在媒介竞争博弈中威胁和战胜竞争者的工具。

3. 媒介战略是一种模式

媒介战略可以体现为媒介组织一系列具体的行动和现实结果,而不仅仅是行动之前的计划或手段。也就是说,无论媒介组织是否事先制定战略,只要有具体的媒介营销行为,即有事实上的战略。明茨伯格认为,战略作为计划或模式的两种阐释是相互独立存在的。在具体实践中,计划未必实施,而模式却可能在计划之前或没有计划的状态中形成。因此,媒介战略可能是媒介行为的结果,而非设计的结果。因此,作为计划的战略是设计的战略,作为模式的战略是已实现的战略,即一种从计划向现实流动的结果。那些不能实现的战略在战略设计终结时,通过一个单独的渠道消失,脱离准备实施战略的渠道。而准备实施的战略与自发的战略则通过各自的渠道,流向已实现的战略。这是一种动态的战略观点,将整个媒介战略视为一种"行为流"的运动过程。

4. 媒介战略是一种定位

媒介战略是一个媒介组织在其所处媒介环境中的位置,对于媒介而言就是确定自己在媒介市场中的定位。制定媒介战略时需要充分考虑到媒介外部环境,特别是传媒业竞争结构对媒介行为和赢利的影响,确定自己在传媒业中的目标定位和达成目标所应采取的措施。将媒介战略视为一种定位,就是要通过正确配置媒介资源,形成竞争优势。

5. 媒介战略是一种观念

媒介战略表达了媒介对于客观的媒介生态所持有的认知方式、价值取向与态度,进而反映出媒介战略决策者的价值观念。媒介战略决策者在对媒介外部环境和媒介内部条件进行分析后做出的主观判断即为战略,因此,战略是基于客观事实的主观产物。媒介战略决策者的主观判断是否符合媒介内外部环境的实际情况,决定所制定的战略是否正确。

综合战略的定义,以及媒介的特殊属性,我们认为:媒介战略管理是媒介组织根据媒介自身资源和衡量媒介环境后,做出前瞻性、长远性和全局性的谋划和对策。媒介战略管理是媒介组织最高层级的管理,其核心并不是战略本身,而是一系列动态性的管理过程,通过制定和设计媒介战略以指导媒介组织活动。它反映了媒介组织在一个较长的时间内所要达到的主要目标和实现这些目标的主要措施、部署、步骤的设想,并强调媒介组织根本目标和宗旨的实现。

---

① 徐文蔚:《市场营销学》,电子工业出版社,2012年版。

二、媒介战略管理特征

(一) 统筹性

媒介战略需要综合考虑媒介组织层面与市场层面的各种因素,统筹各种媒介资源以确定媒介自身现状和媒介市场、环境的现状。统筹性是媒介战略管理的首要特征,指媒介战略是从实现媒介的整体目标出发,根据媒介组织的总体发展需求而制定的。统筹性所关注的媒介整体,是由诸多具有差异性的要素所组成的统一集合体。

需要注意的是,媒介整体并不是单一要素的机械式叠加,而是部分要素有机组合的整体系统。

首先,媒介战略管理应具有明确的全局观念,将媒介组织、媒介市场、媒介环境、媒介资源等诸多因素都看作具有区别但相互联系和作用的有机整体。

其次,对媒介生态中的因素进行科学、合理的组合,统筹配置,避免出现整体力量小于部分力量之和的状况。媒介战略管理虽然包括媒介的局部活动,但所涉及的局部是作为全局中的有机组成而出现在媒介战略中的。媒介战略管理并不侧重具体部门的作用,例如记者部、编辑部、广告部、发行部等,而是统一协调、统筹安排诸多职能部门的工作。战略管理的重要任务之一就是协调组织内各子系统间的运行以达到系统功能的最优。从安索夫系统地提出协同的思想,系统协调、统筹规划就一直是战略管理中的重要内容。

再次,统筹性还体现在媒介组织与社会大系统、大生态的联系中。所有媒介都是社会环境中的组成部分,媒介战略不仅需要关注内部的统筹性,还需要在同外部社会系统发生联系的情况下,依据统筹性和整体性原则,有效协调媒介自身与外部错综复杂的关系,维持媒介生态的平衡。

(二) 长期性

媒介战略的最终目的是确定媒介的长期目标,是在统筹媒介资源和内外部环境分析的基础上制定媒介长期决策的过程。

媒介战略既是谋求长远发展要求的反映,又是对未来较长时期内生存和发展的整体考虑。只要是为适应外部环境和内部条件的变化所确定的长期基本不变的目标和实现目标的方案,都属于战略的范畴。在具体实践中,可以发现国内媒介运营中的一些困难,正是媒介战略管理的缺位而造成的。

媒介战略管理,需要解决的不是近在眼前的问题,而是更多地关注和思考将来,思考媒介当下的部署,从长期性、前瞻性、预见性的角度,对较长一段时间内媒介的生存与发展进行统筹规划。

虽然媒介战略制定基于现实媒介资源、条件和环境,并对当下媒介组织产生指引和约束作用,就战略本身而言是以更为长期的发展为目标。比如,2013年是中国微博发展的转折之年,用户规模和使用均大幅下降,这一年中22.8%的网民减少了微博的使用,而微博产品的使用时间仅增加了12.7%。在手机端使用微博的网民数量也呈下降趋势,使用热度也在下降。至2013年底,中国手机微博用户数为1.96亿,较2012年底减少了596万,同时手机微博的使用率仅为39.3%,比2012年底降低8.9个百分点。微博在2014年开始布局,以渠道下沉、视频生态矩阵、信息流优化作为战略任务,由此迎来微博的第二春。2014年微博全年净亏损6340万美元,较2013年扩大了66%,到2017年微博净营收11.5亿美元,其中广告和营销营收9.967亿美元,增值服务营收1.533亿美元,归属于微博的净利润为3.526亿美元。① 一些媒介集团在投资时着眼于长期的战略目标,这些投资可能有10—20年的规划,因此他们允许特定时间的亏损,而不急于赢利,主要目标在于发展市场,形成规模。但并不是说不论结果,相反集团会对项目进行严格评估,经营战略决策是建立在资本有效配置的基础之上。

（三）前瞻性

前瞻性是谋划的前提、决策的基础。媒介战略管理是面向媒介未来发展的,其根本目的在于通过管理组织活动的不确定性来谋求媒介组织的长期存续与发展。媒介战略的制定过程就是在广泛调查研究的基础上,全面分析、正确判断、科学预测各种范围的战略环境和利益关系等可能的发展变化。也就是说,要对其所处的现实环境进行正确认知、科学判断,并对环境的发展趋势进行有效的预测。此外,媒介组织还要通过合理策划,调动所拥有的全部资源去影响和控制环境变化的节奏和方向。

比如,在中国互联网界,美团网CEO王兴被认为是具有前瞻性的创业者,他创办了校内网、饭否网和美团。事实证明,在国外兴起的诸多商业模式中,王兴都能选中后来被证明在中国极具空间的一个。2009年底准备做美团网的时候,王兴对"四纵三横"理论进行阐述：四纵是信息（如门户）、沟通互动（如IM、E-mail）、娱乐（如游戏）、商务（包括B2B、B2C、C2C、购物搜索）,"三横"则是搜索、社会化网络和移动互联网。2016年,王兴认为互联网已到下半场理论,"互联网+"战略就是"互联网下半场"。后来"下半场"不仅成为一个企业家的独特判断,也成为行业的广泛讨论和普遍方法论。② 王兴提出,美团点评进入下半场,O2O（Online To Offline 在线离线/线上到线下）也进入了下半场。从过去的用户红利,以用户规模增长为代表,转为加大服务深度,深入到整个产业链的深耕细作。进入下半场后,美团点评要实现和餐饮行业的深度融合,全面帮助餐饮商家提升经营效率,降低经营成本。到2018年,众多2C（To Consumer）移动互联网企业都感受到流量红利的枯竭,即便是最火的短视频,看上去也正触及天花板。再回头看王兴"下半场理论"的判断,对行业影响深远。如果说移动互联网上半场是解决人与人、人与物、人与服务的连接,在下半场中"连接"本身所带来的效率提升和成本降低红利逐渐消失。而美团网以王兴为代表的管理层,早在2015年即开始搭建平台、建设生态,这一年美团进行组织调整,新设立外卖配送事业群和酒店旅游事业群。2016年,美团进行了五次较大的架构调整,反映到业务层面即美团介入营销、配送、IT系统、供应链、金融等业务层面。2017年,美团建立了新到店事业群、大零售事业群、酒店旅游事业群以及出行事业部四大业务体系,聚焦到店、到家、旅行、出行四大LBS（Location Based Services,基于位置的服务）场景。2018年美团完成上市。③

（四）稳定性

稳定性指媒介战略是战略决策者经过周密和谨慎的调查研究而制定出来的长期目标,

---

① 新浪财经：《微博2017年营收首超10亿美元 增长75%》,http://finance.sina.com.cn/stock/usstock/c/2018-02-13/doc-ifyrmfmc2305227.shtml,2018-02-13,2019-11-18。

② 王冠雄：《王兴的下半场,如何变成互联网的普世方法论？》,http://www.sohu.com/a/119832389_354971,2016-11-24,2019-11-18。

③ 界面：《美团简史：八年与八个关键词》,https://www.sohu.com/a/254909211_168553,2018-09-20,2019-11-18。

战略中所部署的对象涉及媒介整体的人力、物力和财力等多层面资源,如果频繁变动将会使媒介经营处于混乱状态,媒介战略也将失去指导的意义。需要注意的是,这种稳定性是一种相对稳定性,在动态的媒介管理过程中,当外部环境和内部条件发生变化,媒介战略的某些方面则需要随之相应调整,应使其具有一定的弹性和自由度。当媒介面对突发的、难以预见的重要状况时,媒介战略管理则迅速跟进。所谓稳定是在一个较长时间内,媒介战略整体而言呈稳定状态,或者说具备一定的可持续性。

2002年湖南卫视将频道定位为"以娱乐、资讯为主的综合频道"。2003年初,湖南卫视又提出了"锁定娱乐,兼顾资讯;锁定年轻,兼顾其他;锁定全国,兼顾湖南"的品牌定位策略。2004年6月,湖南卫视正式提出"打造中国最具活力的电视娱乐品牌",秉持"快乐中国"的核心理念,作为自己的全新定位,最终形成了湖南卫视的整体频道品牌——最具活力的中国电视娱乐频道。[①] 可以看出,湖南卫视的定位始终围绕"快乐","快乐中国"是湖南卫视的品牌核心理念,而湖南卫视的品牌运营和扩张因此就有了坚实的、统一的基础。从娱乐功能来说,湖南卫视主要为全国观众提供快乐、愉悦的体验,这和《快乐大本营》的口号"快乐大本营,天天好心情"一脉相承。在这一品牌内核的导引下,湖南卫视陆续推出民间竞技娱乐节目《谁是英雄》、创新体育娱乐节目《国球大典》、大众娱乐节目《超级女声》(2006)、《快乐男声》(2007)、生活智慧脱口秀《百科全说》(2010)、汽车娱乐节目《最高档》(2011)、挑战类节目《芒果大直播》(2012)、歌唱真人秀节目《我是歌手》(2013)、亲子互动真人秀节目《爸爸去哪儿》(2013)、明星旅行真人秀节目《花儿与少年》(2014)、明星女神生活体验秀节目《偶像来了》(2015)和《我们来了》(2016)、青春合伙人经营体验节目《中餐厅》(2017)、全民解压趣味竞技类节目《摇啊笑啊桥》(2018)、创意潮拍中国城市魅力秀《快乐哆咪咪》(2018)、聚焦真实经纪公司的职场真人秀《我和我的经纪人》(2019)等,这些节目从不同内容、不同层面始终如一地诠释"快乐中国"这一频道战略。

(五) 抗争性

媒介战略的存在是以媒介竞争为前提的,媒介战略是关于媒介在激烈的竞争中如何与竞争者抗争的行动方案,也是与来自各方的冲击、压力、威胁和阻碍进行抗争的部署安排。媒介战略与仅以改善媒介现状、增加经济效益、提高管理水平等为目的的行动方案有所区别,而只有当这些工作与强化媒介竞争力和应对挑战直接相关并具有战略意义时,才能构成媒介战略的内容。需要明确的是,媒介战略之所以产生和发展,就是因为现代市场犹如战场,充满激烈的抗争,媒介只有制定经营战略占据市场优势,才能获取自身生存与发展的空间。

在媒介市场上,不仅存在同质性媒介组织、媒介产品的竞争,还存在媒介形态之间的竞争。比如传统媒体中的报纸,一个城市中如果有两份或两份以上的都市报,它们之间即存在竞争,但是面对新媒介环境的转变,这些都市报的竞争者队伍中还增加了各类相关网站,比如新浪、腾讯等门户网站都开设了本地新闻,当异军突起的"今日头条"精准地将与某地相关的资讯推送至与当地相关的人群时,它也成为都市报事实上的竞争者。可以看出,媒介市场中形形色色竞争者的优势对于媒介自身都构成巨大的挑战,所以媒介战略必须直面来自竞争环境的压力。

[①] 左晓萌:《湖南卫视品牌定位的分析》,《当代电视》2010年7期,70-71页。

三、媒介战略管理的意义

（一）有助于媒介更好地适应新技术和新经济时代

在第二次科技革命的浪潮中，19世纪40年代电报技术成功发明，70年代电话技术成功发明，电子媒介出现。在第三次科技革命的浪潮中，1946年世界上第一台电子计算机问世。从真空管到半导体，从小规模集成电路到超大规模集成电路，计算机的发展日新月异。随着计算机技术、光纤通信技术和数字技术的发展，继报刊、广播、电视媒介之后的第四媒体互联网出现。每一种媒介新技术和媒介新形态的诞生，在为受众群体带来欣喜的同时，都不可避免地对当时的媒介环境产生冲击和影响。比如电视的普及给广播带来了巨大压力，到网络时代，网络视频的发展又对电视收视率产生了致命冲击，但曾经承受压力的广播却在网络时代借势小汽车的普及，找到了自己新的生存空间。当人工智能时代降临，势必带来新一轮的洗牌。媒介组织试图在这场永不停息的战争中探寻生存和发展的机会，就需要清晰地认知新技术和新经济时代的特点，分析和预判竞争者的状况，实行有效的媒介战略管理。

（二）有助于提高媒介的经济效益和社会效益

实践证明，大多数实行战略管理的媒介经营成果可能超越没有实行战略管理的媒介，同时也可能超越自己以前未实行战略管理的经营成果。在市场经济中，媒介的经济效益对于媒介生存而言至关重要。比如2018年，今日头条将整体品牌变更为"字节跳动"，主营业务由以"资讯分发"为核心转向"资讯分发＋短视频"双轮驱动，连续押中资讯分发和短视频赛道，彰显管理团队的卓越战略定位能力。这两项业务都带来可观的经济效益，今日头条的广告收入从2015年的30亿元增长到2018年的470亿元。

除了经济效益以外，合理的媒介战略还能够带来公信力、吸引力等社会效益。美国未来学家阿尔文·托夫勒曾说："市场不仅是一种经济结构，它还是组织人民的途径，是人们思考问题的一种方法，一种精神气质。同时它还是民众一系列共有的期望。所以，市场也就是一种经济现实，一种社会结构。市场的影响所及，远远超出了经济领域。"①媒介产品不同于一般商品，它属于一种精神产品，具有政治属性，所以社会效益必须是媒介组织考虑的重要因素。科学的媒介战略管理有助于媒介坚持正确的方向，做到坚持维护国家形象和人民利益，坚持贯彻社会主义传播方针，遵守传播纪律和媒介职业道德。实践证明，对于导向性原则认识清晰、理解全面的媒介管理，可能会产生较好的社会效益。

（三）有助于保持媒介目标统一性，建立媒介协同创新机制

媒介战略管理有助于使媒介决策保持连贯性，对媒介组织过去和目前资源、技能进行配置，其中不仅包括物质资源的统筹，而且包括资讯信息的管理，从而做到保持媒介目标的统一性。媒介战略是立足于整个组织的，不仅将近期目标和战略目标结合起来，将局部战术和总体战略相统一，而且可以将组织的各种资源进行有机协调和科学配置，有利于各项资源的充分利用，从资源配置和业务范围的决策中寻求合力的最大发挥，实现协同创新，达到合力大于分力的简单相加，最大限度地发挥媒介组织的系统力。

---

① 阿尔文·托夫勒：《第三次浪潮》，新华出版社，1996年版。

第二节　媒介战略管理的过程

一、媒介使命

媒介使命是媒介在整个社会系统中所应该担当的角色和责任。媒介使命是立足于媒介所处的现实环境和条件，倾向于对媒介组织应该做到的现状进行描述。比如《纽约时报》的媒介使命陈述为"刊登一切适合刊登的新闻"。YouTube宣称"播放你自己"。网易的媒介使命陈述为"做有态度的门户网站"。知乎是"与世界分享你的知识、经验和见解"。SMG宣称"传播向上力量，丰富大众生活"。2011年，东方卫视进行改版，启用"梦想的力量，你我同在"的频道口号标识媒介使命。

（一）媒介使命的含义

一般而言，媒介使命包含以下含义：

第一，媒介使命是媒介的根本性质和存在理由，也是一个媒介组织与其他类型的组织或其他媒介组织的区别所在。媒介存在的理由可以是提供某种媒介产品或者服务，也可以是满足某种媒介需求或者承担某个重要责任。

第二，媒介使命是媒介生产经营的哲学定位，也是媒介根本的经营观念。媒介确定的使命为媒介确立了经营的基本指导思想、原则、方向和经营哲学等，它不是媒介具体的战略目标或者是抽象的存在，但影响媒介经营者的决策和思维。其中包含了媒介经营的哲学定位、价值观呈现、媒介的形象定位。比如，我们经营媒介的指导思想是什么？我们如何认识我们的事业？我们如何看待和评价媒介市场、受众、从业者、竞争者？

第三，媒介使命是媒介生产经营的形象定位。它反映了媒介试图为自己树立的形象，诸如"我们是有担当的媒介""我们是传播快乐的媒介""我们是正义和监督性质的媒介""我们是分享知识的媒介"等，在明确的形象定位指导下，媒介的经营活动就会对公众呈现始终如一的整体感觉和形象。2018年，抖音宣布"记录美好生活"，今日头条提出"信息创造价值"。

（二）建构媒介使命的必要性

1. 明确媒介的发展方向

明确媒介的发展方向，是媒介使命的出发点。我们是一个什么样的媒介组织？我们要做什么？我们前进的方向是什么？为了满足目标受众的需求，我们需要发展什么能力？我们未来何以安身立命？媒介管理者需要对这些问题提供合理的阐述，清晰和周密的展望能够为媒介组织绘制前进的航线。媒介使命为媒介所确定的经营主题，将在一定时期内相对稳定，并为媒介的资源配置、具体实践提供依据，使媒介组织在经营战略决策中做到整体上的统一，能够将资源进行有机整合，协同创新和提高媒介运行效率。

2. 增强媒介的组织凝聚力

充满激情、鼓舞人心的发展目标通常能够激活媒介组织的战略，增强参与者的勇气和信心，增加对媒介组织的信任感和认同感，使他们在执行中表现积极，保持责任心和提升目标感,强烈的目标感能够带来强大的行动力。如果组织成员不能理解所在的媒介组织的业务情况和变动中的处境,就很可能对于制定新的战略发展方向无动于衷;接下来,媒介组织新提出的媒介使命也就难以赢得组织成员的投入与合作。也就是说,媒介使命能够在不确定的媒介大环境中,作为长期性的战略导向,引导和激励媒介组织成员对未来情景产生认知和憧憬,把媒介组织活动聚焦于一个核心焦点的媒介目标状态上,使媒介组织及成员在面对混沌状态或结构惯性抗力过程中能有所坚持,持续依循明确方向、步骤与路径前进。

3. 权衡媒介的利益冲突

在具体的媒介实践中,存在多层面、多利益方的竞争和博弈。比如对于我国的媒介而言,存在的冲突有媒介事业属性与企业管理的冲突,新闻媒介的上层建筑属性要求我国社会主义新闻媒介坚持党性原则,商品属性要求实行"独立核算、自负盈亏、照章纳税"的企业化管理形式。此外,媒介的所有制结构与市场发展的矛盾,导致媒介全民所有制与媒介产业化之间的博弈。在所有的矛盾中,如何取舍,是激进还是保守?如何规避和前进?如何斗争和化解?无论媒介内部的矛盾,还是外部的冲突,正是以媒介使命为根本,得以在冲突中协调多重的矛盾,更好地解放生产力,推动传媒产业的进步与繁荣。

(三)媒介使命的内容

媒介使命可分为媒介宗旨和媒介哲学两个层面。媒介宗旨是对于媒介行为的整体规定,或媒介对社会发展所应该做的事情,有的时候媒介宗旨也被称为媒介使命。而媒介哲学则是媒介所持有和依循的价值观、态度和理念,犹如航海中的灯塔,对于媒介行为具有指引作用。比如《南方周末》以"在这里,读懂中国"为宗旨,形成了"反映社会,服务改革,贴近生活,激浊扬清"的独特风格,其内容紧扣中国社会发展和国际时局的热点和关键点,完整、真实地记录了中国社会迈向未来的脉络、趋势和图景。此外,它以"正义、良知、爱心、理性"为基本理念,这种媒介哲学以其在媒介行为中"彰显爱心,维护正义,坚守良知"赢得众多读者。

现实中的媒介使命与媒介功能密切相关,关于媒介的功能,拉斯韦尔认为,大众传播媒介有三个显著功能:监视周围环境、联系社会各部分以及适应周围环境、传承社会文化。赖特在拉斯韦尔的基础上,补充了媒介的娱乐功能。威尔伯·施拉姆认为传播的功能为:雷达功能、控制功能、教育功能、娱乐功能。我国媒介当前的媒介使命可以概括为:

(1)成为社会经济发展的助推器。
(2)引领新的传播方式。
(3)推动现代文明的进程。
(4)带来有价值的生活。
(5)践行环境监督的责任。

二、确定媒介目标

媒介目标是指媒介实现其宗旨所要达到的预期效果。媒介目标与媒介使命联系密切,它在一定的情境下将使命转化为在一个特定的时间内所要达到的目标绩效水平。媒介组织用这些目标来衡量使命的具体执行情况。

(一) 媒介战略目标的特征

1. 媒介目标要层次化

媒介战略从层次上可以分为总战略、事业部或子公司等业务单位层面的经营战略、职能部门的短期性战略。所有低层面的目标都要促成下一个更高一层目标的实现。目标的层次化就是将目标按照一定的准则将总的战略目标分解分配为次级的分目标。媒介目标的层次化有助于各个职能部门明确自身的具体任务和绩效考核的标准,此外,目标的层次化还有助于媒介整体目标的实现和成为激励媒介组织成员的有效手段。

2. 媒介目标的可量化

与较为定性的笼统的媒介哲学、宗旨相比,媒介目标需要可量化。一方面可以使媒介部门任务更加具体化,有利于目标的实现;另一方面,可衡量的媒介目标也更容易被用来考察结果。所以,媒介目标在一般情况下应尽可能地做到可测量。

3. 媒介目标要具备可行性和现实性

媒介要从自身现实和环境现实出发,制定可行的、可操作的、现实的目标。媒介目标不能是空中楼阁,而是经过一定的努力能够如期实现,定位过度的媒介目标将失去应有的效力。

4. 媒介目标要具备一致性

媒介组织存在多种多样的目标,各种目标之间可能存在矛盾和冲突,媒介应进行整体协调,使媒介体系中的长期目标、中期目标、短期目标或总目标、分目标之间协调一致,避免媒介目标在纵向或横向上的失衡。

(二) 媒介战略目标的构成

1. 服务媒介受众目标

满足媒介受众的需要是媒介发展的基础和存在的根本理由。该目标具体可用传播信息的客观性、及时性、新鲜性、接近性以及受众的满意度、关注度、互动率等指标来衡量和呈现。

2. 承担社会责任目标

媒介不同于一般企业,它不仅是简单地完全围绕利润而存在的营利性组织。在中国,媒介是党和政府的喉舌;在西方,媒介被称为"第四权力"。可以看出,媒介承担着重要的社会责任,在作为信息传播工具的同时,在传播知识、教育、舆论引导等方面都有义不容辞的责任。该目标具体可用服务类型和数量、舆论支持等指标来呈现。

3. 媒介利润目标

作为媒介属性之一的经济属性,决定了媒介创造经济价值的重要性。在市场经济的背景下,我国媒介已经走上自主经营、自负盈亏、自我发展的道路。对于媒介上市公司而言,媒介利润也与投资者的利益密切相关。该目标可用利润率、利润额、净营利、广告收入等指标来呈现。

4. 媒介市场地位目标

媒介市场地位目标指媒介在市场竞争中所处的地位,以及所拥有的竞争优势,是衡量媒介成功的重要标志之一。该目标常用发行量、收听率、收视率、点击率、增长率等指标来表示。

5. 媒介经济实力目标

媒介经济实力目标指媒介所拥有的物质资源和财力资源,是媒介营销实力的重要表现。

在物质资源方面,常用土地、房屋、机器设备等固定资产为指标来标识,财力资源通常用资本结构、现金流量、运营资本、债权等指标来表示。

6. 媒介人才目标

媒介人才是媒介的重要核心资源,人才队伍状况直接影响媒介的生存与发展。该指标可用专业人才数量、职称比例、人员流动率等指标来表示。中国媒介从业者的专业化程度等素质有待提升,媒介组织需重视人才培训。

7. 媒介组织成员需求目标

一个媒介可能在其目标中明确承诺未来要向组织成员提供良好的工作机会和工作环境,以此来说明组织成员的重要性和必要性。员工的待遇与福利直接影响到员工积极性的发挥,进而影响媒介的运营。该目标的相关指标体现为未来多长时间内工资的增长、奖励水平的提升,以及住房、交通等福利设施和条件的改善。

（三）媒介目标的制定

媒介目标的制定模式通常有：

（1）从上至下式：媒介高层管理者承担首席战略家的角色,决定媒介组织的整体经营发展方向,并对具体的职能部门如何执行提出相应指导,职能部门则根据自身情况和领导者要求制订详细计划来执行。

（2）从下至上式：通过在基层部门集思广益,吸引员工的广泛参与和收集方案,高层管理者根据所提交的方案确定目标。

（3）上下结合式：此模式综合了前两种的特点,强调上下沟通,通常由高层管理者提出总的指导原则,或与部门负责人交流时提出基本目标,然后职能部门据此制订具体的计划。

（4）战略小组式：由媒介组织各个层级的管理者、负责人与专家共同组成计划小组,由高层管理者负责,定期共同讨论和处理媒介组织所面临的问题。

通常而言,媒介目标的制定有如下步骤：

（1）媒介组织高层管理者宣告媒介使命；

（2）确定实现此媒介使命的长期目标；

（3）确定媒介短期目标；

（4）媒介组织的职能部门和下属机构综合依据媒介长期目标和短期目标,制定适合自身状况的长期目标和短期目标；

（5）媒介组织成员个体制定个人目标。

三、媒介战略选择

（一）媒介战略选择的影响因素

媒介战略选择受到诸多因素的影响,在大多数情况下,战略制定过程提供的并不是唯一的战略方案,而是多个具有可行性的方案,决策者必须从各方面进行考虑和权衡,从而选择适合媒介的最优战略。具体而言,影响决策者战略选择的因素有以下几个方面：

1. 媒介过去的战略

对于大多数媒介而言,过去的战略通常被作为现在战略选择的起点,过去的战略决策对于媒介后来的战略选择产生强烈影响,这种情况也被称为"战略路径依赖"。由于现在的媒介管理者很可能是过去战略的制定者和执行者,他们对过去的战略曾投入较多时间、精力和资源,会自然地倾向于选择与过去相似的战略,这就要求媒介管理者在选择战略时应有意识地坚持积极开拓创新的态度,或者在必要的时候建构新的媒介管理层,以减少目前战略对未来战略选择的影响。

2. 媒介对于外界依赖的程度

拓展资料

任何媒介都存在于它的外部环境中。在战略选择中,媒介必然要面对竞争者、受众等外部环境因素的影响。媒介对这些因素的依赖程度影响着战略选择过程,如果媒介高度依赖于其中一个或多个因素,其最终选择的战略方案就不能不考虑这些因素。媒介对外界的依赖程度越高,其战略选择的范围和灵活性就越小。

3. 媒介管理者的能力和态度

媒介管理者在媒介发展过程中起到至关重要的作用,其能力和态度对战略的选择和决策产生显著影响。媒介管理者对于客观环境所做出的判断和衡量是基于主观理解的结果,而不同的理解和判断将产生不同的决策;在对于风险的态度上,激进型管理者认为风险对于成功是无法避免的,并乐意承担风险,因而倾向选择进攻式、激进式战略;保守型管理者则认为较高风险将可能带来颠覆式冲击,倾向于在稳定的状态中经营媒介,因而常选择防御性的、保守的战略。

4. 媒介组织文化的影响

媒介战略确定后,需要得到媒介组织成员的认同和积极有效的贯彻实施。媒介文化对于媒介组织成员具有导向、约束、凝聚、激励和辐射等作用,当媒介组织文化与媒介战略协调一致时,就能够形成媒介的巨大优势。媒介文化与战略选择是一个动态平衡、相互作用的过程。媒介未来战略的选择只有充分考虑到目前的媒介文化和未来预期的媒介文化,相互包容、相互促进,才能被有效实施。

5. 媒介决策时间因素

决策时间因素对于媒介战略选择的影响可能体现在以下三方面:第一,时间的紧张程度。在有限的外部时间压力下,媒介管理者可能关注否定性因素会多于肯定性因素,因而通常采取更为保守、防御性的战略。第二,媒介战略规划期的长度。如果战略规划期较长,媒介着眼于长远的前景时,需要考虑的不确定因素增多,战略选择的复杂性也增加。第三,战略实施时机,好的媒介战略也需要配合较好的时机,否则难以收到预期效果。

6. 媒介竞争者的反应

在进行媒介战略选择时,必须分析和预测竞争者对于本媒介不同战略方案所可能做出的反应。主要竞争者的反应将会影响媒介战略实施的效果,特别是在寡头垄断的媒介市场结构中,竞争者反应对于战略选择的影响更为重要。比如,如果媒介选择的是直接向某一个主要竞争者挑战的进攻性战略,该竞争者很可能用直接反攻性战略进行反击。所以,媒介需要对竞争者的反击能力进行科学、适当的预估。

（二）媒介战略选择方法

1. SWOT 矩阵

SWOT 矩阵，也称为"威胁-机会-劣势-优势矩阵"。SWOT 分别是优势（Strengths）、劣势（Weakness）、机会（Opportunities）和威胁（Threats）四个英文单词的缩写，代表了影响媒介战略的四个重要因素。通过 SWOT 分析，不仅可以找到媒介的突出竞争力，还可以发现媒介由于缺乏竞争力而造成的机会损失，从而形成四种不同的战略，即 SO 战略、WO 战略、ST 战略、WT 战略。（见表 8-1）

表 8-1　SWOT 矩阵分析图

	优势 S	劣势 W
机会 O	SO 战略：发挥优势，利用机会	WO 战略：利用机会，降低劣势
威胁 T	ST 战略：利用优势，规避威胁	WT 战略：减少劣势，回避威胁

分析步骤分为：
（1）分析媒介的关键外部机会；
（2）分析媒介的关键外部威胁；
（3）分析媒介的关键内部优势；
（4）分析媒介的关键内部劣势；
（5）形成四种不同的战略。

网易公司 SWOT 矩阵分析具体如表 8-2 所示。

表 8-2　网易公司 SWOT 矩阵分析①

内部 　　　要素 外部 要素	优势 S A. 自主研发及创新能力 B. 市场研究能力 C. 售后服务品质 D. 团队协作、业务协同 E. 财务结构的合理性	劣势 W F. 质量控制体系 G. 销售渠道构建能力 H. 筹集与运用资金能力
机会 O 1. 国家政策支持 2. 用户规模庞大 3. 国产游戏需求高 4. 人们消费水平日益提高 5. 社会生活方式的转变 6. 研发技术难度高	SO 战略 1A：游戏产业正在蓬勃发展，政府不断出台支持互联网企业的新政策，增加研发补贴。拥有成熟研发团队的网易更能在政策的顺风车中占尽优势。 2C：网易拥有庞大的潜在用户群体，网易通过对游戏平衡性的有效控制，数百人的专业客服团队可以有效地为用户提供良好的服务。 3A：我国网络游戏供应商大部分仅从事代理运营业务，游戏本体均来自海外开发商，而网易有自己的游戏开发团队，更能精准定位国内市场，同时开发成本也更低廉。 5C：消费者的消费偏好开始从价格至上转向重视服务。网易的产品线一直致力于品质与高端设计，网易云音乐 App 更是获得了口碑用户双丰收。	WO 战略 6F：利用网易本身拥有的不俗的科研技术实力，扎扎实实地去完善每一款产品的安全问题、质量问题，而不是因为一些完全可以避免的原因而陷入用户安全问题的丑闻中。 4H：网易对于其资金的投入大部分都集中在宣传广告费用，而没有花在研发人员薪水的提高和工作环境的改善上。其邮箱安全性一直饱受质疑，更是闹出许多软件安全性风波，不得不警告用户卸载软件。 4G：面对不断增长的市场份额，网易的销售渠道依旧和其他互联网企业一样，停留在以往的免费有限服务上，通过卖会员获得收入的模式，销售渠道十分有限

---

① 刘毅宁：《媒介战略分析与对策——以网易公司为例》，《艺术科技》2007 年 2 期，335-336 页。

续表

内部要素 外部要素	优势 S A. 自主研发及创新能力 B. 市场研究能力 C. 售后服务品质 D. 团队协作、业务协同 E. 财务结构的合理性	劣势 W F. 质量控制体系 G. 销售渠道构建能力 H. 筹集与运用资金能力
威胁 T 7. 同行竞争压力大 8. 产品差异化程度低	ST 战略 7A：网易虽然拥有自助研发团队，但在同行巨头的挤压下，市场空间很小。其他运营商虽然只能引进海外厂商的游戏，但也借助庞大的用户群体和卖力宣传抢占了巨大份额。 8C：网易虽然产品线众多，从邮箱新闻到音乐游戏，但和竞争对手的同类产品相比，同质化严重，利润空间小，用户数量也不及竞争对手。所以，只有在服务层面上和对手拉开差距才能抢占高端市场，避免恶性价格战	WT 战略 8G：在产品本身同质化比较严重的背景下，网易的销售渠道也无特别之处，虽然邮箱拥有广泛用户，但付费用户凤毛麟角，产品变现能力有限

SO 战略：采取这种战略的媒介是环境中出现了机会，而媒介本身正具备这样的优势。这是最为理想的情况，媒介可以充分利用环境机会和内部优势来发展战略。

ST 战略：采取这种战略的媒介是在环境中存有威胁，但媒介自身在此方面占据优势。针对这种情况，媒介可以采取两种态度：一是利用现有优势在其他媒介产品市场上进行开拓，实现多种具体战略来分散环境中的风险，这是具有其他发展机会的媒介通常采取的态度；另一种是采取直面环境威胁，与之斗争的态度，这种做法通常仅在媒介优势足以战胜环境威胁的状况下采用。

WO 战略：采取这种战略的媒介是环境中存在机会，但是媒介在这方面处于劣势，不具有足够的资源。这就要求媒介需要致力于改变内部的劣势，采取扭转性战略，并有效地利用外部环境带来的机会。

WT 战略：采取这种战略的媒介是环境中存在威胁，而媒介在这方面也处于劣势，这是最不理想的情况。在这种情况下，媒介最好采用防御型战略，以规避威胁并逐渐消除劣势。

2. 波士顿矩阵

波士顿矩阵（Boston Consulting Group Approach Matrix，简称 BCG 矩阵）是由美国波士顿咨询集团创立的一种分析和规划企业产品组合的方法。这种方法仅依据市场增长率及相对市场占有率两个因素对产品组合进行分析，这两个标准是评价产品和业务的指标，并用来作为矩阵图上的纵轴和横轴。可把全部产品和业务单位所处的市场地位分为明星（Stars）、现金牛（Cash Cow）、问题（Question Marks）和瘦狗（Dogs）四种类型（见图 8-1），四种产品或业务是处于矩阵图中不同象限的战略业务单位，也对应着不同的应对策略。

（1）明星类。

明星类指市场增长率及相对市场占有率都高的媒介产品或业务，处于优势的竞争地位，较有发展前途，但其发展往往还需要较多的投资，若经营适当，可能逐渐发展为"金奶牛"。对于明星类应采取的策略是，应在短时期内优先供给其所需要的资源，扩大该产品的市场份

图 8-1 波士顿矩阵图

额,使其成为媒介未来的支柱产品。

(2)现金牛类。

现金牛指市场增长率低,但相对市场占有率高的媒介产品或业务,具有强大的竞争实力,可为媒介组织带来大量的现金收入,用以扶持明星类和问题类。此媒介业务的特点是市场占有率较高,但增长较为缓慢,属于成熟产品;由于投入少产出多,这类媒介产品和业务是媒介组织财力的支柱,所以称为"现金牛"。对于现金牛,通常采取稳定战略为宜,在维持媒介市场占有率的前提下,降低成本和增加收益率,使其为媒介继续产生大量的现金流量。

(3)问题类。

问题类指市场增长率较高而相对市场占有率较低的媒介产品或业务,具有待开发的机会,但并没有在市场上占有适当的地位。市场占有率低意味着市场地位有待于提升,高增长率表明需要大量资金维持。问题类产品存在两种变化的可能,或者经过更多的投资等努力而成为"明星产品",或在竞争中失败,难以获取利润或者亏损。对于问题类应采用的策略是仔细甄别,分析不同媒介产品或业务的前景,合理使用媒介有限的财力及资源。

(4)瘦狗类。

瘦狗类指增长率及相对市场占有率均较低的媒介产品或业务,处于饱和的媒介市场中,竞争激烈,成为媒介的负担。这类产品或业务的吸引力较低,常常难以获得利润或发生亏损。对于瘦狗类一般是有计划地选择退出战略。

3. GE 矩阵

GE 矩阵(General Electric Matrix),也被称为通用矩阵,是美国通用电气公司与麦肯锡咨询公司共同发展起来的一种更为复杂的投资组合分析方法。GE 矩阵的评价变量:媒介产品或业务在传媒业中的竞争力即媒介业务实力与行业吸引力。每一项又划分为高中低三个等级,从而把矩阵分割为九个象限。纵坐标表示市场吸引力,该指标由增长情况、生产规模、赢利性、市场结构、竞争机构、技术及社会政治等诸项因素,经加权平均构成;横坐标代表产品竞争力,由相对市场占有率、价格竞争优势、产品差别化和生产能力等要素构成。

可将媒介业务优势/实力分为强、中、弱三档,媒介市场吸引力分为大、中、小三档,在矩阵中形成 9 个战略区域,这 9 个区域又可分为 3 个地带(见图 8-2,颜色地带请见下文描述)。

(1)绿色地带:象限 A、B、D 为绿色地带,进入这一地带的媒介产品,具有较高的吸引力与实力,媒介应采取发展战略,将此区域的媒介产品作为重点投资与发展的对象。

(2)黄色地带:象限 C、E、G 为黄色地带,进入这一地带的产品属于中间状态的媒介产品,对于该区域内的产品,媒介应采取维持战略,即保持现有规模、集中有限力量有选择地进

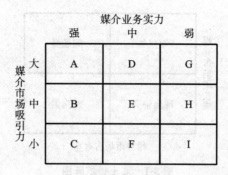

图 8-2　GE 矩阵图

行投入。

(3) 红色地带：象限 F、H、I 为红色地带，是处于低状态的产品，对于该区域内的产品，尽量减少投入，并掌握时机采取放弃战略。

（三）媒介战略类型

通常情况下，按照战略的态势，媒介战略可分为稳定型战略、增长型战略、紧缩型战略、混合型战略。

1. 稳定型战略

稳定型战略是指基于外部环境和内部条件，媒介对于资源配置和经营状况基本保持在目前的状态和水平上的战略。这种情况下，媒介经营方向及经营产品在其经营领域内所达到的产销规模和市场地位都大致不变或以较小的幅度增长或减少。稳定型战略的风险相对较小，适合上升趋势的行业和变化不大的环境中活动的媒介组织。当媒介组织对过去的经营业绩较为认可，一般会决定追求相同或相似的经营目标；当媒介组织在战略期内所追求的绩效按市场容量比例递增，即为常规增长；当媒介组织不计划更新媒介产品或仅做较小的改进，在媒介产品上减少创新，那么这样的媒介组织就是执行稳定型战略。虽然稳定型战略看起来缺少创新精神，缺少对市场的开拓意识，但是因为它建立在媒介组织过去的战略已经获得成功的前提基础上，而它又具有投入小、成本低的特点，因此，可能对一段时间内的媒介组织发展而言是较为有效的战略。

根据战略目的和资源分配的方式不同，稳定型战略又在实施方式上分为无增战略、维持利润战略、暂停战略、谨慎实施战略四种。

(1) 无增战略。

无增战略是无为而治，只按通货膨胀略调整战略目标，一般在媒介组织过去经营相当成功或不存在经营问题时使用。

(2) 维持利润战略。

维持利润战略是在外部环境发生变化时，以降低质量、售后服务水平等方式减少成本从而维持现在利润的战略。这种战略只考虑眼前的利益而忽略此战略期对媒介组织发展的长期消极影响，如果不是经济形势严峻，需要短暂过渡的情况下，此战略则需慎用。

(3) 暂停战略。

暂停战略是在一段时期内降低组织目标和发展速度。通常在较长时间的快速发展后，可能遇到一些问题致使效率下降，比如并购后、改制后，这时可采用暂停战略获得积聚能量的缓冲。

(4) 谨慎实施战略。

谨慎实施战略是指当市场环境中某一因素出现不明朗的预测可能时,组织可有意识地减缓发展速度和进度,等候时机。

2. 增长型战略

增长型战略是一种使媒介组织在现有基础水平上向更高目标发展的战略。增长型战略要求媒介组织不仅要增加绝对市场份额,相对市场份额也有所增加;所使用的手段不一定是价格战、新产品的开发,还需有更高品质的服务和创新的管理理念及方式,以在变化的外部环境中适应环境并利用环境,从而凸显自身竞争优势,反过来令竞争者处于被动地位。集中型增长战略,是指媒介组织将大部分的经营活动集中于一个业务或行业,利用规模经济效应,快速实现销售额、利润和市场占有率的增长。发展型战略包括密集增长型战略、一体化发展战略、多元化发展战略。①

(1) 密集增长型战略。

密集增长型战略是指实现媒介市场逐步扩张的扩展战略。该战略可以通过扩大生产规模、提高媒介生产能力、增加媒介产品功能、拓宽销售渠道、开发新的媒介市场、降低媒介产品成本、集中媒介资源优势等单一策略或组合策略来开展,其战略核心体现在媒介市场渗透、媒介市场开拓和媒介新产品开发等三个方面。媒介市场渗透也称为媒介市场深入,是指媒介产品在现有媒介市场上扩大销售量,比如现有受众群体增加阅读和视听次数、频率等。媒介市场开拓,是指在新媒介市场推广现有媒介产品,比如一份报纸或杂志扩大发行范围等。媒介新产品开发是指通过向现有市场提供新产品或改进的产品,满足现有市场的不同需求。

(2) 一体化发展战略。

一体化发展战略指媒介利用社会化生产链中的直接关系来扩大经营范围和经营规模,在供产、产销方面实行纵向或横向联合的战略。一体化又可分为水平一体化(横向一体化)和垂直一体化(纵向一体化)。

水平一体化是争取对同行媒介组织的所有权或控制权,或实行各种形式的联合经营。比如传统广电媒体和新媒体试图实现产业结构的相互制衡、资源共享。影响水平一体化的原因在于,媒介受众消费需求存在多样性和不确定性,全球经济一体化背景下的新媒介技术和形式涌现使得媒介产品生命周期缩短、产业融合趋势不断升级。水平一体化发展战略体现出媒介生产的专业性、媒介市场的开放性。

垂直一体化是一种在产业链中向前向后两个方向扩展业务的增长战略,其能够强化媒介集团经营各环节的控制,降低媒介生产的不确定性和经营成本,在一定程度上强化媒介主营业务的市场地位,以及更好地使用媒介资源;缺点在于增加了媒介的经营风险,以强调媒介竞争、忽略媒介合作为代价。新闻集团曾经在一份年度报告中写道:"作为世界上最垂直一体化的公司,我们得在好莱坞生产电影,在世界各地生产电视节目,并通过 FOX 网在美国、STAR 在亚洲、B Sky B 在英国传播。"② 全球垂直一体化是新闻集团区别于其他媒体的

---

① 徐文蔚:《市场营销学(第 2 版)》,电子工业出版社,2012 年版。
② 吕岩梅:《从默多克数字天空的扩张看西方商业电视的冲击力》,http://media.people.com.cn/GB/40628/3902705.html,2005-11-30,2019-11-29。

战略之一,和其他媒体相比,新闻集团在海外市场的经营本土化程度较高。新闻集团往往拥有当地市场中的独立品牌,而其他公司则更多地与母公司相联。比如在亚洲市场,隶属于新闻集团的 STAR 被视为一个亚洲公司,而 CNNI(CNN 国际台)更多地与母公司的品牌相关联。默多克在1985年购买了美国的20世纪福克斯电影公司,但他看中的并不是电影业务,而是该公司下属的福克斯电视台。只用了一年时间,这家名不见经传的小型独立电视台就被改造成了广泛覆盖的电视网,会员数也逐步从最初的12家电视台发展到188家,成为电视传媒传统三强 ABC、NBC 和 CBS 之后美国第四大电视网。① 2019年,迪士尼公司对21世纪福克斯的收购正式生效。可以看出,超级媒介集团对于垂直一体化战略的偏爱。

(3) 多元化发展战略。

多元化发展战略是指一个媒介同时经营两个或两个以上的媒介领域的拓展战略。主要包括同心多元化、水平多元化、复合多元化。

同心多元化是利用现有媒介技术及优势资源,面对新媒介市场、新受众群体增加新业务实现的多元化经营。

水平多元化是针对现有媒介市场和受众,采用新媒介技术增加新业务实现的多元化经营。

复合多元化是直接利用新媒介技术进入新媒介市场实现的多元化经营。

多元化经营战略适合较大型媒介组织选择,该战略能够充分利用媒介的经营资源,提高媒介资源的利用率,借助于扩大经营范围,缓解竞争压力,降低经营成本,分散经营风险,增强媒介组织的综合竞争优势。

3. 紧缩型战略

紧缩型战略是指媒介组织因为在不利的媒介环境条件下,从目前的战略经营领域和基础水平进行收缩和撤退。与发展型战略的目标相反,紧缩型战略放弃对经营规模的扩张,消极地回收资源,抽回经营力量。但媒介组织实施紧缩型战略一般具有明显的过渡性,其根本目的并不在于长期节约开支,停止发展,而是为了应对某些不利的经济环境,将有限的资源分配到更好的使用场合,以积聚未来的发展力量。

紧缩型战略包括抽资转向战略、放弃战略和清算战略等。

(1) 抽资转向战略。

抽资转向战略是指媒介组织在现有的经营领域难以维持原有规模,必须采取缩小产销规模和市场占有率,或者媒介组织在存在新的更好机遇的情况下,减少在某一经营领域内的投资,以消减费用支出,回收现金流量,转而投向其他战略期内重点发展领域的战略方案。

(2) 放弃战略。

放弃战略是在媒介组织战略失败、调整无效时采用的战略,指将媒介的一项或多项业务、一个或多个经营单位进行转让、出售或停止经营。放弃战略的主要目的在于找到愿意以合适价格接盘的买主,所以媒介管理者应说服有购买意向的出资者,认识到通过购买所获得的资源能够使对方增加利润。

(3) 清算战略。

清算战略是在所有战略皆告失败时通过出售资产或停止全部经营业务运行,终止组织

---

① 于海滨:《默多克新闻集团的扩张之路》,《声屏世界》2010年1期,64-65页。

存在的战略。在确实毫无希望的情况下,媒介可实施清算战略,有计划地逐步降低媒介上市公司股票的市场价值,尽可能多地收回资产,避免资产流失和不良声誉造成的负面品牌形象对媒介组织总体形成更大伤害。清算战略在特定的情况下,也是一种明智的选择。

4. 混合型战略

美国管理学者格鲁克对《幸福》杂志登载的 358 家公司 45 年相关数据研究的结论表明,增长型战略是 54.4%、稳定型战略 9.2%、紧缩型战略 7.5%,剩下近三成的公司采用三种战略的混合型战略。混合型战略是指媒介组织综合使用稳定型战略、增长型战略和紧缩型战略三种战略类型的一种组合。其中组合成混合战略的各种战略称为子战略。这三种战略可以单独使用,也可混合使用。具体实践中,很多媒介实施的都是混合战略。

按照子战略的构成不同,混合战略可分为同一类型战略组合和不同类型战略组合两类。

(1) 同一类型战略组合。

同一类型战略组合是指媒介组织采取稳定、增长和紧缩中的一种战略类型为主要战略方案,但具体的战略经营单位又是由不同类型的同一种战略态势来指导的,严格意义上来说,它仅是某一战略态势中的不同具体类型的组合。

(2) 不同类型战略组合。

不同类型战略组合是指媒介组织同时采用稳定、增长和紧缩中的两种及以上战略类型的组合。按照战略组合的顺序不同,还可分为同时性战略组合和顺序性战略组合。

同时性战略组合,是指在同一时期内同时采取不同的战略。比如在增设经营单位、产品线即使用增长型战略时,放弃另一个经营单位或产品线,即使用紧缩型战略。由于同时期内有两种或几种战略,采取同时性战略组合时要以媒介组织的总体战略目标为战略核心,确立战略的主从关系,保证各战略的互容性,激发组织资源被更为高效合理地利用。

顺序性战略组合,是指按照战略方案实施的先后顺序,顺次采取各种战略。比如总体战略中,可能包括了不同时期采取的不同战略:如萧条时期采取紧缩型战略,繁荣时期采取增长型战略;再如对同一媒介产品的不同市场周期采取不同的战略。[1]

四、媒介战略控制与评估

(一) 媒介战略控制

1. 媒介战略控制的概念和作用

媒介战略控制,指在媒介经营战略的实施过程中,检验媒介为达到目标所进行的各项活动的进展情况,评价实施媒介战略后的媒介绩效,把它与既定的战略目标与绩效标准相比较,发现战略差距,分析产生偏差的原因,调整偏差。所有的媒介管理者都应当承担控制的职责,即便其部门是按照计划运作。因为媒介战略管理中的一个基本矛盾是既定的战略与变化的环境之间的矛盾,管理者对已经完成的工作与计划所应达到的标准进行比较之前,并不确定其部门的工作是否正常。

媒介战略控制的作用主要表现在:

(1) 保证媒介战略的有效实施。媒介战略实施的控制是媒介战略管理的重要环节。战略实施控制的好坏将直接影响媒介战略决策实施的效果好坏与效率高低,因此战略控制对

---

[1] 吴秀敏:《企业战略管理》,四川科学技术出版社,2005 年版。

战略管理是必不可少的。

(2) 战略实施的能力是战略决策的一个重要制约因素。媒介战略实施的控制能力与效率的高低决定了媒介战略行为能力的大小。

(3) 为战略决策提供重要的反馈。媒介经营战略实施的控制可为战略决策提供重要的反馈,帮助战略决策者明确决策中哪些内容是符合实际的、正确的,哪些是不正确和不符合实际的。

(4) 促进媒介文化等媒介组织基础建设。

比如1997年,贝塔斯曼书友会在上海成立后,很快在中国市场站稳脚跟,并逐渐显示出强势的发展态势。但长期以来,贝塔斯曼一直处于高成本运营的状态,这直接导致它的巨额亏损。从一个书友会的正常运转来看,其成本大致包括招募会员、发送目录、购货、仓储、配送、运营等方面。贝塔斯曼在招募会员方面,每年都要投入400万—500万美元的广告费,大约每招募一名会员,就要付出成本费25美元。此外,书友会的另一个巨大开销在于向会员免费派送目录,而每一期目录少则数十万份,多则上百万。一边是巨额支出,一边又无法给予会员更多的优惠书价。至2008年,贝塔斯曼进入中国的第11个年头,尽管已经投资数亿元人民币,但仍未能赢利。2008年6月,北京贝塔斯曼21世纪图书公司表示,将终止其全国范围内36家贝塔斯曼书友会业务。① 事实上,在亏损的成长期,贝塔斯曼一直进行较为严格的媒介战略控制,每年都会对资源的有效配置和短期目标是否完成进行监控和调整。最终由于贝塔斯曼欧洲式的战略最终未能适应中国本土,在进入中国十多年未能赢利的情况下出局,这种市场退出也是媒介战略控制的方式之一。

2. 媒介战略控制的过程

媒介战略控制的一般过程由三个步骤构成:衡量媒介的实际绩效,将实际绩效与标准进行比较,采取媒介管理行为纠正偏差或不适当的标准。媒介战略控制过程的标准是一系列目标,是可用来对实际行动进行度量的。标准应该从计划中产生,所以媒介计划先于控制而存在。

(1) 衡量媒介的实际绩效。

衡量实际绩效是对媒介计划执行的实际结果进行度量、统计、汇总,按照与控制标准相应的指标,准确地反映媒介计划执行情况。这一阶段工作的关键是信息的收集和整理。信息必须及时、准确、可靠,对信息中的错误、虚假部分进行排除。信息的收集包括信息反馈,比如通过财务报表反映媒介利润和成本费用情况。

(2) 将实际绩效与标准进行比较。

在衡量实际绩效的基础上,将实际绩效与控制标准进行比较,可以确定实际绩效与标准之间的偏差。偏差是纠正偏差过程中改变输入或调整系统结构的依据。在某些媒介活动中,偏差难以避免,因此必须确定可以接受的偏差范围,如果偏差显著超出这一范围,就应该引起媒介管理者的关注。比较和计算偏差应实事求是,数据必须准确。

(3) 采取媒介管理行为纠正偏差或不适当的标准。

发现偏差的目的即为了纠正偏差,而纠正偏差就是执行控制。纠正偏差首先应该分析产生偏差的原因,可能是环境条件变化的影响,也可能是计划目标定得过高,不切合实际,还

---

① 肖明超:《贝塔斯曼为何败走中国?》,《现代企业文化》2008年10期,52-53页。

有可能是执行者的人为因素,如投机行为等。分析原因是纠正偏差的关键,找准原因,才有可能有针对性地进行调整。因此,媒介管理者应该在以下三种行动方案中进行选择:什么也不做;改进实际绩效;修订标准。

澎湃新闻于2014年7月上线,是上海报业集团进行改革调整开发出的一款新闻客户端产品,并以"专注时政与思想的新闻"作为自身追求。澎湃新闻的打造有上海报业集团几亿巨资的投入,有《东方早报》数百名精英记者的人力资源支持,以报纸成熟的运作模式为基础,一经上线,便迅速火爆起来。短短两年之后,澎湃新闻便取得了中国网站移动传播百强榜第五名的好成绩。2016年底,澎湃新闻做出了令业界为之震惊的决策,于2017年始停刊《东方早报》,这一举动迥异于传统媒体在发展路径上的选择,被认为是媒介融合的差异化操作。如果说停刊实体报纸,彻底转型新媒体,是澎湃新闻迫于形势不得已做出的放弃,那么区别于"中央厨房"的信息生成方式则是澎湃新闻的主动选择。上海报业集团掌门人裘新曾说:"一个转型的融媒体,也就不应该再有一个'新媒体中心'的概念。将原来专职的新媒体部门取消,根据人才的特质,形成数个小型的、机动的报道小组,分散到各个栏目中各自为战。在管理上,每个栏目设有主编,主编享有策划权、分配权、组织权、发稿权、考核权等领导性质的权利,形成主编责任制。"澎湃新闻在内容生产上的彻底转型,以及人力资源的重新调配,正是媒介战略实施过程中媒介战略控制的体现。

（二）媒介战略评价

1. 媒介战略评价的过程

（1）确定评价内容,为了采取措施以保证媒介战略管理过程更有效地进行,需要首先对该过程的目前状况做比较全面的了解。也就是说,先要对该过程的现状进行必要的评价,而评价的关键是要在明确评价目的的基础上,具体确定评价内容。从根本上来说,进行媒介战略评价的目的主要包括两个方面:一是为媒介战略管理者了解整个媒介战略管理过程的运作情况与影响因素提供信息;二是为媒介战略管理者对有关部门及员工进行业绩考核与奖惩提供依据。

（2）建立评价标准,可用来作为考核媒介运行是否正常的依据,通常是媒介运行目标及每一层次的具体构成,根据不同媒介情况的差异具有不同的侧重。评价指标需要与战略目标和宗旨相一致;指标不能过多,要有突出的重点;指标应能反映出媒介内部的各种组织关系、媒介的变化和发展、媒介的竞争地位及在传媒业界的位置。

（3）衡量实际业绩,即媒介战略管理者根据所确定的评价内容与标准,定期、定点对媒介运行业绩进行实际测量与记录,从而为进行媒介战略过程控制提供基本的数据资料与信息依据。实际业绩测量最困难的方面体现在关于媒介整体运行效率情况的评价,通常需要采用一些综合的分析方法,比如由初步评价、深入调查、分析评判、建议实施等经营评判法。

2. 媒介战略评价的基本框架

（1）执行媒介经营计划,控制执行进度。

通过激励战略控制的执行主体,调动其自我控制与自我评价的积极性,以保证媒介战略实施的切实有效。采用执行控制表记录各战略项目执行的情况以及分析执行差异产生的原因。

（2）关注媒介内外因素的变更。

内外环境的关键因素是媒介战略赖以存在的基础,这些内外环境的关键因素的变更意味着战略前提条件的变动,应给予足够的关注。首先制定一个修改的外部因素评价表,然后将其与原外部因素评价表做比较;其次通过提出和回答一些关键问题,分析和判断媒介相对于竞争者的位置是否变更;再次制定一个新的内部因素评价表,然后与原内部因素评价表进行比较,决定是否有必要对媒介战略进行调整和更新。

(3) 评估运行结果。

根据媒介战略目标,结合媒介内部人力、物力、财力及信息等具体条件,确定媒介绩效标准,作为战略评价的参照系。通过一定的测量方式、手段、方法,监测媒介实际绩效,并与标准绩效对比,进行偏差分析与评估。

(4) 调整战略方向。

调整战略方向,以顺应变化着的条件,确保媒介战略的实施到位。

案例　中国省级卫视的守正创新战略

关键词:价值回归、守正而不守旧

2017 年对于省级卫视而言是一个重要的时间节点,在视频网站等新媒体平台的不断冲击下,传统电视台"渠道为王"的局面难以为继。对电视媒体来说,不仅出现群体性的收视下滑,"收视地标"的诞生概率也更低。例如,与 2012 年相比,2017 年晚间上星频道破 1%、破 2% 的高收视节目规模出现大幅缩减。高收视综艺节目也面临同样的变化特征,现象级节目资源将更加稀缺。对于拉动收视的另一辆重量级马车——电视剧,收视则持续平淡,收视高原收窄、高峰下降。2015 年,收视率破 1% 的电视剧有 60 部,破 2% 的有 14 部,破 3% 的有 6 部,但 2018 年上半年,破 1% 的仅有 24 部,破 2% 的仅有 1 部,破 3% 的尚未出现,且 2018 年的上半年电视剧王《娘亲舅大》的收视率也大幅低于往年电视剧王的水平。

在整体收视持续下滑的情况下,电视台广告客户数量不断萎缩,很多老牌客户不断减量转而流向互联网。而在这样的大背景下,探索新的运营模式无疑就成为破局关键,改革势在必行。从政策角度出发,广电总局提出电视节目必须继续遵循"小成本、大情怀、正能量"的自主创新原则,公益道德、生活服务、传统文化等类型成为电视综艺创新创优的主流方向;而另一方面,从卫视经营情况来看,市场的竞争越来越激烈,但电视综艺却处于注意力资源日渐稀缺的状况之中,对于以往占据荧屏主流的"大明星+大制作"的节目来说,高投入和产出已难成正比。危则思变,因此一批中小体量、更加贴近观众的节目亟待开发,应尝试重新夺回被网综抢走的时间。①

北京卫视:向年轻化转型,超强求生欲转化为创新能力

根据央视索福瑞历年统计的全国省级卫视收视排名,2018 年收视冠军被连续五年排名第四的北京卫视夺得,中国省级卫视的版图惊现新格局。新时代倡导的

---

① 李杨:《2018 年各大卫视改革势在必行,它们有哪些内容创新?》,https://news.znds.com/article/33485.html,2018-09-09,2019-11-29。

守正创新的政策趋势,给予北京卫视难得的发展机遇。2018 年是中国改革开放 40 周年,2019 年是建国 70 周年。在渐趋热烈的庆祝氛围及守正创新的荧屏大势中,被称为"小央视"的北京卫视做了充分准备。北京卫视推出了一系列改革开放 40 周年献礼剧,如庆祝改革开放 40 周年的《大江大河》,播出后无论在索福瑞的收视率调查表上,还是在酷云、欢网这样的新媒体平台上,数据都一骑绝尘。不仅是电视剧,北京卫视 2018 年 12 月打造的庆祝改革开放 40 周年的《改革开放 关键一招》栏目,既唱响了主旋律,又收获了连续三天同时段省级卫视第一名的成绩。在新时代,北京卫视用实际行动做出了这样的诠释——一切成功的节目都要拥有美好的价值观。

而北京卫视长期经营的晚间黄金时段剧场(品质剧场)成为现实题材电视剧的热土和福地。从 2018 年 9 月开始,连续播出的四部电视剧《娘道》《正阳门下小女人》《幸福一家人》《大江大河》,创造了省级卫视同时段收视率四连冠的奇迹,"大戏看北京"的品牌价值已经深入人心。综艺方面,一向被人诟病缺少爆款节目的北京卫视,在 2018 年剑走偏锋,推出了一系列文化属性、综艺表达的原创季播节目,像《传承中国》《上新了·故宫》等都让人耳目一新。

值得关注的是,在新媒体端,北京卫视的表现同样出色。根据美兰德蓝鹰大数据中心的统计数据(见表 8-3),2018 年 12 月,北京卫视紧随湖南卫视和浙江卫视之后排名前三,与浙江卫视的差距,也仅限于小数点的后两位。根据美兰德媒体公信力调查,北京卫视的公信力居省级卫视第一。在传统媒体陷入发展困境的背景下,以北京卫视为代表的一线平台开始积极向融媒体"绝地求生",2018 年下半年,北京卫视宣布旗下品牌全线入驻今日头条和抖音,在三个月内,《跨界喜剧王》的视频点击量已超过了 6.7 亿,《养生堂》粉丝数量增至 600 万,单支视频点击量突破 5506 万,增强了传统电视节目的长尾效应,实现了传统电视 IP 的跨媒体破壁传播。①

表 8-3　2018 年 12 月份美兰德蓝鹰卫视频道综合指数(TOP5)

排名	卫视频道	综合指数	视频点击量/次	网媒关注度/条	微博提及量/条	微信公号刊发量/条
1	湖南卫视	83.09	23.5 亿	6.7 万	182.8 万	6070
2	浙江卫视	74.23	20.2 亿	2.5 万	83.6 万	2144
3	北京卫视	74.19	6.7 亿	2 万	1584.6 万	1795
4	东方卫视	72.19	10.9 亿	2.8 万	55.2 万	1989
5	江苏卫视	70.05	7.6 亿	2.1 万	87.8 万	1637

(数据来源　美兰德蓝鹰大数据中心 2018 年 12 月 1 日至 2018 年 12 月 24 日数据。)

东方卫视:新闻立台,现实主义为根本

东方卫视在 2019 年的内容布局和发展战略,提出以"守正创新再出发"为核心

---

① 冷述美:《2018 中国省级卫视冠军易主,2019 将迎来黄金时代?》,https://www.tmtpost.com/3676079.html?rss=ifeng,2018-12-30,2019-11-29。

理念,新闻、文化综艺、影视三驾马车驱动,意图引领"新爆款时代"。在强化"新闻立台"理念的指引下,每天的新闻播出量扩至 5 小时,继续领先全国省级卫视;类型上更强化国际新闻,以东方视野看世界,解读世界,做深做优,与其他频道的新闻内容形成区隔;新闻版面的创新主要体现在时评、专题、特别策划三大类别。2019 年东方卫视率先在晚间十点档开辟出一小时新闻时评栏目《今晚 60 分》,以硬朗的新闻选题结合公众的视角和思维方式,充分体现中国立场和开阔的国际视野。新闻专题节目《中国长三角》全面强化"政商观察"核心板块,《双城记》和《环球交叉点》等节目尝试继续提升特色定位。还有一批站位高、引领性强的大型直播报道和特别策划,如配合长三角区域一体化、建设长江经济带的战略升级,推出大型媒体项目《长江之恋》,凸显"天下大事,看东方卫视"的特色。不管是节目制作,还是布局剧场,"现实主义"成为东方卫视在内容编排布局上的显著标签。①

湖南卫视:不断探寻和创新快乐模式

秉持"快乐中国"理念的湖南卫视,一直是中国年轻文化和娱乐文化的领军者。然而当进入 2017 年后,湖南卫视却开始了艰难的转型。2017 年初,湖南卫视成立了创新研发中心,发力节目创新,同时为了加速创新、打造爆款,又推出了致力于原创节目开发和制作的"创新飙计划"。该计划面向所有台内团队、个人以及社会公司开启,并且为 30 岁以下的年轻人开设了特别通道,鼓励新人创新。被选中的项目,会获得湖南卫视从孵化到立项、制作全方位的支持。而入选"飙计划"的方案,将通过投票的方式层层角逐,从几百个方案中 PK 出最优秀的,再制成样片试播,通过试播检验效果。与此同时,湖南卫视也为原创新节目设立了专门的节目带进行试播,给新产品试错的机会,推动原创方案成功落地。

自"创新飙计划"实施以来,湖南卫视先后孵化出《声临其境》和《幻乐之城》等原创的综艺节目,为电视综艺市场注入了许多新生力量。眼下来看,湖南卫视在广电总局提出的"小正大"原则下,发力小体量节目创新,并先后推出了关注代际、亲情交流的《少年说》和《我家那小子》等社会题材节目,以社会热点为切入口,取得了不错的反响,这样的量变是否会带来质变,还需要时间来验证。②

通过对我国省级卫视现阶段发展战略的解读,可以清晰地看到在国家政策、文化体制、经济开放程度的外部环境变化下,媒介组织战略管理试图通过以差异化竞争为核心内容的蓝海战略在生产管理、市场经营中探寻新的生存和发展空间。创新经营管理模式,寻找未被占领的市场,开发符合宏观环境趋势又具有领先意识的竞合手段,蓝海战略是一种方法,更是一种思维,可以被应用到媒介战略管理的方方面面。

---

① 曹玲娟:《2019 东方卫视重大改版 意图引领"新爆款时代"》,http://sh.people.com.cn/n2/2018/1229/c137167-32472152.html,2018-12-29,2019-12-01。

② 李杨:《2018 年各大卫视改革势在必行,它们有哪些内容创新?》,https://news.znds.com/article/33485.html,2018-09-09,2019-11-29。

1. 什么是媒介战略和媒介战略管理?
2. 媒介战略管理具有哪些特征?
3. 如何理解媒介战略管理的过程?
4. 媒介战略类型有哪些?
5. 如何理解媒介战略选择?
6. 如何理解媒介战略控制和评估?

第九章

节目主持人管理

为什么要加强节目主持人的管理？在媒介管理的诸多工作当中，为什么要特地把主持人的管理单独作为一章进行讨论呢？

首先，加强节目主持人的管理是主持人岗位的特殊性决定的。

从广义而言，节目主持人指在广播、电视或其他视听节目作品中，出场为听众、观众主持固定节目的人。主持人是广播电视媒体创作团队的重要组成部分，是广播电视机构中各类人力资源中重要的资源之一，是广播电视传媒的形象代表和品牌代表。截至2018年底，全国广播电视播音员、主持人有3.10万人。主持人在整个媒体的战略实施过程当中被管理好、使用好，对整个媒体发展战略最终实现将起到巨大甚至是决定性的作用。播音主持工作传达的是党、政府和人民的声音，这种声音的传达已经形成了"喉舌"的定式。因此，加强节目主持人的管理也是广播电视媒体完成党的宣传任务、维护媒体形象的需要。广播电视最直观的形象就是播音员、主持人，就是播音主持工作。广播电视各个工种中，没有比播音主持工作更为一线的了。播音员、主持人是广播电台、电视台的直接代表者，受众听到、看到的是播音员、主持人，广播电视媒体的兴衰荣辱都是通过播音员、主持人的播音主持工作体现出来的。特别是对正处于社会转型期的当代中国来说，广播电视节目主持人更成了公共空间中具有广泛影响力的公众人物，而且这种影响力随着广播电视事业的发展和主持人队伍的成长壮大，将日益明显。

其次，加强节目主持人的管理是广播电视媒体深化改革和生存发展的需要。

对于广播电视媒体来说，做好主持人的选拔、培养和使用工作，全面提高主持人的素养和技能，全面提高主持人队伍的管理水平，是一项非常重要的工作。提高管理水平不仅能提高媒体的经济效益、社会效益，更成为媒体树立品牌、扩大传媒影响力的有力举措。越来越多的业内人士认识到，主持人必将成为广播电视一个重要的市场增长点。《新闻战线》杂志刊登了一则信息，介绍美国地方电视台聘请新闻顾问为电视台"看病""下药"。顾问普里莫强调播音员、主持人的作用时说,"每个因素相加等于10的话,那么主持人占其中的8个因素,其余总共等于2。这就是付高薪给主持人的奥秘所在"。

再次,加强节目主持人的管理是广播电视主持人个人事业发展的需要。

近年来,随着我国改革开放的不断深入,随着广播电视技术的飞速发展,媒体传播理念、运作理念的进步,以及媒体产业化、市场化的深入发展,我国广播电视行业也发生了很大变化,主持人队伍也出现了一些新情况、新问题,这些亟待引起有关部门和媒体的高度重视,否则将会严重影响和阻碍主持人的发展。因此,改革主持人管理,提高管理水平,已经被提到议事日程上来。

第一节 节目主持人管理的本质和原则

一、节目主持人管理的本质

管理的实质就是用人。管理者的核心就是吸引人、用好人、开发人、留住人。人才竞争的实质是人才制度的竞争,是人力资源开发和管理科学水平的竞争。可以说,中国当前面临的最大问题是人力资源管理问题,企业面临的最大挑战是如何用科学的人力资源管理制度来确保人力资本增值的问题。

节目主持人的管理,就是对主持人的选拔、培养、经营、维护进行有计划的、科学的控制和管理,即培养、塑造具有一定理论素养和专业素养、为广大人民群众所喜爱、在广大观众中具有一定号召力和影响力的节目主持人的过程。其目标是调动起主持人的积极性,并使主持人作为人力资本不断保值、增值,并能持续为媒介创造价值,进而形成良好的宣传效果。

现代人力资源管理改革是一种利益关系的调整,因此要调整好市场主体的利益关系,改革才能顺利进行。对国内电台电视台来说,由于受长期的行政事业单位管理模式影响,中国的广播电视管理体制是高度计划管理体制,特别是人事管理。因此,从计划体制下的人事管理转变到符合现代企业制度的先进的人力资源管理,既要破除不合时宜的旧观念,又要树立合乎形势的新理念。

在新闻资源的趋同化越来越明显的今天,媒体之间依靠什么进行竞争?除了新闻资源的整合与运用、特色栏目的设置、好的节目样式之外,打造名牌主持人已经成为媒介制胜的核心竞争力。从媒介管理的角度讲,主持人的管理不仅涉及媒体的人力资源,更是要深入到媒体的整个宣传和经营管理当中去,将主持人纳入产品的核心价值。

我国广播电视媒体"事业单位、企业管理"的特性,要求在主持人的管理问题上,政治理论和业务发展要"两手抓、两手都要硬"。主持人是一个职业,但作为党的宣传机构的一名工作人员,其工作内容不仅代表个人,更代表媒体甚至政府的形象。因此,不能忽视其理论素质和思想素质的管理。主持人要形成影响力,要吸引受众,就要个性化发展,在业务上形成自己的风格。

广播电视媒体的竞争已经日趋激烈,面对数百个电视频道上千个电视节目,消费者已经到了无法选择的地步。如何提高电视的收视率,已经不再由电视设备的先进与否决定,也不再受中央或地方电视台的级别或规模的影响,它依赖于良好的节目创意和优秀的思想,即员工队伍的素质和水平状况。

二、主持人管理的理念更新

1. 确立主持人"社会化"的理念

人才社会化配置是市场经济发展的必然趋势。随着市场经济的发展,人事制度改革的不断深入,人才的地区、部门和单位所有制逐渐被取消,人才从原来的单位中解放出来,成为社会共同财富。人才可以在全社会范围内自由、合理、有序地流动;哪里能实现最大价值,人才就最终流向哪里。同时,节目制作社会化也决定了主持人的社会化配置。媒介市场的发展,使节目制作开始走向社会化,其必然结果是节目主持人也随之步入社会化和市场化的道路。媒介要以新的思维和方式,尽快掌握在市场经济和全球化竞争中经营人才资本的能力。在这一过程中,要平衡好人才使用与人才流动的关系,要形成主持人的竞争机制,充分发挥现有人才的作用,留住人、用好人。同时,也要树立"大人才观",鼓励流动。与此同时,要善于从社会方方面面挖掘主持人才,树立"不求所有,但求所用"的新观念,不断充实和更新主持人队伍。

2. 确立人才配置"市场化"的理念

人才资源市场化配置,就是通过市场实现人才与用人单位优化结合,促进人才效益的最大化,解放和发展生产力。媒体可以吸引各方人才,个人可以自由择业,单位和个人都有了选择的机会。不少媒体每年都开出了优厚的条件在全国范围招聘主持人,就是对人才的一种渴求。

3. 确立人才"身价"的理念

人才既然进入市场,就要遵循价值规律,体现人才的价值。人才的价值包括两个方面:一是初始价值;二是附加价值(价值的再发现)。所谓初始价值,相当于一个刚毕业的大学生,到单位后按同一标准领取的工资。所谓附加价值,就是以后随着他在工作岗位上不断发挥作用,不断取得成绩,而为其增加的工资,即价值的再发现。目前人才的附加价值体现得还不够充分。对人才有"价"认识不深,缺乏有效办法,是阻碍人才管理走向市场化的问题。当前体现主持人人才的特殊价值和地位,需要在增加人才附加价值上下功夫,以业绩论功过,根据创造的价值和做出的业绩给予奖励,做到一流人才、一流业绩、一流报酬。对在关键岗位上承担重任的主持人,要提高他们的收入水平,对业绩突出的要给予重奖,或提前晋职晋级,只有这样才能把人才引得来、稳得住,使人才发挥出最大积极性、创造性。

4. 确立主持人资本化理念

主持人的价值可以用资本来量化。比如曾经任职于凤凰卫视的杨锦麟,他早年是一个自由撰稿人,在香港《信报》上发表一些文章,有一些知名度。当他于2003年在凤凰卫视主持了《有报天天读》以后,在传媒领域的知名度更加提升,并促使该档节目迅速吸引了广告客户的注意。当然作为资产,主持人属于无形资产还是有形资产很难讲。实际上,他是一种特殊的有形资产,因为有形资产的概念是看得见、摸得着的,他是一个人,并不是一种理念、一种文化,不能说是无形的。但是他又不是一个像固定资产一样的有形资产。从经济学的研究来看,人力资本投资是效益最佳的投资,是得到回报最好的投资。资本是能带来剩余价值的价值,因此,对人力资源实行有效开发、转变为人力资本是电视媒体实现持续发展的保证。

凤凰卫视的"明星制"是一个完整的商业链条。在明星主持人为凤凰卫视增加附加值的同时,凤凰卫视也把这些附加值量化,使之体现于明星主持人的收益——除了给明星主持人高薪之外,还有一定的股权激励。招股说明书显示,凤凰卫视在向包括2名公司董事、4名高管以及140多名其他员工的授出股份中,吴小莉、窦文涛、许戈辉、陈鲁豫等明星主持人获得的股权数量仅次于几位高管人员,凤凰卫视对明星价值的资本化体现程度在国内无出其右。刘长乐认为,凤凰卫视的明星主持人在整个无形资产中占的份额应该是很大的,明星的价值可以用资本来量化。中央电视台如今也越来越重视主持人价值的量化,从2003年起,对主持人实行奖优罚劣制度,评出年度"十大优秀栏目主持人",重奖"名嘴",拉开了"名嘴"与普通主持人之间的收入差距,对鼓励优秀人才起到了积极作用。[①]

当前,媒体的产业化发展已进入关键阶段,人才建设方面却投入太少,这将制约媒体产业化的整体推进。应把人才资本引进和开发与技术资本、资金资本的引进和开发,进行捆绑式投入,走出"宁可花几千万、几百万购买装备,却不愿花几万元用于人才培养"的误区。尽管越来越多的人在实践中开始意识到,在好的主持人身上加大投资有时候比在节目上投资更省力、更便捷、更有效,因为一期期节目是单体,而主持人是一贯的,对主持人的投资是一种长线投资,但实践中真正在主持人身上集中力量、下大功夫的实例还不多。因此对于人力资本特征显著的播音员主持人人才的管理,还要加强和加深人力资本观念,率先围绕人力资本展开人才引进、培养开发和无形资产的经营。

5. 确立用人机制竞争的理念

人才竞争的本质,是选人用人制度竞争,看谁的选人、用人制度更有优越性,更能凝聚人、激励人,更能整合和盘活人才资源,更能发挥人的聪明才智,对优秀人才具有吸纳和聚积功能。有了好的制度,没有人才也能吸引来人才;反之,没有好的制度,即使有了人才,也会很快流失。在用人制度上,除了解决工作生活条件,更应该强调为主持人提供发展机会,从机制上调动人才的积极性、创造性。媒体增强人才竞争力,必须加快人事制度改革步伐,采取更加灵活的政策和机制,敢于突破传统模式,在盘活现有人才存量、用好现有人才的同时,筑巢引凤,吸引更多的优秀人才。在媒体发展的今天,主持人的作用越是突出,对主持人的争夺越是激烈,媒体越是要加快主持人人事制度和人才机制的管理创新,拥有竞争力的机制培养和获取有竞争力的主持人,再以主持人的竞争力提升媒体自身的竞争力。

三、主持人管理的原则

1. 统一化原则

由于机构膨胀,队伍庞大,特别是在频道专业化的进程中,各频道、各部门、各栏目的分立倾向客观存在,在播音员主持人管理中出现政出多门、责权不清、配置混乱、资源浪费的状

---

① 曹广随:《建立行之有效的主持人中心制》,《青年记者》2014年14期,68-69页。

况不足为奇。统一化原则就是要建立统一的管理模式、准入制度、调配平台和监评网络。

在管理模式上,中央电视台采取了一个领导小组加一个专家委员会的办法,委员会发表专业意见,小组最后决策。北京电台采取的是管委会的办法,由总编辑亲自担任管委会主任。北京电视台最近明确为以台编委会为决策机构,以播音部为实施行业管理的职能部门。上海文广新闻传媒集团成立了东方之星公司,把主持人和演员、歌星一起纳入了统一经营。统一的准入制度包含两方面内容:其一是岗位标准,其二是申报和批准的程序。目前,我国已经推出了播音员主持人持证上岗,这就为主持人设置了一个准入的门槛。除此之外,各媒体机构在选用主持人的时候,统一把关也是必要的。制定统一的准入制度,在一定范围内的公开、公平、公正,这体现了机会均等,更重要的是保证水准。

播音员、主持人持证上岗是从宏观角度进行准入管理,在媒体的操作层面,更要注重统一管理、统一运营。确立统一的培养、调配、包装平台,应该是一种积极管理,是对播音员、主持人的主动经营。比如某年春节期间中央电视台新闻频道推出了春节特别节目《故事会》,调用新闻频道内不同栏目的七位主持人轮番主持,使节目呈现出了不同的样态、不同的主持人、不同的语言风格、不同味道的故事。这是需要频道内进行统一的调配。在此同样我们也看到了管理的局限性,如果有来自更多频道、更多类型的主持人参与节目制作的话,这档节目一定会更加丰富多彩。制定准入制度和确立调配平台是对过程的管理,而建构统一的监评网络,对播音员、主持人的工作进行全面的监督和评估,则是对结果的管理。

2. 品牌化原则

品牌化原则就是要打造节目主持人的个人品牌,就是通过打造名主持人打造媒体品牌的过程。就是要将主持人纳入媒介产品——"节目"的核心价值的过程。作为核心价值,它具有价值性、不可模仿性、持久性、可转移性。主持人成为节目有机组成部分,是节目独特的资源,每个主持人就是一个品牌,这一品牌就对一定的受众群体具有号召力和影响力。

每个省级电视台一般都会有上百位节目主持人,但是很少出现名主持。究其原因,主要有两点:一是我国媒体的定位,曾造成了规定限制个人的出名程度的情况。计划经济时代有种观点认为,媒体作为党和国家的宣传工具,怎么能为个人名利服务呢?二是主持人往往都被符号化和模式化。主持人只是被作为节目的一个符号,按照一定的模式表达一些差不多的东西。虽然主持人天天在电视里出现,但是观众知道的只是主持人符号化的外表而已,观众肯定不会对平面化的符号感兴趣。观众感兴趣的是那些特别的、有故事的人。名牌主持人为媒体带来的效益是明显的,他可以强化媒体对观众的吸引力和影响力,可以有效地降低节目的制作风险,可以使节目在较短时间里成长起来,成为名牌节目。

3. 市场化原则

主持人资源是媒体产业发展中的稀缺性资源,为了实现主持人资源的有效配置,必须引入市场机制,发展和完善主持人人才市场,确立主持人的市场主体地位,建立主持人市场价格机制,制定相应的法律保障,成立市场中介组织,通过价格机制和市场交易的途径,在有序流动中实现主持人资源的最优化配置。主持人的市场化包含两层意思:一是主持人的流动要实现市场化;二是要在市场中,在个人价值实现上取得公平公正的待遇。

广播电视传媒"事业单位,企业管理"的特殊性,造成了主持人既有事业单位管理,又有市场配置的混合特性。结果造成了同工不同酬,一样工作两样待遇的现象。比如,广电总局规定,在岗播音员主持人不准参加广告和影视剧的拍摄,不准参加商业演出,不准客串其他台节目。这一规定在电视台正式播音员主持人中得到了认真执行,但在外聘播音员主持人中几乎形同虚设。对播音员主持人应该分类管理,新闻播音员主持人应遵守上述规定,对其他类型的播音员主持人应取消禁令,让电视台自有的播音员主持人能够同社会上的播音员主持人共同面对市场,在同一个平台竞争,否则,电视台的播音员主持人就只能自取萎缩。2002年曹颖离开中央电视台实施个人突围就是一个例证。作为中央电视台的"当家花旦",曹颖并不是中央电视台的正式职工,她利用"临时工"的身份,非常密集地拍摄电视剧,主持、影、视、歌,甚至广告全面开花。面对在事业巅峰的曹颖,央视要求她正式加盟,也就意味着要么选择主持要么选择演戏,最后,曹颖只得选择离开自己喜爱的主持岗位。而在湖南卫视,李湘密集地演出、拍剧、拍广告,未受到任何限制。其实,在不影响主持工作的前提下,主持人全面发展不仅是主持人个人事业的成功,对保持节目的收视率也有一定的贡献,这是个双赢的过程。

但在另一方面,电视台自有播音员主持人同社会上的播音员主持人在薪酬上的差距越来越大,应当研究和试行年薪制等薪酬制度,以求同社会、同市场接轨。播音员主持人"零成本跳槽"现象已不再是新鲜事,研究和试行签约制也应当加快步伐。

所以,走向市场是主持人事业不断发展、不断提高的重要保障。当然,放开并不意味着放弃管理,比如,上海文广新闻传媒集团就在尝试用经纪公司的方式实施管理,既包括项目审查,又包括经营洽谈,这既是对播音员主持人的锻炼,又可以形成一个新的经营模式,补充经费不足。

第二节 主持人管理的有效举措

2004年8月1日起,在各广播电视节目制作、播出机构从事播音员主持人工作的人员必须通过资格认定,取得相应的执业证书方能上岗。这是国家广电总局为规范广播电视播音员主持人执业资格管理,提高从业人员素质,加强广播电视队伍建设而实施的又一有效举措。

一、我国广播电视节目主持人逐步纳入规范化管理

广播电视是党和政府的喉舌,是重要的思想文化阵地。广播电视节目主持人的形象、气质、言谈、举止有着极其广泛的社会影响和不可低估的示范效应,直接关系到广播电视宣传的舆论导向。广播电视行政部门一直高度重视主持人队伍的建设和管理。一方面,节目主持人作为广大广播电视从业人员的一分子,要遵守各项广播电视管理规定;另一方面,由于主持人工作的特殊性,为了提高从业人员的素质,提高准入门槛,规范从业行为,国家还专门针对播音员主持人出台了一些规定。

1995年,广电部就出台了《关于广播电影电视部关于广播电台、电视台外借播音员节目主持人的暂行规定》,规定播音员、节目主持人参加外单位的节目主持、录音、配音工作,一律由单位统一组织和管理,个人不得私自联系外借事宜;外借广播电台、电视台播音员、节目主

持人不准从事营利性活动的主持,不准从事歌厅、舞厅、酒吧和私人庆典活动的主持,不准做广告等。1997年出台了《播音员主持人上岗暂行规定》,规定了普通话播音员、主持人的基本条件、资格的考核与取得以及资格管理。2000年出台了《关于进一步加强播音员、主持人管理有关问题的通知》,要求建立健全播音员、主持人业务管理机构,加强对播音主持专业的岗位管理,完善播音员、主持人考核办法,重视播音主持人才的选拔和培养,加强播音主持理论建设,关心播音员、主持人的工作和生活。2001年12月出台了总局10号令《播音员主持人持证上岗规定》,对县级以上广播电视播出机构专职普通话播音员、主持人员资格取得的基本条件、程序和资格管理做了相应规定。2004年6月发布国家广电总局第26号令《广播电视编辑记者、播音员主持人资格管理暂行规定》,这是在总结上述有关规定的基础上制定的,它出台的一个很重要的目的就是贯彻《行政许可法》和推进依法行政。《行政许可法》规定,提供公众服务并且直接关系公共利益的职业、行业,需要确定具备特殊信誉、特殊条件或者特殊技能等资格、资质的事项,可以设定行政许可;2004年6月29日,国务院发布了第412号令《国务院对确需保留的行政审批项目设定行政许可的决定》,规定由广电总局实施广播电视新闻采编、播音员、主持人资格认定许可项目。为保证许可项目依法、公开、公平、公正实施,按照《行政许可法》的要求,在26号令中比较全面地规定了播音员主持人的资格考试、执业注册、权利与义务,明确规定了许可的条件、程序、期限等。2015年10月,新版《中央电视台播音主持人管理办法》修订发布,提高了播音主持人才准入的标准,并进一步规范主持人的个人行为。

二、《广播电视编辑记者、播音员主持人资格管理暂行规定》的主要内容

《广播电视编辑记者、播音员主持人资格管理暂行规定》(以下简称26号令)共分五章三十条。其明确规定:在依法设立的广播电视节目制作、播出机构连续从事采访、编辑、播音主持工作一年以上的人员,必须通过全国统一的广播电视编辑记者、播音员主持人资格考试,取得相应的资格考试合格证,并通过所在单位向省级广播电视行政部门申请注册,取得由国家广电总局统一制作核发的"中华人民共和国广播电视编辑记者证"或"中华人民共和国播音主持人证",方能上岗。这两个证书是广播电视编辑记者、播音员主持人的唯一执业凭证,在全国范围内有效,有效期为两年。未获得执业资格的人员应当在持有相关执业证书的人员指导下从事实习等辅助性工作。广播电视编辑记者与播音员主持人资格考试原则上在每年上半年举行一次。资格考试实行全国统一大纲、统一命题、统一组织、统一标准制度。考试时间在受理报名前三个月向社会公告。凡是遵纪守法、坚持党的基本路线和方针政策、具有完全民事行为能力,具备大专以上学历人员(含高校应届毕业生)均可报名参加考试。已经在广播电视播出机构工作并取得"记者证"或"播音员主持人上岗资格证书"的人员,符合规定条件的,无需参加考试,本人提出申请后,可通过审核认定取得中华人民共和国广播电视编辑记者证或中华人民共和国播音员主持人证。26号令对播音员主持人的权利和义务也做出了明确规定。

1. 权利

广播电视播音员主持人在执业活动中享有以下这些权利:

（1）以所在的制作、播出机构的名义从事广播电视节目采访编辑或播音主持工作，制作、播出机构应当提供完成工作所必需的物质条件。

（2）人身安全、人格尊严依法不受侵犯。

（3）参加继续教育和业务培训。

（4）指导实习人员从事采访编辑、播音主持工作。

（5）依法享有的其他权利。

2. 义务

在执业活动中应当履行以下义务：

（1）遵守法律、法规、规章。

（2）尊重公民、法人和其他组织的合法权益。

（3）坚持正确的舆论导向。

（4）恪守职业道德，坚持客观、真实、公正的原则。

（5）严守工作纪律，服从所在机构的管理，认真履行岗位职责。

（6）努力钻研业务，更新知识，不断提高政策理论水平和专业素养。

（7）树立良好的公众形象和健康向上的精神风貌。

（8）依法应当履行的其他义务。

参加继续教育和培训，既是权利，又是义务，这是播音员主持人不断提高业务水平的需要。

特别引人关注的是26号令对主持人的道德提出了要求，职业道德、品行、声誉成为主持人上岗不可或缺的三大要素。

广播电视是社会主义精神文明建设和先进文化传播的重要阵地，主持人作为公众人物，其一言一行对公众具有比普通群众大得多的辐射面和影响力，不少主持人还是青少年学习模仿的对象。很难想象，一个品行不端、丑闻缠身的主持人能具有良好的公信力，能有利于观众接受先进文化。因此，对主持人的道德方面提出一些基本要求，是其特定工作岗位的必然要求。26号令规定，因故意犯罪受过刑事处罚的和受过党纪政纪开除处分的，不能报名参加考试；违反职业纪律、违背职业道德，造成恶劣影响和品行不端、声誉较差的，注册机关不予办理注册手续，制作、播出机构应将责任人调离广播电视播音主持岗位；并规定广播电视播音员主持人在执业活动中应当树立良好的公众形象和健康向上的精神风貌等。

播音员主持人持证上岗，代表着在宏观的主持人管理层面，已经开始走向规范化。26号令规定涉及的内容比较全面，涵盖了资格考试、证书发放、执业注册、从业权利义务等整个环节；另外，制度设计更加科学合理，将资格取得区分为资格考试和执业注册，符合执业资格管理的惯例，有利于实际工作中的监督管理，有利于促进播音员主持人队伍素质不断提高；整体上看，程序清楚，要求明确，具有较强的可操作性。

三、国家对主持人素质、道德进行监管

2004年4月，国家广电总局发布《广播影视加强和改进未成年人思想道德建设的实施方案》，提出广播影视要坚持使用标准普通话和规范的汉字，帮助引导未成年人学习掌握和规范使用标准普通话。广播影视节目要提倡语言美，倡导文明用语、规范用语，净化语言文字

环境,不能使用粗话脏话;除特殊需要外,节目主持人必须使用普通话,不要以追求时尚为由,在普通话中夹杂外文,不要模仿港台语的表达方式和发音。这种要求是符合法律法规精神,也是为了纠正当前一些广播影视节目、主持人在语言文字运用方面存在的随意、不正确、不规范的现象。同时,实施方案强调要加强节目主持人队伍建设,提高主持人的综合素质。要坚决纠正节目主持人低俗媚俗现象。要求广播影视节目主持人在着装、发型、语言以及整体风格上,应该充分考虑全社会特别是未成年人的欣赏习惯、审美情趣,切实做到高雅、端庄、稳重、大方,不能因过分突出个人风格、个人品位而标新立异、哗众取宠,不能为追求所谓的"轰动效应"而迎合低级趣味。提出主持人不宜穿着过分暴露和样式怪异的服装,不宜佩戴带有明显不良含义标识图案的服饰。主持人的发型不宜古怪夸张,不宜将头发染得五颜六色;不要模仿不雅的主持风格,也不要一味追求不符合广大观众特别是未成年人审美情趣的极端个性化的主持方式,更不要为迎合少数观众的猎奇心理、畸形心态而极尽夸张怪诞的言行与表情。可以说,这正是根据近年来节目主持中出现的一些不良倾向而提出的要求,有较强的针对性。

2004年12月,为了加强队伍建设,倡导良好的职业精神和职业道德,规范广播电视播音员主持人的职业行为,广电总局发布《中国广播电视播音员主持人职业道德准则》,准则共分责任、品格、形象、语言、廉洁和附则六个部分,对播音员主持人的职业行为做了详细的规范。准则着重强调广播电视播音员主持人作为有广泛社会影响的公众人物,应时刻保持谦虚谨慎,自觉追求德艺双馨;在工作和生活中保持良好的仪表和文明举止,自尊自爱,通过严格约束日常行为,树立良好形象,维护媒体公信力;规范使用语言文字,维护祖国语言文字的纯洁。准则还规定,播音员主持人不得将自己的名字、声音、形象用于任何带有商业目的的文章、图片及音像制品中。这是我国首部播音员主持人的职业道德准则,内容详细、具体,进一步加强了对播音员主持人的管理。

拓展资料

2015年,国家新闻出版广电总局官网正式发布《关于进一步加强广播电视主持人和嘉宾使用管理的通知》。要求电视台严格执行主持人上岗管理规定,加强主持人职务行为信息管理,认真落实播前审查和重播重审制度,加强主持人和嘉宾的教育培训,明确责任主体、确保落实到位,做好主持人资质清查和主持人、嘉宾管理制度建设工作。①

---

① 国家新闻出版广电总局《关于进一步加强广播电视主持人和嘉宾使用管理的通知》,http://www.sapprft.gov.cn/sapprft/govpublic/10551/332987.shtml,2016-03-23,2019-12-02。

第三节　主持人管理的创新

一、主持人的人力资源管理——职业生涯规划

在建立和完善主持人市场配置与实行主持人人力资本运作的同时,媒体还应就主持人的日常管理和战略管理建立科学、规范、有效的主持人人力资源开发和管理系统。为了与媒体产业化发展和媒体人事制度改革相适应,主持人的管理也应当从传统的人事管理及时地转向现代人力资源管理与开发,只有这样才能与主持人配置的市场化和主持人人力资本的运作相配合。下面就主持人职业所表现出的明显的阶段性,讨论一下主持人职业生涯及主持人职业管理问题。

所谓职业生涯,也叫职业发展,就是一个人一生中,从参加工作开始以心理开发、生理开发、智力开发、技能开发、伦理开发等潜能开发为基础,以工作内容的确定和变化、工作业绩的评价、工资待遇、职称职务的变动为标志,以满足需求为目标的工作经历和内心体验的经历。职业生涯管理或职业管理则有个人和企业两个层次。对企业来说,职业管理就是为了不断增长员工的满意度,促进其成长和发展并使其能与企业的发展和需要统一起来,而制定计划并使其实现,以实现双赢的过程。职业管理是现代人力资源管理区别于传统人事管理的主要区别,是"以人为本"的思想在管理活动中的主要体现。

毋庸置疑,21世纪中国广播电视主持人职业生涯陡显波澜,媒体和主持人个人对主持人职业生涯的忧虑也到了空前的境况,出现大量的主持人跳槽现象,就说明这一趋势愈演愈烈。依据中国广电主持人的具体情况,主持人职业管理可以针对主持人职业生涯的五个阶段来展开。

1. 前期

这是主持人人才进入业内之前约三年的阶段,媒体这时要善于根据媒体市场的需要,调整主持人专业培养的方式,协调数量,通过一系列有效途径发现主持人的潜在人才。

2. 尝试期

这是主持人职业生涯的探索和选择阶段,是一个开端时期。主持人大多从零开始,老老实实当学生,如饥似渴学知识,风风火火干工作。因为节目主持是一项创造性很强的工作,知识必须十分灵活地透过复杂的传播环节展示给受众,主持人常常是喜悦、焦虑夹杂着阵痛。媒体则应加强培训投入,鼓励主持人在"干"中学,恰当地给予激励和批评。

3. 成长期

这是主持人职业生涯的二次选择与攀登阶段。主持人此时基本适应了职业环境,媒体也开始授予比较重要的任务,然而在羽翼渐丰、雏鹰展翅的时期,常常会遭遇职业陷阱,或是误入与职业性不吻合的区域,或是成为媒体利益的牺牲品。媒体此时应加强与主持人的信任关系,适时走明星策略,同时可以在主持人的流动中优化主持人队伍。

4. 拓展期

这是主持人职业生涯的延展与超越阶段。主持人在业务成熟的基础上,开始实现自我,

并寻求新的发展空间,但后起之秀蓬勃而起,竞争压力不言而喻。主持人的进退、转换成为人们关注的焦点。媒体要严格把握此阶段究竟属于下滑期还是黄金期。但不论如何,此时都是一个可以开发主持人"无形资产"、收获媒体对主持人的人力投资的时期。

5. 动荡期

动荡期可能发生在成长期、拓展期甚至尝试期初期。主持人开始走出台内栏目,走向台外、城外,甚至国外。新的环境对主持人充满诱惑,拓展期的主持人会受到很大的冲击,尝试期的主持人也会产生非分之想。这个阶段的持续时间可能是几个月,可能是七八年,主持人都希望在流动中实现自我增值。媒体就应及时平息主持人的思想波动,创造有序可行的流动机制,最大限度地缩短动荡期,减少主持人资源的浪费和内耗。

二、主持人的人力资源的运营——主持人中心制

1. 主持人中心制的由来

主持人中心制是相对于编辑中心制、制作人中心制而言的。通常来讲,主持人中心制是指主持人对整个节目负责,不仅要参与组织节目,而且对节目有决定权。在主持人周围必须有一个精干的制作群体,作为智囊团帮助主持人完成节目生产进程中的各项工作。主持人中心制的出现与新闻深度报道、新闻直播密切相关,最早出现在美国。1968年,哥伦比亚广播公司(CBS)创办以调查性报道为主的电视新闻杂志《60分钟》,沃尔特·克朗凯特担任主持人,由于具有在报纸和通讯社工作的经历,克朗凯特对重大新闻事件的把握能力和对重要新闻场合的控制能力极为出色,他要求编辑主管的职务和实际权力得到上司的支持。自克朗凯特开始,晚间新闻的播音员成为新闻主持人,他们对新闻报道选题和制作过程的参与程度和决策作用越来越大,这就是主持人中心制。主持人中心制出现在新闻杂志性节目并非偶然,这是其播出内容与方式的特殊性决定的。美国广播电视新闻节目,首播多数均为直播,主持人在直播过程中播报新闻,连线一线记者询问新闻现场情况(或者切入记者现场报道)。在体现快的同时还要表现出深的一面,"节目要对今天或最近发生的新闻事实进行深度报道、背景报道、分析报道,这样保证了每天的新闻既有普遍的新闻信息的传达,又有重点新闻信息的深度加工,形成和引导了舆论与公民的议程"。这样的新闻杂志节目体现了电台、电视台的综合能力,它要求主持人表现出丰富的知识积累、快速的反应能力、准确的价值判断能力、良好的人际沟通能力,同时他有权进行节目内容的取舍。这些能力,一方面需要主持人自身的积累,同时,更需要一个团队对其加以"包装"和"补血",围绕其开展各种幕后工作,为打造日臻完善的直播新闻节目服务。

在国内,播音员主持人在各类新闻节目中的作用却不尽相同,差别很大。独立主持人"独立承担整个节目采、编、播各个环节的工作,几乎是节目的唯一制作人";单一主持人"主要或只从事话筒前的再创作——播音工作",如目前大多数的新闻播音员;参与型主持人"参与节目的采、编、播、控各个环节的工作",主持人与编辑是平等合作的关系;主导型主持人,是节目的指导者和领导人,"实际上是个在话筒前或荧屏前露面的主编"。近年来,内地一些电视台开始推出以主持人为中心的新闻和娱乐节目,主持人中心制初露端倪。

2. 主持人中心制的实质及特点

主持人中心制的实质就是主持人摆脱了符号化和模式化,主持人个人成为节目的内容独特要素,进入了媒介产品"节目"的核心价值,成为主持人节目组成的核心要素。这是节目

人格化的表现。麦克卢汉说"媒介即信息",对于成熟的个性化的主持人节目而言,"节目即主持人,主持人即节目"。节目主持人成为广播电视节目中不可复制的独特的内容元素。主持人不再是节目的一个包装,不再仅仅是节目内容的传达者和传播者,而是作为节目内容之一。比如说,崔永元主持的《实话实说》,崔永元已经成为节目风格的代表,换主持人之后虽然这个节目名称没有变,但是,节目的风格和节目所吸引的受众已经发生了很大的变化。于是有人便将之戏称为崔永元版《实话实说》、和晶版《实话实说》、阿忆版《实话实说》。广播电视的本位是节目,而对于主持人节目来说,节目的本位就是主持人。广播电视节目的种类有很多种,并不是每种节目都适用主持人中心制,主持人中心制主要是应用于主持人节目。而且,这种中心制应该是"主持人内容中心制"而不是"主持人行政中心制"。一些媒体管理者认为,实行主持人中心制,就是让主持人担任制作人或者部主任,让他们拥有行政管理权力。实际上,一旦主持人负担过多的行政管理事务,部门的吃喝拉撒无所不管,主持人中心制就变得形同虚设,主持人无力全身心投入节目当中。对于这一点,中央台主持人白岩松就有深刻的体会,2001年白岩松担任《时空连线》的制片人兼主持人,从制定员工工资单到协调同事关系都要操心,牵扯了很多精力。后来,他不得不辞去了制片人的职务,将更多时间放在做节目上。主持人中心制绝不是只让主持人当制片人,真正的主持人中心制应该是掌握节目方向的灵魂,而不是行政的管理者。

主持人中心制所具有的优势也是非常明显的,主要表现在以下几个方面。

(1) 主持人中心制有利于直播节目的顺利安全播出。

新闻直播越来越成为常态,特别是对于广播节目来讲,事中控制至关重要,直播中主持人有对节目的处置权,以便随时根据情况调整播出内容。

(2) 主持人中心制有利于打造节目品牌。

主持人是节目的代言人,也是媒体的代言人,其素质的高低直接影响着节目的质量,影响着听众对电台的信任度。在国外,成功的电视节目往往长期由一位资深的主持人主持。比如克朗凯特、丹·拉瑟主持《晚间新闻》和麦克·华莱士主持《60分钟》都有数十年的时间。著名的脱口秀主持人奥普拉以她的名字命名的谈话节目更是长盛不衰。

(3) 主持人中心制有利于解决节目组权力分散、决策冲突的情况,有利于团队建设。

建立主持人中心制,主持人是节目的把关人,围绕这一核心确立直播过程中单一的决策者,主持人成为实际上的节目主编,他对节目的处置,对编辑、记者的调度是职责范围之内的事情。主持人中心制可以很好地解决权力分散造成的多头管理、多头决策的问题,避免节目运行中主持人"事事参与、事事请示"的矛盾,从而有利于营造节目组和谐有序的工作环境,团队更富于效率和战斗力。

三、主持人的绩效管理的尝试——平衡计分卡

目前我国的广播电视媒体中所使用的管理机制,一方面大多关注的是过往的绩效评价,也即"滞后指标",它只能提供以往经营或工作的结果,而不能有效预测未来的绩效。同时,这样的指标也往往只反映外部评价的结果,而不能显示内部运作是否有效。另一方面,主持人管理机制往往相对单一,比方说只看重节目收听收视率,或者只看重广告投放量,而对其他方面关注则较少。

国内有些学者探讨将国际流行的管理工具引入主持人的管理。比如平衡计分卡。平衡

计分卡则是一套相对全面的管理系统,它包括了主持人管理领域的方方面面,例如对于宣传宗旨、媒体定位的有效贯彻,受众的占有率指标,广告投放量,节目运作具体流程,以及主持人个人生涯规划与媒体战略的统一,等等。从长远的角度以及媒体战略实现的高度来看,通过平衡计分卡来对主持人进行全方位的管理和培养具有一定的可行性。

1. 平衡计分卡的概念

平衡计分卡(The Balance Scorecard,简称BSC)是由美国哈佛商学院领导力开发课程教授罗伯特·卡普兰和复兴全球战略集团创始人兼总裁大卫·诺顿对在绩效测评方面处于领先地位的12家公司进行为期一年的研究后,发明的一种绩效管理模式,后来在实践中扩展为一种战略管理工具。它诞生于1993年,目前,它已经是世界上最流行的管理工具之一。世界500强企业中约70%正在实施平衡计分卡系统,世界最大的300家银行中约有200家也正在使用平衡计分卡,而且其应用领域正在逐步扩大到越来越多的政府机构、非营利机构和社会团体等。

平衡计分卡是把企业或组织的使命和战略转化为一套全方位的运作目标和绩效指标,其最大的特点在于"平衡",它从财务、客户、流程和学习成长四个角度来帮助管理层对所有具有战略重要性的领域做全方位的思考,它不仅考量已取得的绩效,同时也关注未来的发展。它是一个核心的战略执行工具,将企业或组织的远景、使命和战略转化为具体可执行的指标和行动;它也是一种先进的绩效衡量工具,通过可量化的指标对员工绩效进行衡量,确保战略执行;同时它还是一种有效的沟通工具。它的核心目标在于组织战略的有效贯彻。

2. 平衡计分卡运用于主持人管理的具体维度设计

平衡计分卡的具体运作过程中往往针对的是一个部门或一个工种,最终指标分解才细化到个人。对平衡计分卡进行的具体维度设计针对的是主持人整体,而非个体的管理。主持人是以节目作为产品为客户(受众)服务的,所以平衡计分卡用于主持人管理应以客户角度为中心,侧重从学习成长角度进行设计。具体的设计指标包括:

(1)客户角度。

以客户为核心设计,平衡计分卡应包括五个方面的内容:市场占有率、客户的获得、客户的保持、客户满意度以及客户获利能力。

这五个方面应该说包括了主持人管理在受众方面应予要求的所有内容。在这当中,客户获利能力应当是最终追求的目标,也是五个方面当中的超前指标,能够对未来发展产生关键作用。主持人管理领域的客户角度的具体指标设计应当包括:市场份额、客户满意度、客户忠诚度、平均客户保持期、客户数量、客户流失率、客户保持率、客户获得率、品牌认知度、收视频率、客户获利性等。这些指标大多是围绕节目展开的,这是因为主持人为客户奉献的核心产品就是节目,所以这里的主持人仅指真正处于节目核心位置的主持人,那些只是以主持人面目出现的播音员或报幕员不在此列。另外,客户角度对于主持人的管理内容既包括过往绩效的评价,同时也要求主持人自觉关注未来发展。以上任何一个指标都既是主持人工作的成绩评定,也是主持人在节目运作过程中必须时刻加以关注的。例如主持人应当努力在节目中为客户传递他们最想知道和最想感受到的有效信息,应当努力使节目常做常新,保持客户的收听率,同时不断提升节目质量,以吸引更多的新客户,等等。

(2)学习成长角度。

主持人要有契合媒体发展的知识结构,要能够将掌握的知识转化成为媒体的知识,从而形成最终的核心竞争力。把主持人作为一个整体加以考量,平衡计分卡在学习成长角度有很多关注指标:参与学术组织主持人人数、平均服务年限、高学历主持人占比、具有多种技能主持人数量、主持人提出建议数、主持人满意度、主持人增加值、激励指标、激励一致性、工作环境质量、健康促进、内部沟通评级、受培训时间、第三人传授、能力覆盖比率、个人目标实现、生涯规划、绩效评估的及时完成等。平衡计分卡对于学习成长角度关注的指标相当庞杂,不仅仅关注主持人知识结构等方面,还从更广的范围(如健康、工作环境等)和更深远的角度(如生涯规划、目标实现等)对主持人的成长与媒体战略保持一致加以考量。在这样的背景下,主持人的学习成长就纳入了媒体成长的统一架构当中。

(3)"财务"角度。

平衡计分卡的财务维度实际上观照的是如何满足股东需求这一根本性的问题。"财务"一词之所以加引号是因为在广播电视行业中这一点就应当是如何满足或完成党和政府的"喉舌"这一根本任务,同时保证国有资产的保值增值,而并非企业中的财务收支指标。这方面的具体指标应当包括:媒体定位的认识和把握、宣传方向的认识和把握、宣传口径的认识和把握、赢利能力、广告投放量、增值服务收益等。实际上,主持人管理领域中的"财务"角度指标关注的是社会效益和经济效益的同步增长,主持人工作过程当中,既通过节目产品为广大民众提供健康的精神食粮,也为媒体产生相应的经济收益。可以说,这个指标是目前媒体在主持人管理中采用较多的内容,而且也是主持人管理中相当重要的部分。

(4)内部流程角度。

内部流程角度关注的是组织内部运作方面的内容,其目的是保证整体工作有序进行,通俗地讲,它就是一整套内部的规章制度。就媒体而言,我们所熟知的审稿制度、节目录制时间制度、直播制度等都属于此列。目前各台对于主持人在工作流程中的内部管理有着相对完整的规定,但是还要考虑一些指标,比如:节目平均费用、研发费用、创新比例、对受众要求的反应时间、缺陷率、服务承诺、计划的正确性、新节目推出时间、超前用户的识别、其他媒体正面宣传的数量等。内部流程管理所涉及的内容不仅仅是按时审稿、按时直播等细节,它也包括了媒体内部成本核算、资金流向等方面对于主持人的保证和倾斜,还包括工作计划、主持人创新等着眼于未来发展的指标。平衡计分卡对于主持人管理的全面性由此可见一斑。

以上阐述了在主持人管理领域使用的平衡计分卡的基本维度设计,其中所列的指标往往是大的方面,还需要进一步细化才具备可操作性。而且平衡计分卡最终是以分值作为指标,以图表的形式呈现的,这里只是做一个简要介绍。目前已经有开发相对成熟的 e-BSC 计算机执行系统,只需要确定具体指标便可用于操作。需要说明的是,现在广播电视的分众化设计越来越细致,各频率频道的媒体定位越来越清晰,所以以上主持人管理方面的指标当中很多已经具备基本定位,可以使用这个系统为主持人管理服务。

拓展资料

四、主持人品牌的打造——"明星主持人"

随着媒介市场的逐渐开放,中国电视业全面竞争的时代已经来临。中国电视媒体开始从生产时代向营销时代迈进。由此,电视也全面进入了品牌时代。在这种情况下,打造名牌主持人,进行电视品牌经营已经成为提升媒体形象、增强竞争力的重大策略。品牌新闻类节目意味着高收视率、高回报率和高品质的媒体形象,它不仅是电视台的立台之本,更是参与市场竞争的最有效的武器。明星电视节目主持人是品牌栏目的重要组成部分,其作用举足轻重。而明星电视节目主持人本身就具有巨大的品牌价值,更可以成为一个电视台的标志,通过明星电视节目主持人的知名度打造新的品牌栏目也已成为不少电视台的经营之道。1996年成立的凤凰卫视,仅用了八年时间便成长为中国具有影响力的媒体之一,有不少成功经验值得借鉴。其中重要的一条就是明星主持策略。凤凰卫视行政总裁刘长乐说,凤凰的一个重要策略就是大力树立名牌主持人,"我们不怕他们出名,我们就是要全力让主持人出名。这是树立凤凰品牌的重要策略,也是凤凰开拓市场的重要策略"[①]。凤凰卫视成立之初就致力于打造自己的明星主持人品牌。这些品牌与观众结下了深厚联系,主持人就是凤凰的"名片",是观众认同凤凰的直接对象。吴小莉、陈鲁豫、许戈辉、刘海若、谢亚芳、曾子墨、闾丘露薇、陈晓楠、孟广美、李辉等元老,以及后来的一批新锐群星,从吴小莉被朱镕基总理点名之后,不断被包装,逐渐走红,在如今华语电视并不狭小的范围内,凤凰卫视主持人的风头达到了巅峰。可以说,凤凰卫视的品牌效应,很大程度上是靠"明星效应"支撑起来的。对于明星电视节目主持人的品牌塑造众说纷纭,要探寻明星电视节目主持人的品牌塑造之路,首先必须了解明星电视节目主持人的品牌特征,唯此才能对症下药、有的放矢。

1. 明星电视节目主持人的品牌概说

何谓品牌?在商业领域对品牌这一概念的阐述有很多,有符号说、手段说、关系说,等等。美国市场营销协会定义就是符号说的权威定义:"作为一种市场概念,品牌是指打算用来识别一个或一群卖主的货物或劳务的名称、名词、符号、象征或设计,或其组合,并打算用来区别一个或一群卖主和其竞争者。"事实上,透过外在的名称、包装、形式符号等因素,从本质上讲,品牌是一种关系,而不是一种声明。"品牌化"的关系是一种特殊类型的关系——只有两个人相信他们的价值体系存在直接联系时,这种信任的关系才会出现。所以,在讨论个人品牌的树立时,我们更倾向于采用关系说:品牌是买主或潜在的买主所拥有的一种印象或情感,描述了与某组织做生意或者消费其产品或服务时的一种相关体验。将品牌的概念放在节目主持人的角度去考虑,即电视节目主持人品牌是电视观众对电视节目主持人所持有的一种印象或情感,描述了主持人与电视观众建立传者和受者的传受关系时的全部体验。每个节目主持人都拥有一个品牌,并通过他在节目中的活动表现出来。主持人的品牌形象就是存在于观众头脑中的印象。在不断收看这位主持人的电视节目的过程中,这种印象就会演化并加深,品牌关系就会形成。无论对于媒体(企业)还是对于节目主持人(个人),品牌概念的关键都是理解和电视观众之间关系的性质和需要。主持人品牌取得成功和失败,都取决于关系的深度和广度。品牌化的关系是一种特殊的关系——在某种程度上说,是最忠诚的一种关系。

[①] 王方剑:《凤凰卫视的"明星制"路线》,《经济观察报》2004年5月10日,45版。

2. 明星电视节目主持人的品牌内涵

明星电视节目主持人的品牌研究是品牌学研究的一部分。从不同角度透视,品牌有不同的类型。可以按品牌所有者、用途、属性、影响范围、影响力来划分。在社会领域中,品牌由不同个体创造,自然也就有不同的所有者。在经济领域有制造商品牌、经销商品牌、零售商品牌、服务业品牌;在社会领域有经济品牌、政府品牌、单位品牌、个人品牌。而主持人品牌应该属于单位品牌和个人品牌相结合的产物。它既属于主持人个人所有,又有单位参与整个创建过程,有时甚至成为主导。节目主持人的品牌具有一定的共性和个性。节目主持人品牌作为个人品牌,其唯一性是指每个主持人所创建的品牌是不同的,所具有的形象、内涵都有很大差别,但是,作为一项职业,主持人品牌的创立又势必会有相同的途径以及有其强烈的共同特征。本书所要研究的就是这些共性的特征。节目主持人品牌具有文化和商业双重属性。这是因为品牌一旦形成,它的价值和内涵首先是人文因素的,它是个人的成长、个人形象的完善,以及个人与社会环境建立起和谐稳定的关系。但是,主持人品牌同时又有商业属性,因为它能直接为媒体赢得众多消费者(观众),带来巨大的利润。品牌资产需要个人与媒体共同投资,当然,受益也是双方的。主持人品牌是主持人在观众心目中的印象,是在不断地观看电视节目过程中通过认知、体验、信任,进而形成感情,从而产生的一种期待。这种期待源于主持人能为观众提供多少他们看重的价值。比如,当观众收看崔永元主持的《实话实说》节目的时候,会有一种印象:这是一个看起来比较轻松而又有一定内涵的节目,主持人崔永元是一个很幽默的人。并由此产生了一种期待,希望在下次节目中再次看到主持人崔永元让人捧腹大笑的幽默场面。幽默只是观众对崔永元的一种印象,而不是指他的哪一句话、哪一个动作或者哪一期节目。品牌关系的核心是感情因素。当人们想到"品牌"时,首先在大脑中反映的是什么呢?颜色?形状?价格?或许是,或许不是。其实,在更多的时候很可能想到的是:是否信任它们、喜欢它们,是否记得它们。同样,提起某个主持人,观众首先反映出的可能是他(她)的相貌、声音、性格,但是更多可能是是否见过他(她),喜欢或者不喜欢。在生活中和在工作中是一样的,最有价值和影响力的关系往往是正面感情占主导地位的那些关系。真正优秀的品牌能够激起人们巨大的感情波澜,拥有影响观众的真正的力量。现在有些电视台为了提高收视率,采用了一些具有"审丑价值"的主持人,固然这样的主持人能为节目带来笑声,但是这些主持人很难产生影响观众的力量。品牌是在恰当环境中,才能体现出其自身的价值。这首先是指节目环境,第二是指受众环境。主持人只有在适当的节目中才能体现其自身价值。就像北京大学是名牌学府,但是对于一个只有3岁的孩子,到这里来学习显然是不合适的,因为他需要的是幼儿园而不是大学。节目主持人的环境就是节目,崔永元是优秀的主持人,但是要把他放到《新闻联播》里,他就很难继续优秀了。另外,明星主持人的定位,就带有分众化的含义,主持人品牌只能期望去吸引属于自己的目标观众群。价值观的多维化、人生观的多元化、审美观的复杂化,决定着主持人大众情人的时代已经过去了,现在已经进入了一个分众化的时代。主持人品牌不要试图去吸引每个观众。节目主持人的品牌一旦形成就会具有继续存在下去的惯性。主持人的品牌反映的是在电视观众头脑中的印象或情感。从这一角度讲,印象就是现实。一旦品牌树立,主持人本人如何往往不是最重要的,重要的是观众会怎样看、怎样想。

主持人的品牌就像商品的品牌一样,基于观众头脑中的印象和情感存在。这种印象或情感一旦确定下来,就会形成存在下去的巨大惯性,这种惯性使主持人和受众之间的关系具有弹性。当观众打开电视时,观众会不自觉地收看某一主持人的节目。当某一期节目,主持人表现失常没有做好时,主持人的个人品牌,会帮助观众提升对主持人的信心。把这次节目看成是疏忽或失常。而不会从此转换频道,收看其他主持人的同类节目。当主持人的表现超出了观众的预期,品牌关系会变得更加牢固和持久。在这种情形之下,真正起作用的是观众做出的价值判断,它将会对主持人的行为起放大作用,同时能够深化和加强已有的品牌关系。节目主持人建立起个人品牌不是一蹴而就的事。品牌的力量是在一次次的节目中,反复凸显给观众的印象。个人品牌是品牌学研究中重要的一个分支。随着市场经济的不断完善,不论是在工作上还是生活上,越来越多的人开始为自己打上品牌的烙印,树立起个人品牌,形成自己在职场上无法复制的独特优势。把商业领域的品牌研究引入明星电视节目主持人研究,开拓了节目主持人研究的新领域,同时也为电视节目主持的自我成长、自我培育提供一个新的视野和途径。

挑战与机遇同在,危机和希望共存。虽然目前我国的节目主持人的管理面临着严峻的考验,存在诸多的问题,但其管理机制已经形成,并在实践中不断完善,而且还出现了一系列的管理方法上的创新,这些都使我们有信心、有理由相信:中国节目主持人的管理必将"守得云开见月明"!

1. 如何更新主持人管理的理念?
2. 如何理解主持人管理的原则?
3. 如何做好主持人的职业生涯规划?
4. 如何理解主持人中心制的实质及特点?
5. 如何打造主持人品牌——"明星主持人"?

第十章

媒介集团化管理

世界传媒业的发展已进入集团化阶段。媒介集团已经成为世界信息化革命的主力军。据统计①,全球50家大型媒介集团占据了当今世界上95%的媒介产业市场。自20世纪90年代中期以来,美国和西欧各国纷纷修改媒介法和电信法,推动媒介产业与电信产业的重组融合,全球范围内的媒介集团购并、重组风起云涌。1996年,时代华纳以460亿美元的价格将把TBS包括CNN并入时代华纳通信公司,从而产生了一家销售额达230亿美元的巨型媒介集团。1999年,维亚康姆(Viacom)以460亿美元购入美国三大电视网之一的美国哥伦比亚广播公司(CBS),生成了一家年销售近230亿美元的公司。2000年1月,美国在线(AOL)与时代-华纳(Time-Warner)宣布合并。媒介集团化有助于实现资源共享、降低成本、扩大规模,最终增强市场控制力。

随着经济全球化趋势的不断加强,传媒产业已成为未来经济发展的一个制高点。顺应世界媒介集团化发展的潮流,应对国外媒介集团的挑战,参与国际新闻信息领域的激烈竞争,从而做大做强中国传媒产业是中国组建大型媒介集团的战略背景。经过二十多年的蓬勃发展,我国传媒业调整发展战略,以恢宏的气势做大做强,拉开了组建媒介集团战略的序幕。

1996年5月29日,广州日报报业集团的建立,标志着我国开始步入媒介集团化阶段。2000年,我国第一家省级广播电视集团——湖南广播电视集团成立,这在我国广播电视发展史上具有重要的历史意义。2002年1月25日,首家期刊集团——家庭期刊集团在广州诞生,标志着我国期刊业开始走向规模竞争。据统计②,截至2005年,由中央宣传部及中央政府传媒管理部门批准的媒介集团就达到88家,其中报业集团41家、广电集团18家、电影

---

① 史坦国际传媒研究中心、中国传媒论坛学术委员会:《中国传媒资本市场运营》,南方日报出版社,2003年版。
② 赵承业、赵丽新:《我国行政主导的传媒产业集团化现象与问题的研究》,《经济与管理研究》2006年5期,72-75页。

集团6家、出版集团14家、发行集团8家;加上上述地方政府自行组建的媒介集团,我国媒介集团至少达到120家,实现了对所在行政区域市场的分割与垄断。我国党和政府主导的媒介集团化运动,用短短10年时间,走完了西方市场经济国家需要上百年才能走完的媒介产业市场自由竞争—集中—市场垄断的发展历程。

面对挑战与机遇,中国媒介集团发展不仅是量的规模扩张,更应追求质的飞跃和提升。集团是市场竞争日趋激烈的产物,是社会化大生产新的组织形式。生产关系必须适应生产力的发展,中国传媒业应通过优化整合、规模竞争,走集约化、市场化经营管理之路。因此,按照现代企业集团化管理的要求,我国媒介集团化的管理方式、经营理念、资源配置、组织方式等亟须得到革新和完善。

第一节 媒介集团化管理的思路与策略

一、媒介集团化的概念

如今,媒介集团已经成为国际传媒领域的活跃力量,成为我国国民经济的重要支柱。媒介集团是以一个或若干个媒介为核心,通过协作、联合、兼并等方式,把具有生产技术经济联系的各个独立的法人单位,以资产联结和契约合同为纽带而建立起来的一种大规模、多种形式、多层次结构的企业法人联合的组织形态。

媒介集团化,指的是媒介由于业务发展、市场扩张或出于竞争的需要,通过新建、资产兼并、股权运作或相关协议等方式,由单一经营方式向群体经营方式转化的过程。中国媒介的集团化也是一个动态的发展过程。在这个过程中,传媒业的组织方式、经营方式、管理方式和资源配置方式逐步进行着适应市场经济环境和产业特点的调整,强化中国传媒业的经济功能和服务功能,提升中国传媒业与境外传媒业抗争的能力。[1]

现代企业制度的基本特征是产权清晰、责权明确、政企分开、管理科学。对于媒介集团而言,即使拥有明晰的产权属性与制度设计,但如果管理混乱、战略不明、绩效低下、组织矛盾重重,将很难适应现代传媒业复杂而多变的竞争环境和受众需求。因此媒介集团的现代化和科学规范化管理已经是现代媒介的迫切需要。媒介集团化管理的要义就是在市场经济的背景下,媒介要在市场中求得生存和发展,必须以集团化的形式,运用一系列管理方法和手段实现资源优化配置和竞争力提升,形成有法人、有产权、多功能的规模化经营方式。

二、媒介集团化管理的价值

南方报业传媒集团前董事长范以锦认为,报业集团化发展有几个阶段,分别是机关报办

---

[1] 冉华、梅明丽:《中国传媒集团化发展的历史检讨》,《江西社会科学》2005年5期,37-42页。

报集团的初级阶段、报业集团集团办报的中级阶段、传媒集团报刊产业化战略运营的高级阶段。推动报业集团化从初级阶段向高级阶段发展,集团就必须为所属媒体的成长和发展创造更大价值。[①] 随着媒介集团化的不断发展,媒介集团化的优势已经不断显现。为了在日益激烈的竞争环境中求得生存,获取更大的发展空间,媒介产业的发展必须强强联合和走规模经济递增的道路。

(一) 规模经济(Economies of Scale)

媒介集团化的优势之一是实现规模经济,著名经济学家 N.格里高利·曼昆(N. Gregory Mankiw)认为,经济组织达到一定规模后,可使"边际成本"下降而"边际成本收益"递增,从而形成规模经济。对于传媒业而言,以价值创造为核心,通过集团化可以更好地打造和适度延伸一体化的配套产业价值链,在媒介产品创意、制作、营销、传输、接收和广告等多项价值活动中,发挥集团的整体优势和议价能力,降低产业价值链价值活动的交易成本,提高业务的集中度。

以媒介集团的广告经营为例,由于媒介集团是跨媒体、跨地域和跨行业的产物,集团可以对广告主进行捆绑销售,吸引广告主在集团内的各个媒体组合投放广告,形成一定的垄断性和排他性,这对于广告主而言可以买到更便宜的广告时间,对于媒介集团来说,可以获得更多的广告收入。此外,由于媒介集团拥有多家子媒体,因而比分散的独立经营更具比较优势,可减少创意、采编、印刷、传输和经营等过程中的各种交易成本,提高媒介集团内部价值链的一体化程度。

(二) 成本领先(Cost Leadership)

1991 年诺贝尔经济学奖获得者、新制度经济学家科斯(Coase. R. H.),第一次提出了交易成本理论(A Transaction Cost Theory of Politics)。通过交易成本(Transaction Cost),科斯系统解释了企业的性质以及企业的规模问题,他认为这是企业和市场的边界问题。市场通过价格机制,通过谈判、讨价还价来决定交易,这样就涉及交易成本;而企业通过企业内部的行政命令配置资源,无须交易。故交易成本的多寡决定了企业和市场的边界。在改革开放的时代背景下,媒介集团化不仅是媒介自身发展规律的必然要求,也是市场机制运作的必然结果。德国记协主席赫尔曼·麦恩指出媒介集团化的成本优势体现于:"一是降低生产成本;二是节约管理成本,可以均摊市场开发、促销费用;三是能够更便宜地刊登广告;四是分担风险"。

根据管理学大师迈克尔·波特(Michael E. Poter)的成本领先战略理论,媒介的集团化通过产业价值链共享整合,可以有效地降低广电、报刊等媒体的市场运营成本,提高竞争力,从而为其实现价值进一步增值。南方报业传媒集团前董事长范以锦也曾经谈到报业集团化对降低成本的作用[②],"有一些报纸媒体增加发行赢得了更多的广告投放,但是到年终一算,大家的努力最后都是为造纸厂'打工',广告增收刚好填补纸价上涨带来的成本增加。报业集团、媒介集团的专业是制作和运营媒体,自己开办一个纸厂是不明智的,但是能延伸参股

[①] 范以锦:《为子媒体的成长发展创造更大价值——构建集团化运营主体的思考》,《青年记者》2006 年 2 期,8-12 页。

[②] 范以锦:《为子媒体的成长发展创造更大价值——构建集团化运营主体的思考》,《青年记者》2006 年 2 期,8-12 页。

新闻纸企业,制约纸张价格或者通过战略联盟影响纸张价格,都将为媒体带来实质性的利益"。

（三）资源整合(Resource Integration)

在我国媒介集团化之前,传媒环境呈现出山头林立和重复建设的状况。传媒业体制的条块分割,使我国媒介普遍数量多、规模小、节目同质化严重、经营结构单一。截至 2017 年,国内报纸 1884 种、公共广播节目实际套数 2825 套、全国公共电视节目实际套数 3493 套、期刊 10130 种、网站数量 533 万个。我国媒介数量过于庞大,同质性强、单一媒介实力弱小、有限的资源得不到优化的配置,存在着严重的过度竞争现象,浪费了大量的媒介资源。面对当今国际传媒行业竞争规则的根本性改变,单一媒介、单一品牌、单一地域的媒介格局已经受到越来越大的挑战,迫切需要媒介集团的组建与资源整合。

拓展资料

通过媒介集团化管理,可以起到对媒介资本及其他媒介资源在一个更高层次上进行合理配置,克服过度竞争、媒介资源浪费现象等作用。媒介集团化能够进行资源重新配置,重组人员,实行现代企业制度,理顺产权关系,真正发挥市场资源配置主体的功能,使传媒业的生产要素及其资源得到优化整合。①

（四）效率提升(Enhance Efficiency)

在媒介集团的组织效率上,目前我国大部分媒介集团采用的是一种近似直线职能型的组织结构模式,表面上看这种组织结构科学合理,但它存在着许多缺陷与弊端,主要表现在以下方面。

(1) 部分组织单元定位不清,管理层级不明确。例如目前我国媒介集团设置了总经理办公室及公共事务部等组织单元,但它们没有一个明确的工作目标和工作任务,因而也就没有相应的工作职责和职权。

(2) 总部的部门设置未能充分体现专业化和制衡原则。尽管总部一般设置许多职能部门,但这些职能部门没有很好地体现专业性。缺少必要的制衡机构,特别像财务部门,并没有在组织结构中设置专门的财务检查监管机构。

(3) 职能部门职责分工不清以及错位,并有职责缺失现象。从总部的职能部门看,多个部门之间存在职责分工不清、错位的问题。

(4) 部门权责利不统一。现行组织分权程度较低,决策权高度集中,层级越低,授权越不充分,在一定程度上挫伤了部门工作的积极性。

(5) 组织标准化程度不高,现有业务流程和工作标准还需进行完善。集团现行的组织沟通渠道不通畅,内部信息透明度存在较为突出的问题,同时,层次越低的职员其内部沟通存在的障碍越为明显。②

---

① 张向明:《中国传媒生态资源整合的有益探索:集团化》,《武汉职业技术学院学报》2006 年 1 期,72-74 页。
② 向志强:《给媒介集团组织结构开处方》,《传媒》2006 年 7 期,42-43 页。

在媒介集团资金运用效率上,我国媒介集团的效率不高是个不争的事实。突出表现在以下方面。

(1)由于基本以行政手段而非资本手段来组建媒介集团,造成集团内部各成员媒体仍存在势力范围的划分,较难实现资金的集中管理、统一调配,难以发挥大集团大资金的规模化优势。

(2)集团尚未确定合理的投资回报率,建立科学的成本核算体系。完全市场运作下的媒介集团成员不但应确保资本金的安全与完整,还需做到资本的赢利、增值,完成集团下达的投资回报指标,而且离这种理想状态相距较远。

(3)集团没有建立严格的预算控制体系。要对生产经营各个环节实施预算编制、执行、分析和考核,可以严格限制无预算资金支出,最大限度减少资金占用,保证偿还到期银行贷款。

知名媒介从业者陈正荣在谈到21世纪头十年的媒介集团化发展时指出,从已成立的媒介集团看,基本上是几家媒介叠加在一起。集团负责人头衔多了几个,集党委书记、台长、管委会主任于一身。从资产规模来看,确实是大了,但从内部来看,多数集团存在机构重复设置、人浮于事、效率不高、责任主体不清等问题。① 这些问题一方面是由于原先的计划经济体制造成的;媒介集团化之后,管理战略与制度的跟进不到位也是一个重要原因。而媒介集团化管理的价值之一,就是通过组织、文化、制度等方面的创新与整合,实现高效运营。

(五)更大规模的资源配置(Allocation of Resources in a Large Scale)

媒介集团化除了可以实现规模经济、成本领先、资源整合和效率提升等价值之外,还可以实现资源更大规模的配置。各类资源的重组整合,使得媒介集团能够有实力去做单一媒体有心却无力做的工作,从而推动媒介集团在深度和广度上实现跨越式发展。

以南方报业传媒集团为例。集团的前身是南方日报报业集团,是我国首家由省级党委机关报组建的报业集团,于1998年5月18日正式挂牌运作。2005年7月18日,南方日报报业集团更名为南方报业传媒集团。集团成立之后,由于拥有集团强大的资源与影响力作为后盾,通过改版、印务、发行等流程的改造与建设,大幅提高了集团的产品与渠道竞争力。据统计,2001年12月28日,新印务中心全面投产,南方报业的印力进入国际先进行列。2002年3月4日起,《南方都市报》全面改版,日均发行量达115万份。2003年8月6日,《南方日报》二度改版,增设投资、IT、旅游、汽车、健康、成才六大专业周刊,进一步强化政经媒体的特色,培育有效目标市场。2003年11月25日,《南方日报》深圳发行中心成立。2004年9月27日,代表国内同行业最先进水平、占地320亩的南方报业传媒产业基地正式落户南海。此外,南方报业传媒集团提出了"媒体多品牌战略",首先是培育出品牌报纸,以品牌报纸为龙头,将能捆绑经营的报纸进行归类,形成了自己的三个子报系列:南方周末报系、南方都市报报系、21世纪报系。先后创办的媒体包括《名牌》《新京报》《南方人物周刊》《21世纪商业评论》《南都周刊》及南方报业网等。在形成品牌和报系的过程中,南方报业传媒集团采取"龙生龙,凤生凤"的媒体多品牌滚动发展路径,以集团资源为依托、优质品牌为龙头的报系来孵化新的品牌。

需要指出的是,虽然媒介集团化存在上述诸多"利好",但集团化主要应凭借资本的力量与市场这只"无形的手"来推动实现,而非过去的行政手段。如果缺乏产权和资本联结,媒介

---

① 陈正荣:《集团之后,广电体制向何处去?》,《董事会》2007年1期,52-55页。

的集团化往往只表现为数量的简单增加和规模的低效扩张,与理想的"1+1>2"的规模经济效应相差甚远。

三、媒介集团化管理的职能

中国媒介集团的经营管理已经进入公司治理阶段。媒介集团的特点也随之发生了许多改变,集中表现在以下方面。

(1) 媒介管理战略的全局性和综合性。
(2) 媒介组织结构的多元化和多层次。
(3) 媒介集团内部以资产联结和契约纽带为主。
(4) 媒介集团管理的集权与分权相统一。
(5) 集团内部存在一个实力雄厚和能起主导作用的核心。

随着媒介集团管理进入公司治理阶段,逐渐由粗放管理转向集约管理、精益化管理,在更高层次上追求管理结构的优化和管理质量的提升。这一转变不仅增强了媒介集团的市场意识、竞争意识、产业意识、管理意识,而且对于媒介集团化管理职能也带来了诸多的变革和创新。

媒介集团化管理是一个全新的管理理念,不等于简单的媒介集团的管理,也不等于媒介的集团管理。它要求以集团化的眼光审视媒介的发展战略与管理流程,强调管理全程中的战略性、全局性、高效性与安全性。媒介集团化管理的基本职能包括以下几点。

1. 计划

计划就是对未来行为所做的安排。计划是管理的首要职能。首先,计划从明确目标着手,为实现组织目标提供了保障。其次,计划还通过优化资源配置保证组织目标的实现。最后,计划通过规划、政策、程序等的制定保证组织目标的实现。

2. 决策

决策就是针对预期目标,在一定条件的约束下,从诸多方案中选择一个方案,并付诸实施。决策在管理各职能中占有重要地位,它贯穿管理的全过程。

3. 组织

组织是管理的一项重要职能,其主要内容有根据组织目标,在任务分工的基础上设置组织部门;根据各部门的任务性质和管理要求,确定各部门的工作标准、职权、职责;制定各部门之间的关系及联系方式和规范,等等。

4. 人事

人事是指组织根据任务需要,通过选拔、培训、开发等活动为组织各部门、各岗位配备合适人选的活动。

5. 领导

组织目标的顺利实现,还需要有权威的领导者,指导人们的行为,沟通信息,增强相互理解,激励每个成员自觉地为实现组织目标共同努力。管理的领导职能是一门艺术,它贯彻在整个管理活动中。

6. 激励

激励是人的需要和动机得到强化的心理状态,其作用在于激发和调动人的积极性,从而使人们将最大的热情投入到工作中去。

7. 控制

为了保证目标及为此而制订的计划得以实现,就需要控制职能。控制的实质就是使实践活动符合计划。

8. 协调

协调就是正确处理组织内外各种关系,为组织正常运转创造良好的条件和环境,促进组织目标的实现。

第二节 媒介集团化管理的设计与运作

媒介集团化管理是一个复杂和长时的系统工程,需要整合各方面的力量,采用多种管理手段,通过不懈的努力逐步实现。媒介集团化管理研究的思路和角度不一而足,各有其可取之处。在本研究中,媒介集团化管理的设计与运作主要包括:集团战略管理、集团组织优化、集团制度创新、集团财务管理、集团资源整合(见图10-1)。

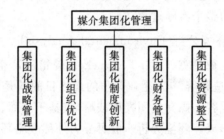

图10-1 媒介集团化管理结构图

一、实施集团化战略管理,实现集团的战略转型

媒介集团超大规模、多元化产业经营,较之以前,更需要对整个集团的长远发展目标、媒体的定位、发展模式、资源整合与配置等,做出科学的规划与设计,这就必须高度重视企业的发展战略,因此,引入战略管理对于当今我国传媒集团的发展具有重大意义。[①] 战略是指为达到所定目标以及为达到此目标的一系列途径和手段构成的计划和策略总体,是制定具体战术的方向指导。古人云,"谋定而后动",纵览西方媒介集团的发展历史,一个有远见的战略规划对于其自身发展可以起到巨大的推动作用和产生深远的影响。维亚康姆集团(Viacom)的前身是由雷石东领导的一家规模不大的有线电视公司,经过数十年的发展,维亚康姆已经成长为全球领先的媒介集团,年总收入为200多亿美元,全球员工达12万多。《财富》杂志将维亚康姆公司的股票列为21世纪前十年中值得购买的十大股票之一。广为业界熟知的"内容为王"的战略,正是维亚康姆集团发展壮大的"法宝"之一。维亚康姆总裁雷石东宣称,"对于一家传媒公司来说,最重要的是内容,即使拥有世界上最漂亮的影院,可如果没有一部热门电影,你的一切努力将白费。观众们看的不是电视机,而是电视机里的内容。这是一个真正的成长型行业"。2019年,哥伦比亚广播公司和维亚康姆联合宣布,双方达成合

---

① 钟叙昭、李远杰:《传媒集团的战略管理》,《当代传播》2004年3期,52-54页。

并协议组建联合公司 Viacom CBS Inc,探索媒介集团化战略更为广阔的应用空间。

媒介集团化战略管理是指广播电视媒介组织根据有关的内部和外部环境,制定广播电视媒介生存和发展的战略目标,并对实现目标的途径和手段进行总体谋划和具体实施并进行有效控制的动态管理过程。[①] 从这一定义出发,可以发现媒介集团化战略管理具有全局性、长远性、指导性、抗争性和相对稳定性等特点。媒介集团的战略管理是从宏观层面统揽全局,分析媒介环境,制定集团的战略定位、发展方向、运营重点与目标导向。

在过去的计划经济体制下,由于机制不灵活与人才管理僵化等方面原因,我国的媒介普遍关注安全制播、节目质量与有序运营,定位基本限于:舆论导向单位和节目播出机构。很少从战略层面对媒介进行通盘考量和长远规划。但是,面对外部日益激烈的竞争环境与内部经营管理优化整合的要求,战略管理越来越多地被运用到媒介集团化管理之中。战略管理包括环境分析、战略选择、战略实施和战略控制四个阶段,基本涵盖了媒介集团化战略管理的整个实施过程。

（一）环境分析（Environmental Analysis）

彼得·德鲁克（Peter F. Drucker）曾指出,"企业的目的,只有一个定义说得通:创造顾客"[②]。企业竞争的最终目的就是为给顾客创造价值而去创造和获取顾客。媒介集团发展战略,应基于全面、系统和仔细的调研分析及深入讨论形成。环境分析一般可分为外部战略环境分析和内部战略环境分析。对于外部战略环境分析,媒介集团应充分把握调研政治环境、经济环境、社会环境、科技环境以及竞争环境。对于竞争环境的分析,管理学大师迈克尔·波特给媒介集团的战略环境分析提供了一个很有价值的思路,他认为,企业的竞争法则可以用五种竞争力来具体分析,这五种竞争力包括:新加入者的威胁、客户的议价能力、替代品或服务的威胁、供货商的议价能力及既有竞争者。这五种竞争力不仅是企业竞争力的来源,也可作为媒介外部环境分析的评估坐标。对于内部综合条件分析,媒介集团应从集团资源和产品入手,评估资源和产品与集团战略的匹配状况,解决集团资源配置管理、市场细分、产品定位等基本问题。

（二）战略选择（Strategic Choice）

战略选择攸关媒介集团的发展方向,反映的是战略选择者的高超智慧与勇气。根据企业发展生命周期理论,媒介集团具体可选择的战略包括（见表 10-1）:基本战略（Generic strategy）、成长战略Ⅰ（Development strategy Ⅰ）:核心能力企业内扩张、成长战略Ⅱ（Development strategy Ⅱ）:核心能力企业外扩张、防御战略（Defensive strategy）。影响媒介集团战略选择的

拓展资料

---

① 邵培仁、陈兵:《媒介战略管理》,复旦大学出版社,2003 年版。
② 彼得·德鲁克:《管理实践》,工人出版社,1989 年版。

因素包括:内外环境分析、过去战略决策、未来市场预期、战略制定者的能力与水平、战略选择时限等。在选择集团管理战略之前,必须采用适当的战略评估工具,评估上述因素对于战略制定的关联程度,常用的评估工具包括SWOT分析、经验曲线法、波士顿矩阵法、GE矩阵法等。

表 10-1 媒介集团可选择的各种战略类型

分　类	战　略		定　义
基本战略	成本领先		企业强调以低单位成本价格为用户提供标准化产品,目标是成为其产业链中的低成本生产厂商
	特色优势		企业力求在顾客广泛重视的一些方面在产业内独树一帜。它选择许多客户重视的一种或多种特质,并赋予其独特的地位以满足顾客的要求
	目标聚集		企业选择产业内一种或一组细分市场,量体裁衣,为之服务而不是为其他细分市场服务
成长战略Ⅰ:核心能力企业内扩张	一体化战略	前向一体化	企业获得分销商或零售商的所有权或加强对他们的控制
		后向一体化	企业获得供应商的所有权或加强对他们的控制
		横向一体化	企业获得生产同类产品的竞争对手所有权或加强对他们的控制
	多元化战略	同心多元化	企业增加新的、与原有业务相关的产品或服务
		横向多元化	企业向现有顾客提供新的、与原有业务不相关的产品或服务
		混合多元化	企业增加新的、与原有业务不相关的产品或服务
	加强型战略	市场渗透	企业通过加强营销,提高现有产品或服务在市场中的份额
		市场开发	企业将现有产品或服务打入新的区域市场
		产品开发	企业通过改进或改变产品或服务而提高销售
成长战略Ⅱ:核心能力企业外扩张	战略联盟		企业与其他企业在研究开发、生产运作、市场销售等方面进行合作,以相互利用对方资源
	虚拟运作		企业通过合同、股权、优先权、信贷帮助、技术支持等方式同其他企业建立较为稳定的关系,从而将企业价值活动集中于自己优势方面,而将非专长方面外包
	出售核心产品		企业将价值活动集中于自己少数优势方面,产出产品或服务,并将产品或服务通过市场交易出售给其他生产者进一步生产加工
防御战略	收缩战略		通过减少成本和资产对企业进行重组,以加强企业基本的和独特的竞争力
	剥离战略		企业出售分部、分公司或任一部分,以使企业摆脱那些不盈利、需要太多资金或与公司主营不一致的业务
	清算战略		企业为实现其有形资产价值而将公司资产全部或分块出售

(资料来源　周三多.《管理学》,高等教育出版社,2014年版。)

以凤凰卫视传媒集团为例。由于海外的华人华侨数量可观，并分布在多个国家和地区，形成了一个庞大的媒介消费群体。加上中国经济持续高速发展，国力增强，给华人媒介的发展奠定了坚实基础。凤凰卫视便是在这样的认识层面上，提出了"开创新视野，拓展新文化"的战略构思，确立了"面向全球的华语媒体"的战略定位，以"拉近全球华人距离，弘扬中华民族传统文化为己任"。最终，成就了凤凰卫视传媒集团的快速成长壮大，成为华语媒体中最有影响力的媒体之一。

（三）战略实施（Strategic Implementation）

在选择了集团战略之后，接下来便是具体的战略实施。媒介集团的战略管理具有相对稳定性的特点。如果说环境分析和战略选择是在战斗之前的运筹帷幄、战备动员，那么战略实施就是真刀真枪的战斗了，而胜败则在很大程度上取决于战斗的过程。在如今各种管理概念层出不穷的时代，持之以恒地执行集团业已确定的战略是十分重要的。对于媒介集团化战略管理的成效，战略为王、执行制胜。媒介集团战略实施是一个复杂的系统工程，应统一领导、统一指挥，健全组织结构和管理制度，强化对员工的激励，加强职能管理和日常管理，创新企业文化建设。

（四）战略控制（Strategic Control）

战略实施之后并非就可以毕其功于一役，科学技术日新月异的发展和媒介环境的不断变化发展，以及媒介集团战略实施中的实际情况都导致媒介集团的战略不是一成不变的，需要根据实际情况进行评估和调整。在评估和调整之前，媒介集团首先应确立一套评估战略成果的标准，建立对战略实施过程进行跟踪与分析的信息系统，以确保战略控制的科学、合理。常用的媒介集团战略控制包括避免型控制、事前控制、事中控制和事后控制，应将财务、预算、审计与组织等控制手段综合运用。

二、优化集团化组织设计，实现集团统一高效运营

媒介集团的组织既是管理的主体，又是管理的客体，是集团组织框架的核心。因此，集团组织架构的优化设计是媒介集团化管理的重要一环。美国通用电气集团（GE）原总裁杰克·韦尔奇（Jack·Welch）曾指出，"跨国公司必须有一个可以指挥得动手脚的大脑"。这是对跨国公司的要求，也是对大型媒介集团化管理的要求。媒介集团需要根据集团的实际与特点，对自己的组织架构做适当的设计，组织优化设计的内容包括[1]：

1. 确定组织设计的基本方针和原则

这就是要根据计划的任务、目标及外部环境和内部条件，确定设计的基本思路。媒介具体组织优化设计的原则包括：统一指挥原则、精简高效原则、控制幅度原则、权责对等原则、柔性经济原则。

2. 设计组织结构的框架

这是指承担各项管理职能和业务的各个管理层次、部门、岗位及其职责。它是组织设计的主题工作。可以有按照职能设计组织的部门、按照区域设计组织的部门、按照行业和产品设计组织的部门、按照服务对象设计组织的部门，以及按照特定组织的重要性设计组织的不

---

[1] 严三九、张苑琛、周喆：《广播电视经营与管理》，上海外语教育出版社，2006年版。

同部门。

3. 设计管理幅度和管理层次

这是要根据各个部门不同的任务,划分管理权力,是上下管理层次之间、左右管理部门之间的协调方式和控制手段。

4. 设计管理规范

确定各项管理业务的工作程序、工资标准和管理人员应采用的管理方法等,并使之成为各管理层次、部门和人员的行为规范。

5. 设计职能分析和职能

这是组织职能设计主要包括的任务,对组织的结构构成具有基础性的意义。

6. 设计各类运行制度

如绩效评价和考核制度、激励制度、人员补充和培训制度等。

7. 人员配备和训练管理

这是人员各司其职、各就各位的准备工作。

媒介集团的组织设计与自身所处的环境、目标战略、技术、规模与生命周期相联系,直接制约着组织分配资源的效率、组织活动的效果,影响着组织目标的实现。目前,我国媒介集团组织架构设计优化的趋势是精简化、多样化、模糊化、扁平化、整合化。在电视行业中具体表现为,电视频道由部门中心制逐渐转变为频道中心制,再慢慢向频道公司制转变。当然,鉴于我国当前媒介发展的水平,虽然已有像东方卫视这样为数不多的媒介或多或少地采用了频道公司制,但在普遍意义上,频道公司制的推广普及还需一段较长的时间。

媒介集团的组织结构没有定式,需要根据不断变化的市场环境和自身发展做出合理的调整或改变。西方学者威廉姆森根据钱德勒的考证将企业组织内部管理的组织形态分为 U 型(一元结构)、H 型(控股结构)和 M 型(事业部结构)三种基本类型。对于媒介集团而言,目前比较多地倾向于采用 M 型事业部制结构的组织结构,来缩减管理层次、降低运营成本,以及实现高效敏捷的管理。

(一)U 型组织结构(United Structure)

产生于现代企业发展早期阶段的 U 型结构,是现代企业最为基本的组织结构,其特点是管理层级的集中控制。U 型结构具体可分为三种形式:

(1)直线结构(Line Structure)。直线结构的组织形式是沿着指挥链进行各种作业,每个人只向一个上级负责,必须绝对地服从这个上级的命令。

(2)职能结构(Functional Structure)。职能结构是按职能实行专业分工的管理办法来取代直线结构的全能式管理。下级既要服从上级主管人员的指挥,也要听从上级各职能部门的指挥。

(3)直线职能制(Line and Function System)。

直线职能制结构形式是保证直线统一指挥,充分发挥专业职能机构的作用。从企业组织的管理形态来看,直线职能是 U 型组织最为理想的管理架构,因此被广泛采用。

(二)H 型组织结构(Holding Company,H-form)

H 型结构即控股企业结构,严格讲起来,它并不是一个企业的组织结构形态,而是企业集团的组织形式。H 型企业持有子公司或分公司部分或全部股份,各子公司具有独立的法人资格，是相对独立的利润中心。控股企业依据其所从事活动的内容，可分为纯粹控股企业（Pure Holding Company）和混合控股企业（Mixed Holding Company）。纯粹控股企业是指，其目的只掌握子企业的股份，支配被控股子公司的重大决策和生产经营活动，而本身不直接从事生产经营活动的企业。混合控股企业指既从事股权控制，又从事某种实际业务经营的企业。H型结构中包含了U型结构，构成控股企业的子公司往往是U型结构。

(三) M型组织结构(Multidivisional Structure)

M型结构亦称事业部制或多部门结构，有时也称为产品式结构或战略经营单位。这种结构可以针对单个产品、服务、产品组合、主要工程或项目、地理分布、商务或利润中心来组织事业部。实行事业部制的企业，可以按职能机构的设置层次和事业部取得职能部门支持性服务的方式划分为三种类型：

(1) 产品事业部结构(Product Division Structure)。

集团设置研究与开发(R&D)、设计、采购、销售等职能部门，事业部主要从事生产，集团有关职能部门为其提供所需要的支持性服务。

(2) 多事业部结构(Multi-Division Structure)。

集团下设多个事业部，各个事业部都设立自己的职能部门，进行科研、设计、采购、销售等支持性服务。各个事业部生产自己设计的产品，自行采购和自行销售。

(3) 矩阵式结构(Matrix Structure)。

这是对职能部门化和产品部门化两种形式相融合的一种管理形式，通过使用双重权威、信息以及报告关系和网络把职能设计和产品设计结合起来，同时实现纵向与横向联系。

M型组织结构由三个互相关联的层次组成：

第一个层次是由董事会和经理班子组成的总部，是公司的最高决策层，这是M型公司的核心。它既不同于H型结构那样从事子公司的直接管理，也不同于U型结构那样基本上是一个空壳。它的主要职能：一是战略研究，向下游各公司输出战略与规划；二是交易协调，目的是最大限度达到资源和战略的协同。

第二个层次由职能部门和支持、服务部门组成。其中计划部门是公司战略研究的执行部门。财务部负责全公司的资金筹措、运用和税务安排，子公司财务只是一个相对独立的核算单位。

第三个层次是围绕公司的主导或核心业务的互相依存又互相独立的子公司。子公司不是完整意义的利润中心，更不是投资中心，它本质上是一个在统一经营战略下承担某种产品或提供某种服务的生产或经营单位。子公司负责人是受集团委托管理这部分资产或业务的代理人，更多的时候是直接由上级单位派驻下来，他直接对上级负责，而不是该公司自身利益的代表。

M型组织结构集权程度较高，能够突出整体协调功能。随着科学技术和媒介环境的变化，媒介集团的组织结构已经从U型(一元结构)或H型(控股结构)逐渐地向M型(事业部结构)转变，它也成为目前国际上特别是欧美国家大型媒介集团组织形态的主流形式。

M型控股公司组织结构模式的优点：

(1) 实现了集权和分权的适度结合，既调动了各事业部发展的积极性，又能通过统一协调与管理，有效制定和实施集团公司整体发展战略，能做到上下联动，互相有效配合，反应速度更加敏捷。

（2）日常经营决策交付各事业部、职能部门进行，与长期的战略性决策分离，这使得高层领导可以从繁重的日常事务中解脱出来，有更多的时间、精力进行协调、评价和做出重大决策。

M型模式的缺点是：管理层次增加，协调和信息传递困难加大，从而一定程度上增加了内部交易费用。

以上海广播电视台、上海文化广播影视集团有限公司（简称SMG）为例，在成立之初，基本上是按照一个播出机构的管理模式来运行。建立了一些行政性的职能部门：办公室、总编室、财务部等，有一系列专业的电视频道和频率。这种模式也称为"扁平化的管理"。集团领导面对的是几十个媒体单位，包括经营公司和职能部门，这种管理架构是当时集团整合的过渡产物。

在集团实行矩阵式管理之后，新的组织结构打破了媒体单位各成体系的格局，按照资源种类和在产业链所处位置，成立大中心制，不同资源分属不同中心，如版权、融媒体、广播、技术、卫视、广告、影视剧等相关中心（见图10-2）。

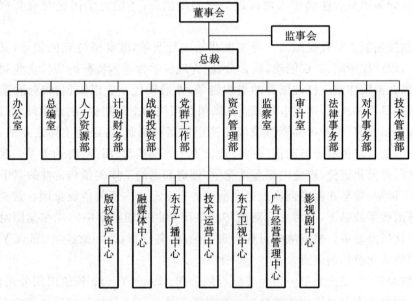

图10-2 上海SMG集团组织结构图

（资料来源：上海SMG集团内部资料。）

SMG的横向管理部门包括人力资源部、资产管理部、战略投资部、对外事务部等。在纵向上，如旗下品牌"第一财经"开办了《第一财经》日报，联合道琼斯开发了指数产品，逐步发展成跨媒体的财经信息提供商；哈哈频道整合了从电视播出到杂志出版，到儿童剧、舞台剧的演出，一直到少年儿童培训这些演艺产业资源，形成少儿产业群；在新媒体领域，也迅速完成了横跨手机、电脑、电视终端的业务布局。东方卫视因为是集团唯一能在全国落地的传统电视频道，所以单独列为事业部序列。

三、推进集团化制度创新，为经营管理提供有力保障

从我国媒介发展的现状来看，由于长期以来实行的是以计划事业型为主的体制，传统的

广播影视与社会主义市场经济体制的逐步完善,与全面建设小康社会奋斗目标的新要求和人民群众日益增长的精神文化需求,与我国加入世贸组织后对外开放的新形势,与世界科技的迅猛发展都已不相适应,传统广播影视在综合国力竞争中的重要作用没有得到充分发挥。随着中国传媒业改革的不断深入,传统事业体制下的运行机制和工作流程已远远不能适应媒介集团的发展。因此,创新媒介集团的制度,是当前媒介集团化管理的迫切需要。① 推进集团制度创新,是我国媒介集团优化内部管理、走向市场竞争和迎接国际传媒巨头挑战的必由之路。正如黎瑞刚所言,"任何改革的关键在于体制机制的创新。国企改革的难点在此,国有媒体改革的难点更在于此"。

创新通常被分为技术创新(Technical Innovation)和制度创新(Institutional Innovation)。技术创新指通过应用新知识、新技术和新工艺,采用新的生产方式和管理模式。媒介集团制度创新的内容包括:产权制度创新、经营制度创新和管理制度创新,以及组织创新。在目前的制度创新中,涉及体制深层次环节的一些矛盾和问题仍然不同程度地存在,机制创新的步伐仍显滞后。

为此,媒介集团只有持续深入地推进集团制度创新,才能为集团化经营管理提供有力保障。

首先,制度创新要结合我国国情与制度背景进行改革,既要坚持党的领导,又要建立与国际接轨的,以产权清晰、责权明确、政企分开、管理科学为基本特征的现代企业制度。

其次,媒介集团体制应打破原有的组织链条,按照现代企业组织创新理论,重新建构现代组织体制。具体做法是,遵循事业部制集团组织架构的变革趋势,削减中间管理层。让市场原则进入集团内部,构造内部资源市场化使用的运行机制,各经营主体之间的业务关系,应由原来单纯的行政机制的被动执行型管理转为平等的买卖、服务、契约关系。集团的各个子媒体应进行差异化定位,避免内部恶性竞争,创造和谐的工作关系和良性的竞争环境。

进入21世纪,较早在制度创新上走在前列的有上海文广新闻传媒集团。最初在文化单位试点改革的政策鼓励下,上海文广新闻传媒集团的制度创新集中体现在集团对旗下品牌进行的公司化试点改革。根据战略目标与现实情况,其选择《第一财经》、China Young 和东方卫视作为公司化改革的试点。

《第一财经》背后是上海第一财经传媒有限公司;China Young 频道启用公司化机制,依附的公司名称是上海时尚文化传媒公司;2003年7月24日,上海东方卫视传媒有限公司以6666万元的注册资本挂牌成立。虽然都是上海文广新闻传媒集团(以下简称上海文广)的全资子公司,三家试点改革的电视频道却拥有广告经营、人事聘用、节目采购等方面的独立自主权。时至2004年,在上海文广的11个电视频道中,已有4个频道开始或尝试公司化运作,包括东方卫视、《第一财经》、生活时尚和体育频道。东方卫视实行总经理负责制,下设独立营运中心、新闻中心、总编室和节目中心,负责公司运营、节目营销、广告招标。这种公司化的改制,已经打破传统电视台的事业单位管理架构。② 实践证明,公司化改制的试点已经让上海文广初尝甜头。据统计,《第一财经》2003年上半年广告收入约700万元,实行全成本独立核算后,下半年广告额增至3000多万;China Young 通过提升品牌价值和增加节目供

---

① 孙雪蕾:《广电业:坚持以改革促发展——访国家广电总局新闻发言人朱虹》,《人民论坛》2005年5期,31-32页。
② 程洁:《东方卫视,在整合矛盾中发展》,《视听界》2004年2期,5-8页。

应,广告收入也快速上升,2003年实现广告收入超过8000万元,2004年首次超过1亿元;改版才半年的东方卫视2003年广告收入达6000万—7000万元,2004年蹿升到了1.5亿元。

媒介制度创新的步伐一直在前行,2005年3月,上海文广获得国家广电总局颁发的国内第一张IPTV(交互式网络电视,IPTV＝电视机＋宽带＋机顶盒)集成运营牌照。这一年,上海文广成立百视通公司,后来又引进了同方股份、上海联和投资、中国宽带基金等,上海文广在其中控股51%,有意识地将新业态IPTV设立在体制外。2011年,上海文广旗下的百视通新媒体股份有限公司,登陆A股资本市场。2014年11月,大小文广新闻传媒集团合并后的新SMG对旗下百视通、东方明珠实施换股吸收合并。重组后的百视通变更为"上海东方明珠新媒体股份有限公司",成为"广电新媒体第一股"、国内首家市值超千亿级的新型文化传媒上市企业,跻身全球传媒娱乐行业上市公司前15强。在制度创新中,上海文广通过上市公司的合并,将互联网基因植入传统媒体集团中去,并牵引、倒逼整个大集团的变革。

四、改善集团化财务管理,建立现代媒介集团财务管理制度

在市场经济条件下,媒介集团的管理与一般企业管理不同之处在于,维系核心企业与集团其他企业联系的主要是以产权为纽带、以财务为核心。财务管理在任何一个跨国媒介集团中都处于不可替代的重要位置。对于一个拥有几十个甚至上百个子公司的媒介集团而言,每天会有大量涉及采编、广告、发行、投资等方面的现金流,无论是媒介集团的日常运营和管理,还是资本运作、公司上市、企业并购等重要项目的推进,都离不开财务的支持。如果没有完善和科学的财务管理系统(Financial Management System),正常的运营肯定会受到致命的影响。

广州日报报业集团成立后,按照责权利相结合的原则,以资本为纽带来处理集团与系列报刊和系列公司的关系。财务管理方面,由集团财务管理部门制定出统一的财务监管制度,成员单位的财务负责人由集团统一派出,实行由集团财务部门和所在机构双重管理。广州日报报业集团的各直属报、刊社及经营性公司和单位均是独立核算、自负盈亏的法人,责权利相对统一,各成员单位享有充分的财务自主权,集团通过拟定"经营目标"对其绩效进行考核。

而跨国媒介集团的这一点上表现得更为明显,以新闻集团为例,集团总裁默多克对于庞大集团的控制有他的独到之处——财务控制。无论集团旗下有多少附属公司,股权关系多么复杂,新闻业务多么庞大,只要将公司的现金流控制在手,那么集团化的管理将会简单许多。新闻集团有两个总部:一个在悉尼,是新闻集团在澳大利亚上市公司的总部;另一个在纽约,是对全世界业务进行管理的总部。无论在哪,财务部门始终是总部的最主要组成部分,首席财务官始终是公司少数最高管理层成员之一。无论默多克身在何方,新闻集团在全世界的几个核心公司的财务总监会都会及时地在每周四上午,把当地汇总的财务报表传真给他。拿到财务报表后,他会很快地看几个大报、大台的业绩。如果某个地方出了问题,他会拿起电话不管时差立即跟当地的负责人联系。不管在世界的哪个角落,通过传真机收财务报表是他管理新闻集团的生命线,这个习惯也许默多克永远都不会改变。[1]

---

[1] 张志安、柳剑能:《传媒巨头的企业文化和财务管理——访星空传媒集团(中国)副总裁李映红》,《新闻记者》2003年5期,61-62页。

现代媒介集团财务管理制度是现代企业制度的重要组成部分,财务管理水平的高低直接影响着媒介集团的日常经营。为了建立现代媒介集团财务管理制度,媒介集团财务管理应由粗放型尽快向集约型转变。

(一)集团应合理确定投资回报率,建立科学的成本核算体系

集团合理确定投资回报率,不但要确保资本金的安全和完整,还必须做到赢利、增值,完成集团公司下达的投资回报指标。集团应科学核算经营成本,建立统一的会计制度,着力降低实物损耗和提高设备利用率,减少不必要的运营成本,真正实现少投入多产出,提高集团的赢利水平和质量。

(二)建立严格的预算控制体系

预算控制是发挥规划和控制职能的经典模式。建立全面预算管理制度,以现金流量为重点,对生产经营各个环节实施预算编制、执行、分析和考核,可以严格限制无预算资金支出,最大限度减少资金占用,保证偿还到期银行贷款。集团要建立严格的组织程序,确保预算目标的实现,当预算确实需要时,必须按照程序进行调整。集团公司要将预算指标的完成与业绩考核和奖惩制度挂钩,以确保预算的严肃性。

(三)集团在节目制播的整个阶段,应在准确的市场调研的基础上实行差异化定位

在从节目创意策划到制作发行的整个过程中,充分了解受众,满足受众,随时根据形势的变化灵活调整自己的产品与行销策略,才能降低生产媒介产品的财务风险。差异化定位的实质就是将资源集中配置于最适合的地方,确保资源发挥最大的效用,更好地实现集团的战略目标与价值增值。

(四)集团应加强内部审计制度与风险控制体系建设

结合集团实际,开展对集团各成员企业财务收支的合法合规审计,开展对离任领导的任期经济责任审计等专项审计。制定对外投资、担保、借贷等行为的管理办法及规定,对投资、担保、借贷的立项、认证、审批、效益跟踪、责任追究等方面做出详细规定,建立专家认证制度,设立对外投资项目专家论证组,对投资等经济项目的经济和技术可行性进行论证。对内逐级审批制度,根据项目金额确定单位,对外投资审批小组、联席会议三级制度。

(五)集团还应重点加强对广告、发行、印刷等部门的财务管理

具体从资源价格、资金运转、产品需求和市场规律、生产力要素配置、生产专业化协作等方面着力加强常规性的财务管理与业绩评价监控。

五、加强集团化资源整合,实现集团优化配置与战略协同

2000年1月,美国在线与时代华纳宣布合并组建世界最大的跨媒体集团,人们纷纷惊羡地称之为传媒业的"超级航母"。就在美国在线和时代华纳合并不到三个月的时候,随着网络经济泡沫的破灭,美国在线的股票一路狂泻,随之而来是公司出现了巨额亏损和假账丑闻,美国在线-时代华纳开始陷入泥潭,2003年董事会决定将美国在线从公司名称中去除,重新起用时代华纳的公司名称。美国在线-时代华纳从令人称羡的"美满婚姻"演变为公认的"最为失败的合并范例"。表面上看,原因在于互联网陷入低潮导致其股价下跌。究其根源,资源整合不力是合并案失败的最重要原因。

在 2005 中国传播论坛上,中国人民大学教授喻国明指出:"整合力就是未来传媒业的核心竞争力。"① 资源整合是媒介集团是否能将"捆绑的小舢板"改造成为"航空母舰"的核心因素,也是媒介集团发挥集团规模优势、提升核心竞争力的重要途径。

媒介集团资源整合是对资源的重新合理配置与使用。媒介产业化的运作要求进一步明确和强化媒介资源配置的目标,即以正确的舆论导向为前导,以市场需求为准则,重新整合配置媒体现有资源,解放发展生产力,形成最优的服务体系和最佳的传播效果,实现媒体社会效益和经济效益的最大化。根据这一目标,媒介集团资源整合的构成包括:业务资源整合、文化资源整合、人力资源整合和集团资源共享等。

(一) 业务资源整合(Operation Resource Integration)

业务资源整合主要是内容和技术的生产与集成,在媒介"内容为王"和媒介科技属性日益显著的语境下,业务资源整合已被提上了议事日程。业务资源的整合涉及业务重构、组织重构、人事变革和技术更新换代,是一种带有全局性的媒介管理行为,起到"牵一发而动全身"的影响。喻国明指出,原创性内容的生产和集成能力,终端客户的把握将成为未来中国报业竞争的两大媒体。如果说在常规发展的竞争之下,我们比拼的是规模和资源;那么,在这种转型期间,比拼的就是速度、创新力和整合力。

以 SMG 的《第一财经》为例,集团资源整合时,力图打破台与台之间的分割状态,以品牌取代地方色彩浓郁的报台名称,以统一的品牌作为依托,实施业务资源的重组。集团将上海电视台财经频道、东方广播电台财经频道合二为一,打造出国内第一家跨媒体、跨地域的财经资讯平台——《第一财经》,实现了广播与电视在人力资源、信息资源和品牌资源上的整合。在外部业务资源整合方面,《第一财经》与 CNBC 合作,每周一至周五的上午、下午,各制作一档约 5 分钟的《中国财经简讯》,这是国内财经新闻首次在国际主流电视网中完整亮相;与韩国 CJ 家庭购物株式会社合作,制作的电视购物节目已经亮相集团下属的戏剧频道;与维亚康姆共建媒体公司,提升集团在青少节目领域的制作和传播实力;与环球唱片合资、由 SMG 控股的上腾娱乐有限公司,将主要从事艺人经纪和艺人管理、组织和执行各种与音乐相关的大型活动、开发新媒体、市场伙伴营销以及策划和推广各类音乐产品及 DVD 等。业务资源内部和外部的整合使得 SMG 焕发出了勃勃生机。

(二) 文化资源整合(Cultural Resource Integration)

价值观是企业文化的核心,正确的价值观是塑造良好企业文化的首要战略问题。特别是对于大型媒介集团,文化资源整合更是检验集团凝聚力和战斗力的重要标准。美国在线并购了时代华纳之后,双方企业文化的差异性,导致合并后两种企业文化精神并未达到整合融通和促进集团的更好发展,反而成为双方冲突的因子。文化冲突的类型包括:经营理念的冲突、决策管理的冲突、价值观的冲突、劳动人事的冲突。

媒介集团的文化整合有其特殊性和复杂性:

(1) 应充分调研集团内部的文化类型与特征。了解集团内部不同文化之间的差异性与一致性,为进一步的整合提供决策依据。

(2) 选择合理的整合模式和程序,制订周密的整合计划。文化整合的核心是企业的价

---

① 喻国明:《整合力竞争 未来传媒竞争的制高点》,《传媒》2005 年 8 期,10-11 页。

值观和认同感,整合模型应将集团的运营现状、财务状况、法律状况、信息系统、人力资源、客户服务等因素纳入其中。

(3) 建立专门的文化整合机构,充实专职整合队伍。专门的整合机构是文化整合顺利推动、有效实施的保证,专职整合人员全权负责集团的整合,在确保集团化有效组合的基础上,负责对集团员工进行培训,并使集团不同子公司的员工能够互相理解和容纳对方的企业文化精神。专职整合队伍的职责可概况为四个方面,即搭建整合机构、推动整合进程、促进企业内外交流、促使整合见效。

(4) 不断巩固和丰富文化整合的内涵。任何一种企业文化都是特定历史的产物,因此文化整合也必须是一个动态的过程。集团应不失时机地巩固落实已提炼定格的文化,使每位成员都能自觉主动地按照企业文化和价值观的标准去行动。

之后,应不断丰富、完善和发展企业文化,推动文化整合的持续深入进行。

(三) 人力资源整合(Human Resources Integration)

智力产业和信息产业最宝贵的财富不是资金和厂房设备,而是人力资源。人力资源是集团运营的主动脉,也是发展的核心动力。美国经济学家舒尔茨曾估算:物力投资 4.5 倍,利润增加 3.5 倍,而人力投资增加 4.5 倍,利润将增加 17.5 倍。美国企业每年在培训上的花费约 300 亿美元,约占员工平均收入的 5%。由此可见人力资源投资在企业经营中的重要性。媒介集团的人力资源是指媒介集团内部有劳动能力人口的综合,是媒介集团组织内员工所拥有的体力、知识和技能以及价值观等精神存量。媒介集团人力资源整合的原则包括:能级原则、互补原则、流动原则、奖惩原则、管理者示范原则。

集团人力资源整合的具体步骤包括:

(1) 根据对集团现有人力资源的现状评估,制订相适应的人力资源计划。通过工作分析法检查现有人力资源状况,并做出工作说明书和工作规范,预测集团未来的人力资源发展。在对现状和未来做出评估后,制订一套与集团战旅目标、环境等相适应的人力资源计划,并进行及时的跟踪、监督和调整。

(2) 集团应拥有人力资源的分配自主权。让管理者根据传播活动规律的需要和媒体运作的实际来确定人员结构、规模,并确定具体的人选,配备一支观念新、手段新、竞争能力强、业务素质高的专业队伍。

(3) 进一步更新用人观念,放宽选人视野,建立健全集团干部选拔任用和监督制约机制,激励有才干、有热情的人才脱颖而出。

(4) 根据媒介全球化的需要,培养和造就一批集团急需的紧缺型媒介人才。媒介集团应倡导建立学习型组织,充分重视培训开发,尊重人的人格,重视人的需求,开发人的潜能,为各类员工提供施展才华的舞台。

(5) 深化内部劳动人事、社会保障和绩效薪酬等三项制度的改革。健全岗位目标责任制,加强重要岗位从业人员的资质管理。打破平均主义的大锅饭,按照平衡计分卡原理,建立岗位绩效薪酬制度,按岗定酬,按任务定酬,按业绩定酬。薪酬体系改革的根本目的在于激励,激励应该成为集团薪酬设计的原则,在薪酬体系设计和改革的过程中应通过绩效工资、分红、员工持股、总奖金、知识工资、灵活的工作日程等形式,充分激发员工的工作热情、信心和自主性,促进员工的自我参与和自我完善,形成一套科学的激励机制。

（四）集团资源共享（Aggregative Resource Sharing）

媒介集团相对于其他单一媒介的比较优势是资源共享和协同效应。媒介集团化后，集团内部资源存在许多的互补性和同质性，如果不同媒介资源之间无法融通共享，那么不仅不利于集团化协调管理和利润最大化，而且将在很大程度上失去媒介集团化的意义。在当今媒介融合时代，不同媒介资源只有通过重组配置，才能实现协同效应。媒介集团可共享的资源包括业务资源、节目资源、技术资源、客户资源、人力资源、文化资源等，这些资源不应在单一媒介孤立发挥效用，而需要通过集团的资源共享系统，发挥资源边际效用的最大化。

以文汇新民联合报业集团为例①，为了达到"1＋1＞2"的集团化整合目标，集团对原两报的经管部门实行了大改组，做到人尽其才、物尽其用，减少了浪费，提高了设备利用率。《文汇报》与《新民晚报》原有的三家印刷实体，基本上都是近三年来花巨资扩建起来的，由于生产任务不足，人力和设备利用效率不高。组建集团实行优势互补后，原来文汇报及其系列报刊的印刷由新民晚报印务中心来承担，并将《文汇报》的部分技术骨干充实到力量相对较弱的《新民晚报》印刷中心去。同时，对《文汇报》印务中心进行重组转产，改建成一个书刊和商业印刷的新的实体。这样，不仅盘活了存量资产9000万元，而且使两报原来在印刷方面的人力、物力资源得到发掘，为开辟新的经济增长点创造了条件。

著名管理学者詹姆斯·莫尔斯指出，可持续竞争的唯一优势来自超过竞争对手的创新能力。在媒介集团化时代，媒介的竞争环境和游戏规则都发生了巨大的变化，面对媒介集团化管理这一全新课题，中国的媒介集团没有故步自封、因循守旧的资本，唯有充分利用集团化的优势，吸收国际媒介集团管理的先进理念与技术并提炼、综合，努力创新集团化管理的战略与战术，才能在更广阔的时空里实现媒介集团的更快发展。

1. 如何理解媒介集团化的内涵？
2. 如何理解媒介集团化管理的价值？
3. 如何理解媒介集团化管理的职能？
4. 如何进行媒介集团化管理的设计与运作？

---

① 赵腓罗：《我国新闻传媒集团特征分析》，《新闻实践》2001年3期，38-41页。

第十一章 媒介品牌经营

本章介绍了媒介品牌的概念和特征,并从媒介品牌价值、媒介品牌识别、媒介品牌营销、媒介品牌延伸等层面介绍了媒介品牌经营的理论实践。其中,重点从产品、组织、个体、符号等四个层面对媒介品牌识别进行分析,从整合营销、IP 营销、内容产品营销、广告营销等四个方面分析了媒介品牌营销方式。

第一节 媒介品牌的概念与价值

一、媒介品牌的概念

现代社会中,品牌是一个非常重要的经济和社会现象。企业家说,品牌是无形资产。设计师说,品牌是视觉识别系统。职业经理人说,品牌是经营战略与战术。消费者说,品牌是名牌。不同的群体对于品牌通常具有不同的视角,并得到不同的结论。因此,生产商和服务商通过品牌来传达产品质量、情感甚至价值取向等诸多内容,以获取用户的忠诚度;消费者依赖品牌来识别、选择产品和服务,以及依靠品牌表达独特的品位、价值观和情感取向。

(一)什么是品牌?

品牌(Brand)一词来源于古挪威文字 Brandr,意思是"烙印"。在西方,品牌理论研究始于 1955 年,兴起于 20 世纪 90 年代初期。对于品牌的倡导与重视,与市场营销理论和实践的发展密切相关。品牌是一个集合概念,一般包括品牌名称(Brand Name)和品牌标志(Brand Mark)两部分。品牌名称是指品牌中可以用语言称谓表达的部分,品牌标志是指品牌中可以被识别、认知,但并非用语言称谓表达的部分,如独特的符号、标记、色彩、图案、造型等。作为现代市场营销学的一个重要概念,大卫·奥格威认为,"品牌是一种错综复杂的象征。它是品牌属性、名称、包装、价格、历史、声誉及广告的无形总和"。美国营销协会(American Marketing Association,AMA)提出,"品牌是一个名称、术语、标志、象征、设计或是它们的合二为一,旨在坚定一个卖主或一群卖主的商品或服务,并将它们与竞争者的商品与服务区别开来"。市场营销专家菲利普·科特勒认为"品牌是用以标志一个或一群营销者的产品或劳务,并使之与竞争对手的产品或劳务区别开来的一种名称、标志、图案、符号、设计或者是它们的组合运用"①。

整体而言,品牌是一个由产品或服务的形象标识、内涵象征,以及消费者认知与感受所组成的、区别于竞争者的有机识别系统。其内涵包括以下六个方面:①属性,指符合消费者需求的特定的产品特征;②利益,指消费者购买产品并非关注其属性,而是注重属性转化的功能性或情感性利益;③价值,指品牌体现出可满足消费者情感需求的生产者特定的价值观;④文化,指品牌可能代表的某种文化,是品牌得到消费者认同的深层次因素;⑤个性,不同的品牌个性能够使消费者产生不同的联想,以及对于品牌的认同感和归属感;⑥使用者,品牌的其他内涵寓意了购买使用该品牌产品的消费者类型。

(二)媒介品牌的含义

媒介品牌指媒介所提供的产品或服务在受众中形成的形象标识、内涵象征和价值观呈现。媒介品牌包括媒介的名称、标志、风格、内容属性和品质、受众认同等有形和无形资产,是一个由媒介形象标识、媒介内涵象征和受众、广告主认知所构成的识别体系。媒介品牌需要通过媒介产品如报纸的系列报道、电视的频道节目、社会化媒体的应用等来体现。媒介品牌所面对的消费者包括受众和广告主。

新媒体中的媒介品牌一般指互联网公司用同一个名称来经营的媒体,这个媒体可能当下只做一款产品,但是在行业领域内占据优势,比如作为问答社区的知乎;也有可能拥有多个内容产品,媒介组织可以用一个品牌来经营自己的媒体,也可以用不同的品牌来经营这些媒体,比如网易旗下有网易门户网站、网易邮箱、网易云音乐等,新浪旗下有新浪门户网站、新浪微博等,腾讯旗下除了门户网站,QQ、微信都已经单独形成超级媒介品牌。具体而言,这些网络媒体的媒介品牌包括内容生产、价值观体现、用户体验等,比如QQ、微信、新浪微博都具有用户体验良好的应用。从传统媒体来看,媒介品牌通常指报刊、电视的整体设计和价值取向,包括思想内容、栏目设计、视觉效果等,比如北京卫视、凤凰卫视、湖南卫视等被认为是高品质、有创新精神的电视台,《南方周末》《第一财经周刊》《哈佛商业评论》等被认为是高品质的、具有代表性的报刊。无论媒体形态,媒介品牌在一定程度上都是一种媒介实力和品质及社会认同的象征。

(三)媒介品牌的特征

第一,媒介品牌代表着一定媒介产品的属性和特征。

在媒介营销活动中,媒介品牌并非符号和标记等元素的简单组合,而是媒介产品的有机识别系统,代表着消费者购买媒介产品和服务过程中被支付所得到的媒介产品和服务的特征,体现为媒介产品和服务的品质。

第二,媒介品牌是媒介组织的无形资产。

品牌拥有价值,品牌持有者借势品牌能够持续地获取利润,但无形的品牌价值难以像媒介的其他有形资产一样可直接体现于资产负债,它必须而且只能通过一定的载体来表现自己,直接载体即媒介品牌元素,间接载体即媒介知名度、美誉度、公信力等。媒介品牌价值评

---

① 薛云建:《市场营销学》,人民邮电出版社,2013年版。

估成为媒介实力的重要衡量标准,2018年全球媒体品牌价值25强排名前十的分别是Disney、Fox、NBC、Universal、CBS、ABC、Warner Bros、BBC、ESPN、Thomson Reuters。① 迪士尼品牌价值为326亿美元,位居榜首,Fox(品牌价值170亿美元)和NBC(品牌价值149亿美元)分别为第二名和第三名。

第三,媒介品牌具有一定的个性和专有性。

特定的媒介品牌和特定的媒介产品或组织相对应,品牌具有一定的锁定效应,当消费者在同类媒介产品中进行选择时,对于一种品牌的认同和接受则意味着对于其他媒介品牌的拒绝,而媒介品牌的品质如果一旦被消费者确认,则可能形成品牌忠诚,进而强化品牌的专有性。所以,媒介品牌形成的过程,也是塑造媒介品牌个性的过程,这种个性被模仿的难度越高,则消费者的忠诚度可能更稳定。

第四,媒介品牌以受众和广告主两大消费者为中心。

媒介品牌与一般产品的区别在于,媒介品牌的对象包括受众和广告主两大消费者群体。基于普通受众的品牌营销,以吸引更多受众为目的;广告主因为媒介拥有较大的注意力和影响力资源,愿意购买此品牌媒介的广告服务从而为媒介输送经济效益,所以针对广告主和受众两个群体的品牌营销共同构成媒介品牌营销的内容。具体而言,受众营销和广告主营销的策略有所不同,有的媒介组织将二者分属于不同的部门,也有的媒介组织采用整合的品牌营销策略,归属同一部门负责。

二、媒介品牌的价值

(一) 媒介品牌有助于塑造媒介形象

品牌是媒介塑造形象知名度和美誉度的基石,在媒介产品同质化的背景下,品牌能够为媒介和产品赋予个性、文化等许多特殊意义。当消费者接触到一个媒介品牌时,就会联想到它独特的个性。比如提到湖南卫视,消费者就会想到娱乐、快乐、综艺等相关属性;换一个角度,如果提到做综艺的电视台,消费者很可能立刻联想到湖南卫视,而不是央视或者其他不同风格的地方电视台。

(二) 媒介品牌有助于进行媒介市场细分

品牌具有独特的风格,媒介可以在不同的细分市场推出不同的品牌以适应消费者个性差异,更好地满足消费者需求。所以对于具有实力的媒介而言,能够通过多品牌战略进入多个细分市场,给每类或每种产品分别命名,根据产品的特性、品质、功能等多种因素,使每个品牌在消费者心中占据一个独特和适当的位置。

(三) 媒介品牌有助于聚拢受众资源

对于消费者而言,媒介品牌的识别功能,可以帮助消费者辨识品牌的生产者、内容属性等要素,从而区别于其他产品;媒介品牌的导购功能,能够帮助消费者迅速确认自己所需的产品,从而减少消费者的搜索时间和精力;媒介品牌的契约功能,能够为消费者提供稳定优质的产品和服务的保障,消费者则长期忠诚地购买形成回报,双方最终通过品牌形成一种相

---

① 中商产业研究院:《2018年全球媒体品牌价值25强排行榜:迪士尼位居榜首》,http://www.askci.com/news/chanye/20180224/160225118502.shtml,2018-02-24,2019-06-21。

互信任的契约关系;媒介品牌的个性展现功能,有助于消费者能够通过购买和使用与自己个性相符的品牌展现自我。这些品牌功能能够从多角度、多层面聚拢受众资源。

(四)媒介品牌是媒介广告经营的依托

广告作为传媒业主要的赢利模式,是市场经济环境中大多数媒介生存和发展的重要支持,是媒介经济来源的主要渠道。通常情况下,广告的投放以报刊的发行量、广播的收听率、电视的收视率、网络内容的阅读量、网络应用的点击率和使用率,以及受众群体属性等为衡量标准,发行量、收视率、点击率一般和广告主投放广告的成本、媒介的广告收入成正比。媒介品牌资源直接影响广告投放量和收益,品牌价值较高的报刊版面、电视频道和节目、网络应用版面的广告投放价位也较高,受众对于已经形成品牌影响力的媒介较之于普通媒介更加关注和偏好,广告投入也更可能为广告主带来注意力资源。

第二节 媒介品牌识别

"品牌识别"这一概念由品牌大师戴维·阿克在《创建强势品牌》一书中所提出:品牌形象(Image)是品牌被感知的方式,品牌识别(Identity)却体现了某种抱负——品牌希望怎样被感知。品牌识别是品牌战略制定者建立或保持的一系列特定的品牌联想,这些联想表达了品牌所代表的东西,还表达了组织成员对顾客的承诺。[①]

一、作为产品的媒介品牌

作为产品的媒介品牌,由媒介产品类型、产品属性、产品价值和品质、产品受众、生产地等要素构成。媒介产品所产生的相关联想对于媒介品牌识别至关重要,当提及某一个品牌,就会产生这个品牌是什么产品的联想。

产品范围指什么类型的媒介产品,这是品牌识别中较为初级的阶段。比如《人民日报》是中国共产党中央委员会的机关报,是中国第一大报,是中国最具权威性、最有影响力的全国性报纸。新浪网是一个具有巨大信息量的门户网站,产品范围是全面而及时的新闻资讯。谷歌是全球最大的搜索引擎,产品范围包括互联网搜索、云计算、广告技术等。知乎是一个网络问答社区,可以提问,也可以回答。

产品属性指产品的某种属性可为受众提供功能性、情感性利益,比如知乎的广告语"有问题上知乎",知乎可以解决问题,让使用者高效获得可信赖的解答。果壳网的口号"科技有意思",果壳网提供有意思的科技。这些媒介品牌从产品属性出发,将产品差异化的属性进行放大,并以此形成定位。

产品价值和品质是一种较为特殊的产品属性,这种属性具有较高的关注度和重要性,能够单独成为一种核心识别元素,比如《南方周末》被誉为"中国第一周报",《中国新闻周刊》被认为是权威性的时政新闻读物。

---

① 戴维·阿克:《创建强势品牌》,机械工业出版社,2012年版。

受众经常被作为媒介品牌定位的基本内容。不同人口学统计特征的群体更加可能具有不同的媒介需求、阅读和视听习惯等。比如具有深度的财经类杂志通常以知识阶层为受众群体,时尚类的媒体通常以年轻人为受众群体,互联网时代的广播以小汽车驾驶者为重要受众群体。以凤凰卫视为例,其主要目标对象是全世界包括海外华人观众,以"拉近全球华人距离"为宗旨,全力为全世界华人提供高质素的华语电视节目,凤凰卫视的目标受众是欣赏与追求华文知识与文化的老中青三代,以时事节目、谈话节目等形式精彩地呈现华人文化。

生产地,是将品牌和能够为它增加信誉的国家和地区联系起来。比如《纽约时报》是一份在纽约出版的报纸,《华盛顿邮报》是一份在华盛顿出版的报纸,《北京晚报》是一份在北京出版的报纸。与媒介相关的国家或地区等生产地信息具有较好的品牌形象,而地域品牌价值可以在一定程度上转移至具有相关联系的媒介。

二、作为组织的媒介品牌

作为组织的媒介品牌,是从媒介组织的角度感受品牌的一些特征,包括组织属性、组织文化、组织成员等元素。媒介品牌作为组织的属性比作为产品的属性更可能经受得住市场考验,因为组织文化、组织属性和组织成员是难以模仿和复制的。

比如提及《国家地理》,能够联想到创造出大量具有视觉冲击力的精美图片的顶级摄影师,这本杂志的核心竞争力就是拥有一批世界一流的摄影师队伍,这是其他竞争者难以达到的。《国家地理》的摄影师以浪费大量的胶片而著称,通常一个专题需要几百个胶卷,最终刊登出来的图片和没用的图片的比例大概在1∶1000,但一大批充满理想和浪漫主义的优秀摄影师、记者在这里诞生,那些有灵魂有激情的作品则往往代表了一种标准。《国家地理》的摄影师为拍摄完美作品奔走于世界各个角落,发掘世人不知的美景和接触危险的野生动物。

中央电视台,作为中国的国家电视台,是中国的新闻舆论机构和思想文化阵地,具有传播新闻、社会教育、文化娱乐、信息服务等多种功能。在新中国半个多世纪的电视媒体发展历史中是最为权威的电视台,代表着国家和政府的声音,在其组织文化中,党性是最为突出的特性。在中国观众的评价中,CCTV是权威的、官方的、实力雄厚、拥有中国最多媒体精英人才的电视机构,这些成为CCTV显著的品牌侧面。

在媒介市场竞争日益激烈的背景下,为了实现媒介差异化定位,较为强势的媒介组织会将媒介品牌形象部分建立在品牌背后的组织属性上,在组织内部培养独特的媒介价值观和组织文化,进而使其有效成为媒介品牌差异化的基础。

三、作为个体的媒介品牌

作为个体的品牌,指向媒介品牌个性如何建立品牌与受众之间友好的关系。所包含的元素有媒介品牌个性、品牌与受众关系等元素。从这个视角观察的媒介品牌是一种更丰富、拟人化的识别。

媒介品牌的个性,可以理解为所拥有一系列拟人的个性,比如幽默、正直、真实、激情等。媒介品牌如果仅仅基于产品属性,其形象难以丰满;较为强势的媒介品牌,具有不同的媒介个性,因此充满生命力。媒介品牌识别相较于其他工业中的品牌更加重视个性与受众的个性,因为媒介是具有显著文化属性的产品,是一种社会公器。戴维·阿克提出的品牌个性维度,引入"品牌个性测量标准"(Brand Personality System,BPS)的五大品牌要素,即真诚、激动人心、能力、精细和粗犷。① 这些要素是基于美国人口人格特征研究的统计结论。中国的媒介品牌个性由于媒介环境、媒介受众不同呈现出不同的特征。

电视媒体的媒介品牌个性是频道品质、风格等特点所形成的标识。对电视节目进行个性化的定位就是要寻找品牌在电视市场和观众视界中最合适、最优化的位置,确立媒介品牌的被关注点和焦点,吸引受众稳定的注意力。湖南卫视的《快乐大本营》,作为本土制造的综艺先锋,以清新、青春、快乐、激情、生活的娱乐风格在中国电视娱乐版图上进行定位,其带动的明星效应和倡导的快乐理念至今生命力不减,十几年来已融为中国青少年文化的一部分,并为湖南卫视打造成中国第一电视娱乐品牌定下基调。《快乐大本营》不仅是湖南卫视一直保持至今的品牌节目,也是中国电视界综艺娱乐节目的"领头羊",同时也是中国最有影响力的娱乐节目,甚至成为中国亿万观众娱乐生活的一部分。《快乐大本营》为普通观众或草根团体及组合打造了一个展现个性的"全民娱乐"平台,并创造了分享快乐的机会,同时也极力为电视机前的观众推介时尚、新奇的文艺表演形式,传递"快乐至上"的娱乐精神,突出了以观众为主体的"娱乐天下"的节目理念。

报纸也具有自己的品牌个性,比如《人民日报》被认为具有严肃的个性,《南方周末》具有正直、诚实的个性,一般的都市报具有平易近人的个性。媒介的个性好像人的性格,影响到与受众相处的关系,同时媒介个性也成为受众个性的一种体现方式。如阅读《时尚》杂志的读者是紧跟潮流,很时尚、前卫、个性;"格林斯潘拿着《金融时报》去开会",则表达了《金融时报》属于上流社会、经济领域决策者的个性特征。《时尚》和《金融时报》也就成了这两类受众表达自己个性和身份的工具。②

品牌和顾客之间的关系除了功能利益满足外,更可能在情感利益和自我表达利益上建立更紧密的关系,许多品牌的一种重要关系表现为信任、可靠性、理解和关爱的友谊。③ 比如一些报刊、电视等品牌,就像生活在受众群体中的良师益友,以不同的个性和风格传播不同的信息和观点,对其产生认同感的读者与媒介之间则可能建立一种情感利益关系,受众之间也形成一种情感共同体。当下一些社会化媒体与受众之间的关系更为密切,比如微信、QQ、微博不仅具有个人空间,而且承载社交功能,形成了显著的媒介依赖。

四、作为符号的媒介品牌

具有标识性的符号有助于媒介品牌形成视觉冲击和视觉联想,能够成为品牌塑造的关键因素,而缺乏象征性的符号则可能成为媒介品牌发展的制约因素。媒介品牌符号包括视觉形象、象征比喻、品牌传统。

视觉形象可以理解为形象识别系统中的视觉识别系统(Visual Identity,VI),主要是媒介识别标志,包括Logo设计、报纸的排版和字体、网页的色调与布局、形象宣传片等。媒介品牌的视觉符号设计一般遵循以下几个原则:

1. 可识记性

为了便于消费者认识和记忆,品牌设计的标识需要简洁明晰,容易识记。作为Logo造型的图像和文字,需要使用渲染、隐喻、拟人等修辞方式对媒介品牌进行鲜明和生动的呈现。

---

① 戴维·阿克:《创建强势品牌》,机械工业出版社,2012版。
② 金雁、王宁:《专业报刊品牌经营》,中国人民大学出版社,2008年版。
③ 戴维·阿克:《创建强势品牌》,机械工业出版社,2012年版。

拓展资料

图像或文字能够因其色彩、线条、形状、结构、光线等设计效果对消费者的视觉感官产生深刻影响。通常设计中更可能选择对称均衡的构图、节奏感的线条、明快与凝重的影调、对比与和谐的色彩，来达到较短时间内提高媒介品牌识别度的目的。

微信从核心 Logo 设计上看，采用一左一右的两个卡通化的对话图标，恰当地解析了软件的基本功能——交流，同时绿色的背景色填充效果，让整个微信标志醒目而与众不同（见图 11-1）。QQ 的 Logo 则是一只系着围巾的圆润企鹅，活泼可爱（见图 11-2）。新浪微博的 Logo 设计采用人的眼睛为核心元素，黑色的眼球呈现两点大小不同的高光，椭圆形的内框包含黑色的眼球，更具统一性，两个红色的爱心组合在一起图案，从视觉上更吸引人，右上角两条橘黄色的半弧线，代表着向外传递信息（见图 11-3）。

图 11-1 微信 Logo

图 11-2 QQ Logo

图 11-3 新浪微博 Logo

2. 可联想性

媒介品牌的视觉形象应有独特的含义和释义，在一定程度上与产品的品质、风格、特点具有联系，能够产生与媒介产品属性相关的美好联想，让媒介受众在见到品牌标志时能迅速想到品牌的独特属性。比如设计中不同的色彩产生不同的视觉冲击，色彩感情来源于物体的反射光对人眼视网膜中的红、绿、蓝三种感色纤维的刺激比例，所引起的兴奋程度以及由此产生的心理上的感觉关系。当三种感色纤维接受相应色光刺激时，所发生的兴奋程度有强弱之分，由此产生心理上"动"与"静"的差别：当三种感色纤维接受相应色光的等量刺激时，生理上处于平衡状态，心理上是一种清、平、稳、静的感受；当三种感色纤维接受相应色光的非等量刺激时，随着刺激比例的不同形成各种色彩感觉，产生综合的感情。[①] 色彩的差异给人带来热情、沉静、稳重、年轻等不同的感觉，并激发不同的心理效应。具体实践中，早期的电视台台标习惯使用三原色红、绿、蓝；后来为了避免在播放中形成视觉障碍而设计成了具有一定透明色度；但在整体品牌识别的经营理念下，颜色逐渐也成为媒介品牌形象的一部分，不透明的特定颜色成为主流趋势。

湖南卫视的台标（见图 11-4）造型设计别具一格，能够产生较多的联想，其简单流畅的椭圆形轮廓，左下方自然形成一个缺口，形成鱼的"大写意"，中心呈现一粒稻米的"写真"的放大形状，象征着有"鱼米之乡"美誉的湖南。从屏幕上看，金灿灿的台标恰似一条纽带，代表着电视媒体的特定内涵，意

---

① 支庭荣、章于炎、肖斌：《电视与新媒体品牌经营》，中国人民大学出版社，2007年版。

味着湖南卫视是让世界了解湖南、让湖南走向世界的纽带,同时蕴含着卫星运动的轨迹,东方的上空又多了一颗璀璨的新星,象征湖南电视人开拓、创新、向上的精神风貌。

浙江卫视的台标(见图11-5)中间白色的曲线代表了浙江的母亲河钱塘江,也形似汉语拼音字母Z。江南水多、雨多,因此台标用蓝色作为背景色代表了缠绵的江南,具有明快的地域特色,整个台标形似浙江省的地图形状。2008年8月25日,浙江卫视以台标颜色为主题,推出"中国蓝"品牌定位,以抽象的颜色为主题定位,与其他卫视区别,频道特色鲜明,选用的散发着艺术及人文气息的蓝色,更是江南文化品质的本色,为浙江卫视增添了人文气息。

东方卫视的台标(见图11-6)选取红色的番茄作为主要象征,是因为番茄具有新鲜、丰润、亮丽等特点。台标另一个元素五角星,它象征着优秀、胜利和美好的记忆,红色与白色的交融代表了中西方文化的融合与交流。

2019年3月,重庆卫视更换台标(见图11-7)。台标由重庆的拼音首字母"C"和"Q"演化而来,但整体图案是视窗,体现了融媒体、多屏多视化的媒体理念。图案中间镂空部分,是形象的话筒图案,既有广播电视的职业特点,又暗寓在全媒体格局下,人人都有"麦克风"的时代特点。蓝色象征重庆蓝天碧水的城市环境,橙色体现的则是重庆温暖、包容的城市文化。两色和谐共融,还象征着沉稳理性的传统媒体与热烈开放的新媒体的倾情拥抱。

图11-4　湖南卫视台标　　图11-5　浙江卫视台标　　图11-6　东方卫视台标　　图11-7　重庆卫视台标

3. 国际化趋势

国际上诸多知名媒体皆以英文缩写设计其品牌。美国有线电视新闻网(Cable News Network,CNN)的Logo就是红色的CNN三个英文缩写字母(见图11-8)。

英国广播公司(British Broadcasting Corporation,BBC)的Logo是BBC三个英文缩写字母(见图11-9)。

英国的HBO、日本的NHK,都是使用缩写的英文字母作为Logo(见图11-10、图11-11)。

图11-8　CNN　　　　图11-9　BBC　　　　图11-10　HBO　　　　图11-11　NHK

在国内电视台的形象设计中,中央电视台的标志是中国的电视台中最与国际接轨的Logo,采用文字标识法,简单明了,便于识别,含义不多但极具特色,给人耳目一新的感觉。央视在1979年至2001年使用蝴蝶形的台标,中间包含T、V两个字母,通称"蝴蝶标"。蝴蝶标形似人造卫星运转轨迹、原子核、电视发射塔上的蝴蝶天线,是CCTV四个字母的变形体,颜色采用电视的三原色(红、绿、蓝)。1998年,因台标著作权纠纷,央视不再使用蝴蝶标,但在央视记者话筒上仍可以看到。简洁的双线CCTV台标启用于1998年,其中第二个"C"为红色,寓意"中国""中央",让人一目了然(见图11-12)。英语作为国际合作、文化交流的通用语言,接受度高,使用英语不仅符合国际潮流,方便世界范围内的交流融合,也体现出中国媒介走向世界的信念。

2015年1月6日起,央视新闻频道在凌晨时段出现最新台标(见图11-13)宣传片,标识字体采用新的无衬线字体设计,并且在右下角加入了矩形红色色块。2016年1月4日,央视部分官方账号开始在海外社交媒体更换新台标。CCTV和CCTV中文频道、英文频道的官方Facebook和Twitter账号都以该台标作为头像。

图11-12 央视旧台标

图11-13 央视新台标

在地方电视台中,北京电视台台标以北京电视台的英文缩写BTV(Beijing Television)为主要设计元素,图形简约。相较于过去的老台标(见图11-14)而言,新台标更具现代感、更加国际化。在主体色彩上,北京电视台新台标采用故宫的宫墙红色和汉白玉的白色为主色调,其庄重、现代、国际化的整体感觉与北京电视台自身形象无隙契合(见图11-15)。

图11-14 北京电视台老台标

图11-15 北京电视台新台标

当下一些新兴的互联网公司和产品应用则有使用动物图像作为Logo的偏好与传统。而动物形象则是全球文化中一种接受度较高的形象,动物作为人类的伙伴,这种形象标识能够跨越国界和文化,如Firefox的"狐狸"、Twitter的"小鸟"、Zynga的"斑点狗"、Evernote的"大象"、Linux的"企鹅"、Viewsonic的"啄木鸟"、MSN的"蝴蝶"等。在国内,如百度的"熊"、搜狐的"狐"、小米的"兔子"、携程的"海豚"、去哪儿网的"骆驼"等。

小米的"兔子"(见图11-16)——米兔的形象可谓是"不装不端有点二",符合一位发烧友的形象,与小米品牌宗旨密切配合,故此米兔便成为小米的吉祥物,米兔叫作米菲、米亚、流氓兔。ME TOO是来自韩国ECHI的插画,音译"咪兔"或者"米兔",同时"ME TOO"翻译中文为"我也是"的意思。携程的Logo以扬起波浪、向上腾跃的海豚图案为主,具有动感活力,寓意携程蓬勃向上的进取精神(见图11-17)。去哪儿网的骆驼可以让全世界的观者都能够联想到远方神秘的沙漠之旅,Qunar.Com 像是骆驼脚下的沙漠,高低起伏,而骆驼有着坚韧持久、令人信赖的游伴形象(见图11-18)。

图 11-16　小米手机

图 11-17　携程网

图 11-18　去哪儿网

第三节　媒介品牌营销

一、媒介品牌营销概述

(一)媒介品牌营销概念

媒介品牌营销,指在合适的媒介品牌定位基础上,媒介通过对受众群体进行与媒介品牌相关的沟通,使媒介受众形成对于媒介产品属性、品质、文化等独特性的认知,创造媒介品牌在受众、广告主心中的价值认可,最终形成媒介品牌效益的营销策略和过程。媒介品牌营销区别于传统市场营销理念的关键在于营销重心的转移,要求各种营销组合要素的运用必须从传统的4P理念(产品Product、价格Price、渠道Place、促销Promotion)转向4C(满足需求Consumer's wants and needs、降低成本Cost、提供便利Convenience、达成沟通Communication)与5R(与顾客建立关联Relevance、注重顾客感受Receptivity、提高市场反应速度Responsive、关系营销越来越重要Relationship、赞赏回报是营销的源泉Recognition),最终将媒介市场需求导向的营销方式转变为媒介消费者需求的营销方式,以受众最大限度的满意为目标。

媒介品牌营销的核心是媒介品牌,在媒介品牌营销实施中一切媒介营销活动都围绕着创建媒介的高附加值品牌而展开,与媒介消费者进行对话和沟通,是创造媒介品牌资产的关键。最高级的媒介营销不是建立庞大的媒介营销网络,而是利用媒介品牌符号,把无形的营销网络铺建到社会公众心里,把媒介产品输送到受众心里,使消费者选择媒介消费时这一品牌能够在受众心中先入为主,使广告主投放广告时更加认同这一媒介品牌的影响力。媒介品牌营销的关键点在于为媒介确定一个具有差异化个性、能够深刻感染媒介消费者内心的品牌核心价值,使得受众明确、清晰地识别和记忆媒介品牌的个性,促使消费者认同和忠诚于这一媒介品牌。

媒介品牌营销的前提是媒介产品必须在品质上严格把关,这样才可能得到消费者的认同。媒介品牌建立在有形产品和无形服务的基础上,有形是指媒介产品的外在设计、创意的名称等,而无形的服务是在使用过程中受众满意的感觉,让受众享有媒介使用的幸福感和满足感。对于媒介而言,塑造媒介品牌在满足自身利益的同时,注重受众的满意度,以共赢为媒介实现效益的目标。

(二)媒介品牌营销的作用

从短期而言,媒介品牌营销方式能够促进媒介产品在较短时期内的被接受程度和传播范围,增加媒介利润;从长期而言,媒介品牌营销方式能够增强媒介及其产品的品牌效应,加深媒介品牌在受众群体心目中的认同度,建立媒介的长期竞争优势。媒介品牌不仅是媒介、产品、服务的标识,更是一种反映媒介综合实力和经营水平的无形资产,在媒介竞争中具有举足轻重的作用和地位。尤其是进入新媒体时代,相同媒介形态中的不同媒体竞争、不同媒介形态的媒体竞争,以及全球化的竞争趋势都注定媒介市场犹如战场,积极有效地进行媒介品牌营销对于我国媒介组织而言至关重要。另一方面,互联网时代渠道碎片化带来流量碎片化,如何重新整合流量,成为互联网崛起以来品牌建设面临的重要议题,也是"整合营销"成为众多媒介标准配置的原因之一。

媒介品牌营销具有重要意义,具体体现在以下方面:

1. 势能增加

通过共享让所有参与者成为利益相关方,从传统模式中的媒介品牌持有者单一力量投入转变为利益相关方的全员共同投入,品牌的本质就是关系,就是品牌使用者和品牌拥有者互惠互利的关系。这种关系的建立,依靠的是在这个品牌工作的每一个人。媒介品牌营销者必须特别关注内部的品牌建设力量,网络时代的社交网络传播是基于人与人的传播,传播带着浓厚的人情味。媒介营销的推力与媒介需求的拉力处于同一方向,根据力学合成原理,形成最大的力量。

2. 提升效率

利益相关方从过去的被动参与转变到现在的主动关注,营销也由被动式向主动式转变,利益相关方能够产生更为积极参与的态度,进而有效提升效率。

3. 降低风险

政府、股东、媒介自身、组织成员、广告主等利益相关方共同承担市场风险,这样将有效降低单独的利益方所承担的风险,尤其是媒介消费者的积极参与互动,能够实现媒介产品的有效发掘,最终降低内耗风险系数。

4. 节省成本

传统营销模式中仅由原品牌持有者承担品牌营销的费用,转变为各利益相关方自行承担和控制所需费用,有助于每一个营销环节节省成本。

世界品牌实验室2018年6月20日发布的中国500个最具价值品牌分析报告显示,中国500强最具价值品牌中,有36家属于传媒行业(见图11-19),占总榜单的7.20%;CCTV、人民日报、凤凰卫视位居传媒前三位。从具体的业务分布来看,入选的36家文化传媒品牌中,报纸品牌22个、广电品牌10个、期刊品牌3个、电影品牌1个。虽然名单上的广播电视品牌数量少于报纸品牌,但高价值品牌较多,并且进入了六大文化媒体品牌榜前100位。除人民日报外,其余均来自广电。从排名的具体分布来看,前 100 名榜单中有 6 个传媒品牌、101—200 名榜单中有 15 个传媒品牌、201—300 名榜单中有 5 个传媒品牌、301—400 名榜单中有 10 个传媒品牌。从品牌价值来看,中央电视台居首位,媒体品牌价值 2740.82 亿元,人民日报、凤凰卫视、湖南广播电视台、浙江广电四个品牌超过 500 亿元。① 在榜单中,互联网巨头"BAT"也很有名,腾讯、阿里巴巴跻身前十名,分列第二和第十,百度排名第三十。世界品牌实验室主席、诺贝尔经济学奖得主罗伯特·蒙代尔教授(Robert Mundell)说,人工智能、大数据和区块链等新技术,给品牌成长带来新的希望。而这些新技术与传媒产业密切相关,所以未来传媒产业的价值将可能进一步提高。

2018年中国500强品牌(传媒行业)榜单

行业排名	总排名	品牌	品牌价值(亿元)	主营业务
1	8	CCTV	2740.82	广电
2	56	人民日报	632.75	报纸
3	61	凤凰卫视	605.96	广电
4	69	湖南广播电视台	587.29	广电
5	79	浙江广电	512.97	广电
6	93	江苏广播电视总台(集团)	438.45	广电
7	102	SMG	416.18	广电
8	110	参考消息	383.08	报纸
9	111	浙报传媒	381.36	报纸
10	119	南方日报	377.95	报纸
11	123	广州日报	375.62	报纸
12	132	广东广播电视台	356.17	广电
13	137	北京电视台	351.75	广电
14	148	南方都市报	326.85	报纸
15	154	羊城晚报	318.74	报纸
16	156	新民晚报	318.35	报纸
17	161	扬子晚报	314.36	报纸
18	176	读者	302.23	期刊
19	195	半月谈	231.36	期刊
20	197	中央人民广播电台	229.75	广电
21	199	南方周末	228.91	报纸
22	210	环球时报	219.97	报纸
23	213	经济日报	219.58	报纸
24	226	北京日报	208.56	报纸
25	229	今晚报	207.98	报纸
26	262	华西都市报·封面新闻	186.75	报纸
27	322	新华日报	142.66	报纸
28	340	光明日报	122.35	报纸
29	346	齐鲁晚报	116.92	报纸
30	352	楚天都市报	115.39	报纸
31	354	大河报	114.92	报纸
32	355	东南卫视	113.23	广电
33	381	中国汽车报	96.36	报纸
34	383	半岛都市报	95.79	报纸
35	384	时尚	95.61	期刊
36	390	中影集团	75.87	电影

数据来源:世界品牌实验室

图 11-19　2018 年 6 月 20 日发布的中国 500 最具价值品牌之传媒行业品牌分布②

---

① 公众号"传媒一线":《中国最具价值 500 强发布,传媒行业哪些机构最强悍?》,https://www.sohu.com/a/237674881_100188883,2018-06-25,2019-06-22。
② 公众号"传媒一线":《中国最具价值 500 强发布,传媒行业哪些机构最强悍?》,https://www.sohu.com/a/237674881_100188883,2018-06-25,2019-06-22。

二、媒介品牌营销方式

（一）整合营销

整合营销(Integrated Marketing)是 20 世纪 90 年代风靡西方营销界的新营销理念与方法,不同于传统市场营销的关键在于通过营销要素的整合性、统一性、全员性、差异性等来实现与消费者的有效沟通,需要实现营销重心从企业到消费者的转移。媒介整合营销,强调媒介组织和其他相关主体的联动力量,强调资源共享和协调,进而系统发挥媒介品牌优势。具体而言,媒介整合营销是以媒介市场为导向进行资源优化配置,系统整合媒介营销战略、营销策略、营销工具和营销手段,并根据媒介市场环境变化及时进行动态的、系统的修正,使媒介、消费者、广告主等营销各方在交互过程中实现价值增值。

媒介整合营销的内容包括[①]:

拓展资料

1. 媒介营销观念整合

观念决定行为,整合营销首先需要实现营销观念的整合。整合营销不仅追求媒介系统自身的最优化和高效率,而且还要扩展到媒介内容生产者、渠道供应者以及媒介消费者之间的整个营销链大系统的最优化和高效率。因而,媒介应革新传统的营销思想,整合分散的、零散的、互不关联甚至互不协调、互相冲突的营销手段与工具,实现理念上的升华,形成以受众为导向、与环境相协调、各营销策略手段相统一的整合营销观念。

2. 媒介营销体制整合

媒介建立整合营销体制,首先要建立现代企业经营机制,包括媒介的利润机制、决策机制、动力机制、约束机制等,使媒介真正成为自主经营、自负盈亏、自我发展、自我约束的市场主体和享有民事权利并承担民事权利并承担民事责任的法律实体。其次根据媒介市场需要,实施媒介组织再造,整合媒介组织机构、功能与流程,改善组织管理体系,形成组织合力。

3. 媒介营销流程整合

媒介产品的生产、传播和销售等一系列运作流程涉及不同的参与者和工作过程。按照整合营销的思想,媒介要突破以往的单一部门和单一环节的局限性,使各个环节、各个部门、各个参与者都参与到整体运作流程行动中。因此,媒介需从系统分析出发,围绕媒介营销整体目标,正确认识和处理媒介内外各环节及各子系统之间的关系,推动整个媒介营销系统实现效率最大化。

4. 媒介营销策略整合

媒介营销策略整合指产品、分销渠道、价格、促销四大策略内部整合及其相互之间的适当组合与搭配。四大营销策略之间需要保持协调性、统一性,才能达到整体的最佳效果,避免由于互相矛盾和冲突产生的负面效应。

---

① 惠琳:《市场营销学》,清华大学出版社,2012 年版。

同时,媒介需要根据媒介市场的动态发展和策略自身的变化,调整相应的营销策略,通过动态优化组合,实现整合变量的合力效果。

5. 媒介营销传播整合

媒介营销传播整合指在与消费者的沟通中,以统一的传播目标来统领和协调各种不同的传播手段,使不同的传播工具在每一阶段发挥出统一、集中的作用。媒介组织通过对于传播过程的整合处理,争取维护媒介受众、媒介组织、品牌之间的亲密关系,达到吸引受众的目的。

一是媒介营销传播的横向整合,即将广告促销、公共关系、事件营销等各种传播工具放在"并列"的位置进行整合。具体内容表现在传播工具的整合、传播信息的整合、传播对象的整合等三个方面。

二是媒介营销传播的纵向整合,指在不同传播阶段,综合运用各种传播手段,传播协调一致且不断强化的信息,并注意不同阶段传播手段的优先选择,完成所设定的传播目标。

6. 媒介营销管理整合

媒介营销管理整合包括多种形式的组合,常见的方式有媒介营销环境与营销策略的整合、媒介营销与销售的整合、媒介产品与服务的整合、媒介营销策划的整合等。

(二) IP 营销

IP(Intellectual Property)指知识财产,包括音乐、文学和其他艺术作品、发现与发明,以及一切倾注了作者心智的语词、短语、符号和设计等被法律赋予独享权利的知识财产[1],也可以理解为 IP 是能够仅凭自身的自主传播,不受任何一个平台的束缚,在多个平台上获得流量,进行分发(商业化变现)的内容,是一种"潜在资产"。IP 的特质之一就是必须具有优质内容,只要具备内容衍生性、知名度和话题,品牌、产品乃至个人都可以看作一个 IP,而最多 IP 的产出还是来自内容端,诸如网络综艺、影视、音乐、游戏、小说等。[2] 所谓 IP 营销的商业逻辑,就是品牌通过人格化和情境化,在持续产出优质内容的过程中输出价值观,通过价值观来聚拢粉丝,获取粉丝的认同,形成巨大的粉丝基础和市场。这种营销是一种能够产生裂变传播的新型营销方式。

品牌的 IP 营销,经历了 1.0、2.0、3.0 三个时代。1.0 时代是"借船出海",品牌与一线 IP 合作,借势声量;2.0 时代是"造船出海",并非每一个大 IP 都能符合品牌的节点需求与调性,因此品牌需主动与媒体共创 IP;面对碎片化、移动化、去广告化、原生化、场景化的新传播环境,品牌进入自创 IP 的 3.0 时代,自己去策划、主导与出品内容。[3] IP 本身是"流量池",具有自带流量的强大优势;此外,IP 粉丝"强跟随"的特点,可以让 IP 粉丝通过认同 IP 来认同品牌,解决营销中的低转化率。

爱奇艺的"IP 价值观"核心要素即用户对内容背后的价值观认同,粉丝通过对价值观的跟随,来跟随内容,再通过认同内容来认同品牌,本质将 IP 的价值观视为营销载体,而不仅仅只是内容。抖音的"营销密码",虽然包装了算法、数据和营销话术,但本质是围绕"美好生

---

[1] 高王珏:《IP 剧:在断裂中绽放》,《视听界》2015 年 6 期,29-32 页。

[2] 公众号"米多一物一码":《带你解读什么是 IP 营销!》,https://www.sohu.com/a/241697459_100208937,2018-07-18,2019-06-25。

[3] Kant:《2019 品牌营销不可不知的 10 个走向》,http://www.sohu.com/a/293573305_505816,2019-02-06,2019-06-25。

活"展开的营销策略,通过抖音平台上的红人们展示或实践某种生活方式或生活主张,赋予其魅力和美学特征,形成用户在美学上的认同,也就是用户通过跟随某种生活主张来跟随品牌的过程。

媒介 IP 营销的一般方式:

(1) 选择媒介产品,确定适合的 IP 属性。

媒介产品是媒介 IP 人格的载体,没有好的媒介产品,所谓的人格背书也难以持续,所以,媒介产品本身是信任建立的基础。媒介品牌在打造 IP 和平台时,首先要明确自身的品牌定位。

(2) 形成强大的内容生产力。

IP 势能与强大的内容生产力密切相关,媒介产品内容营销越来越重要,从产品到用户体验上都要持续创新。年轻一代媒介消费者对于品牌的忠诚度较低,只有不断创新才能够产生持续的吸引力。

(3) 多渠道分发,跨屏引流。

超级 IP 的重要特征之一就是自带流量,不受任何媒体、平台和行业的限制,具有无限的延展性。这就需要从一开始就要定位于多屏发展,最大化内容的价值,实现全方位引流。比如罗辑思维在微信上分发内容,在优酷发布视频节目,在喜马拉雅发布音频;除此之外还涉足图书出版、投资其他 IP。当然,跨屏发展并不意味着内容泛化不受约束,而是在坚守原有用户定位基础上的多渠道分发。①

(4) 强 IP 对平台上的 IP 群落进行整合,形成基于多个 IP 的用户聚拢。

平台的 IP 营销,通过整合平台内部自身的 IP 和流量,形成面向平台内部的整合营销。比如,爱奇艺在某个营销主题下,将多个 IP 进行打包售卖,实质是 IP 整合下的用户整合,通过优质 IP 的流量带动长尾流量升值,然后利用强 IP 来带动和培养众多的"腰部"IP。这种策略将粉丝和长尾用户进行打通和连接,提高长尾用户的价值,提高 IP 全盘的价值体量,提高营销效率。凤凰网的"UP 营销"具有类似的特点。平台级 IP 营销,总体来说是以 IP 为中心,粉丝属性因为 IP 的属性不同表现出不同的特点。因此,其用户分布特点,是以单个 IP 为同心圆,然后平台上形成不同大小的同心圆形状。②

(5) IP 跨界合作。

这种营销在消费品领域较为常见,除了能满足受众的多元化需求外,还具有话题性强易传播、丰富品牌形象、节约生产资源等优势。IP 跨界合作的本质在于利用品牌价值来扩大 IP 产业链,形成 1+1>2 的效应,这种思路应用于媒体领域,比如《复仇者联盟》对超级英雄系列 IP 的成功聚合,以及有媒体 IP 与消费品 IP 跨界融合,如《明日之子》与泡泡玛特合作推出公仔 Molly。可以预见,未来媒介 IP 的跨界融合将更加普遍。

(三) 内容产品营销

1. 事件性新闻营销

媒介品牌营销可以从热点事件的关注和报道入手,通过策划重要新闻事件的传播来营

---

① 《带你解读什么是 IP 营销!》,https://www.sohu.com/a/241697459_100208937,2018-07-18,2019-06-25。
② 《从广告节看 2019 年 IP 营销新风向》,http://www.chinahightech.com/html/Info/shenghuo/2018/1012/493672.html,2018-10-12,2019-06-25。

销媒介品牌。这种事件性新闻需要能够突出媒介及其产品独特的属性，彰显品牌个性形象，形成和巩固在消费者心中的地位。

作为在中国具有较大影响力的互联网公司之一的网易，已经形成具有影响力的媒介品牌。2018年世界新媒体大会上，以优质的原生内容、鲜明的报道角度、独特的跟帖文化为代表的网易传媒，凭借"有态度"深入人心的媒体理念，荣获大会最重磅的奖项之一——"2018新媒体品牌价值奖"。网易在媒介品牌营销中不断进行创新，成为被关注和模仿的对象。2017年3月，网易云音乐联合杭港地铁，在杭州一号线和江陵路地铁站，将在网易云音乐评论区精选出了85条UGC(User Generated Content，用户生成内容)评论印刷至地铁和地铁站上；在渠道选择上，它把微信公众号作为传播渠道主战场，用10段感人的故事拉开序幕，结合线下实拍图，借助微信公众号便于传播的优势，迅速引爆。营销效果与市场反馈效果是乐评专列项目曝光达2亿以上，超过2000家媒体报道；网易云音乐百度指数同比上升80%；网易云音乐微信指数翻216倍达到1300万；网易云音乐微信公众号原创文章阅读数首破10万，专栏阅读数超100万次，同时成为微博热搜关键字；App Store音乐排行榜飙升至第一，免费榜从第37名飙升至第9名；为网易云音乐2017年上半年总体品牌知名度提升贡献5.2个百分点。同时，网易开创了地铁营销风潮，国内很多品牌在地铁、商场等进行走心文案转播。①

2017年6月5日，网易云音乐和扬子江航空联合打造的"音乐专机"首飞，音乐元素和18个UGC歌单铺满整个机舱，使得这趟从上海到三亚的往返航班受到格外关注，网易云音乐在App Store音乐类产品的排名也再次升至首位。继"乐评专列"后，"音乐专机"成为网易云音乐产品思路进行事件营销的又一成功案例。

2. 活动传播

媒介品牌经销中，活动传播成为继新闻事件策划之后的扩大社会影响、树立媒体品牌的重要手段之一。活动传播能够通过媒体介入社会活动培育媒介市场认同度，提升媒介传播力和影响力，最终有效形成媒介品牌竞争力。

浙江电台音乐调频以频道音乐特色和资源优势为依托，以歌曲唱作为主线，深耕细作，打造了2016诗画浙江·好歌曲唱作大赛、2016"生态好啤酒　原创好音乐"首届千岛湖啤酒原创音乐大赛、2017中国横店白日梦演唱会、2017"喝生态好啤酒　听原创好声音"第二届千岛湖啤酒原创音乐大赛、2018酌乐计划暨第三届千岛湖啤酒原创音乐大赛、2018首届浦江曼生活原创音乐大赛、2018一起来金华·金华好歌曲演唱大赛等一系列品牌活动。以海浪音乐节暨2018桃花岛侠侣爱情文化节为例，浙江电台音乐调频联合宁波FM98.6、舟山FM91、嘉兴FM88.2、台州FM100.1、温州FM100.3等浙江省内10家音乐电台，浙江日报、杭州日报、都市快报、中新网、人民网、凤凰网、网易、腾讯、搜狐网、浙江在线、腾讯大浙、新浪浙江、今日头条等65家媒体，浙江海洋大学、浙江万里学院、宁波工程学院等5所高校共同宣传活动，宣传覆盖浙江省及周边城市约5000万人，吸引5800余位音乐爱好者走进桃花岛。②

一些媒体公益活动策划，在契合受众需要的同时，能够提供有效的媒体服务。这样既能

---

① 金鼠标：《网易云音乐"看见音乐的力量．乐评专列"》，http://www.17emarketing.com/html/anli/2018/0530/7852.html，2018-05-30，2019-06-25。

② 邵晓蕾：《媒体变革时代音乐广播活动营销探索——以浙江电台音乐调频为例》，《视听纵横》2019年2期，105-106页。

赢得读者，又能服务社会，这是媒体策划各种公益活动的基本点。2018年3月10日，"楚天快报读者林""襄阳青年林"大型公益植树活动在襄阳举行，受到当地读者朋友的支持与欢迎。植树活动的策划，首先与3月12日植树节联系起来，倡导大家注重环境保护。让受众无偿参与其中，能够和亲人、朋友们一起体验一次特别的周末休闲活动，亲手为城市增添绿色。这种公益植树的概念和形式，经过策划能够契合在城市中生活、少有时间植树甚至郊游的读者们的需求，能够在读者中引起共鸣与反响。至2018年，这项公益活动已连续举办7届，拥有稳定的参与群体，取得较好的社会效果，扩大了"楚天"品牌影响力。媒体的公益活动契合读者需要，也为媒体和受众搭建了互动平台，二者相互了解，增进了媒体的公信力。[①]

3. H5传播

H5一词来自HTML5，指HTML的第5个版本。H5指在可以播放Flash的移动端（如智能手机）上呈现的可达到Flash效果的用以进行游戏、广告、营销的网页，是一系列制作网页互动效果的技术集合，即移动端的Web页面。H5游戏可看作移动端的Web游戏，无需下载软件即可体验，即HTML的高级版本。微信互动H5是一种新型的移动社交营销工具，H5营销凭借简单快捷、灵活酷炫的特性吸引了大量受众使用和认可，并逐渐形成了移动营销的新热点。H5能够吸引受众主动分享，产生裂变式传播。占据相当比例的受众在参与H5游戏后，愿意在朋友圈等空间中主动转发和分享，而生成的H5页面中通常包含传播者的二维码等信息。随着互联网技术的发展、网络速度的提升、智能手机的普及以及新媒体平台的多样化，H5已经成为品牌传播和推广的重要方式之一。

（1）网易云音乐年度歌单。

网易云音乐通过每位用户这一年的听歌"足迹"，通过若干不同的维度，如深夜听歌、小众品位、特殊日子回顾等，来分析用户的年度数据，所有数据都基于用户的行为。最后，生成的年度报告海报，引导用户自发分享至各社交平台，吸引更多用户参与活动，有效增加曝光量，提升品牌影响力。

（2）支付宝年度账单。

通过大数据抓取每个人的账单数据后，一一展示，用户还可以选择保存图片，随后为每位用户智能预测下一年度的关键词，如自由、小确幸、旺、快乐、坚持、范儿、颜值正义、温暖等带有"个人标签"性质的热词，让用户的好感度激增，刺激分享。年度关键词一般是根据每个用户的消费数据与特征，并且综合个人行为偏好所产生的。

（3）人民日报＋有道词典。

"以你之名，守护汉字"是由人民日报携手有道词典打造的H5，共同呼吁人们一起守护濒危汉字，守护我们国家伟大的传统文化遗产——文字。用户只需输入自己的名字，就会匹配到相应的濒危汉字，也会介绍该汉字的产生时间及其意义。通过让用户守护属于自己的汉字，增加和自己的关联度，产生黏性，无形产生一种荣誉感，让自己很乐意去分享到朋友圈，让更多的人知道，也直接促进了品牌的快速传播。[②]

[①] 胡梦思、魏鹏：《新媒体时代报纸公益活动的策划与创新——以《楚天快报》为例》，《新闻前哨》2019年2期，26页。

[②] "活动盒子"：《2018年上半年15个爆款活动营销盘点》，https://www.niaogebiji.com/article-17829-1.html，2018-07-10，2019-06-28。

(4) 抖音。

第一届文物戏精大会是抖音和七大博物馆联合以文物戏精大会为主题推出的 H5。进入首页,温馨小提示"调高音量,好戏……这就开场"。进入之后可以观赏一出由文物精彩演出的大戏,各个精彩的"老戏骨"倾情演绎自己,再配上一些游戏中的经典台词,使之更加精彩风趣。在页面的最后,展示了参加这个 H5 的七大博物馆,点击"下一部戏我来导",出现提示,"打开抖音搜索♯嗯～奇妙博物馆♯"。设计上,以真实的历史文物为主角,将千年的文物拟人化,让他们可以说话,可以动。①

(四) 广告营销

激烈的媒介市场竞争环境,要求媒介必须积极进行自身品牌形象构建和经营。媒介品牌广告营销,是指媒介通过自身媒介或其他媒介,进行媒介品牌、理念、产品和服务等内容,使目标消费者形成、维持和强化对媒介形象的认知感和忠诚度。媒介品牌广告营销是一种比较特殊的传播手段,媒介通过广告在消费者心目中建立起良好的品牌形象。这种营销方式是把消费者作为自身形象的评价者和感受者,做到从媒介消费者角度出发。广告营销传播并不是某一方面、某一局部的形象展示,而是整体的,综合的,从客观属性层面到精神、理念、价值观层面的展示。

以电视媒体为例,2000 年我国影响力较大的电视媒体基本上都完成了台标、栏目包装等形象建设,至 2002 年,基于差异化策略的形象广告传播被各大卫视所重视,比如四川卫视注重地域特色,把代表四川的元素重组在自身形象片中,"蜀道难,难于上青天"概括了四川地形的总体特征,其中青城山、峨眉山、九寨沟、剑门关是最具代表的四川符号,唯美画面展现了四川电视台形象。

2010 年纽约广告节上荣获金奖的中央电视台形象广告片《水墨篇》,用流动的水墨画的形式勾勒出具有中国特色的画卷,以层峦、大海、游动的鱼儿、仙鹤、"蛟龙"、长城、太极、武术、"和谐号"列车、"鸟巢"和飞机等元素为主,从"蛟龙"到"和谐号"列车、从长城到"鸟巢",画面不断变幻,镜头衔接流畅,水墨画跃然屏上。动态的广告表达、画面生动形象、变幻层出不穷,仿佛置身其中。最后,水墨化作中央电视塔的标志,随之广告语响起——"相信品牌的力量"几个大字出现在镜头画面中央,犹如画龙点睛。《水墨篇》作为中央电视台自身形象广告,把传统文化与企业文化相结合,打响了自身品牌。②

《南方周末》的媒体形象系列广告《老百姓心中有盏灯》(见图 11-20)、《老百姓心中有杆秤》(见图 11-21)、《老百姓心中有面镜》(见图 11-22),寓意《南方周末》用心点燃启蒙的灯、用心较准公理的秤、用心擦亮明鉴的镜,表达出老百姓与《南方周末》的密切联系。三幅广告作品从三个角度,将抽象的理念形象化,相互呼应浑然一体地表现了《南方周末》的办报宗旨。

《北京晚报》使用双关的修辞技法凸显其办刊宗旨:晚报,不晚报。"领带篇"(见图 11-23)、"箱子篇"(见图 11-24)、"房子篇"(见图 11-25)、"喇叭篇"(见图 11-26)广告运用了四件实体形象,以比喻的手法烘托主题,领带比喻时尚、箱子比喻真实、房子比喻百姓生活、喇叭比喻新闻,这些都不晚报。淡雅的黑白色构图、醒目的红色等线体字、寓意深刻的实体形象,这一系列媒介形象广告生动诠释了《北京晚报》的媒体品牌形象。

---

① 《抖音:第一届文物戏精大会》,https://www.h5anli.com/cases/201805/wwxjdh.html,2018-05-18,2019-06-28。
② 宋科林、李慢黎、张晓萍:《电视媒体形象广告研究》,《西部广播电视》2018 年 2 期,68-69 页。

图 11-20 《南方周末》广告之《老百姓心中有盏灯》

图 11-21 《南方周末》广告之《老百姓心中有杆秤》

图 11-22 《南方周末》广告之《老百姓心中有面镜》

图 11-23 《北京晚报》广告之《领带篇》

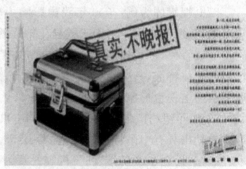
图 11-24 《北京晚报》广告之《箱子篇》

图 11-25 《北京晚报》广告之《房子篇》

图 11-26 《北京晚报》广告之《喇叭篇》

三、媒介品牌延伸

(一) 媒介品牌延伸概述

品牌延伸战略(Brand Extensions)是 20 世纪 80 年代许多公司战略增长的核心,是品牌资产概念中一个具有重大和直接实际意义的分支。媒介品牌延伸是指把现有的媒介品牌使用到一个新类别的产品上。媒介品牌延伸并非仅是简单地借用已经存在的品牌名称,而是对整个媒介品牌资产的策略性使用,有助于新产品借助成功媒介品牌的市场信誉以较低的成本顺利进入市场。

多元化就方式而言,可分为相关多元化延伸与不相关多元化延伸。相关多元化延伸指媒介品牌延伸的新产品领域仍在媒介产品领域或媒介产业领域,与原领域在专业技术、目标市场、销售渠道等方面具有共同性和关联性,能够利用原品牌的品牌声誉吸引消费者选择新产品,从而节约进入媒介市场的成本。不相关多元化延伸则指品牌延伸到媒介产业之外。比如维亚康姆集团、迪士尼集团等国际传媒超级集团,以及国内浙报集团、SMG 等上市公司,它们的业务范围均延伸至传媒业的各个领域,如图书、报刊、电视、电台、音乐、印刷与媒体服务、视频网站、社交媒体等,而且还涉足传媒业以外的,如体育、旅游、演艺等行业。

从延伸方式而言,分为水平延伸和垂直延伸。水平延伸是利用媒介原品牌的优势,向相似或同类型节目、栏目内容延伸,借助于媒介行业中的规模经济模式,通过媒介产品的低成本复制,实现规模效应。这是较为经济、简单的品牌延伸方式。比如大电视台收购小电视台,全国性的门户网站收购小网站,全国性的大报收购地方性的小报。垂直延伸指品牌延伸向原有领域的上游或者下游延伸,媒介品牌成长空间更为广阔。比如一家媒体机构以前是通过门户网站或内容聚合型 App 传播其原创新闻报道,但以这种方式进行运作的话,该新闻机构永远无法直接接触到它的目标读者,于是这家媒体机构开始自行开发 App,以及开通微信、微博等社交媒体的账户,这时它即可直接面向目标读者,实现下游延伸。

(二)媒介品牌延伸的价值

1. 借助原品牌资产,提高新品牌认知率

品牌延伸的目的即是将品牌做强做大。由于延伸的品牌是已具有知名度和影响力的品牌,能够对扩展产品产生波及效应。所以当将这一受消费者欢迎和依赖的、具有较高忠诚度的品牌放大或复制、克隆到新产品上时,就会使消费者在短期内消除消费者对新产品的排斥、生疏和疑虑心理,进而在较短的时间接受新产品。也就是说,品牌扩展可以以誉入市,推动新产品快速进占市场。比如:凤凰卫视在窦文涛和《相聚凤凰台》成名之后,推出窦文涛主持的《锵锵三人行》,节目独树一帜,在众多海内外观众心目中留下深刻印象,凤凰卫视立即对其进行形象包装和宣传,很快该节目成为凤凰台的品牌节目,品牌形象深入人心;后来又开办《文涛拍案》等一系列以窦文涛为核心的节目,成功实现了品牌延伸战略,大大缩短了新品牌被认知的时间,巧妙地使相关品牌整合成整体品牌效应。

2. 媒介品牌经营者可以利用受众对品牌的忠诚度使新品牌迅速成长,从而节省品牌宣传的精力和费用

当某一品牌被受众认知、熟悉之后,受众会对与之相关的品牌关注并产生联想,从中获得自己所熟悉的信息,从而使新品牌迅速为受众所认知。新品牌培养自己受众群的时间因为品牌的"效应扩散"缩短了,而为宣传自己的新品牌所花费用也大大节省。1995 年,在 CNN 创建 5 年后,频道品牌效应基本形成,CNN 把它的国际新闻节目"孵化"成一个独立的 CNN 国际频道。以后,CNN 又根据收视市场和它的品牌资源,逐步"孵化"出 CNN 财经频道、CNN 体育频道、CNN 标题新闻频道、CNN 西班牙语频道、CNN 机场频道、CNN 互联网和 CNN 广播。而整个发展过程由于成功地利用了品牌延伸,并没有经过大规模的广告宣传就迅速得到观众的认可。

3. 媒介品牌延伸为现有的品牌带来新鲜感和活力，从而为受众提供了更多的选择

受众可能会忠于某一媒介品牌，但没有绝对的品牌忠诚者。阻止品牌忠诚者转移的方法就是进行品牌延伸，为受众提供更多的选择机会。国内期刊界的时尚杂志社，1993年创刊先后出版《时尚Cosmopolitan》《时尚·Esquire》《时尚家居》《时尚健康》《时尚旅游》《时尚BAZAAR》等一系列时尚刊物。1998年，《时尚伊人》与美国HEARST集团的旗舰杂志 *Cosmopolitan* 正式开始版权合作。《时尚》的品牌延伸为"时尚家族"注入了新的活力，提高了品牌的竞争力。

4. 媒介品牌延伸能够提高整个品牌家族的经济效益

品牌作为巨大的无形资产，将带来庞大的周边收益。因此，实行品牌延伸战略，以品牌拓宽市场，成为"眼球经济时代"媒介资源重组、实行集团化经营的重要组成部分。哈尔滨日报报业集团统一设计报纸的主标识，并开发了形象识别系统，使无形资产大幅度增值，也使集团的各个独立实体共享了报社的无形资产，以最小的投入获得最大的收益。集团凭借规模优势，吸附更多的受众和广告，扩大品牌知名度，实现良性循环。①

媒介品牌延伸策略运用合适，自然能为媒介营销活动带来许多方便和利益，但是倘若品牌延伸策略把握不准或运用不当，则会存在诸多方面的风险。有时对某一强势媒介品牌进行延伸后，由于近因效应的存在，可能对原品牌的形象起到巩固或增强的作用，如果运用不当的品牌延伸，则原品牌形象信息将可能受损和弱化。此外，追求过于宽泛的受众群体，或者同一品牌下如果媒介产品过度细化，则可能会淡化原品牌个性。

媒介品牌的延伸是大势所趋，但是品牌延伸应在不对核心品牌识别产生负面效应的基础上，更有效地发挥品牌效应，强化品牌价值。根据专家艾克(Aaker)和凯勒(Keller)提出品牌延伸模型，提出消费者在评价延伸产品时，其态度取决于三个重要因素——原品牌的感知质量、原产品与延伸产品的关联性、延伸产品的制造难度。② 这些因素综合决定了消费者对品牌延伸产品的态度，所以保持原媒介品牌的强大生命力，需要在媒介关联性较强的行业内延伸，并努力提高延伸产品的质量。

1. 如何理解媒介品牌和媒介品牌经营？
2. 如何理解媒介品牌的价值？
3. 如何进行媒介品牌识别？
4. 如何进行媒介品牌营销？
5. 如何进行媒介品牌的延伸？

---

① 詹成大：《品牌延伸：媒介经营的"双刃剑"》，《嘉兴学院学报》2004年5期，24—26页。
② 王征：《延伸传媒业的品牌经营》，《新闻爱好者》2007年9期，47页。

第十二章

媒介资本运营

随着社会主义市场经济的发展,越来越多的人认识到资本运营在我国社会经济生活中的重要作用。

资本运营,运营什么?怎么运营?这是自资本运营这一概念在中国提出来后,许多人遇到的一个迫切需要回答的问题。我们认为,要解决这个问题,首要的前提是对于资本运营这个概念的理解。这个问题搞清楚了,才能使人们在资本运营的探讨中有共同的语言,在资本运营的实际运作中有可操作性。从不少报刊上公开发表的文章中,我们能感到有一些人谈到的资本运营实际上仅仅是局限在资本或产权的买进和卖出。有的说,资本运营就是并购;有的说,资本运营就是买卖产权;有的说,资本运营,就是炒股票、证券,等等。

实际上,资本运营的范围要宽得多,其内涵也要深刻得多。如果把资本运营仅仅定义在这样一个狭隘的范围之中,最危险的就是可能使企业不能安心于实业的开发,不会把资本用在生产经营上,看不到资本运营的最终实现成果必须通过生产经营才能得到;如果把资本运营仅仅定义在这样一个狭隘的范围之中,许多产业就会因此不能得到发展,我们所提倡的资本运营如果仅仅是炒卖股票、证券、产权,其结果就会使资本运营也成为一种追求泡沫经济的行为。

资本运营本身是一个广义的概念,资本一定要投入到社会经济生活的各种产业中去,包括金融业、证券业、工商业、房地产业、旅游业、信息业等,才能够称其为资本,这是资本运营的最广泛内容。什么产业或产品能够赚钱,什么产业或产品能够赚到更多的钱,资本就要流到什么产业或产品上去。这是市场经济的一般规律,也是资本的本性。

资本运营是我国经济的又一次飞跃。对于我国企业来说,资本运营既是一个崭新的课题,也是一个永恒的课题。对我国媒介产业来说,同样如此。从手段上来说,媒介的发展大致包括两种,即传统媒介经营和媒介资本运营。传统媒介经营指的是与媒介直接相关的广告、节目等方面的经营。媒介资本运营主要包括产业参与和行业介入多样化、产权组合与经营形式多重化,以分散资本运营的风险,保证最大增值。可以这样说,传统媒介经营为媒介资本运营积累资金,媒介资本运营为传统媒介经营提供更广阔的发展前景并增进媒介的整体效益。

那么,什么是媒介资本运营?我们从孙正一等在《我国新闻媒体资本运营情况初探》中的"传媒资本运营"概念得出:媒介资本运营就是将报社、电台、电视台所拥有的有形资产和无形资产,主要是指和媒介业有关的广告、节目、信息等,还有报社、电台、电视台经营的其他产业部分,均视为经营性的价值资本,通过价值成本的流动、兼并、重组、参股、控股、交易、转让、租赁等途径进行经营,优化媒介资源配置,扩展媒介资本规模,最大限度地实现增值目标的一种经营手段。报社、电台、电视台实际上也是各种生产要素构成的具有政治属性的经济实体。报社、电台、电视台所拥有的各种有形资产和无形资产(如国家台的品牌资本、人才资本等)都可视为资本,通过资本运营的方式实现价值增值。媒介开展资本运营,为市场经济条件下社会主义媒介业的发展提供了强大的经济驱动力,应当予以积极的支持和引导。同时也要认识到由此带来的负面效应,及时在制度规范上对媒介资本运营的主体与客体进行框定。媒介资本运营既要遵循一般企业的法律规定,又要恪守其特殊行业的特殊原则。媒介必须坚持党的领导、党性原则,坚持正确的舆论导向,这是我国媒介生存的基础。

第一节 媒介开展资本运营的理论依据和现实需要

一、媒介开展资本运营的理论依据

产业是指通过制造产品或提供货物和劳务以获得收入的生产性企业和组织。在经济学中,可根据社会生产活动历史发展的顺序对生产部门做三类划分,产品直接取自自然界的部门称为第一产业,对初级产品进行再加工的部门称为第二产业,为生产和消费提供各种服务的部门称为第三产业。我国政府对国民经济按三次产业做这样的划分:第一产业是农业;第二产业是工业和建筑业;第三产业是除此以外的其他各业,主要包括流通领域、为生产和生活服务的领域、为提高科学文化水平和居民素质服务的领域、为社会公共需要服务的领域。

1985年,国务院办公厅转发国家统计局《关于建立第三产业统计的报告》,把第三产业分为四个层次,第三层次是为提高科学文化水平和居民素质服务的部门,包括教育、文化、媒介事业。1993年,国务院批转国家计委《关于全国第三产业发展规划基本思路》,把文化、广播影视、新闻出版等各项事业列于文化、体育事业。文件指出这些事业对于加强社会主义精神文明建设、提高中华民族的思想文化素质和身体素质、丰富群众的精神文化生活、开展对外文化交流和促进经济发展等具有特殊作用,要按照社会效益和经济效益并重的原则,不断提高文化艺术、娱乐、音像、电影、图书、报刊等文化产品的艺术水平和服务质量,努力提高媒介覆盖率及其节目制作能力和质量,以适应群众不同层次的文化精神生活需要。新闻出版、广播电视在我国早被列入第三产业。1996年,国家把广播电视和报刊经营管理列入需要加快发展的第三产业行列。同年,江泽民视察《人民日报》时明确指出:过去我们的传媒只讲宣传,如今在市场经济条件下,新闻传媒既要宣传,又要经营。党的十四届六中全会决议又强调:要适应社会主义市场经济的要求,建立有效的筹资机制,逐渐形成对精神文明建设多渠道投入的体制。这是对传媒在市场经济条件下产业属性的认可。① 2012年发布《文化部"十二五"时期文化产业倍增计划》;2013年,十八届三中全会通过《中共中央关于全面深化改革若干重大问题的决定》;2015年,国务院办公厅印发《三网融合推广方案》。这些政策从不同维度有效促进了传媒资本运营的发展。

承认媒介业的产业性质,也就是肯定了报社、电台、电视台、互联网平台作为生产性组织的属性。媒介不是单纯的宣传机构,而是可以通过自己的产品和服务,取得赢利,实现自我发展并为国家积累资金的独立经济实体。这里我们不再列举业已被广泛引用的众多数据来证明媒介业可以盈利。既然我们承认媒介业的产业属性,那么也就承认报社、电台、电视台、互联网平台和其他形式的企业一样,都要按市场经济规律办事。当然我们强调媒介业的经济属性,并不是忽视它的政治属性。中国30多年媒介业改革的一个重要成果,就是显示了媒介业自身拥有的经济活力,涌现了一批经济实力雄厚的媒介集团。

从理论角度看,与资本结合是我国媒介业发展的必然趋势。这是我国20多年来媒介业渐进改革的结果。有学者曾概括:"(20世纪)70年代末以来中国大众传播媒介的变革是大众传播媒介的产业化过程。"②如果以1979年媒介恢复商业广告作为其经营活动的起始,那么,我们可以看到,经营活动与媒介业的改革其实一直相辅相成。广告收入可以作为媒介经营活力最有效的指标。到20世纪90年代中期,媒介业的经营收入逐渐取代财政资助而在媒介业发展中占据主导地位,媒介作为具有强大赢利能力的产业属性突显,于是媒介图谋产业发展战略。1999年,我国报纸、广播、电视、期刊的广告收入总额达到289.85亿元,与1998年相比增长了11.73%,高于同期国民经济7.1%的增长速度。在这样的背景下,资本介入媒介显得十分自然:一是资本的逐利性决定其必然会对成长性良好的媒介业报以极大关注。二是媒介业是一个高消耗行业,面对新一轮竞争和发展,仅仅依靠自身积累必然制约其发展的规模与速度,因此,也渴望资本的加盟。实际上,从20世纪90年代初开始,陆续有资本涉足媒介业。从这个角度看,资本介入媒介既不是新鲜事物,也符合事物的发展趋势。

---

① 李泳:《我国传媒产业化的必然性及影响》,《岭南学刊》2001年3期,68-71页。
② 黄升民、丁俊杰:《媒介经营与产业化研究》,北京广播学院出版社,1997年版。

二、媒介开展资本运营是媒介产业发展的现实需要

在市场经济条件下,媒介产业向产业化的方向发展,加快资本运营的步伐已是深化媒介产业改革和我国媒介产业自身发展的必然。现阶段我国的媒介普遍存在着资金短缺、经营模式单一等问题,而且这一问题严重阻碍了我国媒介产业的进一步发展。2000年10月的一次传媒调查显示,传媒资金的来源91%是自身经营,7%是国家拨款,2%是募集的社会资金。传媒自身的所谓"产业经营"部分,还是以相对单一的广告为主,经营收入的75%—95%都来自广告收入。近年来,全国传媒广告收入增长率持续高于国民经济增长率,使传媒业被称为经济效益显著的"朝阳行业"。但从孙正一等撰写的调查报告《我国新闻媒体资本运营情况初探》中得知:我国传媒普遍面临着发展资金不足的困难,强烈需要新的资金投入。报告指出,传媒发展面临的资金不足的问题,主要表现在以下几个方面。

(1) 激烈的市场竞争,使传媒不得不扩张规模,更新设备,引进人才,进入新的资金投入期。

(2) 省级以上传媒大多已停止财政拨款,实行自负盈亏,自我发展。传媒经营收入的75%—95%来源于广告收入,又受制于经济环境而显得脆弱。虽然一些省报拥有数家子报子刊,但整个省报收入的80%以上往往又依赖于其中一两张子报的支撑。全国规模最大的传媒——中央电视台95%的广告收入来源于第一套节目的广告。全国有线广电网络建设急需巨额发展资金。就连国家以5.45亿元重点扶植的五大新闻网站,仍严重缺乏发展资金。

(3) 1997年提出的到2000年底国家不再对多数传媒实行税收的先征后退政策,引起众多传媒的担忧。

拓展资料

正是由于出现以上这些情况,我国传媒业,尤其是媒介业渴求更多的资金投入。

2000年,我国的媒介投资开始进入高潮,上市公司融资给媒介带来巨额资金和良好效益的事实已有目共睹。近几年,湖南广播电视依靠电广传媒上市融资就实现了跨越式发展,资本的力量使原本没有任何优势的电视湘军在全国范围内异军突起,湖南台投入大量资金制作的娱乐节目和影视剧产生广泛的影响。2001年,北京歌华有线网络股份有限公司上市引起各方震动,第一天涨幅就达80%以上,改变了北京广播电视依靠政府投入和广告滚动发展的局面。媒介经营单位与上市公司的合作可以有效地利用双方优势达到双赢的目的,媒介可利用上市公司的资金优势解决自身的资金短缺问题获得迅速发展,同时公司也可从中获得良好的经济回报。

我国媒介产业自20世纪70年代末进行经营改革以来,经济实力迅速增强,现在已成为国民经济的一个重要组成部分。但现在我国媒介体制源于传统的计划经济,条块分割、重复建设、散、滥、差现象十分严重;微观到单个报社、电台、电视台内部,也是绝大多数权责不清,资源闲置浪费严重,运

行机制老化,生产效率差。另外,国际上的跨国传媒集团实力日增,我国媒介产业受到严峻的冲击。组建大型媒介产业集团,增强竞争力,已是迫在眉睫的事情。以上严峻情况的解决,都需要对媒介资源进行大幅度整合,而实践证明,资源整合的最佳手段就是资本运营。

因此,在市场经济条件下,对我国媒介业仍采用传统"事业单位"的属性判断,并用"国家独资"的身份定位加以限制,既不符合市场经济体制下对有经营行为、事实上已成为国家利税大户的媒介集团的科学界定,同时也只会约束和限制我国媒介业中日益突出的资本运营的功能,从而人为地造成对媒介生产力一种极大的束缚和浪费的失误。①

北京广播学院黄升民教授指出:"大媒介或媒介集团的出现,必须有大资本在支撑,否则很难维持。媒介可能从不同的途径获取经营的资本:一是媒介内的异种媒介联合获取新的经营空间和资源;二是允许以上市公司的身份出现,在社会上获取经营的资本;三是允许行业外的大资本投入媒介产业运营。"②事实上,我国许多媒介业界人士都已经有在保证国家控股的前提下,吸收民间资本和境外资本,把媒介产业集团"做大做强"的共识。

第二节 当前媒介资本运营的主要形式

我国对于媒介资本运营的方式没有明确的规范,因此,现在媒介业和业外资本的合作可以说是五花八门、良莠不齐。概括起来,当前我国媒介开展资本运营的主要形式大致有以下几种。

一、进入证券市场的融资方式

资本运营形式虽然多种多样,但目前来讲,在证券市场上的资本运营仍将是主流。媒介业要摆脱目前的资金严重不足并寻找到快速发展途径,必须与证券市场相结合。由于政策方面的原因,电台、电视台不能直接上市融资,于是只能通过其成立的子公司上市的办法来实现。从上市的方式来讲,主要有以下几种方式。

1. 改组上市

媒介将优质的经营性资产剥离出来,加以整合重组,注册成立隶属于媒介管理部门或媒介的由国有资产控股的具有独立法人资格的股份制的子公司,然后申请成为上市公司,公开募集资金。在沪深 A 股上市公司中,通过发起设立的媒介上市公司有多家,如 1994 年上市的东方明珠、1997 年上市的中视股份、1999 年上市的电广传媒和 2001 年上市的歌华有线等。

上海东方明珠股份有限公司于 1992 年 5 月 9 日成立,1994 年 2 月挂牌上市。发起单位为上海广播电影电视发展总公司、上海电视台、上海人民广播电台、上海每周媒介报社。主营业务有媒介传播服务、电视塔设施租赁、广告业、房地产经营开发、国际贸易、国际文化交

---

① 剑飞:《集团化:中国电视在困惑与希望中前行——华东地区对口考察归来的命题思考(上)》,《南方电视学刊》2001 年 2 期,4-9 页。
② 黄升民:《重提媒介产业化》,《现代传播》2000 年 5 期,1-5 页。

流、宾馆业等。至1998年6月30日,公司注册资金为人民币6.64亿元,净资产为15.94亿元,资产规模达29.2亿元。公司前期以东方明珠媒介塔为企业主体,致力于各项现代化的文化、娱乐、旅游、购物等配套功能的开发,收益可观,连年上升,1998年高达1亿多元。该公司还通过电视塔为上海四家电台、电视台发送节目信号,每年可获得7395万元固定收入。资金积累具有一定基础之后,开始致力于媒介媒体产业方面的投资和建设。1998年,公司宣布以4.08亿元的溢价认购上海东视广告公司增资扩股的9000万股,持股比例达到了90%。东视广告公司原为上海东方电视台属下专门从事广告经营代理的机构,增资完成后,东视以东方明珠投入的资金向东方电视台购买部分广告权(按50年摊销)。① 企业最高机构为董事会、监事会,经营由董事会任命的总经理负责,内部机构设置及制度管理实现了百分之百的现代企业制度。

湖南电广传媒股份有限公司于1996年成立,该公司前身为湖南省媒介发展中心,主要从事媒介媒体的非核心类业务,后通过股份制改造,发行上市。1997年总资产金额为5亿余元,到1998年已经达到11.8亿元,1999年则升至12.7亿元。主营业务收入:1997年为2.48亿元,1998年为3.08亿元,1999年为4.28亿元。净利润三年分别为:1997年6280余万元;1998年6068万元;1999年8340余万元。② 公司下设节目公司、广告公司、网络公司等,致力于媒介的三大资源的开发:节目制作、广告、网络。该公司与湖南省内的五家媒体分别签有广告代理协议,由该公司统一经营管理这些媒体的全部广告业务,协议至2002年底为止。③

组建独立股份制公司上市,按照《证券法》和中国证监会的规定,从完成公司的股份制改造、上报审批,到发行股票最终上市,是一项十分复杂的系统工程,需要很长的周期。虽然相对投资少、风险小、融资量大,但是耗时费力,难度很大。2008年9月,广东省出版集团重组改制方案正式上报广东省政府,并得到了广东省政府的大力支持,该方案的批复涉及省十几个部门、三个省领导的签批。2009年12月,南方出版传媒股份有限公司诞生;2010年5月,最为困难的清理历史、集团改制部分完成;截至2015年9月30日,南方传媒负责重组区域的95家新华书店中,已完成重组94家。2016年2月15日,随着交易所的锣声再一次被敲响,一个优质的传媒集团——南方出版传媒股份有限公司被带到了上市公司的行列当中。历经八年的上市之路终于翻开新篇。对这个历史悠久的国企来说,从旧体制脱胎、一步步蜕变为现代企业、达到上市标准并实现公司营收赢利双增长的道路,艰难并伴随剧烈的阵痛。

2. 借壳上市或买壳上市

因改组上市的过程琐碎漫长,于是一些媒介按照市场经济规律和证券市场规则,通过子公司收购上市公司股票,控股并重组上市公司的办法,快速进入证券市场,获得稳定的融资

---

① 协议规定,该部分广告权将保证东视的年收益不低于上海东方电视台年广告收入的15%;当东方电视台年广告业务收入超过10亿元时,东视的收益为东方电视台年广告收入的12%;当东方电视台的年广告收入超过20亿元时,合作各方将另行协商东视收益所占东方电视台年广告收入的比例。与此同时,东方电视台也向东方明珠承诺并保证,东方明珠每年从东视取得的利润回报不低于6100万元。三方的约定使得电视台获得了巨额的更新改造资金,也使东方明珠在不参与经营的前提下获得了长期、稳定、可观的收益。
② 魏永征:《中国传媒业利用业外资本合法性研究》,《新闻与传播研究》2001年2期,2-11页。
③ 湖南电广的操作方式与东方明珠的操作方式相比,有三个不同之处:一是湖南电广获得广告代理权没有资金投入,而东方明珠则间接投入4亿多元;二是湖南电广分成的比例高,且能及时收益;三是湖南电广享有了全部的广告代理权,而东方明珠只拥有部分代理权。

渠道。例如,2000年12月,上市公司ST港澳临时股东大会审议通过了资产重组议案,以共计1.6728亿元的价格收购了信息产业部计算机与微电子发展研究中心持有的北京赛迪传媒投资股份有限公司(原名中国计算机报投资有限公司)51%股权,置换资产总额超过港澳总资产的50%。随后港澳又以持有的海景湾大酒店有限公司10%的股权及对香港港澳国际财务有限公司的全部投资置换赛迪10%的股权。至此信息产业部计算机与微电子发展研究中心已经给港澳注入60%以上的新资产。这样,ST港澳彻底改头换面,从主营石油石化的工业企业变成了媒体巨子。2000年12月25日,港澳实业正式更名为北京赛迪传媒投资有限公司,主营业务有资讯、媒体、文化传播、投资管理、资讯服务、网络服务、网络工程。[①]

传媒公司通过借壳上市,失败与成功的案例并存。2014年,印纪传媒借壳高金食品成功入主中小板,原主营业务为整合营销,包含品牌推广、品牌公关、广告创制等,上市后广告营销所占比重逐渐降低,影视及衍生服务逐渐成为公司新的利润增长点,该公司曾因参与《钢铁侠3》《北平无战事》等热门影视作品的制作而名声大噪。但业绩承诺期满,公司业绩立刻一落千丈。截至2019年9月11日,其股价收报0.55元,从市值曾高达431亿元,缩水至9.73亿元。2019年11月29日,印纪传媒经过30个交易日的退市整理期,正式摘牌。

如果借壳上市沦为资本游戏,那么崩塌则是必然的结局。事实上,优质的借壳上市能够有助于迅速优化资源配置,加快业务战略性调整的步伐。

浙报传媒自2010年10月借壳计划正式启动,2011年5月获证监会重组委有条件通过,至2011年9月成功登陆上海证券交易所挂牌上市,成为全国第一家媒体经营性资产整体上市的报业集团,也是浙江省第一家上市的国有文化集团。浙报传媒借壳上市,不仅有利于浙江日报报业集团进一步提高国有资本在意识形态领域的影响力、控制力,而且以上市形成的倒逼机制进一步加快推进公司体制机制改革,加大新闻传媒平台内部资源整合力度,加快经营理念、模式和方法创新;进一步依托和提升主流媒体品牌影响力,深耕本土市场,挖掘价值链、延伸产业链,积极开辟出媒体经营新增长点。

再比如2015年分众传媒借壳七喜控股回归A股市场,成为第一家从纳斯达克退市并以借壳方式登陆A股的中概股公司,之后保持良好的增长态势,圆满完成了三年的业绩对赌。2018年,阿里巴巴集团及其关联方以约150亿元战略入股分众,展开共同探索新零售大趋势下数字营销的模式创新。

3. 上市公司投资媒介产业

早期投资媒介产业的上市公司有湖南投资、上海强生,还有众多的上市公司参股地方有线电视网,如中信国安、信联股份、聚友网络等。这种合作在一定程度上有助于解决各省(城市)广电基础设施建设资金的不足,加快了有线网的建设,扩大了有线网的覆盖面,有利于广电事业的发展。作为管理部门的国家广电总局在出台的政策中不断完善相关监管措施,有效促进了媒介融合时代媒介产业的发展与升级。

二、资金借贷的运作方式

少数媒介单位用或明或暗的方式,以国有频道、频率、版面为资本,通过转让一定时期的广告经营权,甚至频道、频率时段、栏目内容的播出权,来换取社会资金的注入。这是目前媒

[①] 孙正一等:《我国新闻媒体资本运营情况初探》,《新闻记者》2001年5期,20-24页。

介与企业最为常见的一种合作方式。它是将媒介一定时期内的广告经营权、播出权、编辑权转让给社会公司、单位,借贷合同期内的广告经营权、播出权、版面编辑权交给社会公司、单位运作,媒介单位根据合同占有一块收入。

1995年6月,河南驻马店地区广电局与深圳瀚光实业发展有限公司签订驻马店光纤有线电视综合信息服务网工程合同书后,瀚光公司以"有线台"的名义,创办文艺频道,并在正常节目播出中随意插播自制的广告,实际上掌管了播出权。对此,河南省广电厅多次发文,要求理顺建设与管理的关系,但瀚光公司一直拒绝商谈修改合同,驻马店地区广电局1998年9月诉诸法律。1999年8月,驻马店地区中级人民法院一审判决双方所签合同无效,瀚光公司对判决不服,向河南省高级人民法院上诉,河南省高级人民法院于2000年6月做出判决,认为原判事实不清,处理欠妥,撤销了驻马店地区中级人民法院的一审判决,发回重审。对此事,国家广电总局于2000年7月专门发文提出严肃批评,河南省广电厅也下文要求驻马店地区广电局坚决纠正违规违纪现象。①

虽然社会资金投入媒介,是一种借贷关系,不能改变媒介主管主办单位和国有投资主体,但在借贷合同期内出现的出让广告经营权、内容播出权、版面编辑权,由社会公司、单位运作,不仅媒介的广告,甚至播出的主动权、主导权和控制权都受制于人,而且使国家的频道、频率资源和舆论阵地变成企业公司、单位追逐商业利润的市场,削弱或动摇了党对舆论阵地的控制权和导向权。这种现象必须关注。

三、组建股份公司的运作方式

股份制是现代企业的一种资本组织形式,是国有大中型企业建立现代企业制度的重要形式,媒介与社会资本合作的时候就借鉴了这种形式。组建股份公司比较成功的例子,如2000年5月中国青年报与香港上市公司中策集团合资创办中青在线网络信息技术有限公司,后又与中青在线技术公司合作将原中青报网络版改组为首家市场化独立运作的中央新闻媒体网站。中国青年报全权负责网站新闻频道内容的采编、制作与发布,港资方不得介入,中青在线技术公司负责经营和其他除新闻以外频道的内容策划、制作与发布。②

第三节　实现媒介与资本市场互动双赢

何谓资本市场?"资本市场是指期限在一年以上的金融交易和融资活动,资本市场由债券市场、股票市场、基金市场组成,是金融市场的核心部分。"③

媒介产业可以利用资本市场的造血功能进行资本积累和资产增值,不仅可以解决长期困扰媒介产业后续发展资金不足的问题,更重要的是引进了现代企业制度及其运行机制。资本市场的进入规则也使媒介必须优化资源配置,改善微观公司结构,将经营性的优质资产

---

① 孙正一等:《我国新闻媒体资本运营情况初探》,《新闻记者》2001年5期,20-24页。
② 注:中青报占40%股份,中策集团占60%股份。
③ 林祖基:《资本市场融资与运作——如何参与香港资本市场》,海天出版社,1998年版。

注入股份公司才能取得上市资格。可以说,资本市场的融资功能、机制培育功能和资产重组功能都对我国媒介产业的未来发展起着积极的推动作用,加快媒介业的市场化进程,使媒介实现几何级数的增长。

同时,资本市场也从媒介业的进入中得到了不少好处。由于媒介业在我国还处于起步阶段,有迅速增长的空间,媒介业进入证券市场为我国证券市场输入活力和动力,可以推动证券市场的快速健康发展。成熟的证券市场需要一批多元化的、具有成长性的上市公司,这样不仅可以提高市场防范行业风险的能力,而且可以使市场不断保持活力和成长,从而为投资者提供丰厚的回报。我国证券市场要保持持续发展,急需一批具有快速成长性的公司进入证券市场,形成多元化的增长格局;快速成长的媒介产业进入证券市场,也成为推动我国证券市场在未来发展的强有力的引擎。

还应该指出的是,资本毕竟是一柄双刃剑,资本市场既能成为产业发展的助推器,也可能成为导致产业衰落的加速器。一方面,资本运营有利于媒介扩大规模,增强实力,引进先进的管理模式和经营人才,为坚持正确的舆论导向提供物质基础;另一方面,如果宏观调控不当,资本运营的负面影响也很明显。

随着产业的高速成长,资本对决策效率、有效运行机制、管理能力、配置设备及相关人才的要求越来越高,这对于缺乏资本运营经验的我国媒介业来说无疑是一种挑战。所以,要想使资本与媒介业真正实现互动双赢,要从以下几点着手。

一、尽快妥善解决资本与政策和管理体制之间的冲突

在我国,媒介业是一个特殊的行业。随着社会环境的改变,几十年一贯制的高度计划、高度集中的媒介业终于开始逐步地走向市场,接受资本的挑战,但目前在这个过程中仍存在着无可回避的冲突,那就是原有行业政策和管理体制已不再完全适应今天媒介业发展的变化。

在政策方面,媒介的决策层是由行政权力来任命的,而不是通过民主推选出来的,在媒介业,当行政权力与资本权力发生冲突时,必然的结果是后者退出其位,这种状况在短期内可能不会发生根本性的转变。

在管理体制方面,行政命令式的计划经济时代的旧体制仍大量存在,对媒介实行的双重管理也使媒介在发展中束手束脚。《经济观察报》负责人张忠曾说,"将来的报纸、传媒要生存下去,不是办出来的,而是管理出来的"。同时,WTO规则也迫使政府部门不能再扮演既是教练又是裁判式的角色,而应从商业运作程序中退出来,按国际游戏规则办事。这就为媒介管理体制的转轨提出了要求,政府应尽快转变观念,制定出一套更加符合媒介发展规律的新管理体制,有效解决媒介媒体的人事权、资产权和终审权问题。在人事权方面,让政治意志和资本意志相结合,两者都在经营管理者的任免上有一定发言权,并对经营者实行股票期权激励机制,能上能下,任人唯贤。在资产权方面,要明晰产权,只要不影响到媒介的核心业务,不妨允许后来进入的资本占小比例的产权。在终审权方面,对于关系着舆论导向的媒介内容,其终审权还是应牢牢把握在党和政府手中。

二、借鉴国外的先进经验

在国外,很多媒体都在资本市场上发挥着重要作用。在美国的纽约证券交易所,像 Disney(迪斯尼)、Time-Warner(时代华纳)、Viacom(维亚康姆)、News Corporation(新闻集团)以及路透社控股等这样的传媒上市公司都具有高成长性,是道·琼斯指数的重要成分。值得借鉴的国外传媒业界惯用的两种融资方式:一为直接上市,但是限制了小股东的持股比例,超过1%或3%时要自动减持,从而保持国家对传媒审批权和新闻出版权的控制;二为把传媒业的利润与公众分享,以发展基金方式发出普通股和优先股两种股票,其中普通股的审批权和投票权比重大一些,而优先股则侧重分红权,以此来保证独立的采编决策。与其他企业一样,股东大会是股份制传媒的最高权力机构。按拥有股份的多少,组成最高决策机构——董事会,负责制定传媒的发展战略,决定传媒运营的重大事项,管理预决算,并任命传媒的高级经营管理人员。董事长是企业控股方的代表,负责执行董事会的决议。

在资本渗透的问题上,不仅可以实行将经营性资产和核心业务分开监管的"双轨制",而且可以从英国政府设立的国企"黄金股"和新加坡的法律监管体制中获得有益的启示。英国的"黄金股",也称为特别股,是指政府将原来控股的重要大型国有企业的股权部分或全部出售后,在不占控股地位的情况下,仍拥有对该企业重大事项决定权的一种特殊股权。该条款一般由法律规定或设置在公司章程中。设置这一特殊股权的目的是便于政府阻止一些重要的特殊企业被某些"不受欢迎"的资本兼并,或被低价出售。新加坡的法律监管,即在法律规定中设置股权限制性条款。如新加坡的《报章与印刷法》,将报业公司股权分为管理股和普通股。明确规定,管理股由政府控制,"未经新闻艺术部门书面批准,报业公司不得向非新加坡公民或公司出售或转让管理股,任何非新加坡公司不得担任报业公司的董事";普通股是上市流通股,"除非预先获得新闻及艺术部的批准,没有人能够直接或间接拥有报章公司3%的普通股股份"。这些限制性规定,对于防范资本对舆论的负面影响有着积极的作用,问题的关键是要及早建立资本和媒介之间的游戏规则,既保证资本的发言权,又保证舆论导向的正确性。①

三、制定符合中国国情的媒介法律法规

根据国内现实情况实施法律监管,要制定符合我国国情的法律法规,例如《媒介投融资法》等相关法规。一方面,可以规范我国媒介业的投资范围、方向、内容、方式等,另一方面,也可以规范资本对媒介进行投资的各个方面的运作。这样,媒介和资本都不会再在政策不明朗的情况下进行幕后交易,对二者的行为也起到有效的保护和制约的作用,对出现的问题也能严惩有据,使媒介和资本的行为都走上规范化和法制化的轨道。1988年,新闻出版署同国家工商行政管理局联合发布《关于报社、期刊社、出版社开展有偿服务和经营活动的暂行办法》,第一次以政府部门的规范性文件承认了传媒的广告、印刷等经营活动可以独立出来,组建企业、公司。随后又相继出台了《印刷业管理条例》《广告法》《媒介条例》《出版管理条例》等,直到2001年底公布的关于新闻出版广播影视业的融资规定,都对传媒的投资和融资进行了规范,但从总体上来看,还缺乏一个系统的、较完善的、具有强约束力的法律,仍需要媒介业内和法律界人士共同探讨,不断健全和规范媒介投融资体系。

媒介进入资本市场是依托社会主义市场经济体制的背景,出于媒介产业可持续发展的需要,为了应对传播全球化和国际舆论斗争出现的必然现象,而媒介进入资本市场后的表现

---

① 周伟:《媒体前沿报告——一个行业的变革全景和未来走向》,光明日报出版社,2002年版。

和对业务的推动,也说明了这是一条壮大我国媒介产业的有效途径。资本注入媒介也使媒介的主营业务得到了超速增长,媒介的产业结构的资源配置都得到了优化,媒介也为资本市场带来了活力和多元化增长格局。虽然在媒介与资本的互相进入过程中,有得有失,有成有败,但是只要能规范行为、控制风险、有效监督,就能取得双赢的局面。对于媒介业和资本市场来说,最好的选择就是在探索和开拓中不断寻求良性的互动。

1. 什么是媒介资本运营?
2. 媒介开展资本运营的理论依据和现实需要是什么?
3. 目前媒介资本运营的主要形式有哪些?
4. 如何实现有线网络与资本市场的结合?
5. 如何实现媒介与资本市场互动双赢?

附录

媒介经营与管理案例分析

案例分析一:解密凤凰卫视掌门人——刘长乐

凤凰卫视控股有限公司董事局主席兼行政总裁,以其传媒人和商人的双重智慧,在华人社会构建了一个东西方文化兼济的媒体特区。他在将华语电视推向世界的破冰之旅中,成功打造出覆盖亚太、欧美90余个国家和地区的国际传媒品牌,在政策与市场的平衡木上长袖善舞,有效利用中国大陆及港澳台地区话语电视精英的优势资源,以华人的视点烛照世界的变幻。

这是注释刘长乐的一个标准答案。

当然,有标准的,就有不够标准的,那些流传民间的关于刘长乐的称呼,比如"传媒智者""企业领袖""佛商""和商""憨商"等无不透露出人们对这位浑身散发着内敛、神秘气质的"大佛"的浓厚兴趣和关注。

1996年3月31日,一个将载入史册的日子——凤凰卫视开播。开台酒会就在演播大厅举行,高脚酒杯里斟满了酒,大家怀着既紧张又兴奋的心情紧盯着同一个方向——屏幕,等待着凤凰Logo出现的时候。

从1996年至2004年,凤凰卫视剑走偏锋、锐意创新。

八年辛苦不寻常。这个只有"县级规模"的电视台,八年来以向世界发出华人媒体的声音、拉近全球华人距离、构建大陆及港澳台地区桥梁为目标,在没有路的地方杀出一条血路,取得了成功。在海外,1999年,凤凰欧洲台进入欧洲主流卫星电视 Sky Digital 以及英、法、德、荷四国有线电视网;2001年,凤凰美洲台开播,通过美国两大直播卫星网平台 Direct TV 和 Echostar,将节目传送给北美观众;在亚洲,凤凰已进入新加坡有线电视网和马来西亚最大收费电视公司,用户已由开播时的25万增至50万。《洛杉矶时报》2003年9月1日报道说,不少北京人买新房时都问:"你们这里能看凤凰卫视吗?"

刘长乐,就是一手缔造凤凰神话的幕后传奇人物,伴随着凤凰卫视拉近全球华人距离的使命的传播,刘长乐在全球华人圈也声名鹊起。然而,关于刘长乐本人角色的准确定位,一直颇有争议。

对许多人而言,凤凰成功的背面以及神秘老板刘长乐好像一个个巨大的谜团,人们啧啧慨叹:"凤凰的秘密在哪里?"

解密凤凰之一　传媒人的乐趣

> 我是有点儿"癖",对凤凰的追求和爱好。心力的付出这方面是心甘情愿的,自讨苦吃,而且还苦中作乐。
>
> ——刘长乐

在凤凰卫视"世纪大讲堂"节目中,净空法师问大家:"现在的世界什么东西对人的影响最大?"会众一片静默,净空法师说:有两种人对人的影响最大,一种是政治家,另外一种就是传媒人。

后来不知从哪家媒体开始流传,说这句话是刘长乐语录。他告诉《人物》杂志,"这绝对不是我说的,是净空法师说的"。

53岁的刘长乐10年从戎、10年握笔、10年"下海",先后在中国大陆地区、香港地区及新加坡、美国投资房地产、石油贸易等项目,干一行成一行,是商界之中有名的"智多星"。

传统商业生意的成功让刘长乐成为一个财富人物,他过人的机智淋漓尽致地体现在对时局的把握和商业手段的运用上;作为一个老媒体人,中央人民广播电台做记者的10年经历,使他深谙媒介体系在全球化背景下对社会发展将要释放的能力和威力,特别是在华语电视媒体的领域,刘长乐敏锐地看到了商机。他几乎按捺不住内心的喜悦,"在英语一统天下的媒体事业中打造出一个华语的天空,我多年的积累正是为了实现这样一个运作"。在市场需求、时代需求和受众需求背景下,"华语电视媒体不应该是个空白,我们要发出自己的声音,哪怕仅仅是叹息"!

这时的刘长乐已经从其他企业的日常行政管理中淡出,把大部分精力放到他喜欢的凤凰卫视上。"我很喜欢在凤凰卫视这样的媒体里出力。"他说。凤凰管理层至今还在谈论老板当年的那一段"痴人说梦":"我们一定要有自己的梦想,所谓梦一定不能是现实的翻版,它一定是天马行空,但绝不是空浮缥缈。梦,不光是鸟语花香,也会有刀光剑影……我作为老传媒人,就是向一切有识之士提供一个做梦的舞台,给你一个发挥造梦潜能的空间——这,就是凤凰卫视。"

就是这番梦话,把几十个三四十岁的壮年人说得心里痒痒至极,毅然远离在中国大陆的妻子儿女到香港地区创业,过着不是单身的单身生活。而刘长乐也和所有的单身汉一样,他曾利用周末,身挂两部相机,亲自驾车,拉大家到郊外去放松。据说这位公司的最高首脑喜摄影、会乐器、爱唱歌,和同伴一起出去玩时,俨然就是一位意气风发的少年郎。

对凤凰,刘长乐撒下了激情,种下了智慧,也播下了技巧。1999年的凤凰卫视正在摆脱初期的城市青年台的定位,准备迈向全新的资讯类的方向。刘长乐在焦急地观望:新闻是他的理想,他比任何人都清楚新闻对于中国人的意义,以及对于凤凰卫视中文台未来的重要性。

凤凰卫视由娱乐走向新闻,表面上更像是迫于"形势"。他们最早接触新闻是1997年,那一年,有两件大事改变了世界与中国的格局:邓小平去世,香港回归。凤凰卫视此前于1月份在亚太地区首播了一部12集的大型文献记录片《邓小平》。2月19日,邓小平去世,此时若播放娱乐节目显然不合适,中国人需要更多地了解邓小平去世后海外地区对于中国的看法与立场,刘长乐抓住了这个机会,从当天始至2月26日,凤凰卫视中文台连续7天用直播方式报道了中国大陆及香港地区人士悼念邓小平的情况,其正面的评价与客观真实的立场,成为凤凰卫视转型的一个开始。

考虑到7月份香港回归事件,刘长乐觉得有越来越多的资讯性的内容需要一个栏目进行包容,于是,《时事直通车》应运而生,这是刘长乐起的名字。在整个6月和7月,凤凰卫视在香港回归的报道中出尽风头,尤其是在"七一回归"的交接仪式高潮中,他们利用公共信号资源进行"现场文摘",分阶段利用电视超越时空的力量,以香港交接仪式为主题画面,以北京天安门广场群众在倒计时牌前的情景和凤凰台主持人为分割画面,让观众在这激动人心的时刻有了更多的关联感受。这三个信号渠道,只有主持人一方是凤凰卫视自己现场拍摄的,其他的信号全部借助他人的"公共信号"。

这是刘长乐一贯强调的"借船出海""乘风行船"理念的绝佳体现。

此后,"中国可以说不"专题、"9·11"美国遇袭专题、台湾地区领导人选举专题、伊拉克战争专题等愈来愈彰显出凤凰的大台气象和风范。有评论曰:"凤凰卫视在华语世界中正在形成一个完整的资讯传播与评论带,这个评论带显然正改变着中国的新闻格局。"

历史,就这样走来,创业维艰,苦中有乐。走过了创业之初边缘媒体的尴尬,上升至华语电视媒体的主流,个中滋味,刘长乐体会最多:"我觉得一个媒体做到了对社会的发展、进步及人们的生活有相当的影响,这种影响你能体察到、感受到,这是一种乐趣。如果你做媒体,别人反对你,没有注意到你,落地无声,那你肯定很痛苦。"

任何一个其他的生意,都不可能像传媒这样在民众中间带来层层的涟漪;任何一个其他生意,也不可能像传媒这样打造出一个个具有象征意义的品牌人物。

刘长乐回答问题非常工巧、机敏,他一会儿把凤凰卫视的大动作喻为"掷地有声",一会儿又用"一石激起千层浪"来形容。无论是"掷地"还是"激浪",刘长乐渴望的都是回音,是来自受众的关注。"拥有这种喜悦时,任何疲劳、任何打击和任何压力你都会觉得它无所谓了。"

又比如《锵锵三人行》,刘长乐说凤凰管理层多次讨论该节目要不要"下课"的问题,因为这个节目已经做了七年,是凤凰台最老的节目,几乎赶上《老友记》了。可是很多观众写信,说没有这个节目就活不下去了,这个节目成了观众生活中不可或缺的东西,"我觉得这也是我的一个很大的乐趣"。

解密凤凰之二 冒险

> 我把人分成四种,一种是情况明,决心大;一种是情况不明,决心大;还有一种是情况明,决心不大;最后一种是情况不明,决心不大。我是属于第一种,属于在下决心上比较到位的一种。
>
> ——刘长乐

我曾执着地认为刘长乐是一个冒险家,因为中外传媒大鳄们倡导的"冒大险、得大回报"的信条应该是古今通用的。

可是我这个判断却遭到刘长乐的极力否定,"我不是一个冒险家,我们做事情都是要经过很精确的考量的,都要靠数字来思索,靠数字来架构和计算的"。他认为,凤凰卫视的落地是财富积累+商业经验+核算能力+卫星电视合作的结晶。

1994年,刘长乐控股的香港乐天发展股份有限公司,经过几年的运营已有相当规模的资金积累,具备操作卫星电视的实力。长期以来,刘长乐一直怀有"环球华人卫视"的梦想,时机成熟,他开始琢磨为他的卫星电视寻找一个价格比较合适的卫星转发器。由于数码化技术的发展带来卫星电视成本的下降,这种可能性就准确定位到"亚洲一号"卫星上。而当时"亚洲一号"已经被默多克旗下的香港卫星电视所垄断,默多克持有"亚洲一号"的最大控制权,任何一家媒体想使用"亚洲一号",必须经过新闻集团的批准。

对于租用卫星转发器,默多克开始是一口回绝。很显然,如果凤凰卫视出现,必然会对其卫星电视构成威胁。在谈判的过程中,由于卫星电视长期业务不佳,更由于受刘长乐傲人的人力资源的诱惑,双方开始由对手走向对话。

此时"亚洲一号"上的蒙古电视台因为财力原因正准备撤出,这给凤凰卫视留下一个绝好的机会。然而,在谈判过程中刘长乐似乎不那么热衷卫星转发器,他猎寻的目标变了,他正跃跃欲试他的"借船出海"的谋略:"卫星电视中文台是现成的,我们用了一个非常好的谈判和条件,使得卫星电视中文台有这个机会和凤凰卫视重组,然后拿过来。这是一个非常贴谱的运营。"

借着"卫星电视中文台"这艘"万吨轮",凤凰卫视开始乘风行船,不,是"乘势而行"。

刘长乐非常强调催生凤凰的"贴谱性",正因为许多人不明白其中的原委,误以为凤凰创业是"异想天开",所以才出现以后真的有人在异想天开地做着"凤凰梦",结果当然是不了了之。

"不是冒险家"的刘长乐比较喜欢学习哲学,也喜欢当领导,据说当领导时间比较长,从幼儿园就开始做这一行。他的逻辑思维比较强,最大的好处就是可以进行"周密的思索"。不用说,十载军旅生涯的磨炼极大地增加了他承受压力的能力,更让他在充满硝烟的商场敏锐地捕捉到先机,在与对手对峙的过程中准确判断,以最缜密的思考当机立断拿下战争。

2000年6月30日,凤凰卫视在香港创业板上市,集资9亿多港币,凤凰从开播到上市,仅仅历时四年多,这在香港是破天荒的事情,在国际媒体界亦极为罕见。一般而言,卫星电视要做到收支平衡至少需要七年的时间,而凤凰只用了四年多。当日,香港证券交易所内媒体爆满,刘长乐笑眯眯地与前来道喜的客人觥筹交错,这一步走得要紧啊!

如果说催生凤凰和凤凰上市是刘长乐志在必得的两件大事,那么2001年1月1日凤凰资讯台的启播则让刘长乐在全球华语电视卫星传媒史上名声大噪,这个当时世界上唯一全天候24小时滚动播出时事、财经新闻的华语卫星频道,由于对新闻事件的快速反应以及信息量大、立场客观,被外界称为"华语CNN"。对凤凰卫视这个"里程碑"式动作的解释,刘长乐闪烁着狡黠的眼睛,"这里面有很大的一个商机",他告诉《人物》杂志,"如果要我说这些年哪些事情对我比较关键,那就是打造凤凰、凤凰上市以及资讯台的开播"。

解密凤凰之三　一个疯子和五百个疯子

有人说凤凰是一帮疯子,当然首先是从我开始疯起的。

——刘长乐

"疯子"的故事——凤凰卫视有一大群被称为"媒体疯子"的人，他们像一台台"永动机"，脑海中不停地冒出新的创意。他们对重大事件有不可遏制的"渴望"，他们一走进演播室或办公室就情绪高昂。他们常常会连续几个小时或几十个小时，自我陶醉，乐在其中，令人不可理喻。

刘长乐曾用亲切的目光注视着这些疯子们说，"疯得还不够"。

"榨汁机"的故事——一种用来将果实榨成果汁的机器，不少家庭中都备有。它的最大特点是去粗存精，而且比用其他方式都榨得更彻底。

刘老板过生日时，凤凰卫视的主持人联合赠送给他一台这样的机器作礼物，他似乎明白其中的含意，自言自语道，"都是好汁，还得再榨"。

在凤凰流传甚广的一句话是，"女生当男生用，男生当牲口使"。刘长乐不假思索地说，"再加上一句，'牲口当老板使'"。

"有人说凤凰是一帮疯子，当然首先是从我开始疯起的。而我们说我们是一帮理智的疯子。我们疯是疯在我们的情绪上，疯在我们的斗志上，精神方面。但是在政治导向方面，包括在对待大运的时势把握、时政的把握，包括对于经济运程的把握方面我们是非常理智的。"刘长乐说。

一位凤凰人告诉我，"刘老板要的是结果，但绝不会给你更多的预算"。凤凰人之间流传一个说法，起初凤凰是拿相应的钱做相应的事，到后来做节目时成了拿别人的钱办自己的事，而到了现在则进化成花别人钱办自己的事还要赚别人的钱。

凤凰的核心创作人员，每次在创新节目时，开始有了预算的概念，起初大家还会对老板说：不给钱，不加人，怎么能弄出新东西来？到后来，干脆自己就否定了那些要花钱的念头，在刘长乐的经营理念里，一切想法都围绕着不花钱要办事还要办出点名堂的思维。

凤凰卫视的每个栏目能够拥有显赫的地位，凤凰卫视管理层与观众的赞叹最多只是一个点缀，真正的掌声与地位的提高则要靠广告商，广告商给这个栏目开出的身价，往往成为这个节目最有力的掌声。在凤凰卫视，三个月还没有广告赞助的节目，一般都面临改版、关张或者更换节目的危险。

这种一切以收益与成本为概念的核算，几乎成为所有凤凰人都熟知的一个规范，每个节目都在成本与收益之间做着真正的挣扎。2003年初，《新闻今日谈》移到凤凰卫视资讯台，在中文台腾出的时段上，由杨锦麟主持的形式别致的读报节目《有报天天读》开张。头两个月，观众好评如潮，管理层频频颔首，杨锦麟却神情忧郁地说："叫好不叫座呀，到现在还没有广告！"很快，2003年4月的一天，他在节目开始，有些夸张地报告给观众一个喜讯：《有报天天读》从现在开始有广告了！

这一天也是刘长乐比较开心的一天。他一手打造的"三名"战略——名记者、名主持、名评论员——正在使一群年过半百、其貌不扬的老头子们继吴小莉、窦文涛、陈鲁豫等人后成为凤凰卫视新的活商标。

新人、旧人、黑发人、白发人，他们统统"疯"得不亦乐乎。

"疯得不够"是有所指的。前一段时间，资讯台办得比较呆板，不活跃，没有冲击力，有些节目像温吞水，刘长乐认为主要原因是主编们没有"疯"起来。当然，所谓"疯"也有所指，典型的"小疯子"当属董嘉耀，外界对董嘉耀的评价是"低调、狂热的工作态度，老实庄严的面孔，屏幕形象的老成，使董在凤凰的造星机器中，比其他的招牌主持人更别具一格"。在刘老板的眼里,这个"小疯子"每逢有新闻发生,他就像上了发条一样在走廊里蹦跳。他的激情、他的活力、他的敬业都体现在他的工作上:在国庆五十周年阅兵仪式上,他站在人民大会堂顶端四米高处俯拍四个小时,同行惊呼:凤凰的人疯了!

对于"榨汁机"的解释,刘长乐认为对于人的潜质的发挥,是一个无止境的过程,甚至他对自己潜质的发挥都是无止境的,因此"我们不能在'榨汁机'这一步就停住了,还要榨"。

窦文涛曾说,他到凤凰以来,学了很多东西,觉得可以毕业了。而每当他准备毕业的时候,就会有新的学习科目跳出来,他又觉得自己是小学生了。刘长乐很赞同窦文涛的观点,他补充说,凤凰人之所以会有这样的感觉是由于压力造成的。凤凰目前的生存空间是处在一个被别人复制和拷贝的境况,而凤凰自己基本上没有参照系,刘长乐也不得不承认,"我们现在不让人拷贝是不可能的,过去我们还认为不该是赤裸裸地复制,但是现在就是这样赤裸裸地复制,像《有报天天读》,连衣服都模仿,也弄一大褂,露俩白袖子",刘长乐比划着自己的袖子,有些无奈,"如果形似神不似,那就是东施效颦"。

凤凰为自己打造出了一个被复制的功能,而可供凤凰学习的横向参考系几乎没有,刘长乐倒欣慰,"这样也好,逼着我们只能挖空心思地创新,以提高自己",倘若凤凰只是为了创新而创新,把创新做给别人看,刘长乐认为这不可取,形式上的变化不是唯一的选择,节目内容和主持人内涵的提升才是创新的示范。

"我喜欢忠诚老实、有知识再生能力的人,因为我认为我的知识再生能力比较强。"刘长乐谈到自己用人的标准时不忘自我表扬一下,据说所有凤凰的人都学会了自我表扬。

在凤凰这个舞台上,刘长乐希望他的员工把职业事业化:"只有传媒这个行业才有非常多的创造性劳动,而创造性劳动是需要感情、精力的全身心投入,这个投入是别的企业无法比的。"说这番话时,刘长乐很动情,作为凤凰的带头人,他的全身心投入有目共睹:他时刻把自己暴露在别人能找得到的地方,他的手机基本24小时开着,如果关机的话,那他的秘书肯定知道他在哪里。"仅有一次例外,"他告诉《人物》杂志,"那是前不久,我女儿在美国大学毕业,我带她去黄石公园玩,那个地方方圆500公里没有通信信号,他们肯定找不到我。这是唯一的一次"。

解密凤凰之四 关系学新用

西方人对中国的市场化程度太低估了,他们以为中国现在还是靠关系就能够生存。说凤凰有背景,是他们一种非善意的揣测。

——刘长乐

没有人否认刘长乐的成功,就像没有人否认刘长乐的背景一样。时不时就会有这样的舆论出现在他的耳畔:"你到海外去办媒体,而且办得这么好,是不是因为你背后有人支持?""你是有背景、有来头的,你是不是现在还属于某某势力集团?你是不是现在还属于军方?"

好事者的声音不需要传播就能走很远,刘长乐善意地把海外媒体和西方的一些舆论看成"善意的揣测"。CNN在采访他的过程中竟然把"关系"这两个字用音译的方式直接用在英文中间了,中国的"关系学"在西方已经成为被研究对象,刘长乐自然要好好解释一番:"中国有句流行的话叫'八十年代靠胆子,九十年代靠路子,二十一世纪靠脑子'。关系学,在现在这个土壤里,不能说完全没有作用,但实际上它的作用已经变成相对比较次要了。特别是像媒体,这种市场化的、非常透明的产业,它是赤裸裸地摊在光天化日之下让大家去评判、给你打分的,这个跟'关系'几乎没有什么关系。"

"放眼香港,完全中资的机构和企业多得不可胜数,他们其中不乏有中国背景的,但很多的企业都没有做起来,或者说都没有取得他们应该有的辉煌;相反,很多没有这种背景的企业却成功了。我觉得对凤凰来说也是同样的道理。"

刘长乐指出,现在很多国内企业(包括传媒)的市场化运作都涉及体制转换的问题。如果一家企业没有真正转换体制,成功的机会非常小。因为在残酷的市场游戏中,若要取得成功完全取决于企业的竞争体制。所以,最终企业或者公司的发展还是要根据市场的变化而做相应的调整,从某种角度来说,市场,而非"背景"或"关系",才是最根本的一个催化剂。

"西方人对中国的市场化程度太低估了,他们以为中国现在还是靠关系就能够生存。其实从某种程度上来说,靠关系有暴富的可能性,但就企业的持续发展而言,越是靠关系几乎越是没有可能性。"

解密凤凰之五 凤凰涅槃的方向

传说中,凤凰每过五百年要浴火重生一次,刘长乐喜欢凤凰,看重的就是凤凰这样一个不断更新、不断超越和战胜自我的过程。

在接受《人物》杂志的访问中,刘长乐特意归纳总结了凤凰涅槃的方向:

第一个目标,拉近全世界华人距离。凤凰高层认为这个目标已经阶段性地达到了。

第二个目标,在全世界的媒体中间为华语争取空间。说来惭愧,在人类进入信息化的今天,尽管华人占全世界人口的五分之一,英语媒体的信息却占了世界媒体信息总量的百分之八十以上,占据了无可否认的强势地位和第一解释权,为什么中国媒体不能主动出击,以民间的、市场的定位在全球传播市场中争得一席应有之地?这就是凤凰卫视考虑问题的出发点和改革旧的电视体制的动力所在。经过八载的努力,毫无疑问,凤凰在华语世界中已经扶摇直上云霄。

第三个目标,"覆盖全世界"。2004年凤凰卫视的覆盖面不包括南美洲和南部非洲。眼下,凤凰高层锁定的目标是,把这两个地方也覆盖了。

第四个目标,2004年凤凰卫视只有普通话频道,刘长乐希望,有朝一日凤凰可以做成多语种的频道,最起码要增加英语和粤语两个频道。

刘长乐作为一个老媒体人,不希望媒体的功能仅仅局限在宣传、教育和影响层面,他认为生活的多样性必然促使媒体多样性起来。可是,经过一段时间,他发现部分媒体多样性到了江河日下、世俗媚俗的程度,媒体的教化功能丧失殆尽。凤凰高层看到这种需要,不遗余力地投资一些文化信息含量高的节目,像"寻找远去的家园""世界遗产的追踪""穿越风沙线""世纪大讲堂"等这些节目,希冀借助这样的节目能提高受众对文化的认同。刘长乐坦言,"实际上,这些节目很长时间没有广告,一开始都是赔钱的,但我们咬牙跺脚坚持下来,最后终于呼唤出来有识之士,他们愿意投资,他们愿意投放广告。这些都是我们提高文化质素的概念"。

从教化到媚俗,从媚俗到教化,媒体也在轮回中不断重复着自己的功能。眼下,这种轮回的背景出现在整个中华经济圈快速发展的时期,国民的道德素质、文化素质跟不上经济发展的步伐,从而造成相当大的社会问题。最明显的例子当属台湾和韩国,他们经济发展非常迅速,但是由于他们国民质素的提升没有把政治的、道德的、文化的范畴包括进去,因此他们的大国民素质提升不起来。刘长乐透露,凤凰卫视筹备开办一个风范大国民的节目,预计明年开播的是礼仪的节目,"我们不期望受众看我一期节目就能够改变什么,但我们一定要先做起来。"刘长乐信誓旦旦。

结尾

据说美国总统小布什在伊拉克开战前的某日,突然询问白宫负责公共传播的高级官员,若战争爆发,中国香港的凤凰卫视会不会直播?

关于这个传闻,刘长乐表示不置可否。不过,他证实另外一个信息,美国国务卿鲍威尔在战前两次接受凤凰卫视驻华盛顿记者的独家专访,试图以此向中国政府和民间放话,解释美方打伊拉克的立场和动机。在采访结束时,鲍威尔特意询问,他的讲话是否会被完整地播放,在得到肯定答复后,他说,"这是我接受你们采访的重要原因"。随后,这两次专访都在凤凰卫视拥有高收视率的《时事开讲》中播出。作为回报,凤凰卫视在战前两个小时就拿到小布什的讲话全文,随后收到了美军的特别邀请,随军去前线采访,并成为唯一登上向伊拉克发射导弹的"小鹰号"的华语电视媒体,之后凤凰卫视派出的四组采访美军的记者都得到了特许。

没有人质疑凤凰在华语世界中开始享有重大新闻的"第一解释权"。

(资料来源:迟耿杰,《人物》杂志,http://news.sina.com.cn)

案例分析二:维亚康姆的并购之路

雷石东出身于美国波士顿一个犹太移民家庭,经过20年的奋斗,建立起了一条拥有四十几家汽车影院的美国东岸最大的汽车电影院线,将东北影院公司更名为"国家娱乐公司"(National Amusements)。雷石东一直是"大即是美"协同效应的拥护者,他认为,公司规模变大确实比规模小要好,因为这样才能引起别人的注意。1981年,他以3000万美元的价格卖掉了国家娱乐公司5%的股份,买入了哥伦比亚电影公司的一些股份,并在时代和华纳等公司参股,还不断收购维亚康姆公司的股份。

到1986年,国家娱乐公司在维亚康姆公司的股权已上升到9.9%。9月17日,雷石东拿出27亿美元对维亚康姆进行管理层融资收购,要把维亚康姆变成非上市公司。但是,由维亚康姆公司董事成员组成的一个委员会于10月7日拒绝了收购要求。就在当天,雷石东宣布他将以每股43美元的价格购买240万股维亚康姆公司的股票,这使得国家娱乐公司的股权上升到18.3%,雷石东也因此成为最大股东。1987年3月3日,雷石东终于以34亿美元的价格成功收购维亚康姆公司。

拥有自己的有线电视网后,雷石东缺的是一家电影制片厂。1993年9月,在连续观察了4年派拉蒙公司的股票表现后,雷石东提出以32亿美元的价格善意收购派拉蒙的申请。经过谈判和讨论,维亚康姆终于和派拉蒙董事会达成并购协议,而后又经过了与其他竞标公司艰苦的"战斗",终于完成了这宗并购交易。

1999年,维亚康姆再出惊人手笔,以350亿美元收购哥伦比亚广播公司,这是当年最大的传媒合并案。维亚康姆从此跻身世界上规模最大、最具影响力的传媒和娱乐业巨头之列。

到2004年底,维亚康姆麾下拥有哥伦比亚广播公司(CBS)、音乐电视网(MTV)、Nickelodeon儿童频道、派拉蒙电影公司、派拉蒙主题公园、百视达(Blockbuster)录像带出租连锁店、Spelling电视节目制作公司、Showtime电影频道、西蒙出版公司、19家电视台及1300家电影院,集团总收入达到225亿美元,拥有雇员12万多人。维亚康姆2000年的总收入为200多亿美元,年收入的三成来自它的电影制片厂,三成来自音乐、录像租赁业务以及主题乐园,其余来自广播和出版业。

由于维亚康姆连续并购后,内部资源未能有效整合,投资者并不看好。2005年6月14日,雷石东,这位亲手创建维亚康姆媒体帝国的业内强人,亲自宣布维亚康姆集团将被拆分为CBS和维亚康姆两家独立的上市公司。

2005年6月,维亚康姆收购尼奥宠物(Neopets)、游戏预告网、GoCityKids和传影互动(iFilm),2005年12月,维亚康姆旗下的派拉蒙收购梦工厂,2006年收购即时通信软件Xfire、Atom Entertainment、Harmonix。2007年5月21日,维亚康姆与印度媒体公司Network 18签订了一份合资协议,组建了维亚康姆18,该公司将收购维亚康姆在印度的现有渠道:MTV、VH1、尼克以及Network 18的宝莱坞电影业务,印度的所有未来维亚康姆内容以及印地语娱乐频道和印地语电影频道等新企业都将被置于这家合资企业中。2011年10月,维亚康姆购买了Bellator Fighting Championships的多数股权。2013年1月,维亚康姆旗下的Spike TV开始播出Bellator。

2014年5月1日,维亚康姆宣布同意接管英国报纸出版商理查德·德斯蒙德所拥有的Northern & Shell媒体集团的英国广播公司5频道,维亚康姆成为第一家以公共服务职权接管英国广播公司的美国媒体公司。2016年11月,维亚康姆收购了阿根廷电视网络Telefe。

在2018年1月12日,CNBC报道称,在迪士尼提出收购21世纪福克斯资产以及来自Netflix和亚马逊等公司的激烈竞争后,维亚康姆重新进入了合并回哥伦比亚广播公司的谈判。在2018年7月,维亚康姆以2500万美元的价格正式收购了Awesomeness TV。2019年1月,维亚康姆宣布以3.4亿美元收购了互联网电视流媒体服务Pluto TV,雷石东已经96岁,但维亚康姆的并购之路还在继续。

(资料来源:东方卫视)

案例分析三:SMG的内部资源整合

上海文广新闻传媒集团(SMG)是2001年整合上海人民广播电台、上海东方广播电台、上海电视台、东方电视台、上海有线电视台等单位的基础上组建而成的。和各地的传媒集团、广电集团一样,SMG脱胎于政府,在政府的号召下进行集团化的重组和整合。旗下的广播电视媒体包括12套模拟电视频道、11套模拟广播频率、114套数字广播电视节目、覆盖全国的"东方宽频"网络电视。2003年,集团电视频道黄金时段上海地区市场占有率74%(Nielsen数据),广告收入达23亿元。

集团虽然成立了,但许多资源在集团内部分割,呈孤立状态。SMG在财经方面的资源,包括上海电视台财经频道、上海东方电台财经频率。2003年,经国家广电总局批准,在原上海电视台财经频道和原上海东方电台财经频率的基础上,成立了第一财经传媒有限公司,统一对外呼号为"第一财经",实现广播与电视在人力资源、信息资源和品牌资源上的整合共享。接着,SMG又和广州日报报业集团、北京青年报社联合创办《第一财经日报》。到目前为止,第一财经传媒有限公司是中国唯一一家以投资者为对象的专业财经传媒,通过跨地域、跨行业的经营,力争成为一个拥有跨媒体信息传播渠道的财经咨询供应商。

在电视新闻领域,SMG旗下的上海电视台、东方电视台和东方卫视有各自独立的新闻采编部门,同一新闻事件发生时,会有集团内三个不同的新闻采编小组去采访报道,集团内部频道之间新闻资源相互封锁。2005年底,SMG进行电视新闻资源整合,成立集团新闻中心。集团新闻中心设有采编部、编播部、评论部、制作部等10个部和办公室、总编室2个室,650名工作人员来自上海电视台、东方电视台和东方卫视三个台的新闻部。新闻资源整合减少了内部竞争,今后新闻事件发生时只要派出一个新闻采编小组就可以了,节省下来的人力、物力可以投入到全国甚至国际重大新闻的抢拼中,在全国电视新闻竞争方面始终保持领先状态。

集团旗下的上海人民广播电台、上海东方广播电台、上海交通台、东方广播电台新闻台2006年也合并成立全新的SMG广播新闻中心,2006年1月1日以全新版面正式对外播出。这四家电台占据了上海广播频率收听市场份额的47%以上。2005年四家电台的广告收入为1.4亿元,占上海广播媒体广告创收的61%。

2005年,SMG还将旗下娱乐资源整合在一起,分为综艺、音乐、大型活动、时尚四大板块,并汇聚上海综艺节目策划人才成立了上海文广传媒大型活动部。继整合电视新闻、广播、娱乐业务之后,SMG还将合并其电视频道。而整合资源是为了增强核心竞争力,使这一地方性广电媒体尽快具备与国内外传媒巨头抗衡的实力。

2009年10月21日,国家广电总局正式批复同意SMG制播分离改革方案,上海文广新闻传媒集团更名为上海广播电视台,并出资成立台属、台控、台管的集团公司——上海东方传媒集团有限公司。2011年12月29日,百视通新媒体股份有限公司在上海证券交易所(A股)借壳上市,成为国内新媒体业务上市第一股。2014年3月31日,中共中央政治局委员、上海市委书记韩正为上海广播电视台、上海文化广播影视集团有限公司揭牌,正式启动上海文广新一轮体制改革。

(资料来源:东方卫视)

案例分析四:默多克遭遇反并购

20世纪80年代初,默多克已经意识到他的前途在美国。他相信,娱乐业和电子媒介将比新闻和出版对他的帝国更为重要。他急切地想得到一家重要的好莱坞电影制片厂。1983年8月,默多克拜访华纳公司的董事长史蒂夫·罗斯,表示有意购买华纳公司股票,而罗斯则轻描淡写地回答"请便"。到1983年12月,默多克已拥有华纳公司股票总值的6.7%,大大超过了史蒂夫·罗斯甚至整个华纳管理层所拥有的股票份额。

罗斯变得警惕起来。他邀请克里斯企业董事长赫伯特·西格尔充当华纳公司的"白衣骑士",以便阻止默多克增加他的股份。

西格尔和罗斯谈妥一笔复杂的交易,即华纳公司同意以19%具投票权的股份交换克里斯企业所属一家电视台BHC 42.5%的股份。这笔交易不仅降低了默多克在华纳公司股本中的份额,而且也阻止了默多克进一步恶意并购华纳公司的活动。因为美国法令禁止外国人拥有电视台,华纳公司拥有BHC电视台42.5%的股份,使默多克势必面临相关法令的限制。

默多克闻讯后勃然大怒,公开宣称罗斯此举无疑是为避免个人和公司被接管而进行的"策略联姻"(Marriage of Convenience)。他向特拉华州的联邦法院要求取消华纳和克里斯之间的交易。

华纳公司提出反诉,将默多克描述成一个名声不佳、难以信任的澳大利亚黄色报刊出版人。罗斯宣称,如果默多克接管华纳公司,则旗下艺人可能纷纷离去或另起炉灶。

特拉华州威明顿法院和联邦电信委员会都做出了有利于华纳公司的裁决,它们都认为没有必要停止华纳公司和克里斯·克拉福特公司之间的这笔资产交易。默多克发誓他将继续斗争,他委托史蒂夫·邓列维带领一班《纽约邮报》的记者调查罗斯的背景。

罗斯对于默多克的穷追猛打感到不安。尽管默多克在法庭方面无法有突破性的进展,而且也没有适当的渠道能够名正言顺取得公司控制权,但罗斯仍不顾西格尔和律师的忠告,让华纳公司以每股31美元的价格(当时市价仅22美元),买回默多克持有的全部华纳公司持股,默多克从中获利约4000万美元。此外,罗斯还同意支付默多克诉讼费计约800万美元。

从20世纪80年代进入21世纪,当年的时代华纳董事长史蒂夫·罗斯已于1992年去世,在之后二三十年的时间中,默多克依然奋斗在战场,虽然并购之路并不顺利。

据美联社2014年8月5日报道,默多克旗下的二十一世纪福克斯影业公司放弃了收购时代华纳公司的计划。按照默多克提出的协议,这两家全世界最大的媒体公司将进行合并。在二十一世纪福克斯8月5日宣布放弃收购计划的三周前,时代华纳曾透露,该公司已拒绝二十一世纪福克斯主动提出的收购报价。纵观默多克精彩的从商生涯,他一直在贪婪地进行各种交易。他曾设想通过吞并时代华纳公司打造一个影视帝国。二十一世纪福克斯影业公司拥有二十世纪福克斯电影公司、福克斯广播公司、福克斯新闻频道和福克斯电视台,而时代华纳公司旗下有华纳兄弟影片公司以及特纳电视台、特纳广播公司和HBO有线电视公司等电视频道。一些分析人士曾以为默多克会不断追求时代华纳。他们推断,在视频发行商发展壮大之际,这位亿万富翁认为收购时代华纳有利于提高自己在出售视频内容时的议价能力。但二十一世纪福克斯影业公司若要收购时代华纳,必须小心翼翼地克服可能令人生畏的反垄断障碍。此外,如果两家公司合并,也可能面临文化冲突。时代华纳已明确表示,将坚决拒绝默多克的提议。[1] 如此,2014的夏天,类似"83岁默多克收购时代华纳遭拒800亿也没戏"等题目的诸多报道出现在报纸、网络等媒体,而现实中收购和被收购的博弈从未离去。

(资料来源:谢耘耕,东方卫视)

---

[1] 新华国际:《外媒:默多克为何放弃收购时代华纳计划?》,http://www.xinhuanet.com/world/2014-08/07/c_126842991.htm,2014-08-07,2019-12-01。

案例分析五：迪士尼公司的融资策略分析

迪士尼是世界上最强大、知名度最高的品牌之一。1984年艾斯纳被任命为沃尔特·迪士尼公司主席兼首席执行官时，公司已经江河日下。在艾斯纳的领导下，迪士尼公司十年内收入翻了九番。1984年，迪士尼股票总值22亿美元，而到1994年，公司股票市值已超过220亿美元。

纵观迪士尼公司的发展历程，恰当的融资策略是其稳步发展并不断壮大的重要保障。

迪士尼进行财务管理具有两大原则：

第一，融资及投资甚至经营是以股东权益最大化为原则进行的。迪士尼是上市公司，必须切实以股东权益最大化为公司经营目标。公司的一切决策，包括投资决策，都必须以股东权益最大化为原则。迪士尼一直保持着一个稳定的、较低的债务比率，没有走向完全依赖股权融资的极端。这样既有效留存了股东权益，减少了债务人对公司现金流投资的约束，既减少代理成本，同时又可以享受到债务融资方式下利息可以在税前计入成本的好处。在大规模并购活动中，还可使投资风险在债务人和股东之间得到分散，保护了股东的利益，也为公司今后的再融资铺平了道路。

第二，融资行为是为了投资需求服务的，必须与投资需求相匹配，包括融资金额和融资时间上的匹配。迪士尼公司融资是为了很好地进行并购、扩张等投资活动，迪士尼公司的两次战略性并购行为，都是与迪士尼公司多媒体集团的战略定位相关的，都能够满足公司在有线电视领域发展的迫切需要的。

1995年7月31日，迪士尼公司以190亿美元接收了大都会美国广播公司（ABC），此举将迪斯尼由一个纯节目制造商改变为同时拥有节目制作和播送节目的发行资产的真正的传媒巨头。为了筹集190亿美元，迪士尼公司从两条渠道入手，分别进行了93.7亿美元的长期债务融资和94.4亿美元的股权融资，融资总额高达188.1亿美元。用188亿美元的融资资金来满足190亿美元的投资需求，可见，迪士尼公司的融资计划与并购需求在金额上的匹配程度，时间安排上也非常吻合。

另一次并购发生在2001年，迪士尼斥资53亿美元收购福克斯全球家庭娱乐频道。此起大规模的并购所蕴藏的风险是显而易见的。为了控制经营风险，迪士尼首先就从债券融资的比重下手，削减长期债务在公司融资总额中的份额，从而使财务风险得以降低。在公司的财务报表上我们看到，公司为了准备这次并购，在2000年大幅度削减了23亿美元的长期债务，将2000年的债务比率降至22.4%，为公司近10年来的最低水平。2001年为了支付并购费用，迪士尼重新进行了20亿美元的债务融资，负债比率重新上升至28.3%。而2002年，公司再度通过长期债务融资，长期债务总额从95亿美元增加到150亿美元。总融资额55亿美元，同并购需求吻合。

事实上，在新媒体的迅速发展中，近百岁的迪士尼正在承受流媒体新贵的剧烈冲击，主要业务板块中的媒体网络业务和衍生品业务都遇到瓶颈，电影工作室业务波动较大，只有主题公园和度假村仍保持稳定增长。2018年7月，迪士尼以713亿美元收购福克斯，几经波折后终于尘埃落定。

在皮克斯、漫威以及卢卡斯影业三大内容金矿的加持下，迪士尼已毫无争议地成为好莱坞六大制片厂中的"领头羊"。继2016年超过华纳兄弟夺得北美票房冠军后，迪士尼2017

年成功登顶,票房份额占比 21.8%;在 2017 年全球票房 Top10 中,独揽五席。但事实上,如此靓丽的票房表现却并未贡献出漂亮的业绩数据。迪士尼 2017 财年的影视收入(Studio Entertainment)不升反降,同比下滑 2%。据美国电影协会(MPAA)发布的报告,2017 年全球电影票房达到 406 亿美元,同比增长 5%;而北美地区票房下降 2%,至 111 亿美元。观影人次也创了 1995 年以来的历史新低。但以 Netflix 为代表的家庭数字娱乐消费增长迅猛,2017 年达到 137 亿美元,增长 20%。①

迪士尼收购福克斯资产后,一方面,能够获得一大批一流 IP 充实内容库,比如阿凡达、辛普森和 X 战警系列;另一方面,制作过《阿凡达》《异形》《鸟人》《布达佩斯大饭店》《死侍》《水形物语》等作品的福克斯能够弥补迪士尼在真人原创电影方面的薄弱。为了应对流媒体的来势汹汹,迪士尼拒绝坐以待毙。

(资料来源:东方卫视)

---

① 贾阳:《并购狂魔迪士尼加价收购福克斯,这是一场不能输的战役》,http://baijiahao.baidu.com/s? id=1604750218223037229&wfr=spider&for=pc,2018-07-01,2019-12-01。

参考文献

[1] 陈勤.媒体创意与策划[M].3版.北京:中国传媒大学出版社,2017.
[2] 崔勇,孙金龙.知本与资本的对话[M].北京:中国商业出版社,2000.
[3] 范以锦.南方报业战略[M].广州:南方日报出版社,2005.
[4] 干春晖.管理经济学[M].上海:上海财经大学出版社,2007.
[5] 高福安.媒体管理概论[M].北京:中国传媒大学出版社,2010.
[6] 顾凯.企业资本运营[M].深圳:海天出版社,2000.
[7] 柯林·霍斯金斯,斯图亚特·麦克法蒂耶,亚当·费恩.媒介经济学:经济学在新媒介与传统媒介中的应用[M].广州:暨南大学出版社,2005.
[8] 陆桂生,邹迎九.媒介管理通论[M].上海:复旦大学出版社,2008.
[9] 潘可武.媒介经营管理:创新与融合[M].北京:中国传媒大学出版社,2015.
[10] 戚安邦.项目成本管理[M].天津:南开大学出版社,2006.
[11] 钱晓文.当代传媒经营管理[M].广州:中山大学出版社,2008.
[12] 谭云明.传媒经营管理新论[M].北京:北京大学出版社,2007.
[13] 屠忠俊.现代传媒经营管理[M].武汉:华中科技大学出版社,2011.
[14] 王方华,吕巍.企业战略管理[M].上海:复旦大学出版社,1997.
[15] 王月辉,杜向荣,冯艳.市场营销学[M].北京:北京理工大学出版社,2017.
[16] 吴信训,金冠军,李海林.现代传媒经济学[M].上海:复旦大学出版社,2005.
[17] 夏乐书,姜强,张春瑞,等.资本运营理论与实务[M].3版.大连:东北财经大学出版社,2010.
[18] 肖瑜,刘兴云,王维虎.资本经营战略[M].上海:上海财经大学出版社,2000.
[19] 薛誉华.国有资本经营与资产管理[M].北京:中国财政经济出版社,2000.
[20] 杨公朴,夏大慰.产业经济学教程[M].2版.上海:上海财经大学出版社,2002.
[21] 杨海军,王成文.传媒经济学[M].开封:河南大学出版社,2008.
[22] 俞铁成.公司紧缩:资本运营新境界[M].上海:上海远东出版社,2001.
[23] 禹建强.媒介战略管理案例分析[M].北京:华夏出版社,2004.
[24] 喻国明.媒介的市场定位——一个传播学者的实证研究[M].北京:北京广播学院出版社,2000.
[25] 约翰·查尔德.组织:当代理论与实践[M].刘勃,译.北京:华夏出版社,2009.
[26] 詹姆斯·C范霍恩,小约翰·M瓦霍维奇.现代企业财务管理[M].11版.郭浩,译.

北京:经济科学出版社,2002.
[27] 张志安.媒介营销案例分析[M].北京:华夏出版社,2004.
[28] 李小健.从制播分离看电视传媒的市场走向[J].电视研究,2009(4):16-17.
[29] 朱春阳,张亮宇,杨海.当前我国传统媒体融合发展的问题、目标与路径[J].新闻爱好者,2014(10):25-30.

后记

改革开放四十多年来,我国媒介业的面貌与内涵、品种与数量、结构与布局、管理与技术,都发生了很大的变化。市场经济条件下,媒介业经营管理的发展空间还相当大。面对经济全球化、信息传播全球化的发展,数字化、信息化、网络化的普及,我们正在进入全媒体时代和媒介化社会。我国媒介业面临着前所未有的压力和挑战。如何应对挑战、增强活力、扩大实力、提高竞争力?需要媒介业的经营管理者坐下来冷静思考,认真总结,提升过去的实践经验,进行理论、体制和机制方面的创新,并不断开拓思路,从中找出有规律性的东西,探索与竞争对手抗衡的办法。因此,如何进行科学、有效的经营管理,直接关系到媒介的生存和发展。我们在长期教学和实践的基础上,经过多年的调查研究,完成了本书的编写工作。

本书吸取了不少专家、学者在媒介经营与管理方面的最新的研究成果,并得到了不少媒体朋友的支持和帮助,在此,致以衷心的感谢!

感谢华中科技大学出版社社长和总编辑,感谢责任编辑,他们为本书的出版做了许多卓有成效的工作。在此,表示深深的谢意!

由于水平有限,书中疏漏和错误之处在所难免,真诚地希望读者批评指正。

作 者

2019 年 3 月 26 日于上海

与本书配套的二维码资源使用说明

本书部分课程及与纸质教材配套数字资源以二维码链接的形式呈现。利用手机微信扫码成功后提示微信登录,授权后进入注册页面,填写注册信息。按照提示输入手机号码,点击获取手机验证码,稍等片刻收到4位数的验证码短信,在提示位置输入验证码成功,再设置密码,选择相应专业,点击"立即注册",注册成功。(若手机已经注册,则在"注册"页面底部选择"已有账号?立即注册",进入"账号绑定"页面,直接输入手机号和密码登录。)接着提示输入学习码,需刮开教材封面防伪涂层,输入13位学习码(正版图书拥有的一次性使用学习码),输入正确后提示绑定成功,即可查看二维码数字资源。手机第一次登录查看资源成功以后,再次使用二维码资源时,只需在微信端扫码即可登录进入查看。

引用作品的版权声明

为了方便学校教师教授和学生学习优秀案例，促进知识传播，本书选用了一些知名网站、公司企业和个人的原创案例作为配套数字资源。这些选用的作为数字资源的案例部分已经标注出处，部分根据网上或图书资料资源信息重新改写而成。基于对这些内容所有者权利的尊重，特在此声明：本案例资源中涉及的版权、著作权等权益，均属于原作品版权人、著作权人。在此，本书作者衷心感谢所有原始作品的相关版权权益人及所属公司对高等教育事业的大力支持！